동남아의 선거와 정치사회적 변화

이 책에 실린 논문은 2004년 정부재원(교육인적자원부 학술연구조성사업비)으로 한국학술진흥재단의 지원을 받아 연구되었음(KRF-2004-072-BM3010).

서강 동아연구총서 2

동남아의 선거와 정치사회적 변화

신윤환 엮음

서강대학교 동아연구소
서강대학교 출판부

서강 동아연구총서 2

동남아의 선거와 정치사회적 변화

초판 발행 2008년 6월 30일

엮은이 신윤환
발행인 손병두
편집인 우찬제
발행처 서강대학교 출판부
등록번호 제10-50호(1978년 9월 28일)

주소 서울시 마포구 신수동 1번지(121-742)
전화 (02)705-8212
팩스 (02)705-8612
홈페이지 www.sogang.ac.kr/~sgpress

ISBN 978-89-7273-134-4 93340

정가 25,000원

책 머리에

이제 동남아 정치에서도 선거는 가장 중요한 정치적 제도이자 과정으로 떠오르고 있다. 지난 20여 년 동안 이 지역에서도 민주화가 꾸준히 진척되어 온 결과이다. 필리핀, 인도네시아, 태국은 비록 비교정치학자들의 표현만큼 "공고화"되지는 못했으나 상당히 "자유롭고 공정한"(free and fair) 선거가 "참여와 경쟁"을 보장하는 민주주의를 확립하였으며, 말레이시아, 싱가포르, 캄보디아와 같은 권위주의 체제에서도 선거는 단순히 집권 연장을 위한 기만적 수단이나 장식품이 아닌 정치변동의 잠재적 기제로서 그 의미와 중요성이 부각되고 있다. 심지어 선거가 아예 시행되고 있지 않거나 사실상 유명무실한 동남아 국가에서조차 이 제도의 도입이나 강화 여부는 종종 중요한 정치적 쟁점을 형성하곤 한다. 오늘날 동남아에서 선거를 실시하지 않는 나라는 브루나이밖에 없다.

현대 민주주의에 있어서 선거가 핵심적인 제도라는 데는 별 이견이 없다. 현존하는 대의제 민주주의 체제를 진정한 민주주의로 보지 않으려는 반대론자들은 이른바 "형식적(절차적)인" 민주주의가 선거만을 민주주의의 유일무이한 요소로 삼고 정책결정에의 시민 참여, 공공선의 실현, 사회경제적 평등의 보장 등, "실질적인" 요소들을 결여하고 있다고 주장하나, 선거제도의 존재와 그것의 자유롭고 공정한 실시 여부를 빼고는 다른 객관적인 척도가 있을 수 없다는 데 대부분 정치학자들이 동의하고 있다. 옹호론자들은 선거를 통한 참여와 경쟁이 보장되는 체제를 민주주의 — 달(Robert A. Dahl)의 표현을 빌면 다두정 또는 다두제(polyarchy) — 라 능히 부를 수 있고, 이 체제는 그 자체로서 정치적 평등과 자유를 실현하는 중요한 의미를 지니며, 나아가 다른 가치들을 구현하게 하는 데 밑거름이 될 수 있다고 주장한다. 이런 "최소한의" 민주주의는 동남아에도 정치적 규범으로 수용되기 시작하였으며, 그 중심에 선거라는 제도가 자리잡고 있는 것이다.

서강대학교 동아연구소는 동남아를 전공하는 정치학자들과 인류학자들을 모아 2년간 동남아 선거를 둘러싼 여러 쟁점들을 주제로 공동연구를 수행하였다. 편자는 이 연구결과를 두 권의 책으로 묶었다. 첫 번째 책 『동남아의 선거와 정치과정』은 이 지역의 선거 제도, 과정, 문화와 정당체계에 관한 이론, 사례, 비교연구를 그 내용으로 하고 있으며, 두 번째 책 『동남아 선거와 정치사회적 변화』는 선거결과가 동남아 각국의 사회와 정치에 미치는 영향과 변화를 사례연구를통해 집중적으로 분석하였다. 이 두 권의 책은 동남아의 선거를 주제로 한 국내 최초의 단행본이다. 그 간 동남아 국가들의 선거를 단편적으로 취급하여 분석한 논문들은 십여 편 출판된 바 있다. 이러한 논문들은 대개 민주적 이행에 성공하여 민주적 선거를 여러 차례 실시한 필리핀, 인도네시아, 태국 중 한 나라에서 실시되었던 한번 내지 복수의 선거를 분석한 것들이었다. 반면 동남아에 속한 나라들을 여럿 골라 그 선거 제도, 과정, 결과 등을 동일하고 일관된 분석틀로써 접근하여, 그 연구결과를 단행본을 통해 병렬적으로 보여 준 비교연구는 일찍이 없었던 것이다. 공동연구자들은 선거가 중대한 정치적, 사회적, 경제적 변화를 만들어 낸다고 보이는 동남아 국가 여섯을 골라, 각 나라의 정치체제, 선거 제도와 그 변화, 선거 과정과 결과, 이에 따른 정치사회적 변화 — 그리고 유형화가 가능한 경우에는 정당체계(party system)까지 — 등을 차례대로 고찰하고 분석하였다.

이 책에는 민주화를 경험한 나라들뿐만 아니라, 말레이시아나 캄보디아와 같이 비록 민주주의는 아니지만 선거가 중대한 정치적 함의를 갖는 나라들까지 포함시켰다. 이 나라들은 대개 권위주의 체제로 분류되어 거기에서 시행되는 선거는 아무런 의미를 갖지 않는 것으로 치부되어 연구에서 제외되기가 일쑤였다. 그러나 최근 "선거권위주의"(electoral authoritarianism)에 대한 개념화에서 밝혀지고 있듯이, 이러한 체제하에서 선거는 복합적이고 다의적인 의미를 지니며, 선거 결과에 따라 정치변동이나 민주화 과정에 결정적인 영향을 미칠 수 있다. 권위주의 하에서 선거는 독재정치를 정당화하는 도구일 수도 있지만, 이를 약화시키는 계기를 제공하기도 하는 것이다. 우리의 공동연구는 베트남 사례도 포함하고 있는데, 이는 일종의 "일탈사례"(deviant case)로서 나름대로 이론적 가치를 지닐 뿐만 아니라, 일부 후기사회주의국가에서 행하고 있는 민주적 선거의 부분적 도입을 비교해 볼 수 있도록 하는 귀중한 사례를 제공한다.

『동남아의 선거와 정치과정』의 필자들은 상호 간에 강조점은 다소 달라도 대개 선거와 관련된 아래 다섯 가지 질문에 초점을 맞춰 나름대로 답을 찾아보고 있다. 첫째, 그 나라의 정치체제(political regime)를 어떻게 유형화할 수 있는가? 민주적인가, 권위주의적인가? 민주적이라면 제대로 된, 이른바 공고화된 민주주의인가? 권위주의적이라면, 나름대로 어떤 특성이 드러나는가? 둘째, 각 나라에서 선거는 어떤 의미를 갖는가? 선거는 과연 효과적인 정권 교체의 수단이 되고 있는가? 또한 민주화되지 못한 나라에서 선거는 어떠한 의미를 가지는가? 비록 정권 교체의 효과적인 수단이 되지는 못할지라도 다른 중대한 정치적 의미나 기능은 없는가? 셋째, 그 나라의 선거제도는 비교적 관점에서 볼 때 어떠한 유형에 속하는가? 또한 어떻게 변화하였는가? 선거제도와 그 변화의 배경에는 어떠한 역사적, 정치적, 사회적 요인이 작용하였는가? 넷째, 선거 과정과 관행은 어떠한가? 모든 참여자는 규칙을 지키며, 그 과정은 순조롭고 평화로운가? 그 나라의 문화나 전통이 독특한 관행을 만들어 내지는 않는가? 마지막으로, 선거 결과가 특정한 유형의 정당배열, 즉 정당체계를 만들어 내지는 않는가? 비교적 관점에서 이러한 정당체계는 어떠한 이론적 함의를 갖는가?

『동남아의 선거와 정치사회적 변화』의 필자들은 동남아 각국에서 선거제도가 도입된 이래, 선거의 직, 간접적인 결과로 일어난 광범위한 정치적, 사회적 변화에 주목하고 각자의 전공 국가와 관심 영역에서 선정한 사례들을 소개, 분석하고 있다. 이현우와 김세걸이 잘 소개하고 있듯이, 서구 민주주의 체제를 주로 다루어 온 정당과 선거 연구는 선거제도와 정당체계의 변화에 초점을 맞추고 그 변화를 초래하는 정치적, 경제적, 사회적 제 요인들을 분석하는 데 주력하고 있다. 그러나 대부분의 동남아 국가에서 선거는 충분히 민주적으로 제도화되어 있지 않으며, 정당체계라고 부를 수 있을 정도의 안정적인 정당배열을 보여주지 못하고 있어, 서구적 연구경향을 접목시키기엔 무리가 따른다. 결국 편자는 이 공동연구의 주제를 '선거와 관련된 정치사회적 변화' 정도로 넓게 설정하여, 구체적 주제의 선정은 필자 개개인에게 위임하였다. 따라서 이 책은 사회구조(박승우), 종교(홍석준, 김형준, 강영순), 지역주의(이동윤), 권력구조(신윤환,최경희, 김홍구, 김동엽), 정부제도(이한우), 지방선거(정연식) 등 다양한 정치적, 사회적 측면에서의 변화를 선거와 관련 지어 분석하고 있다. 이 책에 실린 논문들은 다양한 관점과 연구방법을 동원하여 다채로운 주제와 사례들을 접근하고 있어, 서구정치 분석에 치우쳤던 기존의 선거연구 경향에 많은 시사점을 던져 주리라 기대한다.

이와 같이 선거연구의 다양한 쟁점들을 향해 필자들의 개별연구가 제시하는 답들은 비록 엄격한 비교분석에 의존한 가설검증에는 미치지 못한다 할지라도, 선거 연구와 이론 전반에 대해 중대한 시사점들을 제공해 주었으면 하는 바람이다.

2008년 6월

필자들을 대표하여 신윤환 씀

차례_

제1장 | 선거, 정당 그리고 정치구조의 변화

이현우 · 김세걸

Ⅰ. 문제제기

서구적 자유민주주의 관점에서 보면 동남아 국가의 선거는 많은 한계를 노정하고 있지만, 선거가 동남아 민주화 과정에서 중요한 역할을 하였다는 것을 부정할 수는 없다. 선거운동 과정과 결과는 국가별로 다소간 차이는 있지만 정당 및 정당체제 그리고 유권자의 변화를 초래한 부분이 있기 때문이다. 선거제도, 정당체제, 유권자의 의식 및 행태는 각 국가의 정치역사와 경험에 따라 다양하게 나타나며 따라서 선거가 민주주의 발전양태에 미치는 경로 및 정도 역시 다르게 나타난다. 선거의 의미가 정치과정에서 정권의 교체와 같은 권력의 변동을 가져오는 원인이 되기도 하고 다른 한편에서는 기존 권력의 붕괴를 확인하는 결과로 작동하기도 한다. 혹은 선거가 기존의 권위주의 정권을 지속시키는 새로운 통치 방법으로 이용되기도 한다.

이 글은 선거제도와 정당체제의 변화가 동남아의 각 국가에서 어떤 의미를 갖는지를 분석하기 위한 분석틀을 제공하는 것을 목적으로 한다. 뒤베르제의 고전적 연구에서 선거제도가 정당체제에 어떠한 영향을 미칠 수 있는지에 대한 논의를 시작으로 선거제도와 정당체제에 관한 다양한 주장이 전개되었다. 선거제도는 당연히 선거결과에 영향을 미치며, 또한 그 결과는 정당의 존속여부와도 관계가 있다. 민주주의 국가에서는 유권자들이 대표를 선출하는 데 정당이 이 과정의 유일하고 독점적인 매개자(agency) 역할을 하게 된다. 그리고 정당의 경쟁은 다시금 정당체제의 특성을 결정하게 된다. 이러한 면에서 서구에서 논리적으로 그리고 경험적으로 증명된 선거제도와 정당체제의 연관성이 동남아 국가에서도 적용되고 있는지를 확인해 보아야 한다. 왜냐하면 선거민주주의가 절차적 민주주의의 기초가 되며, 절차적 민주주의를 통해 실질적 민주주의가 공고화될 수 있기 때문이다.

그런데 동남아 국가에서는 정당의 형성과 운영이 서구 국가의 그것과는 상당한 차이를 보인다. 즉 선거제도와 정당체제를 서구의 분석틀 그대로 받아들일 수 없는 동남아 국가들만의 특성이 존재한다. 따라서 우선적으로 살펴보아야 할 것이 동남아 국가에서는 정당들이 어떠한 특성을 갖는가를 분석하는 것이다. 여기에 기본이 되는 것이 정당의 기본적 기능인 시민과 국가의 통로역할인 연계(linkage)기능을 갖추고 있는가 하는 것이다.

두 번째로는 선거를 결정하는 유권자의 변화이다. 선거운동을 통해 유권자는 정치에 관한 많은 정보를 얻게 된다. 아무리 권위주의 국가라 할지라도 선거운동 기간 중 정치활동이 가장 활발하다. 정부에 의해 차별적 선거운동이 된다 해도 그 자체만으로도 유권자들에게는 정부와 야당을 평가할 수 있는 정보를 제공하는 것이다. 전통적으로 동원되어온 유권자들이 정치의식을 변화시킬 수 있는 계기가 되는 것도 선거를 통해서라고 할 수 있다.

따라서 선거운동이 전개되는 양식과 전통적 정당 유지와 새로운 정당의 등장이라는 동적인(dynamic) 변화를 살펴볼 필요가 있다. 이를 통하여 사회구조의 변화에 따라 새로운 정치이슈를 성공적으로 제기하는 정당이 등장하는지, 그리고 유권자들이 지지를 보내는 메커니즘이 제대로 작동하는지 확인해 보아야 한다. 그리고 서구 국가들과 마찬가지로 전통적인 간부정당을 대중정당이 대치하고 있는지 그 추세를 살펴보아야 한다. 또한 유권자들이 어떠한 사회균열에 의해 동원되고 있는지를 분석해야 할 필요도 있다.

사회구조의 변화는 선거결과에 반영되어야 한다. 경제적 발전이 가장 보편적인 예가 될 수 있다. 유권자의 선호변화가 큰 폭으로 나타나고 그러한 변화가 지속된다면 정치갈등의 균열축에 변화가 생기게 되고 선거에서는 중대선거(critical election)가 발생하게 된다. 그동안 유권자들이 투표 선택을 했던 기준이 새로운 기준에 의해 대치되는 현상이 나타난다. 이러한 경향은 민주주의 발전과정에서는 유권자 의식의 향상과 민주주의 가치 및 계급적 이해에 따른 합리적 투표성향으로 나타난다. 여기서 의미하는 합리적 투표의 의미는 서구적 의미에서 효용이나 이념적 근접성에 따른 엄격한 기준의 합리적 투표라기보다는 초기단계에서 나타나는 집단의식의 형성으로 파악하는 것이 동남아 선거의 변화를 파악하는 데 타당하다. 이처럼 새로운 투표양태가 나타난다면 가장 먼저 확인할 수 있는 것이 정부에 의한 동원투표인 여촌야도가 뚜렷하게 드러난다. 왜냐하면 농촌에서는 여전히 정부가 투표에 영향을 미치지만 더 이상 도시지역에서는 정부의 영향력이 발휘되지 않기 때문이다.

지적한 바와 같이 다양한 국가들에서 상이한 정치 및 경제조건이 영향을 미치기 때문에 민주주의의 발전경로가 일정하지는 않다. 그러나 정치발전의 맥락적 차이와 전체적 추세는 구분할 수 있다. 정치발전의 시간이나 양태가 다르다 할지라도 자유민주주의를 기초로 하는 정치발전의 추세를 보이는지 혹은 서구와는 다른 형태의 민주주의 양태를 보이면서 정치안정을 이루어갈지에 대한 대답이 최종적인 작업이 될 것이다.

이론적으로 민주주의는 자유주의와 친화성을 가지며 따라서 가장 보편적인 민주주의 발전양태가 자유민주주의의 공고화라는 것이 다수 학자의 견해이다. 그러나 아시아적 가치를 주장하는 학자군에서 볼 수 있는 바와 같이 다른 역사 및 사회적 배경을 가진 동남아 국가에서는 본질적으로 다른 형태의 민주주의를 완성하고 있다고 할 수도 있을 것이다.

서구 민주국가 정당들의 당면한 문제는 국민들의 정당에 대한 낮은 신뢰도이다. 정당이 민주주의 운영에 필수적이라는 점을 국민들이 인식하지만 그 정당들이 민주주의를 작동시키는 역할을 신뢰하지 못한다는 것은 역설적이다. 더욱이 동남아 국가에서는 소수에 의해 정당 내 권력이 독점되기 때문에 정당의 신뢰는 상대적으로 더 낮다. 그러한 권력독점이 최근의 반정당 정서(anti-party sentiments)의 기본원인이 되기도 한다. 정당에 대한 불만의 증대와 정당으로부터 소외가 지속되면 민주주의 가치 자체에 대한 회의가 발생할 우려도 있다. 민주주의에 대한 대중의 평가는 민주적 과정 그 자체보다 민주주의 정부의 성과에 의해 이루어진다. 따라서 민주주의라는 정치체제의 이론적 가치가 아니라 국민들에게 제시할 수 있는 정부업적이 더 긴요하다.

Ⅱ. 정당 구성의 외부적 요인

정당은 민주화를 촉진하기 위한 도구이다. 그러나 정당이 민주화의 방해요인이 될 수도 있다. 원칙적으로 정당은 대중과 정부를 연결시키는 기능을 해야 하지만 때로는 대표성의 증가보다 군부정권의 대중동원에 이용될 수도 있기 때문이다. 그러나 민주주의를 확보하고 공고화하기 위해서 비록 이들의 기능이 어떻게 민주주의에 기여하는지 복잡하게 얽혀 있지만 정당의 활성화와 기능화는 필수적이다. 정당들은 다른 정당들과 차별적이어야만 한다. 정당은 그 지지자들이 다른 정당을 택하지 않는 경향이 강할 때 안정적일 수 있다. 그러나 동시에 정당들이 최소한의 수준에서마저 상호인정하지 않는다면 민주주의는 제대로 작동할 수가 없다. 따라서 특히 민주화 과정 속의 국가에서 정당들의 어려운 과제는 지지자들을 확보하기 위해서 정당 간 상호 적대적이어야 하는 동시에 관용성(tolerate)라는 자유주의의 기본원칙이 지켜질 수 있는 정당체제를 유지해야 한다는 점이다.

이러한 모순적 관계가 정당체제 안에 내재하는데 결국 동거와 적대 정치 중 어느 쪽에 치중할 수밖에 없다. 그러나 정당들 사이의 야합을 통한 사회의 전반적 지배나 적대적 관계가 정당체제의 붕괴라는 끊임없는 위험의 상태를 야기하여, 한 정당이 다른 정당을 모두 지배하는 권위주의의 득세로 종결되어서는 안 된다. 이러한 긴장관계에 경제발전이라는 외부적 조건이 추가된다면 정당 간 긴장은 더욱 복잡한 문제가 된다.

정당이 경제발전에 긍정적 역할을 하기 위해서는 정당경쟁에 여러 가지 제약이 부가된다. 정당은 특정 정책의 목표를 존중해야 하며 또 다른 정책결정 기구인 관료들과의 공존도 받아들여야 한다. 경제성장의 목표에 오랫동안 우선 순위가 주어지는 동남아 국가에서 정당들이 자신들의 목표를 제대로 정하지 못한다면 민주화는 이루어지기 힘들 수도 있다. 동남아 연구에서는 자유민주주의가 경제발전을 저해한다는 주장이 설득적인지 고려하기 이전에 경제우선주의 정부의 성격부터 제대로 규명해야 할 필요가 있다.

정당은 자유민주주의 국가의 중심적 제도이다. 정당의 문제점에 대한 지적도 사실은 국민들의 의사를 최고 의사결정권자들에게 전달하고 엘리트가 충원되는 과정을 관장하는 기능에 대한 기대에서 출발한다. 따라서 정당이 그러한 기능을 하는 유일한 공식적 기구라는 점에는 이견이 없다고 할 수 있다. 달리 표현하면 민주주의 정치에서 정당은 국민과 정부 사이의 연계 역할을 하는데, 이는 유권자의 요구에 따른 정책을 제시하여 정부가 시행토록 하며, 정치인들이 공직경쟁을 할 수 있는 토대 역할을 한다. 이러한 원칙적인 정당의 기능뿐만 아니라 권위주의 정권에서도 정당은 단일정당으로 혹은 유사단일정당체제를 형성하여 중요한 역할을 수행한다. 그러나 그 역할은 정당간의 경쟁이 존재하는 민주주의 국가의 정당과 비교하면 정당 내부의 구조뿐만 아니라 정당체제 자체에서도 상당한 차이를 보인다.

만일 정당들이 대표성을 제대로 가지고 있다면 안정된 지지계층이 존재해야 한다. 또한 실질적 정당이 되기 위해서는 정치논쟁 속에만 빠져 있는 것이 아니라 정치체제의 한 부분으로서 정당체제 속에 포함되어야 하며 정치에 영향을 미칠 수 있어야 한다. 정당체제란 정당들 사이에 상호관계가 존재하며 동시에 서로 간에 독립적이어야 한다는 것을 의미한다. 더 나아가서는 정당의 숫자가 너무 많지 않아 정책결정에 효율성이 있는 체제가 유지되어야 한다(Blondel 1985).

이러한 조건들이 만족되기 위한 선행조건으로 헌법에 규정된 정치적 자유와 경쟁이 보장되는지 여부와 이러한 권리가 정당에 어떻게 적용되는가를 살펴보아야 한다. 민주주의가 공고화(consolidation)된다는 것은 민주주의가 안정화되고 부패나 쿠데타를 막아낼 능력이 있는 환경에서 정당들이 자유롭게 경쟁할 수 있는 복수정당체제가 존재한다는 것을 의미한다. 따라서 민주주의의 유지는 헌법에 의한 정당활동의 보장과 복수정당체제에 의한 헌법의 실행이라는 두 측면의 상호적 강화에 의해서 가능해질 수 있다.

이러한 관점에서 본다면 동아시아 국가에서 민주주의가 공고화되고 있는가를 확인하기 위해서는 먼저 헌법과 실제에서 얼마나 복수정당체제의 발전을 허용하는가를 확인해야 한다. 둘째로는 정당이 국민의 대표성을 지닌 정치적 제도로서 구조화되어 있는가를 따져보아야 한다. 그리고 마지막으로 자율적 정당이 존재하는지 여부와 정책결정에 영향을 미치는 소수의 거대정당이나 정당연합이 안정적으로 유지되면서 상호 경쟁하는가를 확인하는 작업이 필요하다.

정당이 자율성을 유지하면서 자유롭게 기능하기 위해서는 형식적인 정당의 존재뿐 아니라 정당의 정치행동이 보장되는 환경이 조성되어야 한다. 선거기간뿐 아니라 일상 시에도 정당의 정치활동을 보장하기 위해 여러 가지 요건이 충족되어야 한다. 여기에는 정치체제로서 헌법적 내용이 정당의 자유롭고 독립적 행동을 규정하는 가장 첫째 조건이 되며, 선거제도 그리고 미디어가 정치기사를 다루는 과정에서 정당에 대한 배려가 추가적 조건이 될 수 있다. 헌법규정은 정당 발전에 직접적 영향을 미친다. 정당활동에 대한 어떠한 내용의 규제가 법률에 의해서 명시된다면, 비록 정당이 비민주적이거나 비자유적인 것을 방지하기 위한 것이라 해도 그로 인한 이득보다는 피해의 가능성이 더 높다. 따라서 법률이 최대한 자유로운 정당활동을 보장하는 것이 바람직하다. 정당에 대한 제약이 필요하다면 그것은 매우 제한적으로 그리고 자의적 해석의 여지를 없앨 수 있도록 자세히 규정되어야 한다.

둘째로, 행정부와 입법부의 관계에 관한 헌법규정 또한 중요하다. 권력구조가 대통령제인가 의원내각제인가에 따라 정당에 직접적 영향을 끼치게 된다. 미국의 예를 본다면 대통령제는 정당의 결속력을 약화시키는 경향을 보인다(Linz 1994; Shugart and Carey 1992). 정당 내에서 대통령후보자가 되기 위한 경쟁이 장기화되고 심화되면 정당의 결속력이 약해질 수 있는데, 미국의 경우 유권자들이 후보자를 선정하는 예비선거가 가장 중요하며, 또한 오랫동안 지속되기 때문에 정당지도부의 규율이 높지 않으며 내부적 갈등과 분열이 존재한다.

반면에 의원내각제에서는 리더십 경쟁은 비교적 단기적이며 당내에서만 이루어지는 것이 아니라 리더 집단 전체에서 발생한다. 의원내각제에서는 의회에 대한 지속적인 지지가 있어야만 내각이 존재할 수 있으며 여당 의원들의 정부에 대한 반대투표는 결국 집권정부의 붕괴를 가져올 수 있다는 것을 알기 때문에 정당의 기강이 잘 지켜지고 정당의 결속력이 높다. 의원내각제에서는 정부와 의회 다수당이 일치하기 때문에 당내 갈등이 심하지 않지만 대통령제에서는 행정부의 수반인 대통령과 내각이 소속 정당의 의회 내 위상과 관련이 없으므로 의원내각제에서처럼 내각이 소속 의원들에 매달리지 않는다. 그러나 이러한 논리는 서구 국가에서만 일반성을 갖는다고 할 수 있다. 남미 국가들(칠레, 아르헨티나

등)에서는 대통령제에서도 정당들이 상당한 수준의 규율을 보이기 때문이다.

세 번째로 헌법구조가 정당에 영향을 미치는 정도는 국가의 영토가 분권화되어 있는지의 여부에 따른다. 국가가 연방제로 구성된 경우에는 당연히 분권화현상이 강하며 따라서 정당체제도 영향을 받지만 그렇지 않다 해도 중앙정부의 권한이 지방에서 미약하고 지방정부가 선거에 의해서 구성되는 경우에는 권력의 분권화현상이 두드러지게 나타난다.[1)]

분권화된 지방정부의 주요 직책이 선출되고 이들이 지방의 중요한 문제를 결정할 수 있는 권한을 갖기 때문에 이에 따른 정당의 구성도 중앙집권적 정부에서의 정당과 차이를 보인다. 정부권한의 분권화 정도에 따라 중앙당과 지방정당의 일치성에 차이를 보인다고 할 수 있다. 말레이시아 정당의 경우가 대표적인 사례가 될 수 있다. 미국이나 스위스 정당들은 지역 수준에 따라 정당 차이가 거의 존재하지 않지만 정당 운영 및 결정에 있어서는 거의 완전히 독립적이기 때문에 과연 이들을 하나의 정당으로 간주할 수 있는지도 논란의 여지가 있을 정도이다.

한편, 선거제도와 정당체제의 관계는 선거제도의 영향 가운데 가장 많은 논란을 일으키면서 활발한 연구가 이루어진 분야 가운데 하나이다. 선거제도와 정당체제의 관계를 처음으로 체계화한 뒤베르제(Duverger, 1963)는 비례대표제는 독립된 다당제를 유도하는 경향이 있으며, 2차 투표제는 연립다당제를, 그리고 1위대표제는 양당제를 촉진하는 경향이 있다고 보았다. 소위 "뒤베르제의 법칙"으로 불리는 이러한 선거제도와 정당체제의 관계는 비록 사르토리(Sartori 1987, 1997) 등과 같은 학자들에 의해 법칙성이 부정되기는 하지만, 선거제도에 따른 경향성이 완전히 부정되지는 않는다.

---

1) 연방정부의 형태라 해도 그 정도에 따라 정부 및 정당의 분권화 정도는 상당한 차이를 보인다. 호주나 베네수엘라는 지방정부의 권한이 작고, 미국, 캐나다, 스위스에서는 주정부의 권한이 큰 편이다.

비례대표제가 다수제에 비해 다당제적 경향을 많이 갖는 것은 다른 무엇보다도 1위대표제가 가지는 비비례성(disproportion)에 기인한 제도적 효과와 사표방지 심리나 전략적 투표행위 같은 심리적 요인에 의해 설명될 수 있다. 즉 1위대표제의 경우 대정당은 득표율을 초과해 의석을 점유하는 과대대표현상과 군소정당들이 득표율에 훨씬 못 미치는 의석을 차지하는 과소대표현상을 보임으로써 대정당을 강화시키고 군소정당을 위축시킨다. 한편 유권자들은 자신의 표가 사표가 되는 것을 방지하기 위해 전략적으로 당선 가능한 대정당의 후보자를 선택하는 경향이 나타나 양당제에 유리한 조건을 가져다주는 것으로 여겨진다.

선거제도의 정치적 영향과 관련하여 가장 큰 주목을 받는 동시에 크게 논란이 되는 문제는 선거제도와 정치적 안정 및 효율성의 문제이다. 특히 다수제에 비해 비례제는 높은 비례성에도 불구하고 정치적 안정성과 효율성이 낮다는 비판적인 인식이 일반적이다. 물론 인위적으로 다수를 구성하는 1위대표제에 비해 비례제가 실질적인 다수의 지지를 기반으로 정부를 구성하고 있기 때문에 오히려 안정적인 정부를 구성할 수 있다는 견해도 있기는 하지만, 다수결제도는 양당제를 유도하는 경향이 있고 양당제가 정치적 안정에 크게 도움이 된다는 점은 일상적으로 통념처럼 받아들여지고 있다.

Ⅲ. 선거운영과 정당

선거제도는 정당의 구조와 상대적인 권한에 직접적 영향을 미친다고 할 수 있다. 공식적인 선거제도뿐만 아니라 서구 국가에서는 문제가 되지 않는 선거제도의 운영 역시도 동남아 국가에서는 정당의 위상에 영향을 미친다. 선거의 운영에서 가장 빈번한 것이 비민주적 정부의 의도적 효과이다. 여기서 의도적인 효과는 특정 정당, 특히 야당에 대한 체계적인 차별로 나타나는 경우가 많다. 고의적인 선거인 명부의 부정 작성, 선거 때뿐만 아니라 일상적인 야당 탄압이 대표적인 예이다. 정부의 편파적 행위는 정당들이 진정한 대표성을 띤 기구로 발전하는 것을 저해할 뿐만 아니라 단기적으로 정부여당에 유리한 조치들도 결국은 정당체제가 제도화되는 데 방해요인이 된다.

동남아 국가에서 정당들이 부당한 특혜를 누리는 대표적인 사례로 유권자를 대상으로 한 매표행위나 때로는 특정 지역의 유권자들에게 혜택을 베푸는 부패형태를 지적할 수 있다. 부정한 행위가 선거법에 의해 일순간에 모두 없어질 수는 없지만 법의 간여가 없다는 것은 이러한 행위가 지속되어 선거부정이 심화되는 것을 방치하는 결과를 낳는다. 부패가 일상화되고 있다는 생각이 국민들에게 팽배해지는 것은 정당의 존립에 큰 영향을 미치게 되어 정당이 제도화되는 데 장애로 작용한다. 정당의 불신이 일반화될수록 빠른 경제적 발전과정에서 부를 축적한 소수가 자신들의 이익을 위해 정당에 대한 영향력을 높여가고 또 다시 정당은 국민을 대상으로 하는 토대를 마련하기가 어려워진다. 이러한 형태의 부패는 동남아의 많은 국가에서 민주화의 진행 여부에 관계없이 발생하여 정당발전을 저해하고 있다(Taylor 1996).

야당에 대한 탄압이나 부패의 문제를 해결한다 해도 모든 정당이 공평하게 취급되어야 한다는 문제를 완전히 해결할 수 있는 것은 아니다. 왜냐하면 정부여당이 아직도 정치자원에 접근할 수 있는 배타적 특권을 가지고 있기 때문이다. 이러한 문제를 해결하기 위해서 서구 국가들은 이전 선거에서 각 정당이 득표한 비율에 따라 정당에 공공자금을 분배하는 방식을 택하고 있다. 이러한 시도가 정당의 공평한 대우문제를 해결할 수 있는지는 논란의 여지가 있지만 정치자금의 분배가 이전 선거에서의 득표에 기초한다는 점에서 이 제도 역시 신생 정당에는 여전히 불리하다.

전체적으로 정당에 대한 공적 지원에 관해서는 찬성과 반대 의견은 현재

팽팽히 맞서고 있는 실정이다. 국가에 의한 정당운영자금 지원은 중앙당을 강화하는 현상을 가져오기 때문에 분권화된 정치구조 속에서 지방정당이 활성화된 국가에서는 지방정치의 자율성이 감소될 수 있다는 문제가 야기될 수 있다. 특히 동남아시아 국가에서 정당들은 지역정당에 머물면서 중앙정치와 일정한 거리를 유지하는 경우에 정당에 대한 국고보조는 정당들의 중앙화 현상을 불러일으켜 전국정당이 안정적 지배를 하지 못하는 경우에는 정치적 안정을 저해할 수도 있다.

어떤 정치체제에서도 헌법, 선거제도 등은 정당발전을 위한 선행조건이다. 만일 정당 발전에 도움이 되는 제도적 조건이 만들어진다면 정당들은 국가정치를 결정하는 데 중요한 역할을 하게 된다. 그러나 이러한 조건들이 충분조건이 되지는 못한다. 정치과정의 관점에서 볼 때 정당이 정당일체감으로 표현되는 유권자들의 지속적 지지를 받을 수 있을 때 안정되고 강력한 정당이 될 수 있다(Budge, Crewe, and Fairlie 1976). 유권자의 안정적 지지라는 조건은 민주주의 과정에서 정당이 중요한 매개자 역할을 하기 위해서는 전국적 단위에서 요구된다.

이러한 정당을 대중정당(mass party)이라고 할 수 있는데, 대중정당은 전국적인 정당이 될 수 있는 지방의 하부단위까지 조직화된 연계를 가지고 있다. 대중정당은 간부정당(cadre party)과 대비되는 정당형태로, 간부정당은 명망가들(notables)에 의한 정당으로, 지주와 같은 지역적인 영향력 있는 인물들을 기초로 하는 공식적 구조를 발전시키지 않는 정당을 의미한다. 간부정당이 일반 유권자에게 호소할 수 있는 방법은 물질적 공여와 수혜, 즉 후원-수혜관계(patron-client relationship)에 기초하게 된다.

국가별 사례연구를 위해서는 앞에서 밝힌 정당발전의 일반론을 기초로 개별국가의 특수성을 고려한 분석틀이 요구된다. 동남아 국가의 정당들은 다민족과 다원적 사회구조 속에서 작동하고 있다. 이러한 사회는 사회적 변화, 국가건설, 경제발전 그리고 정치의 민주화라는 동시적 변화의 도전을 경험하는 것이다.

서구사회가 아주 오랜 세월을 거쳐 경험했던 것들을 동남아 국가들은 동일한 단계로 겪어내는 것이 아니다. 따라서 각 정당의 운영방식과 맥락도 차별적일 수밖에 없다.

선거제도를 좀 더 구체적으로 주목해 보면 동남아 국가들은 이질적 정치경험에도 불구하고 최근의 선거제도 변화에서의 유사성을 관찰할 수 있다. 일본과 한국 등 민주주의가 공고화된 국가뿐 아니라 대만, 필리핀, 태국 등의 국가에서도 유사한 '혼합선거제'를 택하고 있다. 이 선거제에서는 일부 국회의원은 정당투표에 의한 전국 단위에서 선출되고, 나머지 의석은 지역구 선거결과로 대표가 선출된다. 많은 국가에서 혼합선거방식이 수용되지만 특히 아시아의 신생국가에서 많이 선택되고 있다(Reynolds et al. 2005). 더욱이 다른 지역의 국가들과 비교하여 동남아 국가에서는 다수주의적 혼합선거제의 특성이 두드러진다. 이러한 선거제도 개혁의 목적은 기존의 정치병폐인 엽관정치와 개인정파적 정치를 불식시키기 위한 것이다. 같은 정당원끼리 사적인 이유로 반목하거나 개인적 관계로 연계가 맺어지던 정치관계를 떠나 안정적인 정당연합과 정당들이 체계적인 공약을 제시하는 정치환경을 기대한 것이다.

필리핀은 1987년 혼합선거제를 채택한 동남아 국가의 첫 사례이다. 필리핀 국회의 전체 의석 중 20%에 달하는 52석을 전국구 의석으로 배분하였다. 그러나 새 선거법은 정당들이 후보명단을 작성할 때 정당의 자율성에 따르는 것이 아니라 소수집단(젊은층, 노동자, 도시빈민, 농부, 어부, 여성 등)을 기준으로 배분하도록 규정하였다. 따라서 한 집단에서 3명 이상의 전국구 후보가 포함될 수 없었다. 그 결과 의회 의석분포는 더 다양한 의원들로 구성되고, 이들은 언론과 위원회에서 두드러진 활약을 보여주었다. 필리핀과 마찬가지로 태국도 1997년에 혼합선거제를 채택하여 500명의 의원 중 100명을 정당투표에 의한 비례대표 방식으로 선출하도록 선거제도를 개혁하였다. 지역구 선출 국회의원들은 지역구를 발전시킬 기회를 마련해야 하는 데 비해, 전국구 의원들은 전국적 이슈에 집중하는 이중적 대표기능이 가능하도록 고안한 선거제도인 것이다.

말레이시아와 싱가포르의 선거제도는 또 다른 의미를 갖는다. 양국에서는 독립 이후 선거제도의 근본적 변화가 없었다. 그러나 점진적인 기술적 변화가 현직자들에게 유리한 환경을 조성하게 되었다. 말레이시아는 과반수 방식에 따른 웨스트민스터(Westminster) 방식을 사용하였지만 선거구 조정이 여당이 우세한 농촌선거구에 유리하게 수정되었다. 따라서 여당은 한 번도 선거에서 져본 적이 없으며, 한 번을 제외하곤 모든 선거에서 개헌이 가능한 3분의 2 이상의 의석을 차지하였다. 2004년 선거에서 집권세력인 국민전선(Barisan Nasional)이 63%의 득표로 90%의 의석을 차지하였다.

싱가포르에서는 집권당에 더 많은 이점이 주어졌다. 다수의 싱가포르 의원들은 4명에서 6명까지 뽑는 다수집단대표 선거구(Multi-member Group Representation Constituencies)에서 선출된다. 이 제도에서 유권자들은 후보자가 아니라 정당의 후보자 명부를 택하게 된다. 그리고 가장 많은 득표를 한 정당이 해당 선거구의 모든 의석을 차지하는 승자독식(winner-take-all) 방식에 따라 의원들을 선출한다. 야당에 대한 차별과 언론의 자유를 제한하는 여건 속에서 집권당인 인민행동당(People's Action Party)이 매 선거마다 90% 이상의 의석을 차지한다. 예를 들어 2001년 선거에서 인민행동당은 74%의 득표로 84석 중 82석의 의회의석을 차지하였다.

전체적으로 정리해 보면 1990년대 동아시아 국가들의 선거제도 변화를 보면 몇 가지 패턴을 발견하게 된다. 우선 비록 혼합선거제를 채택하지만 의석비율을 보면 다수결 방식의 지역구 선출 의원비율이 훨씬 높다. 따라서 대표구성이 다원적 성격보다는 다수결적 특성을 훨씬 많이 가지고 있다고 할 수 있다. 이러한 대표방식은 독일이나 뉴질랜드와 같이 정당투표를 통한 비례대표의 비율이 지역구 의원비율과 같거나 혹은 더 많은 국가들의 대표선출 성격과 대비된다. 또한 아시아 국가에서는 비례후보 명단이 각 정당의 의석과 득표비율이 일치하도록

표 1 동아시아 국가의 혼합선거제도

국가	지역구 의석	선출방식	정당명부의석	선출방식	전체의석
일본	300	다수결	180	명부비례	480
한국	243	다수결	56	명부비례	299
대만	73	다수결	34	명부비례	113
태국	400	다수결	100	명부비례	500
필리핀	209	다수결	최고 53석	명부비례	262
동티모르	13	다수결	75	명부비례	88

조정하는 보완적 기능으로 사용되지 않는다. 독일의 경우 의석배분의 기본은 정당득표율이며, 지역구에서 당선된 의원에 따라 정당후보 명단에 따른 당선자의 수가 결정된다. 그러나 아시아 국가에서는 비례대표 선출과 지역구 선출이 독립적으로 운영된다.

대다수 아시아 국가에서 비례대표의 비율이 유럽 국가들보다 상대적으로 낮은 것은 지역이나 인종에 근거한 소수정당들이 의석을 획득함으로써 나타나는 정치분열을 막아야 한다는 현직자와 거대정당의 주장에 따른 것이라고 할 수 있다. 그러나 워낙 비례대표제의 비율이 낮기 때문에 현실적으로 혼합선거제를 택하고 있지만 소수정당들은 다수결 방식의 선거제도보다 더 많은 의석을 획득하지 못하고 있다. 소수정당이 겪는 또 한 가지 어려움은 정당들이 의석을 획득하기 위해서는 최소한의 득표조건을 만족시켜야 한다는 것이다.

동남아 국가들의 선거제도 변화를 비교해 보면 유사성과 아울러 다양한 방식의 개혁에 내재된 상이한 개혁동기를 확인할 수 있다. 태국에서 혼합선거제를 도입한 동기는 지역구에서 선출되기는 어려운 자질 높은 인물을 정계에 진출시키고 정당후보를 선택하는 데 정당의 영향력이 작용하여 정당을 강화시키려는 것이다. 필리핀에서는 전통적인 엘리트들이 지속적으로 정치를 지배하는 것이 가장 심각한 문제이다. 따라서 정당명부 방식은 불이익을 받고 있는 집단에게 기회를 제공할 수 있는 유일한 방법이 될 수도 있다. 이처럼 국가별로 해결하고자 하는 당면문제가 차이는 있지만 정당체제를 강화하고 부패나 물질적 수혜관계에 따른 선거를 지양하려는 의도는 공통적이다.

마지막으로 동아시아 국가들의 선거제도 변화의 특징으로 언급한 다수결 민주주의(majoritarian democracy)는 결국 포괄적인 정당의 등장과 거대양당체제를 초래한다는 점을 지적할 필요가 있다(Duverger 1963). 양당제 하에서 정당이 성공하기 위해서는 중간적 입장을 취해야 하며, 그 결과 폭 넓게 공유하는 요구에 초점을 맞춘 정책에 치중하게 된다. 결국 안정적이고 예측 가능한 다수결 규칙에 따라서 정치적으로 중간입장을 택하는 경향을 띠게 된다. 이러한 정치환경은 대통령을 다수결 방식으로 선출하는 국가에서 더욱 강한 영향력을 발휘한다. 그러나 다수결 민주주의 하에서 정당의 공고화는 다양한 사회집단의 대표성을 감소시키는 결과를 가져올 우려도 있다(Dalton 2007).

Ⅳ. 정당의 변화

전통사회에서는 명망가들이 정당을 이끌지만 그러한 정당들은 점차 감소하고 있다. 서구에서는 간부정당이 19세기에 득세했지만 20세기로 넘어오면서 대중정당이 이들을 대체하게 되었다. 다른 지역에서는 근대화 시기에 간부정당이 존재했지만 이들도 점차 사라지고 있다. 많은 경우 간부정당의 소멸은 정치체제의 변동, 예를 들어 군부가 한동안 정치활동을 금지하거나 강한 지도자에 의해 단일정당체제가 형성되는 쿠데타가 발생하면 간부정당은 없어지게 된다. 태국이나 필리핀에서 간부정당은 상당기간동안 권력을 향유하였다. 만일 말레이시아와 싱가포르에서 완전한 민주화가 이루어진다면 대만에서 카리스마를 지닌 지도자에 의한 일당체제가 붕괴하는 것처럼 잘 구조화되어 있었던 간부정당은 없어지게 될 것이다. 인도네시아에서 수하르또의 실각이 골까르(Golkar)당의 몰락을 가져왔던 예가 동남아 국가에서 간부정당의 미래를 보여주는 것이다.[2)]

전국 단위의 대중정당이 강하고 지속적인 정치력을 갖기 위해서는 두 가지 요건이 지속적으로 발생해야 한다. 첫 번째는 광범위한 사회적 균열이 지속되어야 한다. 로칸(Rokkan)이 지적하는 바와 같이 19세기와 20세기에 유럽에서는 수많은 균열이 존재하였다. 그리고 그러한 균열들은 한 세대 이상 지속되어야 하는데 실제로 동일한 사회적 균열들이 이후 세대에서도 중요한 역할을 하였다.

사회적 균열의 가장 오래된 유형은 종족균열로서 이러한 균열은 지방에서 간부정당이 득세할 수 있는 기회를 만들어 주었다. 그 이후에는 사회구조의 변화와 인구이동에 따라 인종, 지역, 계급에 따른 균열이 지배적으로 나타나게 되었다. 그리고 이러한 새로운 균열 축들은 전국 단위의 성격을 띠게 됨으로써 대중정당이 등장하는 계기를 마련하였다(Blondel 1985). 균열에 따른 정당들은 세계적으로 나타나는데 특히 산업화된 국가들에서 활성화되었다. 서구 유럽 국가의 경우 계급과 종교에 따른 균열이 새로운 정당의 원인이 되었다. 인종적 균열은 때로는 종교적 균열과 동반하여 나타나는데 이 역시도 많은 사회에서 매우 중요한 균열이 되었다.

종족균열이 근대사회에서 모두 사라지는 것은 아니다. 종족균열은 지방에 대한 일체감이 매우 높고 지도자가 그 지역의 이해관계를 강력하게 대변할 수 있다면 간부정당의 속성을 지닌 전근대적 정당은 존속될 수 있다. 그러나 대체로 집단 — 인종, 종교, 계급 등 — 에 대한 충성심은 정치적인 대변이 정당에 의해

2) 골까르당은 1999년 총선에서 전체 500석 중 120석을, 그리고 2004년 총선에서는 128석만을 획득하여 제2정당으로 밀려났다.

이루어짐으로써 정당에 대한 충성심으로 변화한다. 그리고 이러한 변환과정은 쿠데타에 의해 방해되지 않는다면 원래 집단에 대한 충성심과는 별도로 정당에 대한 충성심으로 나타난다. 이러한 속성의 정당은 자신의 정치권력에 도전할 수 있는 공식적인 조직을 만드는 것을 원치 않는 지방의 지도자에 의한 정당과는 차별되는 정당 구성원과 조직을 형성한다.

1960년대 이후 미국을 비롯한 서구 국가의 정당에서 나타난 변화 중 하나는 충성심에 바탕을 둔 전통적인 대중정당이 약화되고 사회적 균열에 근거하지 않는 정당이 등장하기 시작했다는 것이다. 즉 이슈에 근거한 정당들이 생겨나는데 이들은 환경문제와 같이 유권자 중 일부 집단의 지지를 받을 수 있는 이슈를 개발한다.

이처럼 균열에서 이슈로 지지동원의 근거가 변화하는 것은 정당이 정치상품(political goods)을 '생산'하기 시작했다는 것을 보여주는 것이다. 그러나 이슈정당의 등장이라는 것이 충성심이 정당존립에 더 이상 중요하지 않다는 것을 의미하지는 않는다. 예전에는 정당이 균열의 결과물로서 존재했지만 점차 이슈를 통한 정치적 지지의 동원은 정당이 정치적 문제를 제기할 수 있는 적극적 기능을 할 수 있다는 것을 보여 주며, 동시에 충성심에 의한 장기적 지지가 아니라 이슈에 의한 지지의 유동성이 높아졌다는 것을 의미한다.

이러한 현상이 서구 국가에만 국한된다고 볼 필요는 없다. 동남아 국가에서도 정당이 이슈를 선점하여 유권자들에게 이슈투표나 지지를 호소할 수 있다. 집권세력의 변동에까지 이르지 못한다 해도 유권자들을 단기적으로 동원하는 것은 가능하다. 단지 안정적 정치체제의 경험이 없는 국가에서 이슈에 의한 단기적 정치동원이 이루어진다면 새로운 정당의 등장이나 정당 간 권력의 변화가 상당한 여파로 작용할 수 있으며, 또한 이슈 중심의 정당의 극단적 행위로 인해 정치적 혼란이 야기될 위험은 있다.

앞에서 살펴본 선거제도의 개혁이 지역정당체제에 어떠한 영향을 주었을

까? 동아시아 국가들의 지역정당들은 미완적이고 조직체제도 미약하며 사회에 거의 뿌리내리지 못한 상태로 평가된다. 민주주의 운영과 발전에 광범위한 지지를 유지하고 제도화되고 일관성 있는 정책을 제시할 수 있는 정당은 필수적이다. 그럼에도 불구하고 동남아 국가에서 정당이 발달하지 못한 것은 몇 가지 원인으로 설명해 볼 수 있다. 첫째, 국가를 이루는 민족이나 문화가 매우 다양하기 때문이다. 1986년 필리핀은 다시 민주화를 이룩했지만 취약한 정당체제로 인한 정치불안이 지속되었다(Hutchcroft and Rocamora 2003). 인도네시아에서도 세속적 세력, 이슬람, 민족주의자, 지방정당 등의 세력이 7년 동안 6번이나 정부를 교체하는 등 정당분열로 인한 정치장애가 발생하였다. 정당체제의 분열과 유동성은 정당에 대한 취약한 지지나 불안한 정당결합을 가져온다(Sheng 2007). 태국의 경험을 보면 연합정당이 정치연합을 철회한다는 협박을 통해 실제 권력에 비해 더 큰 권한을 갖게 되면서 정국의 불안은 더욱 커졌다. 따라서 모든 정권이 임기를 모두 채우지 못한 채 물러나야만 했다. 이러한 정치불안은 선거에서 매표와 부패로 연결되는 경우가 많았다. 선거결과를 누구도 예측할 수 없고, 모든 정권은 4, 5개의 정당으로 구성되기 때문에 돈은 정치인들의 관계를 유연하게 만들거나 정치적 호의를 얻기 위해서는 반드시 필요한 재원이 된 것이다.

정당의 개수와 사회의 다양성 사이에는 긍정적 관계가 있고 경우에 따라서는 바람직하지만, 다른 요건 하에서는 다른 의미와 결과를 가져온다. 그 매개요인 중 하나가 정당간의 경쟁이 벌어지는 곳에서 규칙이 제도화되었는지 여부이다. 많은 동남아 국가들은 정당의 형성, 구성 그리고 재원조달에 관한 새로운 법률을 제정하였다. 예를 들어 인도네시아에서는 지역에 근거한 정당이 등록하지 못하도록 하였고, 대통령으로 당선되기 위해서는 지지지역 이외의 다른 지역에서도 일정한 비율의 지지를 얻도록 의무화하고 있다. 태국에서는 1997년 이후 정당들은 지배지역 이외의 다른 5개 지역에서도 의무적으로 지지를 얻어야 하는 것으로 규정하고 있다. 필리핀에서도 정당을 만들기 위해서는 16개 지역 중 최소한 9개 지역에서 지구당을 창설해야 한다는 규정이 있다. 그러나 이러한 선거 및 정당과 연관된 규정들이 정당의 제도화와 안정화에 도움이 되는지는 인과적으로 확인하기 쉽지 않다.

Ⅴ. 동남아의 정당 유형: 리더십과 정책

앞에서 설명한 바와 같이 정당은 다음의 세 가지 유형으로 구분된다고 할 수 있다. 첫째, 대중정당은 인종, 종교, 계층에 근거한 균열에 의해 생겨나며 전국적 성격을 띠고 있다. 둘째로 전통적 정당은 부족이나 물질적 수혜관계에 기초하며 지역적 특성이 강하다. 마지막으로 이슈에 근거한 정당은 사회적 균열에 따라 생겨난 것이 아니며 비교적 규모가 작고 안정성이 떨어진다. 여기에 하나를 더 추가한다면 대중적 지도자에 의해서 창출된 정당이다. 이런 유형의 정당은 20세기 후반 특히 아프리카에서 많이 발견되는 정당형태로 민주화 과정에서 많이 나타난다. 이러한 정당 구분은 선거행태, 리더십의 유형과 강도 그리고 이념과 정책의 유형을 분석하는 데 유용한 분석틀이 될 수 있다. 이들 가운데 대중정당이 민주화 과정의 기초를 형성하는 데 많은 기여를 하고 있다. 그러나 대중정당이 정치적 영향력을 발휘하기 위해서는 전국적인 지지기반을 확보해야 하며 대중정당이 제도권으로 확산될 수 있는 상당한 시간이 필요하다. 그런데 동남아 국가에서 이러한 두 가지 조건을 만족시키는 것이 쉽지 않다.

정당을 이끄는 리더십은 정당의 특성과 헌법규정에 영향을 받는다. 위에서 밝힌 바와 같이 어떠한 유형의 정당인가 그리고 리더의 지지기반이 무엇인가에 따라 리더십은 달라진다. 또한 리더십은 내각제인가 대통령제인가에 따라서도 영향을 받는데, 특히 여당의 경우에는 권력구조의 영향력이 더욱 커진다. 한편,

정당의 수가 상대적으로 많고 내부적 분열이 있는 내각제의 리더십은 취약해지기 쉽다. 그리고 거대한 선거기반을 가지고 있는 전국적 정당은 내각제에서도 리더십이 강력하게 발휘될 수 있다.

반면에 대통령제에서 리더십의 승계 및 안정성의 문제는 정당의 성격과 비교적 관련이 적다. 고정된 대통령의 임기는 정당 내부의 갈등이 발생해도 리더십의 안정을 크게 저해하지 않는다는 점에서 내각제와 비교된다. 그러나 필리핀의 경우를 보면 정당들이 후원-수혜관계를 기본으로 하는 지방정당으로 구성되어 있으며, 대선후보나 대통령 선거에서 후보들의 수가 많고 이들 중 누구도 충분한 정도의 유권자 지지를 확보하지 못한다면 대통령의 권한은 매우 약하게 된다. 따라서 규율 있는 정당체제를 확보하기 위해 대통령제를 택하는 것은 해결책이 되기 어렵다.

정책을 중심으로 정당을 구분해 보면 개혁을 위한 포괄적 프로그램을 가지고 있는 정당부터 현재의 상태를 유지하려는 정당까지 다양하게 분포되어 있다. 정당들은 자신들이 원하는 정책을 수행하려 하면서도 동시에 유권자를 의식한다. 명확한 이념적 목표를 가지고 있는 정당을 개혁정당(programmatic party)이라고 한다면 유권자의 지지를 극대화하는 것을 목표로 하는 정당은 포괄정당(catch-all party)이라고 할 수 있다.

포괄정당은 이념의 종말시대에 유권자를 가장 잘 대표하는 것이 중요하다는 점을 강조한다. 마지막으로 확정된 정책을 내세우지 않는 정당은 이념적 정립이 없는 정당으로 볼 수 있다. 개혁정당으로 대표적인 것이 좌파 정당이 될 수 있으며 일반적인 대중정당이 포괄정당을 의미하고 후원-수혜관계에 기초한 지역정당들이 세 번째 범주에 든다고 할 수 있다.

이들 세 가지 유형 중 상대적으로 포괄정당은 이념적 융통성을 가지고 있으며 정책적 일관성을 유지할 수 있기 때문에 동남아 국가에서 민주화를 달성하기 위해서는 가장 선호된다고 할 수 있다. 그러나 사회적 균열이 본격화되기 전에는 포괄대중정당이 쉽게 나타날 수 없다. 왜냐하면 동남아시아에서와 같이 지방정당이 활성화된다면 전국적 균열을 가져오기 힘들고 따라서 사회적 균열이 선거에서 중요하게 작동하지 못하고 이는 전국정당의 형성에 장애가 되기 때문이다.

정당과 관련한 민주주의 공고화 과정이라는 것은 단지 정당들이 활성화된다는 것을 의미하는 것이 아니라 정당들 사이에서 특정 정당이 완전히 지배적이어서 다른 정당들이 주변역할에만 머무르지 않는 체제를 형성하는 것을 의미한다. 다시 말하면 정당구조의 활성화가 다원적 정당체제의 제도화와 연관을 갖는다. 만일 정당들이 비활성화되어 있고 일관성을 갖지 못한다면 정당체제 역시도 취약한 것이 된다. 또한 특정 정당만이 너무 큰 권력을 갖는다면 다원적 정당구조라고 할 수 없다. 정당체제가 활성화되고 다원적이기 위해서는 다수의 정당들이 일정한 정도 이상의 정치권력을 가져야 하며, 동시에 다른 정당에 의해 지배되지 않아야 한다. 그리고 다원적이기 위해서는 정당간의 경쟁이 존재해야만 한다.

지지자의 충성심에 기초한 대중정당이 이슈와 충성심을 바탕으로 하는 지지기반 성격의 전환을 가져올 경우 안정적 정치체제에 큰 도움이 된다. 지지자들의 충성심은 자신이 지지하는 정당에 대한 동일의식을 주기 때문에 정당체제의 제도화와 유동성을 낮추는 기능을 한다. 이러한 경우 정당의 분열은 나타나지 않는다. 그러나 다른 한편 충성심이 바탕이 되는 정당은 지방의 물질적 후원-수혜관계에서 흔한 정당유형이다. 동남아 국가의 민주화 과정에서 보는 바와 같이 전국 차원의 집단의식이 없으므로 전국정당으로서 대중정당의 형성이 어렵고 정당의 분열의 원인이 된다. 그리고 사회집단으로서의 의식이 없기 때문에 지방정당 지도자들이 분당을 하거나 새로운 정당을 만드는 것에 대한 부담을 느끼지 않게 된다. 이러한 현상은 태국, 필리핀 그리고 한국에서도 발견된다.

반면에 정당에 충성심과 이슈에 의한 정당 지지는 정당체제의 기능을 효율적으로 만들어 준다. 충성심에만 의존하는 정당체제는 정당간의 경쟁이 극도로 높은 수준에 이르게 함으로써 다원적 정당체제와 정권의 유지가 힘들어지고 결국은 붕괴로 이어지기 쉽다. 그리고 정당 간 높은 갈등과 긴장은 군부정권이나 일당체제를 가져올 수 있다. 따라서 민주주의 공고화를 위해서 정당들은 보다 광범위한 사회균열을 바탕으로 안정적인 지지를 유지해야 하며 동시에 정당과 사회집단 간의 관계는 어느 정도 느슨한 상태가 되어야 한다. 이러한 구조 속에서 정당 사이에 경쟁이 이루어지고 특정 정당에 강한 충성심을 보이지 않는 중간유권자(median voters)의 지지를 얻기 위해 정당들이 경쟁하는 형태를 띠어야 한다.

이론적으로 다원적 정당체제는 정당의 수와 규모를 기준으로 볼 때 4가지 유형으로 나누어 볼 수 있다. 양당제, 2와 1/2 정당제, 지배정당이 있는 다당제 그리고 지배정당이 없는 다당제가 그것이다. 양당제에서는 두 개의 정당이 비슷한 정도의 정치권력을 가지고 있지만 2와 1/2 정당제에서는 두 개의 거대정당과 작은 제3의 정당이 존재한다. 그리고 제3정당은 힘의 균형자로서 역할을 하게 된다. 세 번째 유형은 4~5개 정도의 중요한 정당이 존재하지만 그 중 하나는 나머지 정당 모두의 영향력을 합친 정도로 큰 영향력을 가진 경우이다. 마지막 유형은 다수의 정당들이 서로 비슷한 정도의 정치권력을 가져서 어떤 정당도 우월한 위치에 있지 못한 경우이다.

Ⅵ. 동남아 정당의 문제와 미래

이상에서 언급한 동남아 정당에 대한 평가는 다음과 같이 정리할 수 있다. 첫째, 동남아에서 민주주의는 보편적 가치로 지지를 받지만 정당구조가 아직도 지도자 중심이 되고 기능에 있어서 권위주의적인 면을 벗어나지 못하고 있다. 둘째, 민주적 정부에 대한 국민들의 신뢰는 높은 데 비하여 정당에 대한 신뢰는 낮다. 국민들의 정치참여는 증가하고 있지만 정당에 대한 신뢰가 증가하는 것은 아니라는 불편한 관계가 존속되고 있다. 셋째, 국민들의 정당에 대한 기대는 지속적으로 증가하지만 정당의 능력이 그러한 기대를 충족시키지 못하고 있다. 신생독립국에서 민주주의는 국가와 사회 간의 긴장관계를 야기하는데, 이는 대부분 동남아 국가의 경우 민주화 과정에서 충족되어야 할 경제적 발전이 수반되지 못한 채 급속한 정치변화가 이루어지기 때문이다. 정당에 대한 국민들의 낮은 기대와 정치발전을 이끌 수 있는 능력이 부족한 기존 정당들이 당면한 정치불안의 문제에 어떻게 대처해야 하는가라는 질문이 동남아 국가의 정당을 연구하는 중요한 주제가 된다.

비록 국가별로 정당과 연관된 정치과제는 다양하지만 공통적인 인식이 필요한 것은 정당들이 민주화를 이끌기 위해서는 내부적으로 정당운영 자체부터 한 사람에 의한 절대권력이나 과두지배 형태로부터 벗어나 민주화를 이루어야 한다는 사실이다. 내부적 민주화를 이루지 못한 정당은 국가의 민주화를 이끌 수 있는 국민의 지지와 위상을 가질 수 없다. 또한 권력을 추구하는 새로운 정당들이 등장하고 정치연합이 규범화되어감에 따라 기존의 정당들은 권력을 독점하기 위해 다른 정당을 배제시키는 것이 아니라 공유하는 현실에 적응해야 한다. 이러한 주장을 더욱 확대해서 설명하면 여당은 야당과 공존하며 경쟁하는 구조에 익숙해져야 한다.

정당의 내부민주화는 규범적인 원칙을 지키기 위해서 뿐만 아니라 선거에서 승리를 통한 정당 자체의 존속 혹은 발전을 위한 것이기도 하다. 정당은 유권자의 지지를 획득하고 유지해야만 한다. 시민들은 내부적 민주화가 이루어진 정당에 호의적이고 지지하는 성향을 보인다. 결사체로서 정당은 기본적으로 리더와 구성원의 관계를 규정하는 민주적 원칙을 가져야 하며, 이러한 관계 속에서 지지자들은 정당의 발전에 적극적인 관심을 갖게 된다.

이처럼 정당민주화의 원칙을 수용한 이후 실질적으로 서구국가의 양당제 민주주의와 차별적으로 아시아적 민주주의 정당모델이 필요하며, 존재하는가를 살펴보아야 한다. 일본의 경우 1994년 선거법 개정 이후 2003년 선거 결과 유효정당의 수는 2.4개로 줄어들었다(Reed 2002, 260). 대만의 경우에도 2004년 선거는 양당제의 확립을 예고하는 것처럼 보였다. 태국에서는 1997년 개헌 이후 2005년 선거에서 탁씬의 타이락타이당(태국애국당)이 376석을 차지하는 완승을 거두면서 유효정당은 1.65개로 되었으며, 이를 기점으로 태국의 정치도 양당제로 접어들었다는 전문가들의 선거분석이 있다.

이러한 양당제 추세에 예외적인 동남아 국가는 인도네시아와 필리핀이다. 양국의 정치적 배경을 보면 인도네시아의 수하르또와 필리핀의 마르코스 정권이 붕괴한 뒤 정치적 개방성은 높아졌지만 정당의 분절화는 더욱 심해졌다. 양국 모두에서 권위주의 정권에 의해 통제되었던 정당들이 폭발적으로 정치에 참여하게 된 것이 정당분절화의 한 이유가 된다. 1970년대 수하르또의 정당구조화 지시에 따라 3개의 공식적 정당만이 존재하게 되어 오랫동안 정치요구가 억제되었던 것이 1998년 이후 급격하게 정당들이 등장하게 된 원인이라 할 수 있다. 필리핀의 경우도 마찬가지로 1986년 마르코스 정권 붕괴 이후 새로운 헌법의 목적 중 하나가 일당체제와 대비되는 다당체제를 유도하는 것이었다. 이 두 국가의 예외를 제외하곤 동남아 국가들에서 다수결적 정치체제가 중심을 이루었다.

앞에서 경험적으로 다수의 동남아 국가들은 다수결적 혼합선거구제를 택하였고 지역을 극복한 포괄정당이 등장하고 있음을 확인하였다. 그 원인으로 몇 가지를 생각해볼 수 있다. 첫째로 '아시아적 가치'이다. 동양정치사상에는 투쟁과 갈등보다는 안정적이고 균형이 있으며 타협의 정치질서를 중시하는 경향이 있고, 그러한 문화적 배경 속에서 동남아 국가들은 다수의 의사를 우선시하고 포괄성향의 정당이 등장하여 통합을 중시하는 정치가 형성된다는 것이다(Bell 2000).

두 번째 해석으로는 일반적 정치원리로써, 동남아 국가에서 발생하는 모든 정치변화는 이기적인 정치인들이 정치규칙을 자신들에게 유리하게 변경함으로써 차기 선거에서 자신들의 당선가능성을 높이려는 시도라고 보는 것이다. 동남아에서 최근의 선거제도 개혁을 보면 소수자 대표를 억제함으로써 잠재적인 도전 기회를 줄이고 현직자에게 유리한 경쟁구도로 변경되는 것을 확인할 수 있다. 그 결과 서구 국가들과 달리 동아시아 국가들의 새로운 민주주의는 '대표성'보다는 '효율성'을 강조하는 특성을 갖게 되었다는 것이다. 이러한 설명은 정치행위에 관한 일반원칙을 적용한 것으로 일반적 타당성은 갖지만 다른 지역의 민주주의 국가들과 차별적으로 동남아 국가들의 선거제도 및 정당체제를 설명하는 구체성을 결핍하고 있다는 약점이 있다.

세 번째 가능한 설명은 동남아 국가들의 특수성을 반영한 것으로 정치적 결과로 해석하는 것이다. 프로그램이 준비되고 효율적인 정당을 원하는 일반 유권자들과 정치분화를 억제하고 인종이나 지역적 분열을 막으려는 정치엘리트가 존재하고, 이들의 결탁이 다수결적 양당제의 채택이라는 것이다. 분명히 선거제도 개혁을 통한 정당체제의 변화는 아래부터의 개혁요구와 현직자의 이해가 반영된 타협의 산물이다. 그러나 이러한 방식이 왜 동남아 국가에서만 적용되는가를 설명하기에 부족하다.

이상에서 언급한 바와 같이 동남아 국가의 정당체제 변화를 보편성과 특수성의 양 측면에서 포괄적으로 설명할 수 있는 주장은 발견하기 어렵다. 다만 동남아 국가에서 나타나는 선거제도 개혁과 정당체제의 변화는 더 이상 권위주의 세력을 비호하는 방법이 아니라 민주화된 기구의 기능을 활성화시키는 것을 목적으로 가지고 있다는 것은 명백하다. 다수결적 혼합선거제와 이에 따른 양당제의 형성은 이전의 일당독재나 불안정한 다당제 민주주의를 대체하고 있으며, 이러한 새로운 정치변화는 소수 정치권력의 조작에 의한 것이 아니라 대중과 엘리트의 결합에 따른 것이라고 할 수 있다.

참고문헌

Bell, Daniel. 2000. *East Meets West: Human Rights and Democracy in East Asia*. Princeton: Princeton University Press.

Blondel, Jean. 1985. *Government Ministers in the Contemporary World*, L.A.: Sage.

Budge, Ian, Ivor Crewe, and Dennis Fairlie. 1976. "Partisan Attitudes and the Vote: Moving Beyond Party Identification." *Comparative Political Studies* 15.

Dalton, Russell J. 2007. "The Patterns of Party Polarization in East Asia." *Journal of East Asian Studies* 7.

Duverger, Maurice. 1963. *Political Parties: Their Organization and Activity in the Modern State*. New York: Wiley.

Hutchcroft, Paul D., and Joel Rocamora. 2003. "Strong Demands and Weak Institutions: The Origins and Evolution of the Democratic Deficit in the Philippines." *Journal of East Asian Studies* 3.

Liddle, R. William. 1997. "Coercion, Co-optation, and the Management of Ethnic Relations in Indonesia." Michael E. Brown and Sumit Ganguly, eds. *Government Policies and Ethnic Relations in the Asia-Pacific*. Cambridge: MIT University Press.

Linz, Juan J. 1994. *Presidential or Parliamentary Democracy: Does It Make a Difference?* Baltimore: Johns Hopkins University Press.

Reed, S. 2002. "Evaluating Political Reform in Japan: A Mid-Term Report." *Japanese Journal of Political Science* 3.

Reynolds, Andrew, Ben Beilly and Andrew Ellis. 2005. *Electoral System Design*. Stockholm: International Institute for Democracy and Electoral Assistance.

Rood, Steven. 2001. "Elections as Complicated and Important Events in the Philippines." John Fuh-sheng Hsieh and David Newman, eds. *How Asia Votes*.

Sartori, Giovanni. 1987. *The Theory of Democracy Revisited*. New Jersey: Ghatham House Publisher.

Sartori, Giovanni. 1997. *Comparative Constitutional Engineering*. New York: New York University Press.

Sheng, Emile C. J. 2007. "Patisanship in East Asia." *Journal of East Asian Studies* 7.

Shugart, Matthew Soberg, and John M. Carey. 1992. *Presidents and Assemblies: Constitutional*

Design and Electoral Dynamics. Cambridge: Cambridge University Press.

Taylor, R. H. 1996. "Introduction: Elections and Politics in Southeast Asia." *The Politics of Elections in Southeast Asia.* Cambridge: Cambridge University Press.

제2장 | 말레이시아의 선거와 정치개혁의 한계: 압둘라 바다위 총리의 집권 이후 정치적 변화를 중심으로

신윤환

Ⅰ. 문제의 제기

2004년 3월 21일에 실시되었던 제11대 총선 이후 말레이시아 정치가 상당한 변화를 겪게 되리라는 예상은 나름대로 충분한 근거를 갖고 있었다. 22년이란 긴 세월 동안 강력한 철권통치를 행사했던 마하티르 모하마드(Mahathir Mohamad)는 총리직을 사임하면서 그 자리를 압둘라 바다위(Abdullah Badawi) 부총리에게 물려주어 말레이시아 정치는 새로운 리더십의 등장에 의한 변화를 예고하였다(*FEER* 2004/3/4, 12-15). 무엇보다도 취임 4개월 후 실시된 총선의 캠페인 과정에서 압둘라 총리는 전임자와 차별성을 보여주는 몇 가지 개혁조치를 취함으로써, 자신이 이끄는 국민전선(BN: Barisan Nasional, National Front)이 말레이시아 총선 사상 최대의 승리를 일궈내는 성과를 얻어내는 데 성공하였다(*FEER* 2004/4/1. 18-19). 대다수 언론과 분석가들은 국민전선과 그 중심에 있는 최대 다수 여당인 통일말레이국민조직(UMNO: United Malays National Organisation, 이는 말레이 발음으로 '암노'라 한다. 이하에서는 UMNO라 칭한다)의 승리는 다른 어떤 요인보다도 압둘라 개인 요인에서 비롯되었다는 데 이견이 없었다.

이 시점에서 우리는 말레이시아 정치의 앞날을 상반된 두 방향으로 점쳐 볼 수 있었을 것이다. 하나는 많은 말레이시아 국민들이 압둘라의 이미지와 선거 캠페인 과정에서 보인 행적으로부터 읽어 내었던 것처럼, 마하티르 스타일의 강성 권위주의를 불식하고 과감한 정치개혁을 통해 정치발전을 이룩하는 길이다. 다른 하나는 말레이시아 전문가들과 비판적 반대자들이 예상하고 있던 것처럼, 마하티르의 권위주의적 유산과 UMNO를 중심으로 한 권력독점체제 앞에 결국 압둘라 총리가 굴복하지 않을 수 없을 것이라는 것이다. 그렇다면 현실은 어떠했던가? 과연 11대 총선 이후 4년이 지난 지금, 말레이시아 정치는 의미 있는 변화를 보여 주었는가?

이 연구는 마하티르 총리의 퇴진과 2004년 총선 이후 말레이시아의 정치적 변화를 추적하고 분석해 보는 데 그 목표를 두고 있다. 선거 결과로부터 기인하는 정치적 변화라고 한다면, 사회구조, 정치체제, 권력구도 등 세 가지 수준이나 차원으로 나눠 생각해 볼 수 있을 것이다. 다만 최근 4년이란 기간은 사회구조적 변화를 기대하거나 관찰할 만큼 급진적인 정책이나 개혁도 없었고 또한 시간의 흐름도 충분하지 않았으므로, 본 연구는 정치체제의 성격과 권력구도의 변화를 살펴보는 데 초점을 맞추고자 한다. 압둘라 총리의 등장으로 말레이시아의 정치체제는 어떠한 변화를 보였는가? 구체적으로 말레이시아 정치가 민주화되었거나 아니면 민주화 과정에 들어섰다고 말할 수 있는가? 리더십의 변화가 체제변동을 가져다주는 것은 아니기 때문에, 이러한 '거시적' 변화 역시 일어나지 않을 가능성이 있다. 그렇다 할지라도, 최소한 권력구도, 즉 엘리트들의 권력관계의 변화는 일어날 것이라고 예상해 볼 수 있을 것이다. 마하티르의 퇴진과 압둘라의 승계로 정치엘리트 집단이 재편되는 것은 당연히 기대할 수 있기 때문이다. 두 총리 아래서 내각과 의회, 관료제와 UMNO의 권력구도 사이에 드러나는 차이는 무엇이며, 어떠한 변화를 보이는가?

만약 본 연구가 말레이시아 정치의 민주화 전망을 가늠하는 데 기여하는 바가 있으려면 당연히 정치사회의 움직임과 시민사회의 변화를 아울러 살펴보아야 할 것이다. 민주화에 관한 선행연구에 의하면 민주화는 통상 권위주의적 집권층 내부의 변화와 아래로부터의 요구, 즉 정치사회나 시민사회의 민주적 투쟁의 결합에 의해 일어나기 때문이다(신윤환 1991). 본 연구에서 다루려는 정치적 변화가 주로 선거 이후 그 결과의 영향으로 일어나는 변화에만 초점을 맞추게 되면 민주화 가능성을 점치는 가장 중요한 지표로서 정치사회와 시민사회의 성장을 관찰할 수 없기 때문이다.

바꿔 말하면, 본 연구는 선거권위주의(electoral authoritarianism) 체제에서 전임통치자로부터 최고 권력을 물려받은 후계자의 권력 형성 과정에 관한 연구라고 할 수 있다. 선거권위주의 체제하의 새로운 지도자는 지명에 의한 권력 승계, 권위주의체제의 제약, 선거 기제의 가용성이라는 독특한 상황을 물려받는다. 선거권위주의는 권위주의 체제의 한 유형이기는 하나 선거라는 제도를 활용할 수 있다는 점에서 단순 권위주의 체제와 중요한 차이를 보여 준다(Diamond 2002; Schedler 2002; 2006). 반면 선거권위주의도 어디까지나 권위주의 체제이므로, 선거의 기능이나 결과는 한계가 있으며 민주주의 체제(다두제)의 '자유롭고 공정한 선거'(free and fair election) 또는 결과가 불확실한 게임과 근본적으로 다르다. 캠페인과 선거과정을 통해 유권자들이 후보자와 정책에 대한 선호를 표출하고 개별적인 후보들을 낙선시킬 수 있는 기회가 주어지기는 하나, 민주세력이 선거를 통해 집권하는 사태가 발생하지 않도록 제도적, 실제적 제약을 가하는 체제이다. 린쯔(Linz 1975)는 권위주의 체제의 속성으로 다원주의를 부분적으로 억누르고 탈정치화를 유도하는 각종 억압적 제도, 장치, 전략들과 지도자의 멘털리티(mentality)와 행태를 꼽았는데, 이러한 속성들이 선거보다 선거권위주의 체제의 변화와 지속에 영향을 미치는 더 중요한 요인으로 보아야 할 것이다.

이러한 선거권위주의 체제의 원리를 말레이시아의 권력 승계란 상황에 적용해 보면, 압둘라에게 최고 권력을 부여한 것은 선거가 아니라 전 지도자 마하티르였으며, 이를 유지하게 하는 것은 유권자들의 지지보다는 권위주의적 통치 수단들과 권력엘리트들의 계속적인 지지라고 할 수 있다. 그런 점에서 선거는 압둘라의 독자적 권력 구축에 결정적인 기여를 하였지만 어디까지는 부수적인 기제에 불과하다고 하겠다. 이 연구에서는 압둘라가 22년 동안 강력한 권위주의 지도자로 군림했던 마하티르에 의해 후계자로 지명되어 총리직을 이양 받은 뒤, (1) 압둘라가 정치개혁을 시도하는 과정 혹은 그러지 못하는 요인들과 (2) 마하티르와 그 세력의 영향으로부터 벗어나 독자적인 권력을 구축하고자 시도하는 과정 혹은 그러지 못하는 요인들을 분석해 보고자 한다. 그 과정의 분석이 필자의 선거권위주의 체제로부터 도출한 가설, 즉 (1) 지명에 의해 권력을 승계한 지도자는 민주화에 이르는 정치개혁을 할 수 없을 것이라는 점과 (2) 선거권위주의 체제가 제공하는 선거기제는 새 지도자에게 권력을 형성할 수 있는 중요한 기반을 제공하지만 그것을 제대로 활용하느냐는 문제는 그의 능력에 달려 있다는 점을 압둘라 집권 1기에 적용하여 검증해 보고자 한다.

본 논문은 다음과 같이 구성된다. 이 서론에 이은 다음 장에서 본 연구의 주제인 권력구도의 개편이 일어나는 맥락을 살펴보기 위해, 마하티르 정권 말기부터 2004년 총선이 끝나는 시점까지의 정치적 전개를 재구성해 본다. 이 고찰을 통해 마하티르의 유산과 선거과정 중 어떤 요소들이 압둘라의 권력형성과 관련되어 있는지를 생각해 볼 것이다. 제3절에서는 마하티르로부터 압둘라로의 권력승계가 체제변동이라는 좀 더 의미 있는 정치적 변화를 만들어내고 있는지, 아니면 그럴 가능성이 있는지, 검토해 본다. 본론에 해당하는 제4절과 5절에서는 선거의 결과로서 일어나고 있는 정치적 변화를 구체적으로 파악하기 위해 국가와 정치사회에 초점을 맞춘다. 제4절의 국가부문의 정치적 변화는 그것을 구성하는 핵심적인 권력엘리트 집단, 즉 압둘라 총리를 정점으로 한 내각의 각료와 UMNO의 지도부로 구성되는 핵심 권력집단 내부의 권력관계의 흐름을 살펴본다. 제5절에서 정치사회의 변화에 주목할 것인데, 특히 국민전선을 구성하는 여당들과의 관계, 국민전선과 야당들 간의 관계, 마지막으로 야당들 사이의 관계가 어떻게 변하고 있는지 고찰할 것이다. 이 절에서는 안와르 이브라힘(Anwar Ibrahim)과 같은 재야를 구성하는 정치인들과 정치세력도 함께 고려할 것이다. 제5절에서는 또한 국가에 대한 시민사회 전반의 힘과 능력을 검토해 보고, 비정부단체들의 실질적 잠재적 능력을 평가해 볼 것이다. 마지막 제6절에서 이상의 논의를 요약하고 말레이시아 정치의 민주화 전망을 간단히 피력하는 것으로 이 글을 끝맺는다.

Ⅱ. 배경과 맥락: 마하티르-압둘라의 총리직 승계와 2004년 총선

2003년 10월 마히티르 총리의 퇴진과 2004년 3월에 실시된 총선은 말레이시아 정치에 중대한 변화를 예고하기에 충분한 사건들이었다. 마하티르는 무려 22년 동안 집권하면서 철권을 휘둘렀기에 그의 퇴진은 민주화에 대한 열망, 권력 구도의 변화, 사회경제정책 개혁 등에 대한 기대감을 국민들에게 심어 주었다. 이듬해 3월에 실시된 총선에서 국민들의 기대감은 현실로 표출되었다. 새로운 지도자를 맞은 UMNO에게 사상 유래가 없을 정도의 압도적 승리를 선사했던 것이다. 그러나 말레이시아의 정치체제를 선거권위주의라고 보는 필자의 입장에서는 마하티르라는 권위주의 통치자의 퇴진이 완전히 공정하고 자유롭다고 보기는 힘든 선거 결과에 비해 그 의미가 효과가 더 크다. 그렇다면 마하티르의 통치가 남긴 유산은 무엇이며, 그의 퇴진이 갖는 의미는 무엇인가?

마하티르의 통치는 22년 전 기간을 통하여 사건과 논란의 연속이었다. 국가기관인 국왕, 술탄, 사법부 등과 차례대로 힘겨루기를 벌여 그 권력을 약화시키고,

자신에게 도전하는 정적들을 갖가지 수단을 동원하여 제거하고 심지어는 분당을 해가며 자신의 권력을 유지하였다. 야당과 재야세력을 국가보안법을 다스리고, 영국이나 미국과 같은 서방국가를 제국주의라고 수시로 비난하였다. 그럼에도 불구하고, 마하티르가 장기간 집권할 수 있었던 것은, 강압적인 통치 외에도 그의 집권 기간을 통하여 이룩한 고도의 경제성장 덕분이라는 것도 부인하기도 힘들다. 그가 처음으로 총리에 취임한 1981년 이래 경제성장률은 연평균 6~7%를 유지하였다.

마하티르의 고도성장 정책은 많은 부작용과 문제를 낳았다. 신경제정책(NEP: New Economic Policy)이란 이름으로 말레이인들의 부를 증대시키고 새로운 말레이인 기업가를 창출한다는 계획은 종국에는 정실주의와 도덕적 해이로 흘러 많은 부실기업과 측근자본가들(crony capitalists)들을 양산하는 결과를 낳았고, 중국계와 인도계로 대표되는 비말레이인들로부터 큰 불만을 샀다. 국내외적으로 위세를 중시한 마하티르는 엄청난 자금을 필요로 하는 대규모 프로젝트를 벌이고, 이와 관련된 공사들을 측근자본가들에게 분배하였다. 집권 마지막 6년 동안 말레이시아 재정은 큰 폭의 적자로 운영되었다. 뿐만 아니라, 그의 신경제정책은 적극적 차별수정 조치(affirmative action)이었지 빈곤퇴치 프로그램이 아니었으므로, 북부와 동부의 말레이인 농촌지역에 만연한 오랜 빈곤을 해결해 낼 수 없었고, 인도인들처럼 비말레이인이면서 소수민족인 집단들의 경제상황을 상대적으로 더 악화시키는 결과를 낳았다. 국제통화기금의 지원을 거부하고 독자적으로 통화위기를 극복한 마하티르였지만, 이러한 실정들로 인해 집권 말기로 가면서 오히려 '개혁'(reformasi)의 대상으로 평가되기까지 했다.

1998년 안와르 당시 부총리 해임, 구속, 구타를 통해 보인 잔인성, 갈수록 강하게 드러나는 독재자 성향, 그리고 방만한 경제 운용 등으로 인해 마하티르에 대한 비판이 그를 싫어하던 국제사회와 정적들은 물론이고 UMNO의 전통적 지지 기반인 말레이인들 사이에도 고조되어, 10년 만에 UMNO와 말레이사회를 다시 분열시키는 결과를 낳고 있었다. 마하티르는 2002년 7월 퇴진의사를 밝힘으로써 주변과 말레이시아 사회에 충격과 놀라움을 던져 주었고, 2003년 10월 31일 그는 약속대로 총리직을 사퇴하였다. 마하티르는 후계자로 압둘라 바다위를 지명하였다. 그는 퇴임 후에도 인터뷰, 비평, 연설, 저술 등을 통해 사실상 정치활동을 활발하게 벌였지만, 공적인 지위는 몇 개 국영기업의 자문역을 제외하고는 다 버렸다. 정치, 행정부, 준국가기구 등에 심어 둔 지지세력, 발전 정책 특히 거대 프로젝트, 비전2020과 신개발프로그램으로 표현되는 정책적 기조 등은 여전히 그의 잔재와 유산으로 남아 오랫동안 영향을 미치겠지만, 공식적인 최고 권력은 압둘라의 수중에 떨어졌다. 압둘라는 세 개의 중요 장관직을 겸직한 총리로서 막강한 국가권력을 갖게 되었고, 말레이시아에서 의회보다 더 중요하고 강력한 UMNO의 총재로서 권력을 한 손에 쥐게 되었던 것이다.

취임 직후 압둘라 총리가 당면했던 가장 큰 과제는 제11대 총선에서 승리하는 것이었다. 돌이켜 살펴보면 압둘라가 철저하고 치밀하게 선거에 대비했다는 증거가 많다. 총선 시기에서 부터 선거 이슈, 특정 주에 대한 선택과 집중 선거운동, 선거운동 기간을 전후하여 벌인 반부패 캠페인, 압둘라의 개인 이미지 구축 등 모든 것이 박자가 맞아 떨어졌던 것이다. 2004년 3월 21일이란 총선 일시는 수년 전에 밀어닥친 경제위기로부터 회복세를 뚜렷이 보이고 미래의 전망이 매우 밝다는 예측을 담은 2003년 4/4분기 경제통계가 발표된 지 얼마 되지 않는 시점이었다. 국제정치적으로는 2003년에 있었던 9 · 11 테러가 이슬람 근본주의에 대한 경계심을 더 높여 주었고, 국내적으로는 야당인 범말레이시아이슬람당(PAS: Parti Islam Se-Malaysia, 말레이어 발음으로는 '빠스'라 한다)이 강경노선을 채택하여 인기를 잃어가고 있었다.

압둘라는 2월 말부터 전, 현직 장관을 포함한 고위관료와 대기업가를 부패혐의로 구속함으로써 부패척결에 대한 강력한 의지를 드러내었다. 압둘라는 현장을 순시하고, 부패문제 해결을 위한 태스크포스를 만들었으며, 지방별로 반부패아카데미를 설치하여 공무원들을 교육하겠다고 선포했다. 또한 2003년 12월과 2004년 1월에는 반도 말레이시아 철도 복선화 사업을 무기 연기하고 사라왁주의 수력댐 건설계획을 취소하였다. 각각이 수백억 링깃이 필요한 프로젝트였다. 게다가 언론방송을 통해 압둘라 총리의 종교적 교육배경, 청백리 상(Mr. Clean), 따뜻하고 부드러운 성품(Pak Lah)을 보여주는 홍보물을 끊임없이 내보냈다. 2003년 12월 29일에는 말레이시아 경찰의 병폐를 진단하고 처방할 목적으로 특별위원회(Royal Commission)를 설치하여 자이딘(Mohamad Dzaiddin) 전임 대법원장을 위원장으로 임명하였다. 취임 후 불과 넉 달 동안 이 정도를 해내고 보면, 국민들도 압둘라의 개혁의지를 의심할 수가 없었던 것 같다. 이를 두고 웰쉬(Welsh 2005, 155)는 해임된 부총리 안와르에 의해 1998년에 시작되었던 "반대파의 개혁운동(reformasi)의 모멘텀을 압둘라가 성공적으로 흡수하였다"고 평하였다.

총선은 예상보다 훨씬 더 압도적인 승리를 압둘라에게 선사하였다. 국민전선은 1999년 총선에 비해 득표율에서 무려 7.5%를 더 얻었을 뿐만 아니라, 의석수에서 총 219석 중 199석을 획득하여 90% 이상을 점하는 신기록을 달성하였다. 단일정당으로서 UMNO는 역사상 처음으로 과반수가 넘는 110석을 차지하였다. 국민전선의 승리 요인에 대해서는 전문가들의 분석 사이에 별 이견이 없다. 일반적으로 압둘라의 개인적 인기, 반부패 캠페인, 9 · 11 테러사태로 인한 이슬람정당에 대한 거부감 속에 제시된 압둘라의 '문명이슬람'(Islam Hadhari; Civilizational Islam) 담론, 야당연합의 붕괴, 정의당의 내분 등을 들고 있다. 이 중 9 · 11 사태나 야당의 약화와 같은 우연적이거나 외부적인 요인도 작동하였지만, 압둘라 총리가 가진 장점이나 내세운 정책과 공약이 여당의 압승에 기여한 바가 크다고 본다면, 이 선거 후에 압둘라가 개혁을 가속화하고 자신의 정치적 입지를 더 굳힐 것으로 보는 예측은 자연스런 것이었다. 그러나 강력한 개혁드라이브가 쉬운 일이 아니라는 현실을 압둘라가 깨닫는 데는 오랜 시간이 걸리지 않았다.

압둘라가 이끈 총선이 여당연합인 국민전선의 대승으로 끝난 것은 압둘라의 향후 국정 운영에 딜레마적 상황을 만들어 내었다. 선거에서 압승했다는 사실, 그 압승 요인이 압둘라 개인 요인이 주효했다는 점, 그리고 압둘라가 제시한 공약이 개혁이었다는 점에서 압둘라의 선택은 분명한 것처럼 보일 수도 있었다. 그러나 압둘라가 그러한 선택을 한다는 것은 정치적으로 쉬운 일이 아니었다. 마하티르는 차치하고라도, UMNO의 패권을 인정한 엘리트 정당들의 권력분점 체제인 국민전선 중심의 협의주의(consociationalism)를 깬다는 것은 급진적 개혁 없이 불가능한 일이며, 한 번도 야당에게 권력을 넘겨주지 않았던 장기집권의 전통에 젖은 엘리트들에게 조그만 개혁조차 기대하기 어려워 지지를 받기 힘든 상황이었다. 게다가 자신을 후계자로 지명해 준 마하티르를 배은할 수 없었으며, 마하티르는 그가 집권할 동안 창출해 낸 거대한 후원-수혜체제의 대부로서 여전히 건재하였다. 국민의 강력한 위임을 배경으로 개혁을 추진하느냐, 권력엘리트

표 1 역대 총선 정당별 의석 획득 상황

연도	1974	1978	1982	1986	1990	1995	1999	2004
총의석수	154 (100)	154 (100)	154 (100)	177 (100)	180 (100)	192 (100)	193 (100)	219 (100)
BN	**135 (87.7)**	**131 (85.1)**	**132 (85.7)**	**148 (83.6)**	**127 (70.6)**	**162 (84.4)**	**148 (76.6)**	**198 (90.4)**
DAP	9 (5.8)	16 (10.4)	9 (5.8)	24 (13.6)	20 (11.1)	9 (4.7)	10 (5.7)	12 (5.4)
PAS	-	5 (3.2)	5 (3.2)	1 (0.6)	7 (3.9)	7 (3.6)	27 (13.5)	7 (3.2)
KeADILan							5 (2.6)	1 (0.5)
기타 정당*	10 (6.5)	2 (1.3)	8 (5.2)	4 (2.2)	26 (14.4)	14 (7.3)	3 (1.6)	1 (0.5)

주: BN: 국민전선; DAP: 민주행동당; PAS: 범말레이시아이슬람당; KeADILan: 정의당; "기타 정당" 범주에는 1987년 UMNO에서 떨어져 나와 두 차례 선거에 독자적으로 참여한 Semangat '46과 PBS, SNAP, PEKEMAS, SAPO 등 주로 동말레이시아에 기반을 둔 정당 및 무소속들이 포함된다.

집단과의 타협을 통해 구체제와 자신의 총리직을 안정적으로 유지하느냐의 선택은 2004년 총선 직후 압둘라가 빠져 있던 딜레마적 상황이었던 것이다.

Ⅲ. 정치적 변화 1: 개혁과 민주화?

만약 정치적 변화가 단순한 리더십의 교체가 아니라 체제 성격의 변화까지 미친다면, 그 결과는 응당 정치엘리트 집단의 재편으로 이어진다. 민주주의 이행은 최대한으로는 리더십, 집권정당, 그것이 기반이 되는 집권세력이나 심지어는 대중적 기반까지 변화시키며, 그것이 최소한의 수준에 머물더라도 체제수준의 변동이 일어나는 한 민주적 지도자, 정치인, 정당이 통치구조의 핵심을 차지한다. 반대로 리더십의 교체가 체제변동에 이를 수도 있을까? 구체적으로 마하티르로부터 압둘라에게로의 권력 이양이 말레이시아 정치체제를 권위주의로부터 민주주의로 이행하게 하는 계기를 제공했을까 라는 질문이 제기될 수 있다.

권위주의적 승계에 의한 지도자라고 해서 반드시 반민주적이거나 민주화 의지가 없을 것이라고 단언할 수는 없다. 헌팅턴(Huntington 1991)은 "위로부터의 민주화"(transformation)가 가장 안정적인 민주화 노정을 보장한다고 주장했는데, 바로 이 유형은 민주화가 이전 권위주의적이었던 지도자와 집권세력으로부터 발의되는 것이다. 나아가 제3세계 민주화의 가장 흔한 유형인 "타협에 의한 민주화"(transplacement)도 과거 권위주의 체제하에서 성장한 정치인들이 민주화 협상에 나서고 민주화 과정을 이끄는 모습을 보여준다. 이웃 인도네시아의 경험에서도, 1998년 5월 수하르또의 퇴진으로 권력을 이어받은 하비비(B. J. Habibie) 대통령은 수하르또의 부통령을 두 차례나 역임하고 가장 신임하는 참모로 일했지만, 대통령이 된 직후부터 각종 반민주적 악법을 철폐하고 헌법을 필두로 하여 정당,

선거에 관련된 정치법안은 물론이고, 인권, 노동, 지방자치 등에 관한 문제까지 상당히 급진적이고 전향적인 입법에 앞장섰다.

실제로 2003년 11월 총리에 취임한 압둘라가 2004년 3월 총선이 실시될 때까지 취한 일련의 태도는 그가 "위로부터의 민주화"를 이끌 지도자일지도 모른다는 오인을 하게 할 소지가 많았다. 이웃 동남아 국가인 필리핀과 태국뿐만 아니라 경제적으로 후진적인 인도네시아조차도 민주주의가 자리를 잡아가고 있는 시점에서 말레이시아인들도 민주화에 대한 기대를 갖게 된 것은 자연스러운 일이었다. 게다가 마하티르와는 달리 대화를 좋아하는 스타일과 부드럽고 따뜻한 인상은 압둘라로 하여금 반대자에게 관용적이고 타협적인 정치가로 보이게 하였다.

그러나 총선에 압도적 승리를 거둔 압둘라가 향후 보이는 행보는 예상과 기대를 크게 벗어나는 것이었다. 그가 선거운동 기간 동안 은근히 드러낸 민주적 이미지는 민주주의에 대한 신념 때문이 아니라 선거에 승리하기 위한 위장에 불과했음이 점차 명확해졌던 것이다. 실은 그가 지도자로 부상한 이후 단 한 번도 민주주의에 대한 자신의 믿음이나 소신을 피력한 적이 없었다. 총선 이후 4년이 지나도록 압둘라가 민주화를 위해 취한 조치는 전혀 없었다. 정치적 쟁점이나 담론의 영역에 있어서도 개혁이란 말이 간혹 들리긴 했어도 민주화가 주제어로 된 적은 없다. 이슬람, 말레이인우대정책, 외국인 투자, 부정부패 척결 등에 대한 마하티르와 어느 정도 차별화된 입장 표명에도 불구하고 그의 통치철학은 결국 마하티르의 개발독재 수준을 벗어나지 못하는 것이었다. 말레이시아의 체제가 그것이 반민주주의나 의사민주주의든 아니면 선거권위주의든 간에 그 속성에 포함되어 있는 권위주의적 속성은 전혀 변하지 않았다. 국내치안법, 출판법, 집회법, 사회법 등 각종 반민주 악법은 없어지지도 개정되지도 않았다. 다만 압둘라 집권 이후 정치체제의 성격이 전혀 변하지 않았다는 사실이 부각되지 않는 이유는 권위주의적 통치방법이 행사되거나 반민주적 악법들이 적용될 수 있는 상황이 2007년까지 전개되지 않았기 때문이다(Pepinsky 2007).

선거법이나 정당법에 담겨 있는 반민주적 독소 조항이나 여야당간에 불공평한 요소들도 그대로 남아 있다. 과거 마하티르 체제가 선거 때마다 매번 자행했던 UMNO와 국민전선에 유리하게 선거구 획정을 하던 관행은 2008년 제12대 총선 직전 또다시 반복되었다. 말레이시아에서 민주적 선거를 가로 막는 3대 독소로 꼽히는 이른바 "돈, 미디어, 관권"(3M: Money, Media, Machine)도 없어질 기미가 없다(Nathan 2006). 2005년에 있었던 끌란딴 주의회 보궐선거, UMNO 당 선거, 2006년 사라왁 지방선거, 2007년 1월과 4월에 실시된 삐낭(Penang)과 슬랑고(Selangor) 주 보궐선거에서도 이러한 고질적 문제들은 전혀 개선되지 않았다. 다만 야당들과 그 지지자들도 여당들이 독점하고 있는 제도권 언론에 대항하여 인터넷 매체와 블로그(blog)를 적극 활용하기 시작한 점이 이전 선거와 중요한 차이점으로 보인다. 여하튼 압둘라는 반대자를 통제하고 탄압하기 위해 만든 국내치안법 등 각종 정치법을 그대로 유지했을 뿐 아니라, 심지어 정권 말기에는 이를 사용하기까지 했다. 2007년에 접어들면서 압둘라는 이 법들을 이용하여 정치적 반대자들에 대한 탄압을 시작하였다. 2007년 7월에는 자신의 명예를 훼손하는 허위정보를 유포했다는 혐의로 영향력 있는 블로그 운영자 나다니엘 탄(Nathaniel Tan)을 구속하였으며, 11월에 개최된 선거법 개정과 인도계 인권신장을 외치는 대규모 집회를 주동한 혐의로 이십 여명의 정치인들과 비정부조직 지도자를 예의 정치법들을 걸어 기소하였다. 특히 2006년 말 5개 야당과 60개의 비정부조직이 결성한 공명선거연대(*Bersih: Gabungan Pilihanraya Bersih dan Adil*; The Coalition for Clean and Fair Elections)의 선거법 개정 요구에 대해 어떤 대화도 거부하고 오직 탄압으로 일관한 것을 보면 마하티르와 겉모습만 다른 권위주의 지도자임이 명백해졌다. 그는 2004년 UMNO 지도부 경선을 주장하며, 당내 민주주의(party democracy)를 가로막고 후보 등록을 사실상 불가능하게 하는 독소조항을 개정해야 한다는 라잘레이(Tengku Razaleigh)의 요구도 묵살하였으며, 2007년에는

3년에 한 번씩 실시하는 당선거도 총선 이후로 연기하였다.

리더십의 변화는 체제의 변동과 차원을 달리 한다. 리더십의 변화 없이 체제의 변동을 기대할 수는 없지만, 그렇다고 리더십의 변화가 있다고 해서 반드시 체제변동이 이루지는 것도 아니다. 압둘라의 총리직 승계 이후 말레이시아가 그런 경우에 해당한다. 위로부터의 민주화든 리더십에 의한 민주화든 이에 우호적인 배경이나 맥락 속애서 기대해 볼 수 있다면, 총선 직후 말레이시아의 정치적 분위기는 압둘라의 민주적 개혁에 상당히 우호적이었다고 할 수 있을 것이다. 그러나 압둘라는 민주적 이행의 길을 택하는 대신 '선의의' 온화한 독재자상을 추구하였고, 실은 이것조차도 결국 실패로 끝나고 말았다. 돌이켜 보건대, 압둘라에게는 구체제를 벗어던질 능력도 없었지만, 그럴 의향도 없었다. 사실 압둘라는 직접적 대결이나 급진적인 변화를 회피하는 말레이 정치문화에 젖어 있고, 온화하지만 우유부단한 성격을 소유하고 있는 지도자로서, 강력한 리더십으로 개혁을 밀고 나갈 지도자가 아니었다.

압둘라 자신이 개혁을 추진하지 않는다면, 안와르가 쫓겨난 정부와 UMNO에는 아무도 개혁을 추진할 지도자나 세력이 없었다. "2004년 한 해가 압둘라 바다위의 해"였던 것은 총선의 즉각적인 결과로서 그 효력은 기껏해야 일 년이었다(Martinez 2005, 191). 만약 그 총선에서 패배로 판정될 수 있는 결과를 얻었다면, 아무런 독자적 기반이 없던 압둘라로서는 내각, 정부 부처, UMNO 내부로부터의 거센 도전을 피할 길이 없었을 것이다. 그렇게 되었다면 정말 다음 총선 때까지 4~5년만을 책임지는 과도기적 지도자로 전락했을 것이다. 또한 총선에서의 패배는 UMNO 및 집권엘리트 집단에는 내분을, 야당에게는 도전을 유도하여, 오히려 정치변동의 가능성을 높였을 수도 있었을 것이다. 마지막 가능성은, 압둘라가 총선의 압도적 지지를 바탕으로 UMNO와 관료집단 등 기득권 세력을 우회하여 국민과 직접 대화하며 급진적인 변화를 도모하는 것일 것이다. 그러나 이 선택은 압둘라 개인에게 탁월한 정치적, 전략적 능력과 강력한 추진력을 전제로 하는 것인데, 이러한 자질은 압둘라에게 아예 결여되어 있는 것이다. 이러한 포퓰리즘적 방식은 국가 내 기득권 집단으로부터 강력한 반발이 예상되는 위험한 전략으로 적어도 압둘라와 같은 지도자로서는 도저히 받아들일 수 없는 선택이었다.

요컨대 민주화를 가로막는 구조적 장애물이 리더십을 위시한 정치인들의 의지에 의해 극복될 수 있다 할지라도, 그런 행운은 압둘라라는 신통찮은 지도자에 의해 말레이시아를 비켜 가버리고 말았다.

Ⅳ. 정치적 변화 2: 권력엘리트 집단의 재편?

총선이 끝난 직후에는 압둘라에게 주어진 선택의 폭이 매우 컸다고 할 수 있다. 총선에서의 압승이라는 실적과 높은 개인적 인기를 바탕으로 강력한 개혁을 추진하는 길을 택할 수도 있었고, 확실한 비전과 구체적인 전략이 있었더라면 심지어 민주화까지 한번 도전해 볼 수도 있었을 것이다. 그러나 4년이 지나 압둘라의 신비가 다 벗겨진 이 시점에서 되돌아 볼 때 그러한 선택은 압둘라에게 기대할 수 없는 것이었다. 앞서 살펴 본대로 압둘라에게 민주주의란 세계는 없었고, 급진적 개혁도 자신의 스타일은 아니었다. 말레이시아 정치체제가 주는 제약성과 압둘라 총리의 성향은 결국 그가 얻어 낸 총선에서의 압승과 대중적 인기를 누르고 정치개혁과 민주화의 가능성을 봉합해 버렸던 것이다. 그렇다면, 총선 승리의 전리품으로 압둘라가 취하려 했던 것은 과연 무엇이었을까? 도대체 말레이시아에서는 어떠한 정치적 변화가 선거의 결과로 나타났던가? 그 답을 찾기 위해 압둘라 리더십 하에서 국가, 즉 집권 정당 UMNO와 행정부에 일어난 변화를 고찰할 필요가 있다.

선거가 끝나자 압둘라가 먼저 눈을 돌린 쪽은 마하티르로부터 물려받다시

피 한 내각의 각료들과 UMNO의 지도부가 핵심을 이루는 권력엘리트들의 충성심을 끌어내는 일이었을 것이다. 선거는 향후 4~5년 동안은 다시 치르지 않아도 되는 데다, 선거권위주의 체제에서 선거보다 더 중요한 것은 이러한 엘리트 집단의 지지이기 때문이다. 압둘라는 동의에 의해서든 강압에 의해서든 이들의 지지와 충성을 받는 일이 중요했다. 여기서 압둘라는 자신의 스타일대로 전자, 즉 동의의 방식을 택했다. 그가 총선을 통해 확인한 대중적 인기와 유권자의 지지가 그대로 내각, UMNO, 관료집단, 국민전선의 파트너 정당의 지지로 이어지길 바랐다. 국민전선과 UMNO 내 화합과 지지를 바탕으로 합리적이고 온건한 정책을 추진함으로써 경제 성장을 도모하고 정치적 안정을 이끌어 낸다는 모범답안을 갖고 있었던 것이다.

압둘라는 자신의 독자적 파벌을 구축하거나 지지기반을 만들 필요가 없이 마하티르의 사람들이 시간이 흐르면서 자연스레 자신에게로 충성심을 바꿔 줄 것이라 믿었다. 마하티르의 지지기반을 고스란히 접수하고 싶어 했고 또 그렇게 할 수 있다고 자신했다. 마하티르는 퇴임한 데다 이미 고령이고, 자신은 총선에서 대승을 거두었으며, 잠재적 도전자인 나집(Najib Abdul Razak)도 이미 부총리로 포섭을 한 터라, 각료들과 당지도부도 그 뒤를 이을 것이라고 순진하고 안이한 기대를 하고 있었다. 나아가 압둘라는 과거 마하티르가 추진한 정책을 어느 정도 조정하는 것은 큰 반발이 없으리라 생각했던 것 같다. 총선에 임하던 2004년 1월에 두 대형 프로젝트를 연기하거나 취소했을 때만 해도 마하티르는 침묵하였고, 압둘라는 이 원로의 침묵을 당연한 것으로 받아들였다. 게다가 취임 후 두 달 동안 공석으로 비워 두었던 부총리직에 나집을, 제2재무장관에 마하티르의 재정자문역을 지냈던 야콥(Nor Mohamed Yakcop)을 임명하였다. 압둘라는 마하티르가 무엇을 원하는지 알면서도 두 달을 기다리게 한 것은, 자신의 선호는 다르다는 사실과 그럼에도 불구하고 마하티르의 뜻을 따른다는 점을 간접적으로 전달하고 싶었기 때문이다. 연이어 총선 직후 실시한 개각에서도 소폭에 머물러 사실상 마하티르 내각을 그대로 유지하였다. 심지어는 2년이 흐른 2006년 2월 개각에서도 압둘라의 몇몇 정책에 대해 마하티르의 비판과 공격이 거세었지만 마하티르 시절 임명된 각료들을 대부분 유임시켰고, 사실 그 내각은 다음 총선이 끝날 때까지 그대로 유지되었다. 적어도 내각 구성에 관한 한 엘리트집단의 재편은 일어나지 않았던 것이다.

다음으로 선거운동 기간 중에 가장 주목을 받았던 반부패 캠페인의 총선 후 경과와 전망은 어떠했을까?

민주화는 어차피 총선에서 공약도 위임도 아니었고 또한 국민들의 기대도 그다지 높지 않았으므로 그렇다손 치더라도, 개혁, 특히 부패척결에 대한 국민의 여망과 기대는 사뭇 높았다. 압둘라는 청백리(Mr. Clean)로 알려져 있었고, 부패척결을 가장 중요한 선거공약의 하나로 앞세웠으며, 친여 일색인 언론방송들도 이러한 이미지와 공약을 유세기간 내내 활용하였기 때문이다. 이미 선거전부터 수십 명의 고위직 관료와 기업인을 조사하고 심지어 구속하거나 기소까지 하였으므로, 부패척결은 총선 후 들어설 압둘라 정부의 주요 과제인 것처럼 보였고, 국민들이 이에 대한 기대감을 갖는 것은 당연한 것이었다. 또한 총선 전부터 시작된 반부패 캠페인을 선거를 통한 위임을 바탕으로 더욱 가속화하여 실질적 효과를 거둘 수 있다면, 정부와 당 내부에 자신의 지지기반을 창출할 수 있었을 것이다.

그러나 총선에서 멀어지기 시작하면서 개혁과 반부패 드라이브도 그만큼 약화된다. 이에 따라 압둘라의 개혁 의지에 대한 국민의 기대도 조금씩 허물지게 된다. 2004년 3월 말에 발표된 내각 구성을 본 국민들은 실망을 금치 못했다. 마하티르가 물려 준 내각을 자리 몇 개만 바꿔 그대로 발표했기 때문이다. 이전부터 부패와 스캔들로 문제가 된 장관들까지 그대로 포함시킨 그런 조각이었다. 이러한 조각은 개혁을 바라는 국민들에게 변화는 고사하고 과거의 이익을 그대로 지키겠다는 의지의 천명에 다름이 아니었다.

총선이 끝나자 반부패캠페인의 방식이 달라졌다. 부패혐의로 18명이 조사를 받고 있다고 발표했지만 그 이후 실제로 구속된 자는 한 사람도 없었다. 국민들이 기대했던 부패에 대한 대대적인 조사나 가차 없는 처벌은 고사하고, 총선 이전처럼 거물급 몇 명을 본보기로 구속하던 방식조차도 없어지고 만 것이다. 그 대신 공무원 윤리강령 같은 것을 만들고, 거창하게 국가청렴계획(Malaysian Integrity Plan)이란 이름을 붙인 방침을 수립하고, 심지어는 말레이시아청렴연구소(National Integrity Institute)를 설립하겠다는 사실은 총선이 끝나고 한 달이 지난 2004년 4월 하순에야 발표하였다. 이제는 부패한 공무원들을 색출하여 처벌하는 것이 아니라 교육하고 설득하여 미리 예방하겠다는 취지였다. 압둘라의 종교적 신념이 물씬 풍기는 정책이었다. 결국 선거 이전의 구속 사건은 선거를 위한 전시용에 불과했던 것이다. 압둘라 정권이 정치적 부패를 진지하게 해결하고자 했더라면, 엘리트집단이 근본적으로 재편되는 엄청난 정치적 변화를 겪었을 것이다. 그렇기 때문에 압둘라의 반부패캠페인은 에피소드 몇 편으로 우습게 끝날 수밖에 없었는지 모른다.

마지막으로 살펴볼 부분은 압둘라와 마하티르와의 관계이다. 이른바 '탈마하티르화'(de-Mahathirizing)의 문제는 압둘라가 리더십을 발휘하기 위해서는 어떤 식으로든 풀어야 할 최소한의 숙제였다(Khoo 2004a). 앞선 두 사례연구에서 보았지만, 압둘라는 조각을 통해서든 당내 선거에 개입을 통해서든 마하티르의 잔재를 청산하고 자신의 지지기반을 만들려 하지 않았으며, 부패척결과 같은 개혁적 정책을 통해서 마하티르 정권과 선을 그으려 하지도 않았다. 역설적으로 표현하면, 마하티르가 퇴임한지 2년이 넘도록 압둘라 정권을 떠나지 못했던 것은 압둘라가 청산을 해 주지 않아서 그런지 모른다. 그런 '음성적' 관계를 참지 못한 쪽은 마하티르였다.

압둘라의 집권 초기부터 그의 정책을 못마땅해 하던 마하티르가 분노를 터트린 것은 정확히 2년 6개월이 지난 2006년 4월이었다. 마하티르는 압둘라 행정부를 자신이 물려 준 네 가지 주요 사업과 정책을 내부 부패와 외부 압력 때문에 중단시켰다며 비판의 포문을 열었다. 그 네 가지 프로젝트란 조호바루(Johor Bahru)와 싱가포르를 잇는 새 다리 중 말레이시아 쪽 반쪽 다리 건설, 국책 자동차산업 프로젝트인 쁘로똔(Proton) 국산차 사업 중 오토바이 회사의 무상 매각 조치, 쁘로똔의 전임 사장 마하릴(Tengku Mahaleel)의 경질, 그리고 수입차 판매허가증의 불공정한 배분이었다. 이 중 첫째는 싱가포르의 압력에 굴복했다며 말레이시아의 주권을 포기한 선택이라고 신랄하게 비판하였고, 다른 프로젝트들의 수정은 부정부패 때문이거나 아니면 자신을 죽이기 위해 가해진 것이라며 연일 신문 지상을 통해 맹공을 퍼부었다(Gunasegaram 2006; Ramasamy 2006).

이에 대해 압둘라는 침묵과 무반응으로 일관하였고, 언론은 이러한 압둘라의 태도를 "웅변에 못지않은 침묵"(eloquent silence)이라고 매우 적절하게 표현하였다. 압둘라의 계속되는 침묵에 약이 오른 마하티르는 급기야 압둘라를 개인적으로 비난하기 시작하였는데, 압둘라의 개인적 능력을 문제 삼으며 원래 압둘라는 자신을 승계할 후계자로서 최우선 후보가 아니었다고 속마음을 드러낸 것이다. 그가 선호한 후보는 나집 부총리였다. 압둘라는 능력은 없어도 자신의 정책을 잘 실행하리라 믿고 자신의 후계자로 삼았는데, 도리어 자신의 정책을 뒤집어 엎는 배은망덕한 태도를 보이고 있다고 인격적 모독까지 서슴지 않았다. 그러면서 마하티르는 압둘라가 총리직에 물러나도록 끝까지 투쟁할 것이라고 선포했다. 마하티르는 2006년 11월 개최된 UMNO 전당대회에 대의원 자격으로 참가하겠다며 과거의 지역구에서 지방대의원으로 출마했으나 6명의 선출대의원에 들지 못하는 수모를 당하게 된다. 이어 건강까지 악화되어 싸움을 두 달 중단하였으나 마하티르가 건강을 회복한 2007년 1월 이후 다시 압둘라를 공격하기 시작하였다. 끝까지 비판의 화살를 거두지 않던 마하티르는 제12대 총선에서 압둘라가 참패를 당하자 압둘라가 총리직을 그만 두면 돌아오겠노라며 2008년 5월 UMNO의 평생 당원직을 반납하고 탈당하였다.

마하티르-압둘라의 충돌은 일시적으로는 압둘라에게 '숨겨진 축복'이 되었다. 처음에는 쉴 틈 없이 퍼붓는 비난의 집중 포화를 침묵으로 받아 넘기고 있던 압둘라에게 당당하지 못하다는 비판이 제기되기도 했으나, 마하티르의 공격이 도가 지나치자 오히려 압둘라를 동정하는 목소리가 커졌기 때문이다. 압둘라는 그 과정에서 과거 마하티르에 의해 임명되었던 각료들이 개별적, 집단적으로 압둘라에게 충성을 맹세하며 지지를 표명하는 성과를 얻어 냄으로써, 앞서 언급한 마하티르의 지지자들을 고스란히 자신 쪽으로 넘겨받는 듯이 보였다.

그러나 마하티르로부터 공격받는 압둘라를 보호해 주기 위해 정치엘리트들이 집결했다고 해서 이것이 압둘라의 파벌이 생겨났다거나 압둘라의 권력이 강화되었다고 볼 수 없다. 원래 전통 말레이의 문화나 새로운 말레이시아의 정치적 전통에서나 전임자를 일단 퇴임을 하게 되면 지지자를 모두 잃게 되고, 후임자들은 적극적이든 소극적이든 새 지도자에게 충성을 맹세하는 것이다. 그런 점에서 마하티르와의 싸움에서 압둘라가 획득하게 된 것은 결코 적극적인 지지라고 볼 수 없다. 마하티르는 재임 시에 적도 많기도 했지만 열광적인 지지자들도 많았으며, 퇴임 후에도 적지 않은 사람들이 심정적으로 존경과 지지를 보냈다. 반면 압둘라는 적이나 반대자들이 많지 않았으나, 그의 국정철학과 정책을 따라 줄 적극적인 지지층도 별로 없었다. 국가 내 지지층의 부재는 그의 정책들이 왜 제대로 먹혀 들어가지 않았는지를 설명해 준다. 사실 내각도 제대로 장악하지 못했지만, 여러 부처들의 광범한 부패와 무능 그리고 경찰의 개혁 실패 등, 말레이시아의 "연성국가 증후군"에 대한 가장 큰 책임자는 다름 아닌 압둘라 총리였던 것이다.

이런 정치적 무능에도 불구하고 압둘라 총리는 집권 1기 말까지 그런대로 인기를 유지하였다. 한 여론조사기관이 2007년 2월에 행한 조사에 의하면, 압둘라의 인기는 60%로 나쁜 편이 아니었다. 물론 말레이시아와 같이 패권적 정당체계를 가진 나라에서 그 지지율보다 40%의 반대가 더 의미가 있는 것이겠지만,

그가 총리로 재직한 3년 여 동안 아무 것도 제대로 이룩한 게 없다는 점을 감안하면 그만한 인기도를 유지할 수 있었던 것은 그의 치적보다는 말레이 전통적인 인품과 자태 덕분이었을 것이다. 그러나 유권자들이 총선을 통해 압둘라에게 부과한 위임사항이 결코 민주화나 급진적 개혁이 아니라 정치적, 경제적 안정이었다면, 압둘라의 업적 수행도 비교적 무난했다고 할 수 있을 것이다. 상식적인 정치과 합리적인 정책으로 정국 안정이 이루어지고 거시경제가 좋아졌기 때문이다. 압둘라가 추구한 합리성은 국가재정, 산업정책, 정책결정, 개인적 통치스타일 등에서 넓게 나타났다(Yeoh and Farizal 2006). 압둘라는 현대과학과 문명을 받아들이고 지구촌화하고 있는 국제사회에 적극적으로 적응해 나가는 무슬림이 되어야 한다고 주장하는 그의 '문명이슬람'의 논리가 나름대로 설득력을 갖고 있으며, 지속적 경제성장과 물가안정, 재정 합리화, 프로젝트 재조정, 링깃화 자유화, 싱가포르나 인도네시아와 같은 이웃 국가와의 관계 개선 등의 영역에서 비교적 높은 업적 수행이 돋보인다. 민주주의보다 경제성장을 중시했다는 점에서 압둘라는 로(Francis Loh)가 마하티르의 정치관을 한마디로 표현한 '발전주의'(developmentalism), 이른바 '개발독재론'을 그대로 계승했다고 볼 수 있다(Loh 2004). 다만 마하티르의 발전주의가 지나치게 야심적이고 화려한 것이었다면, 압둘라는 이를 좀 더 현실적이고 합리적으로 바꿔 놓은 것에 지나지 않는 것이었다.

그러던 그가 불과 1년 뒤에 치러지는 제12대 총선에서 UMNO 당의 역사상 최악의 패배를 당하게 된다. 소박한 경제적, 외교적 성과만으로는 유권자들의 성이 차지 않았을 것이다. UMNO와 국민전선의 총선 참패는, 압둘라의 개혁 실패라는 소극적인 요인과 아울러, 안와의 석방 이후 시작된 정치사회의 활성화라는 적극적인 요인이 함께 작동한 결과로 보아야 할 것이다. 압둘라가 안주한 국가에는 아무런 변화가 없었지만, 안와르가 휘젓고 다닌 정치사회에는 지각변동이 일어나고 있었던 것이다.

V. 정치적 변화 3: 정치사회의 활성화!

선거 결과에 의해 직, 간접적으로 영향을 받는 또 하나의 영역이 있다면, 그것은 말할 필요도 없이 정치사회라 할 것이다. 여기서 정치사회란 그람시적 의미보다는 구체적인 "정치조직들이 모여 정치활동을 벌이는 무대" 정도로 좁게 정의하고 주로 정당과 재야세력의 활동이 주를 이루는 것으로 본다. 말레이시아의 정치사회는 크게 여당연합인 국민전선을 구성하는 여당들 간, 국민전선과 야당들 — PAS, 민주행동당(DAP: Democratic Action Party, 民主行動黨), PKR(Parti Keadilan Rakyat; 人民公正黨) 등 — 간, 야당들 간의 상호작용과 관계라는 세 축에 의해 작동한다. 2004년의 총선이 정치체제나 권력엘리트 집단에 중요한 변화를 만들어내지 않았다면, 마지막으로 이 정치사회를 살펴보아야 할 것이다. 많은 비교정치학자들이 지적하듯이, 정치사회의 주체들인 정당이야말로 정치발전의 가장 중요한 견인차 역할을 하기 때문이다.

압둘라 집권기 동안 일어난 가장 두드러진 정치적 변화 중의 하나는 정치사회에서, 그 안에서도 국민전선 내부의 UMNO와 파트너 정당인 소수민족 정당들과의 관계에서 발생한 것이다. 국민전선은 14개 정당의 연합으로써, 사바와 사라왁에 기반을 둔 정당들을 제외하고 5개의 정당이 반도말레이시아에 기반을 두고 있는 바, 바로 UMNO, 화인 정당인 말레이시아화인협회(MCA: Malaysian Chinese Association, 馬來西亞華人公會), 말레이시아민중운동당(Gerakan: Gerakan Rakyat Malaysia, 民政黨), 그리고 인도인 정당인 말레이시아인도인의회(MIC: Malaysian Indian Congress)와 민중진보당(PPP: People's Progressive Party)이 그것이다. 이들은 말레이시아 여당들의 협의주의의 전통과 관례에 따라 매 선거 때마다 연합공천을 하고 있다.

그러나 국민전선 내 갈등은 총선이 끝난 해 9월 UMNO 당지도부 선거를 앞두고 표면화되었다. 이 선거는 오히려 총선보다 더 민주적인 측면이 있어 정치적 동원이 매우 활발하게 일어나고, 당원의 압도적 다수가 말레이인, 농민, 중하류층으로 구성되어 있어 말레이 민족주의에 호소하는 경향이 매우 짙다. 말레이 민족주의에 바탕을 둔 정책으로 말레이인우대정책의 부활과 '이슬람화'(Islamization)에 대한 요구는 UMNO 당내정치의 동원수단으로 가장 널리 이용되었는데, 지도부에서 이에 능숙하게 대처하지 못하면 당의 공식 입장으로 표명되어 비말레이, 비이슬람 정당들인 파트너 정당을 자극하고 그들을 곤경에 빠트리는 경우가 종종 발생한다. 특히 한 나라의 총리이자 행정부의 수반으로서 강력한 리더십을 발휘하지 못한 압둘라는 사실 국민전선과 UMNO 내에서도 허약하고 무능한 모습을 계속하여 보여 주었다. 당내 리더십의 약화를 틈타 지속적으로 제기된 말레이 민족주의와 이슬람화 강조는 점차적으로 화인들과 인도인들을 국민전선으로부터 이반시키는 결과를 낳게 된다.

흔히 부미뿌뜨라(bumiputera) 정책이라 불리는 말레이인우대정책은 일종의 적극적 차별수정 조치(affirmative action)로서 1970년 당시 마하티르 총리가 경제적 약자인 말레이인들의 지위를 향상시키고자 국가발전계획인 신경제정책(NEP: New Economic Policy)에 포함시켜 시행한 것이다. 원래는 1990년까지 한시적으로 실시하겠다고 약속하였고 1990년에 종식을 선포하기도 하였으나, 지금까지도 경제, 사회, 교육 등 여러 분야에서 남아 실제로 작동하고 있다. 다만 갈수록 조금씩 약화되어 왔을 뿐이다. 이 정책은 화인들와 인도인들을 역차별하는 효과를 낳아 이 두 민족으로부터 큰 반발과 불만을 샀던 것이다. 그런데도 이 정책을 강화하고 부활해야 한다는 주장이 말레이민족주의자들을 중심으로 계속 나오고 있는데, UMNO, 그 중에서도 청년조직(UMNO Youth; 社靑團)이 가장 강한 목소리를 내는 집단 중의 하나이다. 2005년에는 UMNO 전당대회에서 NEP 정신을 부활하자는 결의를 채택하기도 하고 2006년 전당대회장에서는 청년조직의 장인 히샤무딘(Hishamuddin Hussein) 교육부 장관이 말레이시아의 '주인'(tuan)인 말레이인의 특권과 이슬람이 침해를 받게 되면 폭력도 불사하겠다며 말레이 전통 칼인 끄리스(kris)를 뽑아 들기도 하였다. 현 정부나 UMNO의 공식적인 입장과 배치되고 미국과의 자유무역협정(FTA) 협상에도 걸림돌이 되고 있는 말레이인우대정책 강화론이 자꾸만 나오는 것은 당내에서 압둘라의 리더십과 입지가 취약하기 때문이다.

말레이인우대정책이 경제분야에서 소수민족들을 위협하고 있다면, 정치사회분야의 위협은 "알금알금 강화되는 이슬람화"(creeping Islamization) 경향과 이에 대한 압둘라 정부와 UMNO의 이중적 태도라고 할 수 있다. 사실 이슬람화는 말레이시아 건국 이래 총선이 있을 때마다 매번 주된 선거 쟁점으로 형성돼 왔으며, 이슬람화를 지지하는 무슬림들의 표를 얻기 위해 PAS와 UMNO가 경쟁을 벌여 왔다. 그러나 MCA와 MIC 등 국민전선의 다른 종족 정당과 공생해야 하는 UMNO로서는 지나친 이슬람화로 파트너 정당이 지지자들을 빼앗기는 사태를 막아 주어야 하는 의무도 동시에 져야 하는 딜레마적 상황에 놓여 있다(말레이시아의 정당체계와 그 동태성에 관해서는 신윤환 2008을 볼 것). 과거 마하티르는 집권말기로 가면서 점점 이슬람 쪽으로 기울었고(Ooi 2006), 퇴임 직전에는 "말레이시아가 드디어 '이슬람 국가'(an Islamic state)가 되었다"라고 선언하기까지 했다. 그러다보니 "지난 20년 동안에 UMNO가 PAS보다 더 이슬람적이었다"라는 평가가 나오기도 하였다(EIU 2006/03, 13).

반면 압둘라는 '문명이슬람'이란 개념을 만들어내어 이는 타 종교, 근대화, 물질문명을 포용하고 함께 조화를 이룰 수 있는 이슬람관이라고 주장하였다(Abdullah 2006). 온건하고 합리적인 압둘라의 문명이슬람론은 총리 취임 초기부터 널리 소개되어 국내외적으로 좋은 반응을 얻었고 총선 승리에도 일조를 한 것으로 보인다. 그러나 UMNO와 정부조직의 정치인들과 관료들은 압둘라의 입장에 상관하지 않고 종종 문명이슬람과 상반되는 입장과 정책들을 내어 놓기가 혼란과 우려를 야기하기가 일쑤였다.

9·11 테러 이후 기독교와 이슬람 간의 조화와 평화를 모색하기 위한 대화의 장으로 마련된 범종교회의(Interfaith Conference)가 보수적 무슬림들의 시위와 방해 때문에 2005년 이후 계속 개최되지 못했음에도 정부는 이들을 막지 않았을 뿐 아니라 2007년에는 정부가 참석자들의 안전을 이유로 개최 일주일 전에 허가를 취소하기도 하였다. 또한 종교간 분쟁이나 갈등에 있어 항상 이슬람 편을 드는 말레이시아의 사법부도 비말레인들의 분노와 우려를 샀다. 무르티(Maniam Moorthy)는 군인으로서 인도계로 힌두교도로서 살다 죽었지만, 죽기 1년 전 이슬람으로 개종한 기록이 있어 이를 샤리아법원이 받아들여 그의 시신을 가족들로부터 빼앗아 이슬람 묘역에 매장하여 가족들의 거센 항의와 법적 소송이 잇따랐다. 리나(Lina Joy)는 원래 말레이 무슬림이었으나 26살에 기독교로 개종한 후 무슬림 이름을 버리고 개명까지는 하였다. 그러나 일반 법원에서 개종 사실을 확인해 주지 않고 샤리아법원으로 그 판단을 넘겨주었는데, 후자의 경우 타 종교로의 개종을 죽음으로 응징하는 이슬람의 사법기관으로 보낸 것은 시민의 인권을 보호해야 할 민간법정이 그 권한을 스스로 포기하고 국가를 종교 앞에 복속시킨 위헌적 결정이라고 할 수 있다. 법원 스스로가 이슬람법을 헌법보다 우선시한 것이었다. 리나는 이후 여론이 무서워 종적을 감췄다. 2005년에는 말레이시아 하원은 이슬람 가족법을 통과시켰는데, 그 내용은 말레이문화와 상반되게 이혼과 재산문제에 있어 남편의 특권을 인정해주는 이슬람전통을 법제화한 것이었다.

UMNO의 이슬람화에 대한 요구조차도 역시 압둘라가 국가와 UMNO의 지도자로서 권력을 공고화하지 못했기 때문에 생겨나는 현상이지만, 압둘라 자신도 여론이나 압력에 밀리면 자신의 문명이슬람관과 배치되는 행보를 보이기도 하였다. 2006년 1월 무르티 사건이 발생하자 모든 비무슬람 각료들이 종교적 소수자의 권리 보장을 요구하는 각서에 서명하여 압둘라 총리에게 제출하려 했으나 여론에 밀려 즉시 철회한 바가 있고, 2007년 12월에는 시민단체들이 (이슬람) 종교부에 상응하는 비무슬림부(Non-Muslim Affairs Department)를 설치해 줄 것을 압둘라 총리에게 요청하였으나 아무런 대답을 듣지 못한 일도 있었다.

무르티사건으로 여론이 이미 악화된 인도계 말레이시아인 사이에서 압둘라 총리와 국민전선이 인기를 상실하게 되는 결정적 계기는 역시 종교적인 문제에서 야기되었다. 정부는 몇몇 도시에서 인도인 공동체와 상의도 없이 무허가라는 이유로 힌두사원을 강제 철거하였는데, 이 일이 반복되자 분노한 인도인들은 일찍이 50여 개의 단체가 공동 결성한 "힌두교도의 권리를 지키기 위한 행동대"(Hindraf: Hindu Rights Action Force)를 앞세워 무려 3만명이 참가한 대규모 시위를 벌이게 된다. 그러나 정부는 이를 무력으로 진압하고 수백명을 현장에서 체포하였다가 대부분 석방하였으나 20일이 흐른 뒤 주동자 5명을 국내치안법을 걸어 기소하였다. 이슬람화와 소수민족에 대한 차별 대우에 대해 적절한 조치를 취하지 않는 권력엘리트들과 이를 방치한 압둘라 총리에 대해 화인들과 인도인들이 점차적으로 신뢰를 상실하게 되고, 이는 곧 MCA와 Gerakan 그리고 MIC와 PPP에 대한 지지철회로 이어졌다고 볼 수 있다.

이러한 UMNO 정당의 내분과 혼란은 국민전선에 소속된 소수민족 정당에게 큰 위협 요인으로 작용하였다. 말레이우대정책의 복원은 곧 소수민족에 대한 차별을 의미하고 이를 막지 못하는 압둘라를 비롯한 UMNO 리더십에 대한 실망은 국민전선에 대한 화인들의 지지 철회로 나타났다. 2006년 10월 머르데까 센터가 행한 여론조사를 보면 총선 1년 5개월 전인 당시에 이미 중국계의 60%와 기업인의 63%가 야당에 투표할 것이라고 밝히고 있다. 반면 인도인들의 대규모 시위를 무력 진압과 구속으로 대응한 압둘라 정부가 총선에서 치러야 했던 대가는 매우 컸던 것으로 보인다. 과거 국민전선과 그 소속정당 MIC에 80~90%씩 지지를 보냈던 인도인들의 압도적 다수가 이반한 것으로 보인다.

국민전선 소속 정당들 간의 관계 변화만큼 중대한 또 한 가지 변화가 정치사회에 일어났는데, 그것은 안와르 이브라힘의 출옥으로 가능해진 야당들 간의 연대와 국민전선에 대항하는 공천연합의 구성이다. 안와르는 남색(sodomy) 혐의에 대한 무죄가 밝혀지고 행형 성적이 좋다는 이유로 부패 혐의에 대한 감형이 이루어져 2004년 9월에 출소하였다. 부패 혐의 형량이 만기가 될 때까지 안와르를 감옥에 넣어 둘 수도 있었는데, 압둘라가 그의 석방을 허락한 것은 안와르가 출소하게 되면 압둘라의 정적이자 안와르의 차세대 총리 경쟁자인 나집을 견제할 수 있기 때문이라는 그럴듯한 해석이 있기도 했고, 그래서 안와르가 곧 UMNO로 복귀할 것이라는 루머도 돌았다. 어쨌든 안와르와 압둘라가 특별히 나쁜 관계가 아닌 것은 사실이다. 안와르가 정치활동을 바로 재개할 수 없다는 당국의 유권해석이 있었지만, 건강검진을 겸한 외유에서 돌아온 후부터 지방과 농촌을 순례하고, 압둘라 총리를 비롯한 정치인들을 만났다. 초청연사로 연설을 하는 등, 정치활동 재개를 위한 빠른 행보를 보였다. 2005년은 주로 미국에서 강의와 강연으로 시간을 보내면서 미국의 정치인, 학자, 무슬림 지도자들과 폭넓은 교우관계를 쌓았다.

그가 본격적으로 정치사회에 뛰어 든 것은 2005년 12월에 실시된 끌란딴 주의회 보궐선거였다. 이 선거를 시발점으로 안와르는 보궐선거가 있는 곳마다 달려 가 PAS, DAP, PKR 등 당을 가리지 않고 야당 후보들의 유세를 지원한 것은 뒷날 안와르가 모든 야당들로부터 야당의 지도자 내지 중재자로서 신뢰와 지지를 받게 되는 밑거름이 되었다. 2006년 5월에 실시된 사라왁 주의회 선거에서 총 19석 중 1석을 갖고 있던 야당들이 모두 9석을 획득하는 성공을 거두었는데, 여기서도 안와르는 열심히 선거운동을 도왔다. 2007년에 두 차례 실시되었던 의원 보궐선거는 야당을 단결시켜 삐낭에서는 보이콧을 슬랑고에서는 연합공천을 성사시켰다. 이런 경험과 노력들은 안와를 "야당 모두와 대화가 되는 유일한 정치인"으로 만들어 2008년 총선에 대비하여 야당들 간에 협력과 연대를 맺는데 앞장서게 하였다. 안와르는 부인이 대신 이끌던 PKR를 더욱 공고히 하고 두 야당과 각각 협상을 벌여 나갔다. 비록 1999년 총선에서처럼 3대 야당 전체를 묶는 공천연합(BA: Barisan Alternatif)을 결성해 내지는 못했으나, DAP-PKR,

PAS-PKR 간의 연합공천에 합의함으로써 사실상 3당 공천연합의 효과를 낳을 수 있었다. 2008년 3월 총선이 끝난 직후에는 드디어 3당 간의 연합을 결성하는 데 성공하였고, 현재 민중연합(PR: Pakatan Rakyat; 人民聯盟)은 국민전선이 과반의 석 획득에 실패한 5개 주에서 연립내각을 구성하여 주정부를 장악하는 데 성공하였다.

안와르가 양대 야당 모두로부터 신뢰를 받게 된 것은 그 정강정책과도 관계가 있다. PKR은 PAS와 같은 이슬람 정당도 아니요 DAP와 같은 종족(화인) 정당도 아니다. 안와르와 PKR은 말레이시아를 "이슬람을 신봉하는 말레이인의 나라"가 아니라 "다종족, 다종교를 포용하는 새로운 말레이시아"를 표방하며 말레이인 유권자뿐만 아니라 화인 및 인도인 사회를 파고들었다. PKR은, 비록 지난 번 선거에서 단 한 석을 얻는데 그치고, 안와르가 감옥에 있는 동안 탄압과 회유로 붕괴 직전까지 가고 출옥 이후에는 안와의 독주의 불만을 품은 일부 당료들이 탈당하기도 했지만, PAS나 DAP처럼 종족적으로나 종교적으로 편향적이거나 폐쇄적이지 않은 당의 이미지 덕분에 야당 그룹에서 새로운 희망으로 떠올랐다. 그 결과 2008년에 실시된 제12대 총선에서는 PKR이 총 31석을 얻어 제1 야당으로 부상하였고, 민중연합은 선거 사상 야당이 획득한 최대 의석인 도합 82석을 차지하였다.

안와르는 말레이시아 정치에 새로운 바람을 불어 넣고 있다. 독립 이래 말레이시아의 정치참여는 주로 정당을 통해 이루어져 왔다. 그러나 1970년대를 넘어서면서 특수이익과 쟁점을 제기하는 정당 밖의 정치적 이익집단들이 출현하기 시작하였다. 이러한 비정부조직은 의석이나 권력을 추구하는 정당들과 달리 주요 사회적, 정치적 쟁점들(issues)에 관심을 갖고 있다. 이러한 비정부조직들은 1990년대 후반이 되면 정치적 색채를 더욱 강하게 띠며 야당에 못지않은 체제 반대세력으로 부상하게 된다. 그러나 이러한 급속한 성장에도 불구하고 말레이시아의 비정부단체들을 민주화를 이끌 수 있는 세력으로 보는 데는 여전히 무리가 있다. 비정부조직에 대한 정부의 불신, 자원봉사나 운동에 대한 일반인의 낮은 관심, 거의 고착적인 인종적 종교적 균열, 사회단체에 대한 지나친 규제 등이 이들의 성장과 정치세력화를 막고 있기 때문이다(Weiss 2006, 81-126). 특히 시민사회의 성장은 장기적인 시간에 걸쳐 복합적인 요인들에 의해 이루어지므로, 그런 관점에서 별도의 분석을 요한다.

Ⅵ. 결론과 전망

지금까지 2004년 3월 총선의 결과로서 또는 그 이후 말레이시아에서 일어난 정치적 변화를 분석해 보았다. 정치적 변화를 좀 더 구체적으로 고찰하기 위해, 정치체제의 성격, 권력엘리트 집단 내부, 국가사회의 제 정치세력간의 관계로 나눠 이를 순차적으로 살펴보았다. 본 연구를 통해 필자는 다음과 같은 점들을 발견하였다.

첫째, 말레이시아와 같은 '선거권위주의' 체제에서 선거가 정치변동에 매우 중요한 계기를 제공해 줄 수는 있으나 체제 자체를 변화시킬 수 없다는 점이다. 선거권위주의에서는 정치변동 요인으로서 선거에 근본적인 제약을 가하는 권위주의적 제도와 행태가 더 우월하기 때문이다. 압둘라 신임 총리는 2004년 선거에서 역사상 유례가 없을 정도로 압도적인 승리를 거두었음에도 불구하고 체제의 성격을 변화시키는 수준으로까지 정치적 변화를 꾀할 능력이나 의지는 없었다. 압둘라는 정치발전과 민주화의 길을 택하는 대신 국가의 발전전략을 재검토하고 부패를 척결하여 국가능력을 제고하려는 방향을 선택했다. 자신의 정당성을 국민의 지지에서 구하겠다는 생각보다 성과와 업적을 통해 강화하겠다는 이른바 '발전주의적' 전략을 선택한 것이다.

둘째로, 선거의 결과로 권력엘리트 집단의 재편이 필연적으로 일어나는 것은 아니다. 이는 새롭게 출현한 지도자가 선거를 통해 강력한 위임을 받게 되는 경우에도 마찬가지다. 권위주의 체제를 유지하는 한 엘리트 집단의 권력관계를 변화시키는 일은 충분히 가능하지만, 지도자에 따라 엘리트집단의 재편과 새로운 형성에 관심이 없을 수도 있다. 압둘라 총리는 제11대 총선에서 압도적 승리를 거둬, 내각을 자신의 세력으로 채우고 UMNO 내에도 강력한 지지기반을 만들 기회가 있었음에도 불구하고, 그 길을 택하지 않았다. 그는 집권 1기 끝까지 마하티르가 물려 준 내각을 큰 변화 없이 유지하였으며, 당내에도 자신의 파벌을 만들거나 강화하려 하지 않았다. 압둘라는 파벌을 초월하여 리더십을 행사하고 싶어 했지만 꿈을 이루지는 못했다.

마지막으로, 선거를 통해 부여 받은 국민의 위임이 효과를 발휘하지 못하는 선거권위주의에서는 정치사회가 활성화되는 경향이 있다. 제11대 총선이 개혁, 부패척결, 종교종족 간 화합이라는 강력한 메시지를 압둘라 신임 총리에게 전달했음에도 불구하고, 압둘라는 집권기간 동안 이 위임사항을 국민의 여망대로 실천하지 못했다. 압둘라 정권에 대한 희망이 소진된 2006년 말부터 여당연합 내 소수민족 정당, 야당, 재야세력, 비정부단체 등 정치사회는 개혁과 변화를 직접 요구하고 나섰다.

2008년 3월 8일에 실시된 제12대 총선은 압둘라의 리더십에 대한 실망과 정치사회가 일으키는 새로운 변화 대한 기대감이 동시에 표출된 선거였다. 유권자들은 지난 2004년 총선에서 개혁, 부패척결, 온건한 이슬람을 외치는 압둘라에게 표를 몰아주었지만, 그는 국민들이 지지해준 이 공약사항들을 제대로 이행하지 않았다. 압둘라에 대한 국민들의 심판은 준엄하였다. 반면 안와르는 6년여의 영어의 생활을 끝내고 사회로 나오자마자 성심껏 야당들의 보궐선거 유세를 돕고 권위주의 체제와 제도에 대한 비판 여론을 형성하는 데 앞장섰다. 재야지도자로서 신뢰를 쌓은 안와르는 야당들을 설득하여 총선에서 연합공천을 성사시켰다.

그 성과는 예상과 기대를 훨씬 뛰어 넘는 수준이었다. 이런 결과를 놓고 보니, 한편으로 국가와 집권층의 위기와 분열 그리고 다른 한편으로 온건 반대파의 성장과 득세의 양자가 결합하여 민주화를 만들어 낸다고 주장한 민주적 이행론자들이 말레이시아의 경험을 예증으로 들 날도 멀지 않은 듯하다.

참고문헌

신윤환. 1991. "인도네시아의 민주화 전망: 안정된 권위주의체제의 민주화 가능성에 관한 연구를 위한 시론." 한국정치학회 편. 『새로운 세계질서의 도전과 한국정치』. 서울: 한국정치학회.

______. 2008. "말레이시아의 선거제도와 정당체계: 신제도주의적 분석." 신윤환 편. 『동남아의 선거와 정치과정』. 서울: 서강대학교 출판부.

Abang Benet. 2004. "UMNO is Good for Democracy: New and More Democratic Political Parties Will Emerge to Replace the Current Decaying Parties?" *Aliran Monthly* 7.

Abdullah Ahmad Badawi. 2006. *Islam Hadhari: A Model Approach for Development and Progress.* Kuala Lumpur: MPH Group Publishing.

Ahmad Fauzi Abdul Hamid. 2006. "The UMNO-PAS Struggle: Analysis of PAS's Defeat in 2004." in Saw and Kesavapany, eds.(2006).

Chamil Wariya. 2005. *The Survivor Meets the Challenge: Abdullah Ahmad Badawi and Malaysian Politics.* Shah Alam, Selangor, Malaysia: Marshall Cavendish.

Chong, Terence. 2006. "The Emerging Politics of *Islam Hadhari.*" Saw and Kesavapany, eds.(2006).

Derichs, Claudia. 2006. "Malaysia in 2005: Moving Forward Quietly." *Asian Survey* 46(1).

Diamond, Larry. 2002. "Thinking about Hybrid Regimes." *Journal of Democracy* 13(2).

Economist Intelligence Unit. 2007. *Coutry Profile 2007: Malaysia.* London: EIU.

Economist Intelligence Unit. 2004-2008. *Country Report: Malaysia, Brunei.* London: EIU. 여러 호.

Far Eastern Economic Review. March 4; March 18; April 1; April 8, 2004.

Ghazali Mayudin, Jamaie Hamil, Sity Daud, and Zaini Othman, eds. 2006. *Demokrasi Kepimpinan dan Keselamatan dalam Politik Malaysia.* Bangi, Selangor, Malaysia: Penerbit Universiti Kebangsaan Malaysia.

Gunasegaram, P. 2006. "22 Questions for Mahathir." *The Straits Times,* June 30.

Ho Khai Leong. 2006. "Malaysia's Civil Service Reform: Mahathir's Legacies and Abdullah's Challenges." Saw and Kesavapany, eds.(2006).

______ and James Chin, eds. 2001. *Mahathir's Administration: Performance and Crisis in Governance.* Singapore and Kuala Lumpur: Times Books.

Huntington, Samuel P. *The Third Wave: Democratization in the Late Twentieth Century.* Norman and London: Univ. of Oklahoma Press.

Khoo Boo Teik. 2004a. "De-Mahathirising Malaysia: Abdullah Badawi's Debt to Reformasi." *Aliran Monthly* 8.

Khoo Boo Teik. 2004b. "The House of the Rising Sons: What They Didn't Debate at the UMNO General Assembly." *Aliran Monthly* 9.

Khoo Kheng-Hor. 2004. *Abdullah Administration: Abdullah Ahmad Badawi and His Government from Sun Tzu's Perspective.* Subang Jaya, Selangor, Malaysia: Pelanduk Publications.

Linz, Juan. 1975. "Totalitarianism and Authoritarian Regimes." Fred Greenstein and Nelson Polsby, eds., *Handbook of Political Science,* Vol. 3 Reading, Mass. et al.: Addison-Wesley.

Liow, Joseph. 2004. "Outlook for Malaysia's 11th General Election." Working Paper No. 63. Singapore: IDSS. March.

Loh, Francis. 2004. "Understanding the 2004 Election Results: Looking beyond the Pak Lah Factor." *Aliran Monthly* 3.

Martinez, Patricia A. 2005. "Malaysia in 2004: Abdullah Badawi Defines His Leadership." *Southeast Asian Affairs 2005.* Singapore: ISEAS.

Nathan, K. S. 2006. "Malaysia: The Challenge of Money Politics and Religious Activism." *Southeast Asian Affairs 2006.* Singapore: ISEAS.

Ooi Kee Beng. 2006a. "Mahathir as Muslim Leader." *Southeast Asian Affairs 2006.* Singapore: ISEAS.

______. 2006b. *Era of Transition: Malaysia after Mahathir.* Singapore: ISEAS.

Ramasamy, P. 2006. "Mahathir-Abdullah Conflict Dissected." *http://www.malaysiakini.com/opinionsfeatures/52994.*

Pepinsky, Thomas B. 2007. "Malaysia: Turnover without Change." *Journal of Democracy* 18(1).

Puthucheary, Mavis and Norani Othman, eds. 2006. *Elections and Democracy in Malaysia.* Bangi, Selangor, Malaysia: Penerbit Universiti Kebangsaan Malaysia.

Rodan, Garry. 2004. *Transparency and Authoritarian Rule in Southeast Asia: Singapore and Malaysia.* London and New York: RoutledgeCurzon.

Saw Swee-Hock and K. Kesavapany, eds. 2006. *Malaysia: Recent Trends and Challenges.*

Singapore: ISEAS.

Schedler, Andreas. 2002. "Elections without Democracy." *Journal of Democracy* 13(2).

______. 2006. "The Logic of Electoral Authoritarianism." Andreas Schedler, ed. *Electoral Authoritarianism: The Dynamics of Unfree Competition.* Boulder and London: Lynne Rienner.

Tikamdas, Ramdas. 2004. "An Election Day under Guardian Angels." *Aliran Monthly* 3.

Weiss, Meredith L. 2006. *Protest and Possibilities: Civil Society and Coalitions for Political Change in Malaysia.* Stanford: Stanford University Press.

Welsh, Bridget, ed. 2004a. *Reflections: The Mahathir Years.* Washington, D.C.: The Southeast Asia Program, SAIS, Johns Hopkins University.

______. 2004b. "Real Change? Elections in the *Reformasi* Era." Edmund Terence Gomez, ed. *The State of Malaysia: Ethnicity, Equity and Reform.* London and New York: RouteledgeCurzon.

______. 2005. "Malaysia in 2004: Out of Mahathir's Shadow?" *Asian Survey* 45(1).

Wong Kok Keong. 2004. "The Pak Lah Factor: The BN's PR Boys Promoted a Carefully Constructed 'Brand' Image of Abdullah Badawi." *Aliran Monthly* 3.

Yeoh, Michael and Farizal Hj. Mohd. Razalli. 2006. "Reinventing Governance in Corporate Malaysia." Saw and Kesavapany, eds.(2006).

제3장 | 말레이시아의 선거와 이슬람화, 그리고 문화변동

홍석준

Ⅰ. 머리말

이 글은 1999년 총선과 2004년 총선 이후 말레이시아 반도의 동북부 지역에 위치한 끌란딴(Kelantan) 주와 뜨렝가누(Trengganu) 주를 중심으로 말레이시아 선거가 이슬람화(Islamisasi)와 어떠한 관련을 맺고 있고, 그것이 정치사회적으로 말레이시아 사회문화에 어떠한 영향을 미쳤으며, 특히 지역사회의 문화에 어떠한 변화를 초래하였는지를 기술, 분석한 것이다. 여기서는 특히 1999년 및 2004년 선거 결과를 대상으로 이를 말레이시아 사회의 이슬람화의 지속과 변화라는 분석틀 속에서 다루면서 선거와 이슬람화가 말레이시아의 변화하는 정치적, 사회적 환경 속에서 지역사회의 문화변동과 어떠한 관련이 있는지를 고찰한다.

다시 말해 이 글은 1999년 총선 및 2004년 총선 이후 말레이시아 지역사회에서의 이슬람화 정책 수행 과정에 특히 주목함으로써, 정부 여당인 통일말레이국민조직(UMNO: United Malays National Organization: 이하 UMNO)의 정치적, 문화적 지향이 이슬람을 표방하는 야당세력과는 어떠한 차이가 있으며, 이것이 선거 결과와 어떠한 관련을 맺고 있는지를 이슬람화와 그에 따른 지역사회의 문화변동이라는 측면에서 살펴보기 위한 것이라고 할 수 있다. 이는 1999년 총선과 2004년 총선 이후 이슬람을 표방하는 대표적인 야당인 범말레이시아이슬람당(PAS: Parti Islam Se-Malaysia, 이하 PAS)의 정치적 행보와 그 의미, 그리고 선거 결과에 따라 지역사회의 이슬람화의 특징과 의미가 어떻게 변화하는가를 지역사회의 사회적, 문화적 맥락 속에서 파악하기 위한 학술적 작업이기도 하다. 이에 덧붙여 최근의 말레이시아 정계의 최대 쟁점이 되고 있는 전임 총리와 후임 총리 사이의 갈등과 대립이 갖는 의미를 정치적, 문화적 맥락 속에서 고찰하고자 한다.

1999년 총선에서의 PAS의 정치적 약진 및 2004년 총선에서의 UMNO를 위시로 한 국민전선(BN: Barisan Nasional, 이하 국민전선)의 압승 및 PAS의 패배는 끌란딴 주와 뜨렝가누 주에서의 이슬람화 자체뿐 아니라 그에 대한 평가에도 큰 영향을 미쳤다.[1] 이로 인한 정부 여당의 권한 강화 및 이슬람화, 그리고 사회변화에 대한 새로운 평가와 해석이 제기되었다. 전 부총리이었던 안와르 이브라힘(Anwar Ibrahim)에 대한 구속, 수감으로 야기된, 소위 '안와르 사건'으로 인한 파급효과가 효과적으로 이슬람화 정책으로 이어지지 못했다는 평가가 등장하기도 했다. 총선의 결과를 '안와르 사건'과 '중산층', '시민사회', 이슬람화 등과 연계하여 파악하고자 하는 다양한 시도가 이루어졌으며, 이는 말레이시아 사회 전반에 걸쳐 적잖은 파장을 불러일으켰다. 총선 결과에 따른 정치적, 사회적 파장과 여파는 이슬람화에 대한 재평가와 더불어 이슬람을 포함한 다양한 문화적 자원 또는

---

1) 참고로, 1999년 총선에서 PAS와 UMNO는 연방의회선거에서 총의석 233석 중 각각 27석과 72석, 주 의회 선거에서는 총 의석 394석 중 각각 98석과 176석을 획득했다. 1995년 총선에서는 PAS가 연방의회선거와 주 의회 선거에서 각각 7석과 33석을 획득하는 데 그쳤음을 고려할 때, 이는 PAS의 정치적 약진을 입증해 주는 수치라고 할 수 있다. 한편, 끌란딴 주의 경우, 1999년 총선에서 야당연합인 대안전선(BA: Barisan Alternatif, 이하 대안전선)은 61.1%, 여당연합인 국민전선은 38.9%를 차지했다. 뜨렝가누 주의 경우, 대안전선과 국민전선은 각각 58.8%와 41.2%를 차지했다. 이는 끌란딴 주와 뜨렝가누 주에서 PAS가 승리했다는 것을 의미한다. 이 두 주를 제외한 다른 주에서는 국민전선이 대안전선에 승리함으로써 UMNO의 건재를 과시한 셈이 되었다.

전략의 동원을 수반하는 급속한 사회변화의 일부로 받아들여지기도 했다.

여기서는 지역사회의 이슬람화를 중심으로 선거 및 그 결과가 지역사회에 어떠한 영향을 미쳤으며, 그 의미는 무엇인지를 사회문화적 맥락 속에서 다각도로 고찰한다. 나아가 최근 전임 총리와 현임 총리 사이의 대립과 갈등의 양상에 주목함으로써 이것이 말레이시아 정치에서 갖는 의미는 무엇인가를 이슬람화와 관련하여 설명하고자 한다.

Ⅱ. 말레이시아 선거의 특징

말레이시아 선거의 특징과 의미를 살펴보기 위해선 먼저 입법부의 특성에 대해 간략하게나마 언급할 필요가 있다. 말레이시아의 입법부는 데완 라얏(Dewan Rakyat, 하원)과 데완 느가라(Dewan Negara, 상원)의 양원제를 근간으로 하고 있다. 하원이 상원보다 더 중요한 체계로 되어 있다. 하원은 총리와 대부분의 내각 구성원을 배출하고 법안을 발의하며 국가재정을 관장한다.[2)]

말레이시아의 선거는 5명으로 구성된 선거위원회가 담당하고 있다. 선거위원회 위원들은 내각의 제청에 따라 국왕이 임명한다. 이들은 주로 고위 공무원 중에서 임명되며 말레이인, 화인, 인도인 등 3개의 주요 종족집단(ethnic group)과 사라왁(Sarawak) 주와 사바(Sabah) 주의 대표자들을 포함한다. 선거위원회는 행정

2) 반면, 상원은 법안에 대한 재심을 담당하고 각 주의 이익을 보호하도록 고안되었다. 1957년에는 다수의 상원의원들이 주 의회에서 선출되었지만 1963년 헌법 개정으로 인해 현재 주 의회에서 선출된 상원의원은 원내 소수가 되어 있다(Rogers 1993). 헌법상으로는 상원의 권한이 재정에 관한 문제를 제외하고는 하원의 권한과 유사해 보이지만, 실제로 상원은 법안을 발의하지 않으며 법안의 통과를 지연할 수 있는 권한이 없다(펀스톤 2005, 255).

적으로 총리부에 소속되어 있지만 독립적이라고 간주되는 경향이 있다.

모든 국민은 하원과 주 의회 선거에서 투표할 권리를 갖고 있다. 유권자 등록과 투표는 필수사항은 아니다. 통상 80%의 국민이 등록을 하고 그 중 70~80%가 선거일에 투표를 한다. 후보들은 1인을 선출하는 소선거구제에서 경쟁을 하며 결과는 단지 가장 많은 표를 받는 후보가 이기는 방법에 의해 결정된다. 의원들은 첫 번째 의회 소집일로부터 계산하여 5년간의 임기로 선출된다.[3] 물론 총리는 정해진 일정보다 앞서 선거를 시행할 수 있다. 한 후보가 계속 재선되는 데 대한 제한은 없다. 선거구의 수와 획정은 선거위원회의 정기적인 조사를 기초로 이루어진다. 현재의 233석은 1955년에 실시된 첫 선거의 52석에서 점차 증가한 것이다. 이 중 28석이 사라왁에 배정되어 있고 20석은 사바에 배정되어 있는데(최근의 선거구 재획정으로 사바의 의석은 25석으로 증가했다), 이 두 지역의 인구는 전체 인구의 약 18%를 차지하고 있지만 전체 의석에서 이 두 지역이 차지하는 비율은 25%에 달한다(펀스톤 2005, 257).[4]

정부 측에 유리한 말레이시아 선거의 특징은 우선 선거운동 기간이 짧다는 것인데, 선거가 의회 해산 후 11일 안에 실시되어야 하는 것으로 알려져 있다.[5]

---

3) 의회는 120일 이내에 소집되어야 하며, 임기 5년이 끝나면 선거위원회는 다음 선거까지 60일간의 여유를 줄 수 있다. 서 말레이시아(West Malaysia)에서는 연방선거와 주 의회 선거 기간이 일치하지만 사라왁과 사바의 주 의회 선거는 자체 일정을 따른다.

4) 참고로, 1957년 헌법은 선거구 획정에 대해 특별한 규정을 두지 않았고 선거위원회에 맡겨 놓은 상태였다. 하지만 1962년에 개정된 헌법에 따르면 선거구 획정에 관한 선거위원회의 제안은 총리에게 제출된 후 의회의 승인을 받아야 한다. 또한 농촌 선거구가 도시 선거구의 절반 크기가 될 수도 있다. 1973년의 헌법 개정은 선거구 크기 차이를 규제하는 항목을 삭제하여 때로는 도시 선거구가 농촌 선거구에 비해 5배 이상 큰 경우가 발생하기도 했다. 이러한 헌법 개정은 선거위원회의 권한을 점차 약화시켰고 정부로 하여금 선거구 획정에 더 많이 개입하고 통제할 수 있는 여지를 제공하였다. 이는 말레이인들이 주로 농촌지역에 집중되어 있기 때문에 정치 전반에서 말레이인의 지배적 위치를 공고히 하는 중요한 원인으로 작용하였다(펀스톤 2005, 257-258).

5) 입후보 등록 때까지 4일 그리고 선거운동 기간 중에는 7일로 정해져 있다(펀스톤 2005, 258). 이처럼 이미 규정상 선거운동 기간이 짧은데다 선거위원회가 선거운동 기간을 결정할 수 있기 때문에 더 짧아질 수도

1999년 총선은 3주 이내에 모든 과정이 종료되었고, 선거위원회는 선거운동이 정치적 긴장과 불안을 야기한다는 이유로 짧은 선거 기간을 정당화했다. 이런 점에서 짧은 선거운동 기간은 총리만이 선거 시기를 결정할 수 있다는 점에서 정부 측에 매우 유리한 말레이시아 선거의 특징적인 한 측면이라고 볼 수 있다(펀스톤 2005, 258-259).

이러한 문제점에도 불구하고, 말레이시아의 선거는 자유로운 투표와 정확한 결과 집계에 필요한 환경이 보장되어 있다는 점에서 자유선거로 인식되어 온 것이 사실이다. 하지만 최근 비정부기구(NGO)들이 유령유권자, 의심스러운 부재자 투표, 그리고 여타 선거 부정에 대한 의혹을 제기하면서 선거에 대한 의문이 점차 증가하고 있는 것 또한 부인하기 힘들다.6)

한편, 말레이시아 선거문화의 또 다른 특징은 선거가 종족집단의 분포에 따른 투표 열기로 인해 축제적 성격을 지니고 있다는 점이다. 이는 말레이시아 선거가 지닌 매우 흥미로운 측면이다. 그것은 중심과 주변, 도시와 지방, 화인과 말레이인의 종족집단 사이의 조화와 갈등의 역사적 과정을 통한 사회통합의 원리를 제공하는 일종의 축제 형식을 띤다. 이는 과거 말레이 정치의 역사 속에서

있는 것이 말레이시아 선거의 특징이다.

6) 매번 선거마다 이미 사망한 사람의 이름들이 유권자 명부에 등록되어 있거나 특정 선거구에 살고 있는 사람들이 다른 선거구에 등록되어 있는 경우 등의 의혹이 제기되고 있다. 또한 부재자 투표 역시 조직적으로 정부 여당에 투표하라는 압력이 행사되고 있다는 의혹이 있다. 게다가 비밀투표가 보장되지 않는다. 즉 투표용지는 각 유권자마다 번호가 매겨져 있어 식별이 가능하다. 야당들은 몇 차례 4개 주(끌란딴, 뜨렝가누, 뻬낭, 사바)에서 주 정부를 장악하는 데 성공한 바 있다. 그러나 정부가 선거위원회에 영향력을 행사할 수 있기 때문에 얻는 혜택, 그리고 국민전선의 강력한 지배력, 행정부와 대중매체에 대한 통제 등으로 인해 국민전선은 연방의회에서 항상 의석의 3분의 2를 장악해왔다(펀스톤 2005, 259). 단순히 다수 득표자가 당선되는 선거제도 역시 국민전선이 3분의 2를 장악하는 데 큰 도움을 주고 있다. 국민전선은 1999년 선거에서 전국적으로 56.5%의 지지를 얻어 77%의 하원의석을 장악하는 데 성공했다. 참고로, 의석수와 득표율을 통해 본 1999년 하원선거 결과를 보면 다음과 같다. 여당은 총 의석수 193석 중 148석을 장악하여 의석비율은 76.68%, 득표율은 56.5%인데 반해, 야당은 45석을 차지하여 의석비율 23.32%, 득표율 43.5%를 차지하는 데 그쳤다(Zakaria 2000).

면면히 흘러내려온 전통이기도 하다(Abdul Rahman and Badriyah 2003, 168-170). 선거 과정에서 도시와 농촌의 이분법적 구분뿐 아니라 화인과 말레이인의 종족집단의 구분을 뚜렷하게 관찰할 수 있다. 특히 말레이인이 절대 다수를 차지하거나 화인들이 과반수를 점유하는 선거구에서 벌어지는 선거 경합은 화인과 말레이인의 구분을 부추기는 측면이 있다(신윤환 2005, 3). 이러한 선거구에서는 서구의 양당제 민주주의 선거에서 관찰되는 선거의 축제적 성격이 직접적으로 표출된다. 총선 때마다 UMNO 측 후보와 PAS 측 후보가 서로 경합을 벌이는 선거 열풍의 분위기와 한 쪽에서는 총 의석의 3분의 2를 차지하기 위해 온갖 전략과 전술을 동원하고, 다른 쪽에서는 이를 저지하기 위해 경합을 벌이는 여당과 야당 사이의 치열한 경쟁은 말레이시아 선거문화의 고유하면서도 독자적인 특징이자 의미라고 할 수 있다(Crouch 1996; Loh 2003).

이런 선거 과정에서 유권자들은 한편으로는 자신이 속한 정치문화권 속에서 활동하면서, 다른 한편으로는 화인이라는 타 종족집단과의 상호작용을 통해 자신의 정치적, 사회적 세계를 재구성하는 생활을 영위하고 있다. 선거 과정은 이를 비일상적인 경험을 통해 정치사회적으로 재현하는 역할을 담당한다. 예컨대 선거 과정에서 말레이인들은 화인과 여타의 다른 종족집단 소속의 구성원들과 정체성 측면에서 확연히 구분되는 이중적 구별이라는 인적 네트워크를 형성하며, 이를 선거에 투영하여 자신의 정체성을 구현하기도 한다. 이와 같은 말레이시아 선거문화의 고유하면서도 독특한 측면은 종족문제의 재현과 불가분의 관계를 맺고 있다. 종족문제는 선거 과정에서의 다른 종족집단과의 경쟁과 경합을 통해 말레이인들의 시공간적 차원을 구성하는 중요한 하나의 문화적 자원이며, 이는 도시와 지방의 이분법적 구도 속에서 작동한다. 물론 이러한 이분법적 구도는 선거문화에 여실히 반영되어 나타나지만, 반드시 선거 과정에서만 이를 관찰할 수 있는 것은 아니다. 말레이인의 문화적 정체성은 일상적인 문화적 실천을 통해서도 재구성되거나, 또는 다른 종족집단의 이해관계와의 충돌이나 상충 과정에

서 굴절되거나 곡해되기도 한다.[7)]

Ⅲ. 1999년 총선과 그 이후, 그리고 이슬람화

1999년 총선은 야당연합인 대안전선(BA: Barisan Alternatif)의 약진이 두드러졌던 선거였다. 이 선거에서 대안전선은 젊은 층 유권자들의 지지에 힘입어 지지율이 27% 상승했다. 1999년 총선을 앞둔 시점인 1998년에 대안전선이 결성되었다는 사실은 말레이시아의 시민사회 형성을 위한 새로운 사회집단이 출현할 가능성을 열어준 것이었다. PAS는 이슬람의 가치와 규범의 강화 또는 강조를 기치로 내세운 이슬람화 정책을 실행함으로써 정치세력화에 성공하였다(Farish 2004a; 2004b).[8)] PAS는 정권 창출을 위해 다른 야당세력과 정치적 연대를 꾀하기로 결정

---

7) 이런 의미에서 말레이시아에서 종족문제는 중앙-지방의 문제와 무관하지 않으며, 이를 내재화하여 일상화하는 주요 문화적 메커니즘으로 작동하고 있다고 말할 수 있다. 말레이시아의 도시와 농촌의 행정적, 지리적 편재와 말레이인과 화인의 종족적, 인종적 구분을 거론할 때 흔히 지적되는 것이 지방민(주로 농촌)=말레이인, 도시민=화인이라는 등식이다. 일반적으로 말레이인들이 지방민을 구성하고 있다는 인식은 말레이시아의 중앙(또는 도시)=지방의 문제가 종족문제와 다양하고 복합적으로 중첩되어 있음을 알려주는 단서를 제공한다. 이를 말레이시아 정치와 관련시켜 보면, 말레이 정치의 역사적, 문화적 맥락 속에서 종족문제가 정치와 밀접한 관련을 맺어 왔음을 알 수 있다. 말레이 정치에 있어서 공식적인 정치구조는 연방정부가 관장하고 있다 하더라도 각 너그리(Negri: 말레이시아에서 주에 해당하는 정치, 행정 단위) 마다의 독자성이 존재해 왔으며, 각 너그리는 소규모 왕국의 전통을 지닌 독자적인 실체로 오랜 기간 유지되어 왔기 때문에 연방정부의 완벽한 통제가 사실상 불가능했다. 따라서 지역사회는 연방정부의 지배와 통제에서 벗어나 나름대로의 독자적인 정치문화의 전통을 유지, 보전할 수 있었다.

8) PAS는 말레이시아에서 이슬람부흥운동(dakwah, Islamic revivalism, Islamic resurgence)의 정치세력화를 도모한 주요 세력으로 손꼽힌다. 이 운동은 PAS의 정치적 영향력의 확산과 더불어 지속된다. 1990년대 이후에는 말레이 전통의 사회문화적 가치와 규범을 위협하는 수준에까지 이르게 된다. "이슬람의 기본 원리로 돌아가자"는 식의 이슬람 부흥의 기치를 내걸고, 알라에 대한 유일신 사상과 꾸란(Qur'an)을 비롯한 이슬람 경전 위주의 교리의 중요성을 강조하는, 이른바 이슬람근본주의(Islamic fundamentalism)의 가치와 규범을 강조하는 이 운동은 도시를 중심으로 그 영향력이 확산되기 시작하여, 급기야 농촌 주민의 일상생활에서 중요한

하기에 이른 것이다. 하지만 개혁운동의 영향력이 점차 약화되면서 PAS와 민주행동당(DAP: Democratic Action Party) 사이에 정치적, 종교적, 이데올로기적 갈등의 골이 깊어지게 되었고, 결국 2001년 민주행동당이 대안전선에서 탈퇴하는 결과가 빚어졌다는 사실 또한 말레이시아 정치의 이면을 총체적으로 이해해야 할 필요성을 증대시켰다. 민주행동당의 대안전선 탈퇴는 이슬람과 관련지어 볼 때, 그 의미가 자못 크다고 하겠다.

2001년 9월 22일 PAS와 민주행동당 사이에 '이슬람 국가(Islamic state)'화에 대한 3차 회담 결렬에 따라 민주행동당의 중앙고위위원회는 결국 대안전선에서 탈퇴하기로 결정하였다. 이슬람 국가화와 관련된 일련의 논쟁은 대안전선의 결성 당시부터 내재된 갈등요인으로 지적되어 왔었으며, 지난 7월 PAS 지도부의 이슬람 국가화 당론 결정과 그에 대한 공식 선언으로 이슬람과 비이슬람 세력 사이의 갈등이 더욱 심화되었다(Stark 2003). 민주행동당의 이러한 결정은 9·11 사건 직후에 일어난 것이며, 사라왁 주에서의 선거가 임박한 시점에서 일어난 일이라는 점에서 민주행동당의 준비된 결정이었다는 관측이 지배적이었다. 즉 9·11 사건을 계기로 당내 이슬람에 대한 반감이 더욱 증가해 내부적 압력이 거세졌다는 점과 이슬람이라는 정치적 부담 요소 제거를 통한 사라왁의 주 의회 선거에서 화인의 지지 흡수 및 당내 개혁, 결속의 기회로 삼는다는 정치적 계산이 깔려 있었다는 설명이 설득력을 얻었다.

사라왁 주의 민주행동당은 2000년 11월 야당연합을 탈퇴하였으며, 2001년 주 선거에서 13개 지역구에 출마하였다. 민주행동당의 전략적 선택 이외에 구조적인 원인도 제기되었는데, 이슬람 국가화 논쟁은 당사자들보다 여권의 야권분열을 목적으로 언론을 통한 문제 심화가 근원이며, PAS의 안일한 대처 및 비무슬

기능과 역할을 담당해 왔던 전통적인 가치를 변모시킴으로써 이슬람의 교리와 원칙의 의미를 강화하는 수준에 이른 것으로 평가되기도 한다(Shamsul 1994; Farish 2004a, 2004b).

림에 대한 이해 부족, 국가정의당(PKN: Parti Keadilan Nasional, 이하 정의당, 이후 PKR: Parti Keadilan Rakyat, 국민정의당으로 개칭되었음)의 소극적 대처와 불분명한 입장 표명이 민주행동당에 대한 압력을 가중시켰다는 설명이 설득력 있게 받아들여졌다. 단기적으로 각 당은 당론의 강화를 통해 각자의 지지기반 다지기에 충실할 수 있는 이점과 각 정당의 지지기반 인종 이외의 지지층의 이탈이라는 득실이 혼재할 것이라는 전망이 제기되었지만 장기적 관점에서 특정 종족집단 중심의 정치 현실의 한계를 고려할 때 화인들의 지지기반이 없는 야당연합이나, 말레이인의 지지가 매우 미약한 민주행동당 모두 득보다 실이 많을 것으로 평가되었다(Kim 2005, 345-349).

이러한 야당 분열 속에서 치러진 2004년 총선은 UMNO를 위시한 여당인 국민전선에 절대적으로 유리하게 작용하였다. 2004년 총선 결과는 이를 입증해 준다. 한편, 민주행동당과 PAS의 민주주의 실현, 인권, 보안법 등의 기본 현안에 있어 대 여권 공조 유지를 표명한 바 있으며, 2004년 총선에서 양당 간 느슨한 형태의 제휴나 민주행동당과 정의당의 개별적인 전략적 제휴가 이루어지지 않음으로써 PAS의 입장에서 총선 패배는 이미 노정되어 있었다고 평가된다(Ahmad Fauzi Abdul Hamid 2006, 105-111). 정치 관계자들은 '이슬람 국가'화 문제는 야당연합의 근본적 문제로 지적되어온 만큼 정치발전을 위해서는 이 문제에 대한 근본적 이견 해소 노력이 있어야 할 것이라는 지적에도 불구하고, 어떠한 성과를 이루어내지 못함으로써 총선 패배의 결과를 감수할 수밖에 없었던 것이다(Ahmad Fauzi Abdul Hamid 2006, 107-108).

1999년 총선 이후 근대화와 국민통합의 과정 속에서 노출된 정체성의 위기가 발생하였을 뿐 아니라 국가 안보의 문제, 그리고 인권과 민주주의에 대한 관심이 제고되었다. 이를 계기로 말레이시아 사회 내부에서는 말레이인과 화인, 인도인 등의 여러 종족집단 사이에 다양한 방식으로 내부갈등이 표출되는 계기를 제공했을 뿐 아니라 이에 대한 해결책을 모색하는 과정에서 기존의 사회질서가 재편되는 결과를 낳기도 했다. 또한 총선은 말레이인 내부의 사회적 분화에 영향을 미침으로써 말레이 중산층의 형성과 재편을 초래한 주요 원인으로 지적되기도 한다(Abdul Rahman Embong, ed. 2001 참조).[9] 나아가 그것은 종족집단 사이의 이해관계의 충돌을 넘어 국가 안보 전반에 대한 다양한 담론과 정책을 만들어내는 데에도 큰 영향을 미친다(Hari Singh 2004, 17-19).

1999년 총선 이전과 이후의 말레이시아 정치경제적 상황의 차이는 선거의 정치적, 경제적, 사회적 결과 및 그 여파에 대한 영향 평가를 가능케 한다. 총선 결과, 말레이시아 사회는 전반적으로 대규모 구조조정이 불가피했다. 그로 인해 말레이인 대 화인뿐 아니라 말레이인들 사이의 사회적, 문화적 분화를 촉진하는 결과가 빚어졌다. 이는 또한 말레이시아 사회내의 다양한 사회집단의 역학관계의 변화를 통한 사회문화적 갈등을 초래하게 되었다.[10] 이는 경제발전과 이슬람화의 성과에 대한 평가와 긴밀한 연관관계를 가진다. 특히 경제발전은 신 중산층 말레이인들(Melayu Baru, The New Malays)이라는 사회집단의 출현을 초래한 주요한 정치사회적 배경이다(오명석 1998; 홍석준 2005; Abdul Rahman Embong 2001, 2002; Gomez 2006; Raja Rasiah 2001; Saravanamuttu 2001; Sharifah Zaleha Syed Hassan 2001).[11]

---

9) 말레이시아 중산층과 이슬람화의 관계에 관해서는 Sharifah Zaleha Syed Hassan의 연구(2003)를 참조할 것.

10) 일상적인 삶의 영역에서 말레이인과 화인, 그리고 인도인 사이의 종족적 경계와 구분은 최근까지도 여전히 유지되었으며, 근자에 들어 종족관계는 새로운 양상을 띠고 나타났다. 1999년 총선 결과 PAS의 정치적 약진과 말레이 사회의 전반적인 이슬람화의 강화는 경제적 발전이 세속적인 시민사회의 성장에 기여할 것이라는 서구인의 시각에 반하는 것이었다. 화인사회 내부에서도 말레이시아 국가 내에서 그들의 위상이 점차 주변화되는 것은 아닌가 하는 위기감과 위기의식이 심화되기 시작하였고, 자신들의 문화적 정체성을 지키기 위한 다양하고 복합적인 방식의 대응이 시도되었다. 이는 말레이인은 농촌지역에 거주하고, 화인들은 도시지역에 거주한다는 이분법적 분류의 타당성을 어느 정도 인정하는 것이며, 이는 말레이시아에서 지방이란 말레이인들의 일상세계임과 동시에 화인들의 주변부라는 인식을 고착화하였다.

11) 압둘라만엠봉(Abdul Rahman Embong 2001)은 직업의 기준에 따라 말레이인들을 신 중산층(new middle class), 구 중산층(old middle class), 주변부 중산층(marginal middle class)으로 구분하고, 각 집단이 경제위기 이후 경제생활과 소비수준에 실제로 어떠한 영향을 받았는가를 분석한 결과, 경제위기 이후 중산층은

이들 새로운 말레이 중산층의 출현으로 인해 이들이 사회 전반에 걸친 변동 과정에 미친 영향에 대한 관심이 늘어났다.12)

사실 신흥 말레이 중산층의 성장은 경제성장과 같은 경제적 조건 이외에 특정한 정치적 과정과 시민사회의 형성과 같은 사회변화에 의해 촉발된 측면이 있다.13) 말레이 중산층은 마하티르(Mahathir) 전 총리의 안와르 전 부총리의 해임과 구속 사건과 그로 인한 레포르마시(reformasi), 즉 개혁운동을 주도한 것으로 알려져 왔다(Weiss 1999, 424-425; Welsh 2004, 130-132). 안와르의 해임과 구속은 그를 지지하는 말레이인을 중심으로 개혁을 요구하는 대대적인 시위 촉발의 원인을 제공하였으며, 그로 인해 말레이시아 사회는 전반적인 격동의 소용돌이 속으로 빠져 들어갔다(Farish 1999, 5-6).14)

실질적인 소득의 감소나 소비수준의 하락을 경험하지는 않았다고 진단한 바 있다. 오히려 경제위기로부터 가장 막대한 영향을 받은 계층은 하층의 노동자, 농민 계층이라는 것이다. 그는 이들이 경험한 가장 큰 사회경제적 타격은 실직이었는데, 실직의 비율이 하층의 경우에는 크게 나타났지만, 신구와 주변부를 막론하고 중산층에서는 그다지 큰 변화를 발견하기 어렵다고 평가했다(Abdul Rahman Embong 2001, 82, 90-92).

12) 말레이 중산층의 성장으로 인해 종래의 종족집단에 따른 경제적 지위의 구분이나 도농 간의 경제적, 사회문화적 차이가 상당 부분 희석되기는 했지만, 종족집단의 분포에 따른 중앙과 지방, 도시와 농촌, 대도시와 지역사회의 구분은 여전히 존재하고 있으며, 이러한 현상은 현재까지 존속되고 있다.

13) 말레이시아의 이슬람화와 시민사회의 형성 사이의 관계에 관해선 Mohamed Abu Bakar의 연구(2001)와 Sharifah Zaleha Syed Hassan의 연구(2001), Verma의 연구(2002)를 참조할 것. 그리고 동남아시아의 여러 나라에서 이슬람과 시민사회가 어떠한 관련을 맺고 있는지에 관해선 Nakamura Mitsuo et al.의 편저(2003)를 참조할 것.

14) '안와르 사건'은 바로 이러한 기존의 말레이 중산층의 정치적 역할을 크게 변모시켰다. 그것은 말레이 중산층 내부에서 반UMNO, 반마하티르 정서를 확산시키는 결과를 낳았던 주요 원인이었다(황인원 2004, 214). 특히 끌란딴 주와 뜨렝가누 주에서는 말레이 도시 중산층을 중심으로 UMNO와 마하티르를 반이슬람적인 것 또는 비이슬람적인 것으로 규정하고 이슬람화 정책의 기본 원칙과 가치를 확산시키기 위해 이슬람의 규범과 가치를 정치적 전략으로 활용하는 정책을 실행하였다. 이것은 PAS가 이 두 지역에서 정치적으로 약진할 수 있었던 주요 원인이 PAS의 정책이라기보다는 반UMNO 정서, 마하티르에 대한 실망, 안와르에 대한 지지, 개혁운동에의 요구 등이 복합적으로 연결되어 빚어진 결과라는 것을 의미한다. 끌란딴 주와 뜨렝가누 주에서 PAS의 승리는 이슬람화에 대한 관심을 드러낸 것이었으며, 말레이인들의 무슬림 정체성을 강화하기 위한 시도로 해석될 수 있다.

안와르 구속과 관련되어 대규모로 일어났던 개혁운동은 도시에 거주하는 말레이 중산층을 중심으로 광범위하게 확산되어, 반UMNO, 반마하티르 정서를 급속히 확산시키는 결과를 낳았다(Ahmad Fauzi Abdul Hamid 2006, 102-105; Maznah 2003).[15] 이는 말레이시아의 정치적 혼란과 불안정으로 인식되었고, 특히 끌란딴 주와 뜨렝가누 주와 같이 PAS의 영향력이 강한 지역에서는 PAS의 이슬람화 정책에 대한 지지층을 광범위하고 급속도로 확보할 수 있는 조건으로 이어지기도 했다. 결국 안와르 사태가 PAS의 정치적 약진과 이슬람화의 강화를 비롯한 여타의 사회변화를 촉발시키는 동인을 제공한 것 이외에 말레이 중산층의 정치적 태도를 변화시키는 주요 요인으로도 작용했다고 볼 수 있다. 즉 UMNO를 위시한 말레이 정치체제의 지배질서 속에서 말레이 중산층은 기득권을 바탕으로 기존의 지배구조를 온존시키고 공고하게 만드는 데 큰 역할을 담당해 왔다고 말할 수 있겠다.

1999년 총선에서 뜨렝가누 주가 승리를 거둔 후 뜨렝가누 주의 이슬람화 정책이 시행되는 가운데, 가장 중요한 사회적 쟁점이 되었던 문제는 이슬람형법(hudud)의 시행과 뜨렝가누 석유의 로얄티 요구를 둘러싼 연방정부와 뜨렝가누 주 정부 사이의 갈등과 관련된 문제였다. 이슬람형법의 경우, 이미 끌란딴 주에서 연방정부에 그 실행을 요청한 바가 있기 때문에 뜨렝가누 주에서도 그러한 절차를 밟아 이슬람화를 진행하려는 계획을 갖고 있었다. 하지만 이는 상당한 논란의 대상이 되었으며, 비무슬림의 강력한 반대에 봉착하게 되었다.[16]

---

15) 소위 '안와르 사건'과 레포르마시의 결과에 대해 뜨렝가누의 한 주민은 이렇게 말한다. "1999년 총선에서 PAS가 뜨렝가누 주에서 승리할 수 있었던 것은 PAS가 잘해서라기보다는 UMNO의 금권정치에 실망한 주민들이 안와르 지지세력으로 탈바꿈했고, 그들이 PAS 출신 입후보자에게 표를 몰아주었기 때문이다. PAS는 끌란딴 주에서와 마찬가지로 이를 이슬람화로 연결시킴으로써 반UMNO의 정서를 확산시키기 위해 노력했을 뿐이다." 이 말은 '안와르 사건'의 여파가 뜨렝가누에서의 반UMNO 정서를 자극함으로써 결과적으로 PAS가 반사이익을 얻게 되었음을 의미한다. PAS가 잘했다기보다는 UMNO에 대한 반대가 PAS 지지표로 나타났다는 말이다.

뜨렝가누 주의 PAS 정책 중 또 다른 중요한 것이 이 지역에서 생산되는 석유와 천연가스에 대한 로얄티 제공의 문제였다(Pusat Penyelidikan PAS 2000). 종래에는 뜨렝가누 주의 권력이 UMNO를 위시한 국민전선에 의해 장악되었기 때문에 뜨렝가누 주에서 생산되는 석유의 로얄티를 연방정부에 지급해 왔으나, 1999년 PAS가 정권을 잡은 후에 PAS 지도자들이 이를 거부하기로 결정한 것이 발단이 되어 큰 사회문제로 비화된 것이다. 이를 둘러싸고 연방정부와 뜨렝가누 주정부 사이의 갈등과 반목이 더욱 강화되었으며, 뜨렝가누의 이슬람화 정책에도 큰 영향을 미쳤다. 뜨렝가누의 석유에 대한 권한은 절대적으로 뜨렝가누 주에 속한 것이라는 주장은 연방정부의 불만을 사게 되었으며, 뜨렝가누 주를 고립시키는 정책으로 이어졌다. 이에 뜨렝가누 주에서는 이슬람을 기치로 무슬림들의 단결을 고취하고, 무슬림으로서의 정체성을 강화하였으며, UMNO와 차별화된 정책을 수립, 시행하는 데 박차를 가했다(Hj. Mustafa Ali 2000, 12-14, 17-18 참조). 이는 결국 뜨렝가누 주정부와 PAS의 독자성 확보로 이어졌으며, PAS의 이슬람화 강화 조치로 이어졌다. 이는 결국 뜨렝가누에서 UMNO와 PAS의 갈등을 심화

16) 참고로 뜨렝가누에서 PAS의 이슬람화에 대한 화인들의 반응을 민주행동당 총재의 발언 내용에 대한 분석을 통해 살펴보도록 하자. 민주행동당의 총재 림킷시앙(Lim Kit Siang 2001)은 끌란딴 주와 뜨렝가누 주에서 대안전선이 승리를 이끌어낸 후, PAS 지도부가 이슬람 국가론을 주장하고 나섰던 것에 대해 강력하게 반발하는 내용의 성명서를 발표하기도 했다. 그는 원래 대안전선의 강령이 1999년 총선 이전에는 "정의로운 사회를 향하여"였는데, 총선 승리 후 PAS 측에서 "이슬람국가의 건설"을 강력하게 내세웠다고 주장하였다(Lim 2001, i-iii). 그는 "이슬람국가의 건설"은 매우 위험한 발상이며, 대안전선의 원래 약속을 어긴 것이라고 반발하였다. 그는 "하디 아왕은 말레이시아 현행 헌법 3조에 '종교'의 표기가 영어 릴리전(religion)에서 파생된 아가마(agama)로 되어 있는데, 이를 아랍어 표기인 아드-딘(Ad-din)으로 바꿔야 한다고 주장했으며, 또한 뜨렝가누 주에 이슬람형법(hudud)을 도입하려고 온갖 수단을 다 동원하고 있다"라고 언급하면서, 이는 원래 대안전선에 표를 던진 유권자들이 이슬람 국가의 건설을 위해 대안전선을 택한 것이 아니라 정의로운 사회를 지향하는 대안전선에 표를 준 것이라는 사실을 부정하고 배신하는 행위라고 압둘 하디 아왕을 강력하게 비난한 바 있다(Lim 2001, 99-100). 림킷시앙의 이러한 견해가 사적인 의사의 표현이라기보다는 민주행동당의 공식 의견이라고 볼 때, PAS와 민주행동당 사이의 갈등과 반목이 매우 컸으며, 그것은 결국 민주행동당의 대안전선 탈퇴 및 PAS와의 결별을 의미하는 것이었다. 이러한 상황에서 치러진 2004년 총선에서 PAS는 연합세력과의 공조체계 구축에 실패함으로써 힘겨운 선거를 치를 수밖에 없었던 것이다.

시키는 주요 원인으로 작용하였다.

말레이인들의 위기의식의 심화는 정치의 위기 상황 연출로 이어졌으며, 이는 도시 중산층의 범위를 변화시키는 결과를 낳은 한편, 도시 중산층의 기존 범위에 속한 사람들의 집단 결속력을 강화하는 방향으로 전개되었다. 이는 위기에 대한 문화적 대응전략 구축의 일환으로 이슬람을 활용하고자 하는 움직임으로 나타났다. 특히 총선은 이슬람화를 추진하는 새로운 사회집단 또는 세력의 등장 가능성을 가늠하는 문화적 척도를 제공했다. 이런 점에서 말레이시아에서 선거는 말레이 중산층에 급격하면서도 광범위한 사회변화 또는 문화변동을 유발시키는 하나의 중요한 정치사회적 사건이라고 말할 수 있다.

1999년 총선 이후 끌란딴과 뜨렝가누 주정부에서는 연방정부의 정책을 사회발전을 고려하지 않은 경제 일변도의 발전정책이라고 강력하게 비난하면서, 지방정부의 정치적, 도덕적 우월성을 강조하는 운동을 활발하게 추진했다. 이슬람의 규범과 원칙에 입각하여 도덕적으로나 종교적으로 건강한 사회를 만들기 위한 다양한 캠페인을 전개한 것도 이러한 맥락에서 이루어졌다. 경제발전을 도모하면서도 사회적 도덕을 견지하는 사회정책을 채택함으로써, 종교적으로 무슬림 공동체를 위한 사회 분위기의 쇄신을 부르짖었다. 즉 이슬람의 기본 정신과 규범을 강화하는 정책을 예전보다 더욱 강력하게 추진하였던 것이다(홍석준 2000). 이슬람화 정책은 예배의 참여, 꾸란(Qur'an) 학습을 비롯한 이슬람 종교교육 등의 강조, 이슬람의 경제 원칙에 입각한 쇼핑센터의 신설, 이슬람 은행(bank Islam)에 대한 보조금 지급, 성지순례 비용 지원(tabung Haji) 등 이슬람의 기본원칙과 가치를 사회현실에 적용하고자 하는 정책적 배려로 나타났다.[17)]

17) 이슬람화는 종래의 말레이인과 화인, 농촌과 도시로 대별되는 종족-사회구조에 말레이 내부의 분화라는 새로운 구분을 탄생시켰다. 이슬람화로 인해 말레이인 내부에서 '보다 이슬람적인 말레이인'과 '보통 말레이인' 사이의 구분이 예전에 비해 보다 명확해졌다. UMNO는 PAS의 이슬람화 정책을 광신적이고 교조적이며 시대착오적인 것이라 비난하면서 나름대로의 이슬람화 정책을 시도하기도 했다.

1999년 총선 결과 정부 여당과 PAS 사이의 대립과 갈등 및 긴장상태는 더욱 심화되어 기존의 정치질서를 재편하는 결과를 낳았다. PAS의 이슬람화에 대해 UMNO 측의 비판이 점차 늘어나고 그 강도가 높아지고 있다.18)

Ⅳ. 2004년 총선과 PAS의 이슬람화, 사회문화적 변동

말레이시아의 선거라는 측면에 국한시켜 볼 때, 이슬람화의 지속 또는 강화는 곧 PAS의 정치적, 사회적 위상의 변화와 밀접한 관련을 맺고 있다. 실제로 1999년 끌란딴 주와 뜨렝가누 주에서 PAS는 정치적으로 괄목할 약진을 기록한 결과로 현실화되어 나타났으며, 이는 세속적인 UMNO에 대한 신성한 이슬람정당인 PAS의 승리로 해석되었다. 하지만 PAS의 이러한 정치적 약진은 연방정부에 큰 위협으로 받아들여졌다. 더욱이 PAS가 뜨렝가누 주의 정권을 장악하게 되었다는 사실은 지방정부의 독자성과 특수성이 급속도로 강화되는 결과를 초래하였다.

안와르 이브라힘에 대한 탄압과 구속, 그로 인해 확산된 레포르마시

---

18) 한 예로 국내 이슬람 단체에 대한 강경한 입장을 표명한 상태에서 무장 이슬람 단체 가담자에 징역을 선고한 사건을 들 수 있겠다. 미국 테러사건으로 국내 과격 이슬람 단체에 대한 정부의 강경입장 속에 2001년 8월 무장 이슬람 단체 활동 혐의로 보안법에 의해 구속된 9명에 대해 재판 없이 2년형을 선고한 사건이 있었다. 이들 중 7명은 PAS 관계자였으며, 이 중 끌란딴 주총리인 닉 아지즈(Nik Aziz)의 아들 닉 아들리(Nik Adli)가 포함되었다. PAS를 위시한 야당에서는 경찰이 명확한 증거 제시 없이 PAS 관계자를 체포, 구금한 것은 불법이며, UMNO측에서 국내보안법(ISA: Internal Security Act)을 자신의 권력 유지를 위해 정치적 탄압의 도구로 무분별하게 사용하고 있다고 비판하였다. PAS는 또한 60일 이내 이 사건에 대한 진상 조사에 착수할 것이라고 밝혔다. 이 사건은 PAS의 정치적 지지 기반인 농촌지역을 포함한 정부 여당의 정치적 탄압으로 해석되었다. 이슬람화를 기치로 내세운 PAS의 정책에 위협을 느낀 정부와 여당은 이슬람 단체를 불법으로 규정하여 강경 대처하는 정치적 대응을 통해 이슬람화의 진전을 제약하고 방해하고자 했던 것이다.

(reformasi)의 분위기, 범민족집단의 정치적 이해의 규합을 내세운 정의당의 등장과 야당연합인 대안전선의 구축, 그 결과 1999년 총선에서 거둔 야당의 성공적인 선거결과에 의한 사회변화에 대한 기대는 총선 이후 경제위기로부터의 탈출과 성장세의 회복, 개혁 열기의 약화, 안와르에 대한 관심 저하, 정의당 지도부를 위시한 야당 지도자들에 대한 대대적인 구속, 마하티르의 퇴진과 압둘라 바다위(Abdullah Badawi) 현 총리의 취임, 압둘라 바다위의 부정부패 척결을 위한 반부패 정책의 성공, 경제성장의 가속화 등으로 2004년 총선에서 국민전선이 압승을 거둠으로써 물거품이 된 것처럼 인식되었다.

1. UMNO의 승리와 PAS의 패배, 그리고 이슬람화

2004년 총선에서 현 총리인 압둘라 바다위는 취임 후 첫 총선을 헌법에 규정된 시한보다 9개월이나 앞당겨 실시함으로써 새롭게 유권자가 될 수 있는 만 20세 젊은 층을 선거에서 배제시키는 효과를 최대한 이용하였다.[19] 그 결과 여당의 압승을 이끌어낼 수 있었다. 선거 결과, 국민전선(BN: Barisan Nasional)은 63.9%의 득표율을 기록했다. PAS는 15.2%, 민주행동당은 9.9%, 그리고 다민족 연합정당인 정의당(Keadilan)은 8.9%를 득표하는 데 그쳤다.[20] 이는 국민전선의

---

19) 말레이시아의 선거법에 따르면 유권자에게 첫 투표권이 주어지는 나이는 만 21세이다. 이는 다른 국가에 비해 상대적으로 늦은 나이에 첫 투표권이 주어지는 것인데, 말레이시아 선거문화의 특징과 그 의미를 엿볼 수 있는 단서를 제공한다(Heufers 2002; Lim 2002 참고).

20) 2004년 총선의 여당 획득 의석수와 득표율, 그리고 프리미엄을 보면 다음과 같다. 총 의석수(T) 219개 중에서는 국민전선의 의석수(G)는 198석, 국민전선의 의석 확보율(S=G/T)은 90.4%, 국민전선의 득표율(V)은 63.9%, 의석확보율과 득표율의 차이(S-V)는 26.5%로 집계되었다. 2004년 정당별 총선 의석수를 보면, 총 의석수 219개 중에서 국민전선이 198석(90.4%), 민주행동당이 12석(5.4%), PAS가 7석(3.2%) 정의당은 1석(30.5), 기타 1석(0.5%)으로 여당의 압승, 야당의 완패로 판명되었다. 특히 국가정의당은 1999년 선거에서는 범민족집단의 지지를 받으며 약진했으나 2004년에는 겨우 1석을 획득하는 데 그침으로써 당의 존폐위기에

압승, 즉 여당의 압승을 의미하며, 결국 UMNO의 건재를 과시하는 것으로 귀결되었다. 대부분의 유권자들은 변화보다는 안정을 선택했고 개혁이나 민주주의보다는 경제발전을 택하는 개발 우선정책에 손을 들어 주었다고 평가된다(Loh and Khoo 2002; Loh 2004; 신윤환 2005, 11에서 재인용).

UMNO 압승의 배경에는 압둘라 바다위의 부정부패 척결정책과 깨끗하고 독실한 무슬림의 이미지 만들기의 효과적인 전략과 전술의 승리가 있다. 이러한 분석은 최근 레포르마시의 퇴조, 야당 연합의 실패, 야당의 수권능력에 대한 의구, 이슬람화에 대한 화인들의 불안감 증폭 등의 여러 요인과 함께 압둘라 바다위 효과가 크게 작용했다는 진단과 그에 대한 분석을 가능케 했다.

압둘라 바다위는 총선 승리 후 가장 먼저 부정부패 척결을 내세우며 마하티르 정권과의 유착 관계를 정면으로 부인하였다. 여기에는 압둘라 바다위의 "클린맨(clean man)", "오랑 바익"(좋은 사람, 즉 호인(好人, orang baik))의 이미지와 함께 정치가 마하티르와는 구분되는 "독실한 무슬림"이라는 이미지가 배가되었다. UMNO는 총선에서 이러한 압둘라 바다위의 이미지를 충분히 활용하였다.

한편, PAS는 2004년 선거에서 끌란딴을 제외하곤 모든 주에서 패배하였다. 그로 인해 PAS는 깊은 수렁에 빠져 들었으며, PAS의 이슬람화에 대한 재평가가 이루어졌다.21) 하지만, PAS의 위상이 2004년 선거 결과로 인해 하루아침에 급락한 것은 아니다. 끌란딴 주의 경우, 1990년 PAS가 집권한 이래 현재까지 이슬람화가 지속적으로 이루어지고 있으며, 특히 1999년 총선과 2004년 총선에서

처하기도 했다. 한편, 말레이시아는 국내치안법(ISA)과 공무기밀법의 존재로 인해 국경없는기자회(Reporters sans Frontiers)가 매년 매기는 언론의 자유 순위에서 2004년에는 139개국 중에서 122위, 2005년에는 110위를 차지함으로써 최하위 수준을 기록하였다(이상 신윤환 2005에서 부분 발췌하여 재인용).

21) 2004년 선거가 UMNO의 승리와 PAS의 패배로 귀착되었다는 것은 PAS의 이슬람화 정책이 일부 지역에서만 주민들의 호응을 받았음을 시사한다. 하지만 PAS가 전국에 걸쳐 고른 득표를 했다는 점과 패배한 후보자의 경우 국민전선 후보자에게 압도적으로 패배한 것은 아니라는 사실은 뜨렝가누 주민들의 이슬람화에 대한 기대가 비록 약화되기는 했지만 완전히 소멸된 것은 아니라는 점을 알려주는 것이기도 하다.

UMNO에 승리하여 이슬람의 가치와 규범을 일상생활 전반에 걸쳐 철저하게 실행하는 이슬람화를 지속할 수 있는 기반을 유지할 수 있는 계기를 마련하였다.[22] PAS는 '이슬람 국가(Ummah, Islamic state)'를 건설하는 것을 지상 최대의 정치적 목표로 표방하고 있다는 점에서 이슬람 근본주의(Islamic fundamentalism)를 인정하는 입장이거나 적어도 이슬람에 대한 근본주의적인(fundamentalistic) 입장을 취하고 있다고 볼 수 있다. 같은 말레이인이면서도 정치적, 종교적 입장에서 정부 여당과 이슬람에 대한 차별적 인식과 해석을 강조하는 PAS 지도자들은 정치와 이슬람의 온전한 통합을 주장하면서 이슬람의 원칙에 충실할 것을 지역 내 무슬림들에게 강력하게 호소하는 정치적, 종교적 활동을 통해 말레이시아에서 '이슬람의 정신과 가치를 올바로 구현하는 유일한 정당'으로서의 이미지를 창출함으로써 현재까지 정권을 유지하고 있다.

뜨렝가누 주의 경우, 1999년 총선에서 PAS는 이례적으로 집권하는 데 성공하였다. 이를 두고 말레이시아 사회 내부에서는 PAS의 정치적 약진에 따른 이슬람화 정책의 도입과 실시가 예측되기도 했다. 여기에는 안와르의 구속과 수감이 주요 변수로 작용한 것이 사실이지만, 뜨렝가누의 말레이인들이 정치적 선택에서 UMNO가 아닌 PAS를 선택했다는 것이 한동안 주요 이슈로 회자될 정도로 중요하면서도 특별한 변화의 조짐으로 해석되었다. 말레이시아에서 지역사회의 정치적, 경제적 요구는 정부 여당에 대한 대립과 저항의 형태를 띠고 나타나며, 이를 정부 여당이 거부할 경우, 지역사회가 스스로 독자적인 정책을 수립하여 시행할 수 있다는 점에서 이슬람화 정책의 독자적 실험이 진행될 수 있었던 것이다.

2004년 총선 패배 이후 UMNO 지배체제 하의 온갖 정치적 방해 공작에도

---

22) 이슬람화에 따른 사회문화적 변동의 대표적인 예로, 끌란딴 주에서는 1999년 총선 이후 인기 있는 대중 팝 그룹의 콘서트나 무슬림들의 보디빌딩 대회 참가 등을 비이슬람적인 행위로 규정하여 이를 불법화하고 금지하는 법안이 통과된 예를 찾아볼 수 있다(홍석준 2005 제4장에 제시된 사례 참조).

불구하고 PAS의 이슬람화는 지역사회의 차원에서 꾸준히 그리고 지속적으로 추진되고 있다. 현재 PAS가 추진하고 있는 이슬람화 정책 프로젝트를 위한 각종 프로그램에 대해 정부 여당은 반이슬람적, 비이슬람적, 광신적 등의 수사학을 동원하여 반대하고 있다. 이슬람화를 둘러싸고 UMNO와 PAS가 첨예한 대립과 긴장 상태에 놓여 있는 것이다. 이 과정에서 유권자들은 UMNO에 반대하는 것이 곧 PAS를 지지하는 투표 행태를 보이는 문제에서 그다지 자유롭지 못하다. 반UMNO=친PAS와 반PAS=친UMNO의 구도를 띠고 있는 것이다.[23] 이런 점에서 선거 과정에서 PAS를 지지하는 일부 중산층 유권자들은 레포르마시의 핵심 세력은 아니었지만, 이 운동에 동참하여 개혁을 주도적으로 이끌어냄으로써 PAS를 지지하는 야당세력을 연대하여 결집하는 데 크게 기여한 것은 부인하기 힘들다.

하지만 그 이후 끌란딴 주와 뜨렝가누 주 양 지역에서 공히 도시 중산층을 중심으로 시민운동을 추동해 낼 수 있을 정도의 체계적인 단체나 조직을 활성화하지는 못했다. 이는 두 주 모두 농어촌지역을 중심으로 한 지방이며, 이슬람 개혁세력을 제외한 여타의 사회단체가 발달해 있지 못한 정치사회적 환경 때문이다. 또한 이러한 지정학적 조건으로 인해 개혁운동의 성과가 널리 확산되지 못했던 점도 지적되어야 할 것이다. 2004년 총선에서의 PAS의 끌란딴 주에서의 신승과 뜨렝가누 주에서의 패배는 이를 여실히 입증해 준다.

이 두 지역에서 도시 중산층의 활동은 주로 이슬람화를 기치로 무슬림의 인권과 정의, 경제적 평등, 균형적 발전, 정치적 자유, 이슬람식 민주주의 질서의 확립 등과 같은 종교 및 사회문제에 집중되어 있었다. 여기에 안와르 사건을 계기로 형성된 반UMNO, 반마하티르 정서가 합류하여 UMNO의 금권정치에

23) 한 예로 뜨렝가누 주에서는 도시 말레이 중산층을 중심으로 PAS의 이슬람화 정책에 반대하는 유권자들이 UMNO 지지세력으로 급선회하는 현상이 일어나기도 했다. 또 유권자 중 일부는 UMNO에 실망한 나머지 PAS의 정책을 좋아하지 않지만 투표장에서는 PAS를 지지하는 투표 행태를 보인 사람들도 있었다. 반UMNO 세력이 친PAS 세력으로 탈바꿈되는 현상이 발생한 것이다.

대한 비판이 가중된 결과, 1999년 총선에서는 이러한 정치적 정향이 PAS에 대한 지지로 나타났던 것이다. 하지만 PAS에 대한 지지가 바로 정치적 자유의 향상과 경제발전, 사회적 정의의 실현, 이슬람의 활성화로 이어지지는 못했다. 특히 뜨렝가누 주에서의 2004년 총선 결과는 도시 중산층의 기회주의적 속성을 여실히 드러낸 것이라는 평가를 받기도 했다.

이런 점에서 PAS의 부총재이면서 뜨렝가누의 주 총리인 압둘 하디 아왕(Abdul Hadi Awang)의 정치적 지도력 및 역할에 대한 평가 역시 매우 중요한 의미를 지닌다. 그의 정치적 지도력과 이슬람화에 대한 비전이 뜨렝가누 주의 정치와 선거에 미친 영향은 실로 막대한 것이다. 1999년 총선 승리로 집권에 성공한 그는 '이슬람 국가의 건설'을 기치로 내세우며 강력한 이슬람화 정책을 추진하였다. 실제로 이슬람형법(hudud) 실시를 강력히 주장하기도 했다(Farish 2004b, 645-646).

하지만 그의 이슬람화 정책은 시일이 지남에 따라 정책적 목표를 구체적 실천에 옮기는 과정에서 이슬람 교리와 원칙에 지나치게 경도된 나머지 지역사회의 열악한 경제적 여건을 개선하는 것을 포함한 경제발전의 문제를 소홀히 하는 결과를 낳은 것으로 평가되었다.[24)]

실제로 뜨렝가누 주에서 PAS에 의한 이슬람화 정책은 이슬람과 관련된 다양한 세미나와 집담회, 종교모임 등을 조직하는 수준에 이른 것은 사실이지만, 일반 주민들로 하여금 이슬람화에 대한 관심을 끌기에는 역부족이었다. 여기에는 이슬람근본주의에 대한 뜨렝가누 중산층의 우려가 크게 작용하였다. 해외의

---

24) 이에 대해 뜨렝가누 주의 주도인 꾸알라뜨렝가누(Kuala Trengganu)의 한 호텔 식당에 근무하는 라잘리(Razali, 35세)씨는 "하디에 대한 뜨렝가누 주민들의 평가는 뜨렝가누 주의 이슬람화에 대한 기대를 그가 제대로 수행하지 못했다는 것에 집중되었다. 그는 이슬람화를 외치면서도 진정한 이슬람화를 실행에 옮길 만한 세력을 키워내지 못했다. 그 결과 뜨렝가누의 경제는 예전보다 못해졌고, 이슬람에 대한 관심 역시 제대로 유도해 낼 수 없었다"고 말했다. 하디 아왕의 리더십에 많은 문제점이 있었으며, 이에 대한 불만을 토로하고 있는 것이다.

이슬람근본주의 세력과의 결탁 또는 유착[25]을 의심받은 PAS로부터 등을 돌린 뜨렝가누 주의 중산층이 보다 현대적이고 실용적인 노선을 취하는 것으로 평가되는 UMNO 지지로 자신의 정치적 노선을 선회하기에 이른 것이다.

이제 뜨렝가누에서 "이슬람의 본래 정신으로 돌아가자"라든지 "알라는 위대하다"의 외침은 이슬람사원(Masjid)에서 메아리칠 뿐이다. 정치에 무관심한 태도를 보이는 주민들이 늘고 있으며, 뜨렝가누에서 선결되어야 할 문제는 정치나 종교의 문제가 아니라 경제적인 문제라고 생각하는 주민들이 많아졌다.[26]

이는 뜨렝가누 주에서 이슬람화가 주민들의 일상생활 속에서 어떠한 의미를 지니며, 그것에 대한 평가의 일면을 잘 보여준다. 뜨렝가누 주에서의 PAS의 이슬람화 정책 수행의 역사가 끌란딴 주보다 상대적으로 짧은 데서도 정책 실패의 원인을 찾을 수 있을 것이다. 하지만 압둘 하디 아왕의 정치적 리더십과 그의 역할이 지니는 의미 역시 매우 중요한데, 그는 주민들이 원하는 정교일치의 지도자의 이미지를 구축하는 데 실패한 것으로 보인다. 뜨렝가누 주에서 PAS의 이슬람화 정책 수행 능력의 미흡함은 이슬람과 경제발전과의 조화를 구축하는 데 PAS 지도부가 실패했음을 입증하는 것이며, 여기에 압둘 하디 아왕의 리더십 부재가 결합되어 2004년 총선 패배라는 결과를 낳은 것으로 평가될 수 있다.

결국 최종 질문이 남아 있다. 1999년 총선에서 국민전선은 끌란딴 주와 뜨렝가누 주에서의 패배라는 불안정성을 보여주었지만 전국적으로 승리를 거뒀으며, 2004년 총선에서는 UMNO에 대한 말레이인들의 지지를 회복함으로써 끌란딴 주를 제외한 대부분의 지역에서 국민전선이 압승을 거두었다는 사실은

---

25) PAS가 알-카에다(Al-Queda) 조직이나 오사마 빈 라덴(Osama bin Laden), 그리고 아프가니스탄의 탈레반(Taleban) 정권과 긴밀히 연계되어 있다는 말이 나돌기도 했다.

26) 꾸알라뜨렝가누의 시장 상인 자이누딘(Zainuddin, 40세)씨는 "하디(Hadi Awang)는 이슬람의 가르침을 바탕으로 이러한 주민들의 현실적 요구에 보다 적극적으로 응했어야 했다"라고 기존의 PAS의 정책과 압둘 하디 아왕의 정치적 리더십에 대해 자신의 불만을 털어놓기도 했다.

이슬람화의 추진과 어떻게 관련지을 수 있을 것인가? 2004년 총선 결과는 국민전선의 전통적 지지기반인 도시지역을 중심으로 연방정부의 영향력을 증대시켰다. 이에 대한 PAS의 반대와 저항이 뒤따르는 것은 당연한 일이다.27) 이는 곧 이슬람화가 새로운 국면으로 접어들고 있음을 의미하는 것이기도 하다. 대도시의 지식인, 중산층, 그리고 대학생을 중심으로 전국으로 확산된 이슬람화가 2004년 총선 이후 이슬람 교리와 원칙의 강화와 약화가 동시에 나타나고 있다는 사실은 이슬람화의 다양하고 중층적이며 이질적인 특징을 명시적으로 드러내준다.

한편, 2004년 선거 결과는 말레이시아 사회가 대중소비사회로의 개막을 알리는 개인화된 사회로의 전환을 가속화하였다. "개인의 고유한 자율성과 자유, 정체성의 표현을 의미하는 개인주의가 결여된 말레이시아의 개인주의 성향"(Loh 2004, 84; 이재현 2006, 135에서 재인용)이 레포르마시에 힘입어 자유화, 민주화, 정치-경제 개혁의 요구로 이어졌고, 이는 정치적 의미에서 개인의 자유를 표현하는 특징을 드러내기도 했던 것으로 평가되었다(이재현 2006, 135). 그러나 이러한 레포르마시는 2004년 총선 결과로 연결되지 못했고, 정권교체 또는 민주사회를 위한 민주화를 지향하는 전면적인 민주화를 촉진하지는 못했지만, 말레이시아 정치문화에 막대한 영향을 미쳤다. 이에 대한 이슬람 세력의 입장 역시 중요한 의미를 띠고 나타났다.

---

27) 2004년 3월에 실시된 제11대 총선에서 UMNO가 중심적 역할을 수행하는 국민전선은 압도적인 승리를 거두었다. 총 하원의석 219석 중 198석을 확보했는데, 이는 전체의 90.4%에 해당하는 것이다. 이러한 압승의 주역은 물론 UMNO였다. UMNO의 역할은 국민전선 승리에 핵심적이면서도 결정적인 것이었다. UMNO는 1999년 총선에서 하원의석을 60석 확보하는 데 그쳤으나, 2004년 총선에서는 96석으로 늘리는 데 성공했다.

2. 선거 이후의 변화: 압둘라 바다위와 마하티르의 갈등을 중심으로

2004년 총선에서 UMNO의 압승은 결국 압둘라 바다위의 승리를 의미하는 것이었다.[28] 그 후 압둘라와 마하티르 사이의 갈등과 대립은 점차 그 도를 더해갔다. 압둘라 측근의 정치적 영향력이 증가하고 있는 가운데, 마하티르는 자신을 지구전당대회에 초대했던 일련의 계획이 중앙당의 개입으로 취소되었다고 비난했다. 압둘라 총리는 TV 인터뷰를 통해 친인척 특혜 논란이 되고 있는 아들과 사위에 대한 의혹을 전면 부인했으며 논쟁의 조기 진화에 주력했다. 특히 UMNO 지구당 대회에서 경제 이슈를 부각시키고 마하티르 파장을 최소화하는 한편 총리 사퇴요구와 관련해서는 보다 적극적 대응책을 마련하기도 했다.

하지만 그 후 마하티르의 행보는 압둘라 체제의 권력 강화로 인한 기존 권력관계의 변화를 감지할 수 있는 방향으로 전개되었다. 마하티르는 UMNO 지구당 경선에서 패배한 바 있다. 2006년 9월 9일 치러진 UMNO 지구당 경선에서 마하티르는 그의 고향인 말레이시아 반도의 서북부에 위치한 끄다(Kedah) 주의 꾸방빠수(Kubang Pasu) 선거구에 출마했으나 후보자 15명 가운데 9위에 그쳐 낙선했다(『한겨레』 2006년 9월 12일자 기사 참조). 지구당 대의원이 되기 위해선 이 선거구에서 7등 안에 들어야 하는데, 그렇게 되질 못했다.[29] 마하티르의 이번 낙선은

---

28) 2004년 말레이시아 총선을 전후로 하여 이슬람화와 관련된 말레이시아의 선거문화와 정치변동을 제대로 이해하기 위해선 압둘라 바다위(Abdullah Badawi)가 주창한 이슬람 하드하리(Islam Hadhari, civilizational Islam)에 대한 상세한 분석이 이루어져야 한다. 하지만 이 글을 작성하는 중에는 이에 대한 본격적인 연구가 이루어지지 못한 관계로 이슬람 하드하리의 내용을 제시하거나 그에 대한 분석을 시도하지 못했음을 이 자리를 빌어 밝혀두고자 한다. 이에 대한 상세한 분석은 차기 과제로 남겨, 따로 다루기로 했다. 이슬람 하드하리에 대한 상세한 내용은 Abdullah Badawi(2006)와 Chong(2006)을 참조할 것. 또한 2004년 총선 이후의 말레이시아 정치와 사회변동 전반의 동향과 문제에 대해서는 Saw Swee-Hock and K. Kesavapany, eds.(2006)을 참조할 것.

29) 마하티르가 UMNO 당원들의 만류를 뿌리치고 UMNO 대의원이 되고자 한 데는 이유가 있었다. 대의원들에게만 2006년 11월에 치러지는 UMNO전당대회에서 연설할 기회가 주어지기 때문이다. 그는 최근 1년 여

UMNO 총재인 압둘라 바다위 총리가 당내에서 확고한 정치적 영향력을 행사하고 있다는 방증이라는 해석이 지배적이다.30) 마하티르는 지부-지구당-중앙당의 조직위계에 따라 지구당 대의원 피선이 필요한 상황에서 참가한 지구당 경선에서 패배하였던 것이다.

마하티르의 지구당 경선 참여와 패배라는 결과는 핵심 지도부가 자신에게 등을 돌린 UMNO 정치제도 내에서 그가 결정한 최종적인 선택이었을 것으로 풀이된다. 왜냐하면 중앙당 대회의 경우, 전 총리로 초대는 되지만 발언권이 없기 때문에 지구당 경선 참여를 통해 자신의 의견을 펼 수 있는 호기로 삼아야했기 때문이다. 마하티르에게 남은 선택은 어떤 것일까? 언론 및 정치 핵심 무대에서 설 곳을 잃은 마하티르가 활동할 수 있는 공간은 야당 및 시민단체, 국제기구, 국제언론 및 인터넷 언론 등이 있을 것이다.

야당 및 시민단체는 마하티르의 주장에 대해 일면 동조하고는 있으나 대부분의 현 정권의 문제가 마하티르로부터 비롯되었다는 점도 간과하지 않고 있다.

동안 압둘라 바다위 총리가 자신의 집권 시절 의욕적으로 추진했던 여러 대형 국책사업을 폐기한 데 대해 노골적으로 불만을 제기해왔다. 그는 또 최근 압둘라 바다위 일가의 부패 의혹까지 제기하며 폭로 가능성을 시사하기도 했다. 이 때문에 압둘라 바다위의 UMNO 총재 재선이 유력시되는 2006년 11월 전당대회에서 마하티르와 압둘라 사이의 갈등이 어떠한 모습으로 불거질 지가 말레이시아 정치에서 초미의 관심사였다(『한겨레』 2006년 9월 12일자 기사).

30) 말레이시아전략연구센터의 라작 바긴다 소장은 11일 『파이낸셜타임즈』에 "UMNO는 후원자-수혜자 시스템에 기반한 정치를 한다"며 "현 총리는 당원들에게 나누어줄 여러 파이를 손에 쥐고 있지만 현재 마하티르는 당에 어떠한 공식적인 자리가 없는 주변인에 불과하기 때문에 당원들에게 제공한 물질적 자원이 거의 없다"고 설명했다. 라마사미(Ramasamy) 교수는 "마하티르의 낙선은 UMNO 수뇌부의 작품"이라면서 "마하티르 선거구 당원들에게 마하티르에게 투표하면 이슬람사원 건축 계약을 얻지 못할 것이라는 엄포를 놓았다는 이야기를 들었다"고 10일 『인터내셔널 헤럴드 트리뷴』을 통해 전했다. 또한 압둘라 바다위가 지난 8월 사회기반시설 확충 예산을 크게 늘려 잡은 정부 재정계획을 내놓은 것이 UMNO에 큰 영향력을 행사하는 건설업계의 지지층을 넓히는 데 기여했다는 분석도 나왔다. 하지만 이번 선거 결과만으로 마하티르의 퇴진을 예견하는 것은 섣부른 일일 것이다. 여전히 마하티르는 "조용히 있으면서 때를 기다리라는 말은 내게 당치 않다"고 강력하게 자신의 복귀를 주장하고 나서고 있기 때문이다(『한겨레』 2006년 9월 12일자 신문기사 재구성). 이런 이유로 앞으로의 압둘라-마하티르 사이의 갈등과 긴장의 양상을 지속적으로 분석하는 일은 말레이시아 정치문화를 이해하는 데 여전히 핵심적이고 중요한 의미를 지닌다고 할 수 있다.

특정 사안에 대한 의견일치는 있을 수 있으나 연대는 사실상 불가능할 것으로 전망된다. 국제기구를 통한 반전 캠페인, 지구적 차원의 부의 균등 실현 등은 마하티르가 상대적으로 안정되게 목소리를 낼 수 있을 것이다. 그러나 현 사안이 국내문제로 급박한 점을 고려할 때 마하티르가 이에 집중하기는 쉽지 않을 것이다. 인터넷 및 국제 언론 활용 또한 현 정권의 허용 범위를 벗어나지는 못할 전망이다.

마하티르와 압둘라 총리간의 갈등은 단지 전-현직 지도자의 감정 싸움이상의 의미를 갖는다. UMNO가 역사적으로 지도부의 내분이 있을 경우 총선에서 부진했으며 총선의 부진은 UMNO 내분을 가속화 할 수 있는 요인이다. UMNO는 연합정당 내 다수당의 의미를 넘어 정권과 동일시 될 정도로 큰 비중을 갖는다. 1987년과 1998년에도 그러했듯이 UMNO의 내분은 곧 말레이시아의 정치적 불안정을 넘어 대외신인도에도 큰 영향을 줄 수 있다(이재현 2006; Haji Maarof bin Haji Salleh and Noorashikin Abdul Rahman 2004).

하지만 현재의 말레이시아 정치사회적 상황을 고려할 때 마하티르와 압둘라 사이의 대립과 갈등이 말레이시아 정치의 불안정이나 혼란을 초래할 가능성은 그리 크지 않다. 마하티르의 영향력은 압둘라 총리의 권한과 UMNO의 정치구조를 생각할 때 그다지 큰 힘을 발휘할 정도는 아니라고 판단되기 때문이다. 이는 많은 말레이시아 정치 전문가들이 공통적으로 인정하는 진단과 전망이다. 하지만 마하티르의 압둘라 정권 흔들기 역시 당분간은 계속될 것으로 보인다. 또한 안와르 전 부총리의 복권과 정치 활동 재개라는 변수는 여당과 야당 측 모두에게 중대한 변화의 조짐을 의미한다.

V. 맺음말

2004년 총선에서 PAS를 비롯한 야당 세력은 참패한 것이 사실이지만, 보통 35%에서 최대 50%에 육박한 야당 후보들에 대한 지지율을 보면 야당에 대한 정부 여당의 압도적 승리라는 평가를 한번쯤 재고해 볼 여지가 있지 않나 싶은 생각이 든다. 이 점은 말레이시아에서의 선거와 이슬람화와의 관계를 파악하고자 할 때, 특히 주목을 요하는 부분이며, 향후 말레이시아 정치의 향방을 가늠할 수 있는 주요한 단서를 제공한다. 야당은 의석을 얻는 데는 실패했다고 평가될 수 있지만 야당 후보에 대한 지지율이 급락했거나 하락했다기보다는 유지 혹은 지속되었다고 평가하는 편이 오히려 현실을 보다 정확하게 파악하는 것이 아닐까 싶다. 이는 종전과는 다른 새로운 야당연합의 가능성을 엿볼 수 있게 한다. 문제는 야당 지도자들의 통합을 위한 의지와 실천이라고 해야 할 것이다(신윤환 2005; 황인원 2004). 2004년 총선 결과로 인해 발생한 말레이시아의 현실과 사회변화는 야당 지도자들에게 새로운 과제를 부여하고 있는 셈이다.

1999년 총선과 2004년 총선을 거치면서 말레이시아의 정치와 사회는 이슬람화 정책의 실행이라는 측면에서 새로운 차원으로 접어들게 된다. 끌란딴과 뜨렝가누 지역은 이슬람화와 관련하여 나름대로의 독자적인 문화적 유산과 자원을 지닌 지역으로 인식되어 이슬람화에 대한 '새로운 인식의 발원지' 또는 '새로운 실험실'로 등장하게 된다(홍석준 2005 참조). 2004년 총선에서 뜨렝가누 지역의 이슬람 정당은 권력을 재장악하는 데 실패했지만, PAS가 추진하는 이슬람화의 영향은 여전히 말레이시아 사회 전반에 걸쳐 다각도로 영향을 미치고 있다. 정치적, 종교적 의미를 포함한 이 두 지역에서의 이슬람화의 실험은 말레이시아 정치와 선거가 이슬람화에 미친 영향을 가늠할 수 있는 하나의 단서를 제공한다.

특히 끌란딴은 2004년 총선에서도 비록 어려운 승부이긴 했으나 여당과의 싸움에서 승리했다는 점에서 말레이시아에서 이슬람화의 문화적 특징과 의미를 파악할 수 있는 시금석으로서의 의미를 지닌다. 또한 뜨렝가누의 2004년 총선 패배는 말레이시아에서 이슬람화의 다양하고 이질적인 성격을 이해하는 데 도움을 준 사례로, PAS 지도자들에게 이슬람화의 방향과 비전, 그리고 전략에 대해 새로운 시각과 인식을 불러일으킬 수 있는 과제를 안겨주었다는 점에서 그 의미를 찾을 수 있겠다. 끌란딴의 경우, 전통적으로 정치적 야당의 세력이 강하고, 이슬람화가 진전되고 있으며, 말레이 토착문화가 지속적으로 유지, 보전되어 있는 곳이라는 이미지가 강화된 경우라고 한다면, 뜨렝가누의 경우에는 끌란딴과는 구분되는 이슬람화의 어떤 측면이나 요인이 총선 패배와 연결될 수 있는가를 생각해 볼 기회를 제공한다.

2004년 총선에서 PAS가 끌란딴 주에서는 UMNO를 누르고 승리했다는 사실은 말레이시아에서의 이슬람화가 새로운 변화의 국면으로 접어들었다는 것을 의미하는 것이다. UMNO 입장에서는 끌란딴은 여전히 불편한 존재인 것이다. PAS의 승리는 이슬람화의 강화를 의미하는 것이었으며, 이슬람을 표방하는 끌란딴과 뜨렝가누 주정부의 이슬람화 정책의 강화와 실험적 운용은 여당 정부의 입장에서 볼 때 다종족사회로서의 말레이시아의 사회통합에 걸림돌이나 장애물로 인식되기 십상이다. 따라서 같은 무슬림으로서의 정체성을 표방하는 UMNO의 지도자들이나 정치엘리트들에게 끌란딴의 총선에서의 승리와 이슬람화는 정부의 사회통합에 반하는 정책일 뿐 아니라 이슬람의 교리와 원칙에 위배되는 반이슬람적이면서 교조적이며 광신적인 이슬람을 추구한다는 비난의 대상이 되고 있는 것이다.

끌란딴 주에서는 1990년부터 현재까지 약 15년 동안 이슬람화 정책이 지속적으로 시행됨으로써 이슬람의 가치와 규범의 중요성을 일상생활에 적용하고자 하는 원칙이 장기간에 걸쳐 비교적 체계적으로 시행되어 왔음을 고려할 때 2004년 총선에서의 PAS의 힘겨운 승리가 끌란딴 주민들의 PAS에 대한 지지가 약화된 것으로 섣불리 판단하는 것은 끌란딴의 정치변동이나 사회변화의 특성과 의미를 올바로 포착하지 못하고 결과만을 보고 일반적인 해석을 내리거나 결론을 성급하게 단정하는 오류에 빠질 우려가 있다. 오히려 그보다는 끌란딴 주에서 PAS가 경제발전과 사회발전의 조화와 균형을 무슬림의 생활 속에서 실천하고자 하는 다양한 강령과 규범을 만들어내는 노력을 경주해 왔으며 그에 대한 주민들의 지지로 선거에서 승리를 거두었다는 사실에 주목해 볼 때, PAS의 이슬람화는 최소한 끌란딴에서는 여전히 현재 진행형이라고 말할 수 있다.

이런 점에서 끌란딴에서의 PAS의 이슬람화는 이슬람을 통한 지역정체성 강화를 위한 시도로 해석될 수 있다고 본다. 이를 통해 언어, 교육, 예술, 종교, 혼인 등의 문화적 측면을 포함한 일상생활 전반에 걸쳐 이전에 비해 보다 철저하게 준수될 것을 요구하는 방향으로 이슬람화가 진행되고 있으며, 이는 PAS가 주장해 온 '이슬람 국가의 건설'이라는 최종 목표에 대한 일부 주민들의 지지가 작용했다고 볼 수 있다. 물론 이러한 구호와 주장이 의미를 지니기 위해선 UMNO의 정치가 경제위기의 조장 및 사회적 불안 요인 확대 등의 부정적 결과와 관련짓는 여러 실책이 겹쳐야 가능할 것으로 판단된다. 하지만 현재 압둘라 바다위 정권의 2005년 총선에서의 압승 여파를 이은 경제발전에의 기대, 부정부패 척결 정책의 성과, PAS와는 구분되는 이슬람화 정책의 시행 등의 전개와 그 의미에 대한 평가 여부에 따라 PAS의 이슬람화에 대한 평가 역시 크게 영향을 받을 것임에 틀림이 없다.

결론적으로 말하자면, 사회문화적 측면에서 고유하고 독특한 지역 정체성의 이미지나 상징을 강조하면서 정책적 차원에서나 일상적 차원에서 자기 스스로의 정체성을 강화하는 다양한 시도로 나타났던 끌란딴 주에서의 이슬람화는 2004년 총선의 승리로 고유하면서도 독자적인 이슬람화의 특성과 전통성을 보전하는 등 그 명맥을 유지하는 데는 성공한 것으로 평가될 수 있다. 그러나 급변하는 정치적, 사회문화적 환경의 변화에 적절히 조응하는 이슬람화 정책의 방향이나 비전을 설정하여 추진하고자 하는 PAS 지도자들의 결연한 의지와 이슬람에 대한 올바른 방향 설정, 그리고 그에 대한 끌란딴 주민들의 요구가 적절히 부합하여 새로운 환경에 적용할 수 있는 이슬람화 정책의 모델을 개발하는 데 더 많은 노력을 기울이지 않는다면 끌란딴의 이슬람화 역시 그 지속성을 보장받기 어려울 것으로 전망된다. 나아가 현 압둘라 정권의 이슬람화에 대한 기본 입장과 정책의 여하에 따라 말레이시아의 이슬람화 역시 영향을 받지 않을 수 없을 것이다. 압둘라 바다위 총리의 이슬람에 대한 태도에 근본적인 변화가 일어나지 않는 한, PAS의 이슬람화 정책 수행은 그만큼 더 많은 난제를 안게 될 것임은 너무도 분명하다.

참고문헌

신윤환. 2005. "말레이시아의 선거제도와 정당체계: 신제도주의적 분석." 2005년도 한국동남아학회 춘계학술회의 발표문. 한국동남아학회 · (사)한국동남아연구소 · 서강대동아연구소.

오명석. 1998. "'닥꽈'에서 신말레이로." 『한국인류학의 성과와 전망』. 서울: 집문당.

이재현. 2006. "1990년대 말레이시아 사회의 변화와 1998년 UMNO 파벌투쟁." 『동남아시아연구』 16(2).

펀스톤, 존. 정연식 외 역. 2005. 『동남아의 정부와 정치』. 서울: 심산.

한겨레 2006년 9월 12일자 신문 기사.

홍석준. 2000 "말레이시아." 서울대 국제지역원 편. 『아시아 · 태평양 2000』. 서울: 서울대출판부.

홍석준. 2005. "말레이시아의 지방화와 지역통합: 끌란딴과 뜨렝가누 주의 이슬람화를 중심으로." 김민정 편. 『동남아의 중산층, 시민운동, 지역사회』. 서울: 폴리테이아.

황인원. 2004. "말레이시아에서의 정치위기와 체제변동의 동학." 박사명 편. 『동남아 정치변동의 동학』. 서울: 오름.

Abdul Rahman Embong. 2001. "Beyond the Crisis: The Paradox of the Malaysian Middle Class." Abdul Rahman Embong, ed.(2001).

______. 2002. *State-led Modernization and the New Middle Class in Malaysia.* New York: Palgrave.

______, ed. 2001. *Southeast Asian Middle Class; Prospects for Social Change and Democratization.* Bangi: UKM Press.

Abdul Rahman Haji Ismail and Badriyah Haji Salleh. 2003. "History through the Eyes of the Malays: Changing Perspectives of Malaysia's past." Abu Talib Ahmad and Tan Liok Ee, eds. *New Terrains in Southeast Asian History.* Ohio: Ohio University Press.

Abdullah bin Badawi. 2006. *Islam Hadhari.* Petaling Jaya: Pelanduk Publications.

Ahmad Fauzi Abdul Hamid. 2006. "The UMNO-PAS Struggle: Analysis of PAS's Defeat in 2004." Saw Swee-Hock and K. Kesavapany, eds.(2006).

Crouch, Harold. 1996. "Malaysia: Do Elections Make a Difference?" R. H. Tayor, ed.(1996).

Gomez, Edmund Terrence. 2006. "The 2004 Malaysian General Elections: Economic Development, Electional Trends, and the Decline of the Opposition." Saw Swee-Hock and K. Kesavapany, eds(2006).

Farish A. Noor. 1999. "Looking for Reformasi: The Discursive Dynamics of the Reformasi Movement and Its Prospects as a Political Project." *Indonesia and the Malay World* 27(77).

______. 2004a. *Islam Embeded: The Historical Development of the Pan-Malaysian Islamic Party PAS(1951-2003), Volume 1.* Kuala Lumpur: Malayisan Sociological Research Institute.

______. 2004b. *Islam Embeded: The Historical Development of the Pan-Malaysian Islamic Party PAS(1951-2003), Volume 2.* Kuala Lumpur: Malayisan Sociological Research Institute.

Funston, John. 2000. "Malaysia's Tenth Elections: Status Quo, Reformasi or Islamization." *Contemporary Southeast Asia* 22(1).

Gomez, Edmund Terence, ed. 2004. *The State of Malaysia: Ethnicity, Equity and Reform.* London and New York: RoutledgeCurzon.

Hari Singh. 2004. "Malaysia's National Security: Rhetoric and Substance." *Contemporary Southeast Asia* 26(1).

Haji Maarof bin Haji Salleh and Noorashikin Abdul Rahman. 2004. "Malaysia's 2004 General Elections: An Assessment." Trends in Southeast Asian Series 11. Singapore: Institute of Southeast Asian Studies.

Heufers, Rainer. 2002. "The Politics of Democracy in Malaysia." *ASIEN* 85(October).

Hj. Mustafa Ali. 2000. "Royalti Minyak Tetap Hak Terengganu." *Pusat Penyelidikan PAS. Royalti Minyak: Politik Khianat dan Balas Dendam BN, Angkatan Edaran Enterprise Sdn. Bhd.*

Ibrahim Ahmad. 1989. *Konflik UMNO PAS dalam Isu Islamisasi.* Malaysia: IBS Buku SDN. BHD.

Kamarudin Jaffar. 2000. *Pilihanraya 1999 dan Masa Depan Politik Malaysia.* Kuala Lumpur: IKDAS.

Kamarulnizam Abdullah. 2003. *The Politics of Islam in Contemporary Malaysia.* Penerbit Universiti Kebangsaan Malaysia.

Kessler, Clive S. 2001. "Alternative Approaches, Divided Consciousness: Dualities in Studying the Contemporary Southeast Asian Middle Class." Abdul Rahman Embong, ed.(2001).

Khoo Boo Teik. 2003. *Beyond Mahathir: Malaysian Politics and Its Discontents.* London:

Zed Books.

Kim Quek. 2005. *Where to, Malaysia?: A future with Anwar's Reformasi or Back to Mahathirism?* Petaling Jaya, Malaysia: SIRD.

Kratoska, Paul H. 2003. "Country Histories and the Writing of Southeast Asian History." Abu Talib Ahmad and Tan Liok Ee, eds.(2003).

Lee Ban Chen. 2005. *Agenda Melayu atau Agenda Rakyat.* Petaling Jaya: SIRD.

Lim, Hong Hai. 2002. "Electoral Politics in Malaysia: Managing Elections in a Plural Society." Aurel Croissant, Gabriele Bruns, Marei John, eds. *Electoral Politics in Southeast and East Asia.* Singapore: Friedrich Ebert Stiftung.

Lim Kit Siang. 2001. *BA & Islamic State,* Petaling Jaya: Democratic Action Party.

Loh Kok Wah, Francis. 2001. "Reformasi, Barisan Alternatif, and the NGOs." *Aliran* 58.

______. 2003. "Towards a New Politics of Fragmentation and Contestestion." Loh and Saravanamuttu(2003).

______ and Khoo Boo Teik, eds. 2002. *Democracy in Malaysia: Discourse and Practices.* Richmond, Surrey: Curzon.

______ and Johan Saravanamuttu, eds. 2003. *New Politics in Malaysia.* Singapore: ISEAS.

Maizatul Haizan Mahbob and Mohamad Zain bin Musa. 2005. *Tinjaunan Baru Politik Malaysia.* Penerbit UKM.

Maznah Mohamad. 2001. "Reformasi and Changing Malay Politics." *Aliran* 58.

Maznah Mohamad. 2002. "Towards a Human Rights Regime in Southeast Asia: Charting the Course of State Commitment." *Contemporary Southeast Asia* 24(2).

Maznah Mohamad. 2003. "Malaysia in 2002 Bracing for a Post-Mahathir Future." *Southeast Asian Affairs 2003.* Singapore: ISEAS.

Mohamed Abu Bakar. 2003. "Islam, Civil Society, and Ethnic Relations in Malaysia." Nakamura Mitsuo, Sharon Siddique, Omar Farouk Bajunid, eds.(2003).

Nakamura Mitsuo, Sharon Siddique, Omar Farouk Bajunid, eds. 2003. *Islam & Civil Society in Southeast Asia.* Singapore: ISEAS.

Pusat Penyelidikan PAS. 2000. *Royalti Minyak: Politik Khianat dan Balas Dendam BN.* Angkatan Edaran Enterprise Sdn. Bhd.

Puthucheary, Mavis and Othman, Norani, eds. 2005. *Elections and Democracy in Malaysia.* Penerbit UKM.

Raja Rasiah. 2001. "The Political Economy of the Southeast Asian Economy." Abdul Rahman Embong, ed.(2001).

Rogers, Marvin L. 1993. *Local Politics in Rural Malaysia.* Kuala Lumpur: S. Abdul Majeed & Co.

Rose Ismail. 1995. *Hudud in Malaysia: The Issues at Stake, Sisters in Islam Forum(Malaysia)* Berhad, Malaysia.

Saravanamuttu, Johan. 2001. "Is There a Politics of the Malaysian Middle Class?" Abdul Rahman Embong, ed.(2001).

Saw Swee-Hock and K. Kesavapany, eds. 2006. *Malaysia: Recent Trends and Challenges.* Singapore: Institute of Southeast Asian Studies.

Shamsul, A. B. 1994. "Religion and Ethnic Politics in Malaysia: The Significance of the Islamic Resurgence Phenomenon." Keyes C. F. Kendall L. et. al, eds. *Asian Visions of Authority.* Honolulu: University of Hawaii Press.

Sharifah Zaleha Syed Hassan. 2001. "Islamization and Urban Religious Identity: The Middle Class of Bandar Baru Bangi." Abdul Rahman Embong, ed.(2001).

Shrifah Zaleha Syed Hassan. 2003. "Islamizatiion and the Emerging Civil Society in Malaysia," Nakamura Mitsuo, Sharon Siddique, Omar Farouk Bajunid, eds.(2003).

Stark, Jan. 2003. "The Islamic debate in Malaysia: the unfinished project." *South East Asia Research* 11(2).

Tayor, R. H., ed. 2005. *The Politics of Elections in Southeast Asia.* Cambridge: Cambridge University Press.

The Election Commission Malaysia. 2004. *Report of the General Election Malaysia 2004.*

Chong, Terrence. 2006. "The Emerging Politics of *Islam Hadhari.*" Saw Swee-Hock and K. Kesavapany, eds.(2006).

Verma, Vidhu. 2002. *Malaysia: State and Civil Society in Transition.* Petaling Jaya, Malaysia: Strategic Information Research Development.

Weiss, Meredith L. 1999. "What Will Become of Reformasi? Ethnicity and Changing Political Norms in Malaysia." *Contemporary Southeast Asia* 21(3).

Welsh, Bridget. ed. 2004. "Real Change? Elections in the Reformasi Era." Gomez(2004).

Zakaria Haji Ahmad. 2000. "The 1999 General Elections: A Preliminary Overview." *Trends in Malaysia: Election Assessment, Trends in Southeast Asian Series.* Singapore:

Institute of Southeast Asian Studies.
Ziauddin Sardar. 2000 *The Consumption of Kuala Lumpur.* London: Reaktion Books.

인터넷 자료

(본문에 직접 인용은 하지 않았지만 아이디어를 얻는 데 큰 도움을 준 인터넷 사이트에서 제공한 자료임)

http://www.kaseas.org/bbs/skin/sirini_ezset_fullpack/ezset_catch_trackback.php?id=correspondents&no=131 (마하티르의 침전?)
http://www.kaseas.org/bbs/skin/sirini_ezset_fullpack/ezset_catch_trackback.php?id=correspondents&no=126 (마하티르와 압둘라 돌아올 수 없는 선을 넘었나?)

제4장 | 민주화 이후 인도네시아의 선거와 정치구조의 변화

최경희

Ⅰ. 서론

인도네시아의 2008년은 1998년 수하르또(Soeharto)가 32년 동안 머물렀던 권좌에서 하야함에 따라 민주화로 이행한지 10년을 맞이하는 해이다. 인도네시아의 민주화는 1998년 이후 '개혁시대 10년(Satu Dekade Reformasi)'을 지나오면서 '권위주의로의 회귀'는 절대 발생하지 않을 만큼 사회 전반적으로 민주주의 규칙들이 제도화되었다고 평가받고 있다(Nababan et al. 2008). 이러한 인도네시아 민주화 성공에는 두 가지 차원에서 의미가 있다. 첫째, 동남아적 차원에서 볼 때, 필리핀과 태국이 민주주의 정치체제로 제도화하는 데 실패하였다고 한다면, 두 국가와 비교해 보았을 때 인도네시아는 성공적인 사례라고 볼 수 있다. '민주주의로의 내용적 발전'이란 부분에는 미흡하지만 권위주의로 역전 가능성이 전혀 없다고 판단되어지는 인도네시아의 경우, 인도네시아의 어떤 요인이 이러한 성공을 이끌어 낼 수 있었는지 분석해볼 만하다. 둘째, 세계적 차원에서 볼 때, 인도네시아 민주화와 민주주의 정치가 세계적 관심을 받고 있다는 점이다. 그 이유는 인도네시아가 인도, 미국에 이어 세 번째로 큰 민주국가에 해당하는 국가

이기 때문이다. 규모가 크다는 것은 복잡한 정치적 갈등을 내재하고 있다는 것을 함의하고, 이러한 복잡한 정치적 갈등을 해결할 수 있는 능력, 제도, 과정 자체가 세계적인 관심의 대상이기도 하다(Indra and Legowo 2006; Kristiadi 2006). 인도네시아 국가의 가장 큰 특징은 다양성(keragaman)이다. 다종족 다언어 다문화 사회로서 국가의 규모가 큰 만큼 정치적 갈등의 요소가 많다. 종족, 종교, 계급, 인권, 경제 등이 매우 심각한 정치적 갈등의 기초가 되는 것들이고, 이러한 이유로 인해, 인도네시아 정치가 세계적인 관심을 받고 있다. 10년 개혁시대의 성공과 후퇴에 대한 평가는 다양한 측면에서 제기되고 있다. 특히 현실적으로 앞으로의 진행될 정치 일정은 이러한 10년간 장기적으로 진행되어온 민주화 과정의 공과를 가늠하는 계기로 작용할 것이다. 즉 2009년은 2002년에 완성된 신헌법에 따라 대략 4월에 있을 총선거와 대통령 선거 — 1차 6~7월, 결선 10월 — 가 있을 예정이고, 2009년 선거는 길게는 1998년 이후 10년 또는 짧게는 2004년 이후 5년의 정치적 평가와 향후 중기적으로 영향을 미친 권력재편과정의 의미를 갖는다고 보인다.

민주주의 체제로의 이행과 민주주의 발전을 평가하는 데는 세 가지 차원이 서로 연관되어 있다고 생각된다. 첫째, '민주적 신헌법'의 구축과 집행이다. 신헌법을 통하여 이행의 불완전성을 제거하고, 권력이 민주적으로 형성되고 행사되는데 있어서 법제도적 근거를 마련하는 것이다. 민주적 장치와 민주적 원칙이 신헌법을 통하여 얼마나 실현되는가 하는 '작동하는 민주주의(enacting democracy)'(Saward 2003)의 문제로 접근할 수 있다. 민주적 원칙으로서는 정치적 평등과 참여, 표현의 자유와 투명성 등이 있고, 민주적 장치로서는 선출된 정부, 공적기관, 공적 경청, 토론, 조사, 대표를 위한 선거, 다수제의 원칙 및 비례제의 원칙, 대표성의 원리, 시민의 주도성, 국민투표, 심의적 여론 투표 또는 시민법정, 시민의 자유를 보호하기 위한 '공적 공간', 독립적인 사법권 등이다(Saward 2003, 162, 167). 새롭게 형성된 법의 정신이 '민주', '자유', '인권'과 같은 가치에 부합하는지, 또 얼마큼 실질적으로 법이 집행되고 있는지가 중요하다. 둘째, 시민사회영역의 문제들이다. 시민 행위자들은 민주주의로의 정치적 변화를 일으킨 경험을 통하여, 그 이후 정치행위자로서 인정받고 그들의 요구와 바람이 대표되어지는 정치체제를 원한다. 1998년 5월 이후 전개된 인도네시아 시민들의 정치적 행위 그리고 1999년과 2004년 직접선거를 통하여 새로운 정치적 경험은 그 가능성을 보여주었다. 이러한 과정을 통하여 인도네시아 사회가 '자유스러워지고 민주적'으로 변화될 것을 기대하는 것이다. 따라서 민주화 이후 시민사회는 활성화되고 참여가 제도적으로 확보되어야 하는 것을 의미한다. 셋째, '민주화 이후 민주주의' 영역의 문제이다. 즉, 민주화 이후 정치가 제대로 수행되는가 하는 것이다. 새롭게 만들어진 법과 제도, 새롭게 등장한 정치세력들이 새롭게 형성된 공간 내에서 민주적 정치를 얼마나 실현할 수 있는가 하는 그 능력 자체의 문제이다. 분명 민주주의로의 정치변동은 과거 권위주의에선 맛 볼 수 없었던 정치적 기대감을 주고 있기 때문에 정치적 이슈들이 다양하게 제기되는데 그 사회적 이슈들을 민주적 제도 및 시스템을 통하여 해결할 수 있는 정치행위자들의 능력 자체의 문제이다. 만약 여기에서 완벽한 실패 또는 지체가 구조화된다면, 권위주의체제로의 역전도 가능하다고 보인다.

이러한 맥락에서 인도네시아 민주주의 발전에 대한 평가를 위의 세 가지 측면에서 평가한다면, 매우 포괄적으로 논의할 수 있겠지만, 본 논문은 1998년 이후 '1999년'과 '2004년' 두 번의 민주적 선거 및 정치과정을 통해서 인도네시아의 정치구조가 어떻게 변화하였는지를 첫 번째 접근방법에 맞춰 분석하고자 한다. 즉, 민주적 신헌법의 완성이란 측면에서 법제도적 변화와 그 정치적 함의를 분석하는 것이고, 법제도적 변화에 따른 정치엘리트 구조의 변화가 어떠한지를 분석하고자 하는 것이다. 일반적으로 '권위주의체제'에서 '민주주의체제'로 체제가 변동한다는 것은 권력의 독점상태에서 권력의 탈독점화 즉, 분화 및 분점으로 변화한다는 것을 전제하고 있다. 하지만 권력의 탈독점화를 가능하게 하는 법제도의 변화가 반드시 정치엘리트의 탈독점화로 이어지는 것은 아니기에 법제도 변화와 지배엘리트 변화 사이에 간극이 존재한다고 생각된다. 본 논문은 정치구조의 변화를 '통치조직'과 '통치지배엘리트'로 나누어 분석하고자 한다. 통치조직은 권력이 행사되는 것과 관련된 것으로 주요통치기관으로서 행정부, 입법부, 사법부 삼권분립의 기능과 구조의 관계를 말한다. 통치지배엘리트는 정책결정의 지위를 장악하고 있는 사람들을 포함하여 정치적 지도자, 종교적 지도자, 주요 이익단체와 사회단체의 대표자들을 포함한다(매크리디스 1989). 통치조직이 법과 제도의 영역이라고 한다면, 통치지배엘리트는 권력을 행사하는 행위자들의 영역이다. 따라서 특정사회의 정치구조가 어떻게 변화하였는가는 권력형성기제와 권력행사주체가 어떻게 달라졌는가를 분석하는 데 의의를 갖는다. 특히 통치지배엘리트의 구성변화에 관한 연구가 실질적인 의미를 갖기 위해서는 민주화 이전과 민주화 이후 행정관료 및 국회의원 구성변화를 시계열적으로 분석할 때만이 진정한 의미를 획득한다고 볼 수 있다. 그러나 이러한 광범위한 연구를 수행할 수 없는 연구자 개인의 한계를 지적할 수밖에 없다. 이러한 직접적인 연구방법을 대신하여, 본 연구는 통치지배엘리트의 변화를 접근하는데 있어, 2004년 최초로 실시된 대통령 선거결과가 갖는 의미와 인도네시아 지배엘리트 구성의 특성을 분석함으로써 유추할 것이고, 1999년과 2004년 총선거 결과에 따른 입법부 구성 변화의 특성을 분석함으로써 인도네시아 통치지배엘리트의 변화가 갖는 정치적 함의를 설명하고자 한다.

본 논문은 이러한 인도네시아 정치구조의 변화를 추적하는 문제의식을 다음과 같은 순서로 진행하고자 한다. 첫째, 인도네시아 신헌법, 대통령제 권력구조의 특성과 정치적 함의와 인도네시아 지배엘리트의 특성을 분석하고자 한다. 둘째, 민주주의 꽃이라고 전제하는 의회를 구성한 1999년과 2004년 민주선거결과의 정치적 의미, 정당의 이데올로기와 지지세력을 분석함으로써 정당정치구조가 갖는 정치변동적 함의를 도출해보고자 한다. 셋째, 민주화 이후 인도네시아 정치권력구조가 민주적으로 재편되었는지 구체제의 특성을 계속 갖고 있는지,

변형되었는지에 대한 결론을 얻고자 한다.

Ⅱ. 권력분립과 지배엘리트의 특성

2006년 3월 인도네시아 정치지도자 중의 한 사람인 아민 라이스(Amien Rais)는 한국을 방문하여 인도네시아 민주주의의 최대 성과 중의 하나로 신헌법개정을 주장하였다. 그는 독립 직후 만들어진 1945년 헌법은 매우 취약한 구조를 갖고 있었다고 역설하였다. 또한 1945년 헌법에 따르면, 국민협의회(MPR: Majelis Permusyawaratan Rakyat)가 국가의 최고결정기구였다. 여기서 대통령이 선출되었고, 의회는 정부가 요구하는 입법에 동의하는 기능 정도만을 갖고 있었고, 또한 사법부는 독립되어 있지 않았다. 군부는 국가안보와 사회적 책임이라는 이중기능의 역할을 보장받아 권력의 핵심적 위치를 차지하고 있었다(최난경 2003, 14). 1945년 이후 1998년 이전까지 인도네시아 헌법은 갈수록 민주주의를 억압하고 약화시키는 방향으로 진행되었다(이동윤 2003). 1945년 헌법에 따른 인도네시아 정치구조의 특징은 국민협의회(MPR)를 중심으로 제도적으로 권력이 독점화되어 왔다. 이러한 헌법이 1998년 수하르또 신질서 체제 붕괴이후 '민주주의'가 작동할 수 있는 시스템으로 개정된 것이다. 1945년 헌법에 있어서는 인민주권이 국민협의회를 통해서 실행되었다고 한다면, 직선제 대통령제의 획기적인 도입에 따라 드디어 실질적인 인민주권이라는 헌법정신이 세워진 것이다(Singh 2003, 437). 본 절에서는 인도네시아 신헌법의 내용과 정치적 함의라는 측면에서 긍정적인 부분을 분석하고, 그럼에도 불구하고 민주주의를 더욱 발전시키는 데 있어 법적 차원이 갖는 한계를 지적하고자 한다. 또한 최초 직선제 대통령 선거분석과 그리고 인도네시아 지배엘리트의 특성을 통하여 권력분립과 지배엘리트 상관성을 분석하고자 한다.

1. 신헌법과 정치적 함의

앞에서도 지적한 것처럼, 민주적 장치(democratic devices)로서는 선출된 정부, 공적기관, 공적 경청, 토론, 조사, 대표를 위한 선거, 다수제의 원칙과 비례제의 원칙, 대표성의 원리, 시민의 주도성, 국민투표, 심의적 여론 투표 또는 시민법정, 시민의 자유를 보호하기 위한 '공적 공간', 독립적인 사법권 등이다(Saward 2003, 162, 167). 다시 말하자면, 정치권력의 주요 엘리트인 대통령과 국회의원이 직접 선거에 의해 뽑히는가, 사법부와 입법부는 독립되어 있는가 또는 법 판결에 있어 시민의 참여가 가능한가, 공적 행위를 가능하게 하기 위해서 공적기관들이 잘 운영되는가, 정치에 있어 시민은 주도성을 갖는가, 시민의 정치적 자유가 보장받기 위해 공적인 역할이 잘 수행되는가 등이다.[1)]

인도네시아 신헌법은 1999년 10월에서 2002년 8월까지 4단계로 개정되었다. 1999년 5월 1차 개정의 핵심은 행정부의 권한을 축소하고, 입법부의 권력을 강화한 것이다. 그리고 대통령의 권한에 대한 법적 근거와 제한을 마련하는 것이었다. 2000년 8월 2차 개정의 핵심은 대통령제를 분명히 한 것, 군부의 이중기능을 폐지한 것, 지방자치화를 도입한 것이다. 2001년 11월 3차 개정의 핵심은

1) 민주주의라는 정치체제의 특성을 갖는 헌법구조는 나라마다 특수한 맥락에 따라 조금은 다를 수 있을 것이라고 생각한다. 물론 미국의 대통령 선거는 간접선거이지만 미국을 비민주주의 국가로 분류하진 않는다. 그러나 최근 '헌법구조와 민주주의' 관련 이론적 쟁점이라는 측면에서 미국은 민주주의 가치보다는 대의제 가치를 우선시하는 체제라고 볼 수 있다. 우리가 흔히 '대의민주주의'라는 말속에서 대의제와 민주주의를 같은 선상에서 본다고 하지만, 정치철학적 정치이론적 맥락에서 대의제와 민주주의는 같은 내용의 문제가 아니라는 입장이 제기되고 있다. 따라서 미국의 대통령 선거에서 나타나는 간접선거는 엄격한 의미에서 민주주의를 약화시키는 제도라고 볼 수 있다[마넹(2004); 달(2004) 참조].

국민주권은 국민협의회(MPR)에 의해 행사되는 것이 아니라 헌법에 따라 행사되는 것으로, 국민주권 개념이 설립된 것이다. 사법영역의 독립으로서 헌법재판소를 대법원으로부터 분리하는 것이다. 2002년 8월 4차 개정을 통하여 대통령과 부통령의 직접선출 조항들이 만들어진 것이다.[2] 또한 선거관리위원회(KPU: Komisi Pemilihan Umum)의 독립성이 헌법에 보장된 것이다(최난경 2003).

따라서 인도네시아 정치역사상 획기적인 전환의 시점이라고 볼 수 있는 2004년 총선과 대통령선거에 적용된 신헌법의 주요골자는 다음과 같다. 첫째, 독립적인 선거관리위원회의 성립, 둘째, 사법부의 독립성 보장이다. 셋째, 국회(DPR: Dewan Perwakilan Rakayat), 지방의회(DPRD: Dewan Perwakilan Rakyat Daerah), 지역대표의회(DPD: Dewan Pimpinan Daerah)를 구성하는 구성원과 행정부를 대표하는 대통령과 부통령을 국민의 투표에 의해 직접 선출한다. 넷째, 전국의 주(provinci) 중 2/3 이상, 그리고 각주의 2/3 이상 시(kotamadya)와 군(kabupaten)에 지부나 지도부를 갖춘 정당만이 후보를 공천할 수 있다. 다섯째, 유권자들이 정당투표뿐만 아니라 해당지역에 출마하는 특정후보를 선택할 수 있도록 하는 개방형 정당명부식 비례대표제의 도입이다. 여섯째, 유권자의 연령제한은 17세이며, 17세 이하라도 결혼하였을 경우에는 성인으로 간주하여 투표권을 갖게 된다. 여섯째, 정부통령 직접선거는 결선투표제이다. 후보는 국회 의석수 중에 3%를 차지하거나 총선에서 5%의 유효득표수를 획득한 정당에서 후보로 지명되어야 자격을 갖게 된다. 후보를 지명하지 못한 정당은 다른 정당의 후보와 연합할 수 있고, 정당 구성원이 아닌 사람도 후보로 공천할 수 있다(최난경 2002; Suryadinata 2004). 정리하자면, 신헌법 내용이 갖는 민주정치의 함의는 첫째, 민주주의의 정신인 권력분립에 기초한다. 넓게는 행정부, 입법부, 사법부의 권력분립이다. 둘째, 권

---

2) 인도네시아 정부통령제는 1945년 독립 이후, 수까르노와 하따가 각각 대통령과 부통령을 역임하면서 시작되었다. 그러므로 대통령제의 부활이라는 것이 더 정확한 말이다.

력분립의 정신은 행정부 내에서도 대통령과 부통령을 각각 두는 정 · 부통령제에서도 나타나고, 지방자치제를 도입함으로써 중앙과 지방의 권한을 분산시키는 것이다. 셋째, 모든 주요 공직자들을 국민투표로 선출한다. 대통령 선출방식은 결선투표제이고, 의회 선출방식은 개방형 정당명부식 비례대표제이다. 다섯째, 정당정치의 기초를 마련한 것이다.

그렇다면 과연 신헌법이 제정되고 8년이 지난 시점에서 이런 법제도의 집행이 민주주의를 강화하고 발전시키는 데 현실적인 기여를 하였는가? 구체적인 정치적 내용을 다양한 측면에서 분석해 보고자 한다. 첫째, 대통령제(sistem kekuasaan pemerintahan presidensil)는 효과가 있는가? 대통령제는 기대하고 생각했던 것보다 그 효과가 분명하지 않다는 점이다. 지난 8년 동안 행정부와 의회 사이의 갈등은 효과적인 국정운영을 어렵게 하는 원인이었다. 특히 대통령제의 정당성을 높이기 위해 정부통령이 직선제로 뽑힌 이후 결과적으로 정부의 권한은 더 효과적일 수 있었지만, 분명한 것은 대통령이 속해 있는 정당이 의회에 영향을 미칠 만큼 크지 않기 때문에 행정부 내에서도 책임을 질 수 없었다(Kristiadi 2006, 9). 즉, '불안정한 다당제'에서 대통령제의 효과를 거두기가 어렵기 때문이다. 결과적으로 대통령과 의회의 갈등은 민주화의 딜레마인 것이다(Haris 2007). 둘째, 행정부는 제대로 역할하고 있는가? 행정부 내에서 권력의 견제와 균형이라는 측면에서 정 · 부통령제는 민주당 소속 대통령 유도요노와 골까르 소속 부통령 깔라(Jusuf Kalla)의 충돌과 갈등에 있어서 행정부 리더십의 한계를 드러낸다. 예를 들면, 집권 초기 유도요노 대통령의 강력한 의지로 시작한 반부패 개혁정책은 여러 가지 정책과 법집행을 시도하여도 구체적인 성과를 얻지 못하는 한계를 보이고 있다. 그 이유로는 행정부의 실질적인 영향력과 리더십의 부재를 지적할 수 있다(최경희 2008). 셋째, 지방자치제는 민주적 의미를 갖는가? 2001년 이후 시작되고 진행된 지방자치제는 최근 '의도하지 않는 결과'의 가장 실패한 사례로 설명되고 있다. 우선 중앙정치의 부패가 지방화 되고 있고, 주지사, 시장 및 군수

선거에 있어서 금권 및 폭력정치가 만연하게 나타나서 정당정치는 실종되었고, 개인적인 후원-수혜관계의 인맥을 통해 네트워크 정치가 창궐하고 있기 때문이다(Sidel 2004; 하디즈 2007). 셋째, 국민을 대표하는 국회는 정당정치의 기초하에 움직이는가? 안트로브(Antlove 2003)는 인도네시아의 탈정치화(depolitisasi) 증상을 최초로 주장하였다. 그는 탈정치화를 정당정치로부터 사회가 괴리되는 경향이라고 지적하면서, 인도네시아 사회가 계속해서 정치적 사회적 이슈를 해결하는 과정에서 그 갈등을 해결하기 위한 방법들이 폭력을 동반하고, 힘에 의해서 결정되어지는 것을 보게 되면서, 인도네시아 국민들에게 정치가 끔찍하다는 것을 인식시키는 과정이 되었다고 지적하였다. 이익을 구성하고 지지하는 모든 방법들이 관계의 망들을 조작하는 것으로 드러났다. 결국 인도네시아 정치를 실현하기 위한 방법들이 후원관계(patronase)에 기초하고 있다는 것을 알게 됨으로써(Priyono and Subono 2007, 83), 민주주의의 성공의 핵심적 가치 중의 하나인 정당정치는 실종되고 있다는 것이다.

이러한 결과들이 왜 발생하는가? 우선, 인도네시아 민주화의 구조적 한계에서 기인한다고 볼 수 있다(Ganesan 2004). 인도네시아 민주화의 진정으로 잘못된 지점은 바로 민주주의를 지지하는 세력에 의한 민주주의로의 정치체제변동이 일어난 것이 아니라는 점이다. 즉, 민주적 가치와 이념, 이해를 지지하는 엘리트와 대중의 결합에 의한 민주주의로의 체제변동이 아니라는 점이다(Törnquist 2002, 564). 다음으로 쁘리요노(Ae Priyono)와 수보노(Nur Iman Subono)의 연구에서도 답을 찾을 수 있는데, 민주화 과정 자체의 특징이다. 그들은 인도네시아 민주화 이행시기 수하르또 한 개인이 권좌에서 물러남으로써 구체제의 핵심적 지배엘리트이 제기하는 정치적 내용들이 이 시기 동안에 정치적 타협을 통해 다 이루어졌고, 동시에 모든 지배엘리트층이 견뎌낼 수 있도록 만드는 제도와 법률의 제정이라는 방향으로 갔고, 인권, 시민사회의 정치적 참여 등등 민주주의를 진전시킬 수 있는 법과 제도는 오히려 이 시기 동안에 거절되거나 무시되었다고 지적한다(Priyono and Subono 2007, 84). 즉, 지배적인 정치엘리트들은 새롭게 만들어진 소위 민주적 정치시스템들을 소홀히 하는 것이 아니라 적극적으로 활용하였다는 것이다. 민주적 기구들이 과거와 똑같은 행위자들과 행동패턴으로 인해 그 기구 자체가 갖는 민주적 의미가 퇴색되었다는 뜻이다. 이것은 민주주의를 작동시키는 두 가지, 즉 민주주의 장치와 민주주의 원칙이라는 측면에서 후자가 상실된 것을 의미한다. 민주주의 원칙이란 민주주의 정신에 해당된다고 볼 수 있을 것이다. 즉, 실질적으로 정치적으로 평등하고, 시민들의 정치적 참여를 보장하고, 표현의 자유가 절대적으로 보장되고, 정치적 과정은 투명해야 한다는 것 등이다. 특히 표현의 자유의 측면에서 인도네시아 인권운동가 무니르(Munir Said Thalib)의 피살과 사건 해결의 어려움은 단적으로 이 문제의 심각성을 드러내고 있다.[3] 또한 최근 인도네시아 정세에 핫 이슈가 되는 것은 '종교의 자유' 문제이다. 이슬람의 한 분파인 아흐마디야(Ahmadiya)를 인정할 것인지 아닌지를 둘러싸고 갈등이 전개된다.[4] 인도네시아는 공식적으로 종교의 자유가 인정되나 이슬람 방어전선(FPI: Front Pembela Islam) 단체를 비롯하여 이슬람 과격단체가 아흐마디야 종파를 인정할 수 없고, 해체해야 한다고 한다면서 최근 시위와 물리적 공격도 일삼는다(송승원 2008). 결과적으로 인도네시아 헌법이 시민사회를 포함하여 정치적, 시민적 자유와 관련하여 민주주의 차원에서 매우 취약한 것으로 나타나고, 사회경제적 권리와 법의 지배라는 차원까지 보았을 때, 신헌법은 여전히 많은 한계를 갖는다고 볼 수 있다(Subono and Priyono 2007).[5]

---

3) 무니르는 인도네시아 군부의 반대자로 알려진 저명한 인권운동가로서 2004년 9월 7일 자까르따 발 암스테르담행 가루다 항공에서 독극물로 살해되었다.

4) 아흐마디야는 1898년에 인도에서 설립된 종파로써 인도네시아에 약 2십 만 명의 신도를 거느린 이슬람 조직이다. 이 단체는 이슬람 단체와 마찬가지로 하루에 다섯 번 메카를 향한 기도, 금식기간 준수 등 이슬람 율법을 지키지만, 그 창시자인 미르자 굴람 아흐맛(Mirza Ghulam Ahmad)을 무하맛 이후 최후의 선지자로 정의하는 것이 보통의 교리와 다른 것이다(송승원 2008, 63).

5) 특히 인도네시아 헌법을 '인권'이라는 차원에서 조망해 보았을 때, 한계가 명확하다고 볼 수 있다. 인도네시아

2. 대통령 선거 결과와 지배엘리트의 특성

2004년 대통령선거에 적용된 법제도적 내용을 보면, 그 의미는 세 가지이다. 첫째, 최초로 직선제가 실시된 것이다. 다른 하나는 정부통령제의 부활이고, 마지막으로는 결선투표제의 도입이다. 2004년 이전에는 대통령이 국민협의회(MPR)에 의해 선출되었다면, 2004년부터는 국민의 직접투표에 의해 대통령이 선출되었다. 즉, 행정부의 최고 권력수반이 국민의 직접투표에 의해 선출되는 것이다. 인도네시아 대통령 선거에는 법적으로 주요 정당들에게 유리하다. 왜냐하면, 주요 정당들에 의해 지명된 후보들은 대통령으로 선출될 기회를 더 많이 갖고 있다. '대통령 직접선거법'에는 개인후보를 인정하지 않고 국회(DPR) 의석의 3%를 차지하고 있는 정당 또는 국회의원 선거에서 5%의 유효득표율을 갖고 있는 정당에 의해 추천된 후보만이 자격이 주어진다. 또한 이러한 조건에 충족되지 않는 정당들은 자기들의 후보를 지명하기 위해 다른 정당과 연합할 수 있다. 그리하여 정당들은 자기 당 소속원이 아닌 후보를 지명할 수 있다(Suryadinata 2005).

그러나 2004년 인도네시아 대통령 선거는 개인자격이 아닌 정당후보에게 대통령후보자격조건을 제공하였음에도 불구하고, 정당보다는 종교와 종족, 인물이 주요한 투표요인으로 작용하였다. 특히 후보의 개인적 이미지와 대중성이 크게 작용하였다. 후보들 중에는 자바종족과 이슬람 종교가 우세하지만, 더 많은

시민사회측은 2008년 4월 스위스 제네바에서 열리는 국가별 인권 정례검토에서 다음과 같은 한계를 지적하였다. ① 과거 인권침해(동띠모르, 아쩨, 파푸아 등), ② 고문(현 형법에 고문에 대한 명확한 정의 및 관련 조항 미비로 고문 행위의 실질적 처벌 불가), ③ 여성권리(지방분권화 과정에 따라 여성권리 보호의 실질적 이행에 어려움이 있으며, 또한 외국으로 이주한 여성노동자에 대한 피해자에 대한 적절한 보호 조치 미흡), ④ 종교의 권리(종교에 기반 한 폭력에 대처할 구체적 법 규정 미비), ⑤ 원주민 권리(지역개발에 수반되는 원주민 생존권 위협), ⑥ 인권옹호자(과거 인권침해에 관여한 국가정보기관 관계자의 불처벌 및 인권옹호자 보호 장치 미흡) ⑦ 아동권리(유엔아동권리협약(CRC) 비준이 국내입법으로 미연결, 아동의 법적책임 연령을 현 8세로 되어 있는 바, 국제수준으로 상향 필요, 교육관련 예산불충분), ⑧ 표현의 자유(경찰 및 사법기관의 언론인 처벌 소지 현존) 등이다.

지지를 획득하기 위해 다른 종족 또는 종교를 적절하게 짝짓기 한 것이다. 제1차 대통령 선거에서 다수의 지지를 획득한 유도요노와 유수프 깔라는 먼저 유도요노가 인도네시아 문제들을 해결할 수 있는 강한 이미지와 다음으로 '비 자바인'의 표를 얻을 수 있는 유수프 깔라의 출신기반이 조화를 이룬 것이다(Suryadinata 2005, 139). 다음 **표 1**은 2004년 제1차, 제2차 대통령 선거 결과이다.

제1차 대통령 선거 결과 정당 간 제휴는 당락에 결정적인 영향을 미치지는 않았다. 그러나 2차 선거는 정당 간 제휴와 블록이 형성되었다. 한편으로는 세

표 1 2004년 대통령 선거결과

제1차 선거		
후보자(정당, 종족)	투표자수	득표율
Yudhoyono(PD, 자바)-Jusuf Kalla(골까르, 부기스) ▶ 민주당(PD)후보	39,838,184	33.57
Megawati(PDI-P, 자바)-Hasyim Muzadi(NU 의장, 자바) ▶인도네시아투쟁민주당(PDI-P) 후보	31,569,104	26.61
Wiranto(골까르, 자바)-Solehuddin Wahid(NU 부의장, 자바) ▶ 골까르당(Golkar) 후보	26,286,788	22.15
Amien(PAN, 자바)-Siswono Husodho(전 장관, 자바) ▶ 국민수권당(PAN) 후보	17,392,931	14.66
Haz(PPP, 순다)-Agum Gumelar(군인, 자바) ▶통합개발당(PPP)	3,569,861	3.01
전체	118,656,868	100

제2차 선거		
후보자(정당, 종족)	투표자수	득표율
Megawati(PDI-P, 자바)-Hasyim Muzadi(NU의장, 자바)	44.990,704	39.38
Yudhoyono(PD, 자바)-Jusuf Kalla(골까르, 부기스)	69,266,350	60.62
전체	114,257,054	100

출처: Suryadinata 2005, 139, 142.

개의 구정당 골까르(Golkar), 인도네시아투쟁민주당(PDI-P), 통일개발당(PPP)과 한 개의 소규모 신생정당이 메가와띠-하심 후보를 지지하기 위해 "국가연합(National Coalition, Koalisi Kebangsaan)"으로 모였고, 다른 한편으로는 유도요노와 깔라 후보를 지지하기 위해 민주당(PD), 월성당(PBB), 복지정의당(PKS)[6] 등이 "민중연합(People's Coalition, Koalisi Kerakyatan)"으로 모였다(Ananta, Arifin and Suryadinata 2005, 21). 신생 정당들의 연합의 의미를 갖고 있는 유도요노와 깔라의 선출은 민주적 개혁정부를 기대하는 유권자들의 선택이라고 해석된다. 결론적으로 2004년 인도네시아 대통령 선거를 둘러싼 국면은 다음과 같은 정치적 함의를 내포하고 있다. 첫째로는 그 동안 잠재되어 있던 정치적 요구와 정치세력 간의 대립이 정치적으로 표출되면서 사회 전반적인 정치세력 간의 격돌로써 그 의미를 갖는다. 그럼에도 불구하고, 행정 권력을 수반하는 정 · 부통령의 개인적 스타일이 전혀 다른 후보가 한 후보군으로 나타나면서, 그 지지세력 또한 교차하였기 때문에 대립의 축이 분명해지기보다는 연합적 성격이 더 두드러지게 되었다. 따라서 인도네시아 2004년 대통령 선거는 세력 간의 권력분점적 성격을 갖는다고 평가할 수 있다.

대통령 선거 경쟁이란 하나의 정치체에서 권력투쟁의 정점이라고 볼 수 있다. 위의 후보군들을 보았을 때, 정당적 차원에서 보았을 때는 신생정당의 출현으로 새로운 엘리트의 등장이라고 볼 수 있지만, 개인적 차원에서 보았을 때는 기존 정당에서 이탈한 세력들이기 때문에 정치세력으로 매우 새롭다고 보기에는 한계를 갖는다. 그렇다면, 약 2억 명의 인도네시아 인구 중에서 지배엘리트들은 어떤 신분의 사람이며, 특성은 어떠하고 그들의 권력의 원천은 어디로부터 오는가?

쁘리요노와 수보노의 연구는 전문가 인터뷰를 통해 얻은 자료이다. **표 2**를

6) 각 정당에 관련하여 제3절 정당정치 주제를 다룰 때 더 자세히 설명하고자 한다.

표 2 인도네시아 전 지역의 지배엘리트의 구성

출신배경	전체 결과 1795명	수마뜨라 512명	자바 발리 528명	깔리만딴 191명	술라웨시 334명	동인도네시아 230명
중앙 및 지역 행정조직	40%	41%	34%	40%	45%	46%
억압조직(군부, 경찰)	16%	15%	17%	12%	16%	21%
정치가	17%	17%	16%	19%	21%	10%
사업가와 시민단체	12%	16%	11%	17%	7%	9%
비공식적인 영역의 인물	12%	9%	19%	10%	9%	12%
기타	2%	3%	2%	3%	2%	2%

주: 동인도네시아는 암본, 말루꾸, 이리안 자야 지역 등을 포함.
출처: Priyono and Subono 2007, 89.

보면, 인도네시아 약 2억 4천만 인구, 전 국토 면적에서 1,795명의 통치지배엘리트가 있다는 것을 알 수 있다. 그리고 **표 2**에 의하면, 인도네시아 지배엘리트층의 출신배경 중에서 관료출신의 비율이 가장 높다. 또한 민주화 이후 여전히 강세를 보이고 있는 군대, 경찰 그리고 개인적으로 고용하는 경찰(premanisme politik swasta)이 그 다음으로 높고, 기업가와 관변 단체 출신의 활동가 등이 뒤를 잇는다. 그 다음으로 비공식영역인 종교지도자로서 그들은 종교뿐만 아니라 정치적 영향력을 갖는다. 관료 출신과 군부와 공적 및 사적 경찰 조직 출신의 엘리트를 합하면 56%이다.

이러한 근거를 보았을 때, 인도네시아의 지배엘리트 구성에 있어서 민주화 이전과 민주화 이후에 있어 구성의 큰 변화가 없다는 것을 유추할 수 있다. 또한 이러한 지배엘리트들이 현재 발전하고 있는 인도네시아 민주주의 장치 또는 기구들과 연계되어 있다는 측면에서 3가지 특징을 갖는데, 이들이 민주주의 기구들에 적응할 수 있고, 이 기구들을 식민화할 수 있고 그리고 조작할 수 있다는 점이다(Priyono and Subono 2007, 93).

또한 인도네시아 지배엘리트들의 권력 원천도 문제이다. 법제도적 시스템에 있는 지위와 역할의 영향력이기보다 다른 자원을 활용한다. 그 권력원천으로서 경제적 원천(23%), 비경제적 원천으로서 억압할 수 있는 물리력과 집단적이고 폭력적인 시위를 주도할 수 있는 힘(22%), 사회적 원천(영향력 있는 교제)(38%), 문화적 원천(지식/정보)(17%) 등이다(Priyono and Subono 2007, 94). 즉, 가장 영향력 있는 권력 원천은 인맥과 네트워크이고, 그 다음이 돈과 폭력이다. 문화적 영향력은 제일 적다. 다시 말하자면, 인도네시아 지배엘리트들의 권력원천은 법제도로부터 오는 것이 아니라 사적인 네트워크, 경제적 폭력적 동원능력에 의존한다.

Ⅲ. 정당구조와 지지세력

민주화 이후, 정치구조가 어떻게 변화하는가 하는 측면에서 정당정치를 구성하는 정당, 선거, 정당구조 등을 분석하는 것은 유미할 것이다. 민주주의는 장기적인 배양기(incubating period)가 필요하다고 지적한다(Ghoshal 2004, 507). 이 배양기 동안에 해야 할 필수적인 요건이 대중의 이해와 요구를 담아내고 정치활동을 할 수 있는 하나의 제도로서 '정당'의 성장이다. 그러나 고샬(Baladas Ghoshal 2004)은 1957년에서 민주화 이전까지 인도네시아 정당정치의 역사에서 이 배양기를 경과하는 데 실패하였다고 주장한다. 독립 이후 대중정당의 기초를 가장 잘 발전시켰고 발전시킬 가능성이 있던 인도네시아 공산당(Partai Komunis Indonesia)이 정치적으로 숙청되면서 인도네시아 정치의 역사에서 민주주의의 기초로서 역할을 할 정당의 발전가능성이 구조적으로 제거되었다고 지적한다(Ghoshal 2004, 512). 수하르또 집권기간 동안에는 정당이 국가기구화되어 있었기 때문이기도 하다. 또한 인도네시아에서는 오랫동안 의회가 제 역할을 해오지 못하였기 때문에 역으로 정당이 발달할 수 없었다. 위에서도 언급했듯이 1945년 헌법에 따라

모든 국가적인 정책결정을 국민협의회(MPR)에서 내렸기 때문이다. 하지만 1999년 이후 신헌법으로의 개정은 잃어버렸던 국민을 대표하는 국회의 위상을 차지하면서 1999년과 2004년 자유로운 총선거를 통해 국회(DPR)와 지역대표의회(DPD)가 선거에 의해 구성되면서, 행정부와 의회의 견제와 균형이 가능하게 된 것이다. 이러한 맥락에서 국민협의회의 무용성이 제기된다(Legowo 2006). 이 맥락에서 두 번의 민주적 총선의 결과와 정치적 함의를 분석하고, 각 주요 정당의 이데올로기와 지지세력을 분석하면서 인도네시아 정당정치구조의 변화를 설명하고자 한다.

1. 1999년과 2004년 총선 결과와 정치적 함의

1945년 일본으로부터 독립 이후 인도네시아 정치역사에서 1955년, 1999년, 2004년 세 번의 민주선거가 있었다. 1955년 선거에서는 52개 정당, 1999년 선거에서 48개 정당, 2004년 선거에서는 24개 정당이 경쟁하였다. 민주적 의미의 선거기간 동안에는 정당을 통한 정치가 인도네시아에서 매우 활발하다는 것을 볼 수 있는 대목이기도 하다. 그 중에서도 1955년 선거는 근대적인 인도네시아 정치의 기본구도를 확정하는 의미를 갖는데, 인도네시아 정당정치의 기본 골격이 형성되었기 때문이다. 즉, 1955년 선거에서 52개 정당이 경쟁하였지만, 유효행위자는 4개 정당 또는 정치조직이며, 그 정당들은 다른 정치이데올로기를 대표한다. 1955년 선거에서 인도네시아 민족당(PNI, 22%), 마슈미(Masyumi, 20%), 울라마(NU, 18%), 인도네시아 공산당(PKI, 16%)이 주요정당이었고, 인도네시아 민족당과 인도네시아 공산당은 세속주의를 마슈미와 울라마는 이슬람을 대표하였다(Ananta, Arifin and Suryadinata 2005). 다시 말하자면, 1955년 인도네시아 정당체제의 특징은 첫째로, 다당제를 기반하고 있으며, 둘째로, 정당의 이데올로기적 스펙트럼은 공산주의와 민족주의를 대변하는 세속주의와 이슬람주의를 표출함

표 3 신질서 체제 시기 총선 결과

년도	골까르(Golkar)		인도네시아 민주당(PDI)		통일개발당(PPP)	
	득표율(%)	의석수	득표율(%)	의석수	득표율(%)	의석수
1977	62.11	232	8.60	29	29.29	99
1982	64.34	246	7.88	24	27.78	94
1987	73.16	299	10.87	40	15.97	61
1992	67.98	282	14.97	56	17.05	62
1997	74.51	325	3.07	11	22.42	89

출처: 양승윤 2001, 표 4에서 표 7까지 재구성.

으로써 넓었다고 볼 수 있다.

민주화 이전, 수하르또 신질서 체제 시절은 골까르(Golkar)[7]의 1당우위지배 체제와 궤를 같이 한다. 1971년 선거에서 골까르는 360석 중에서 236석, 62.8%의 의석과 투표율을 차지하였다. 그 이후 수하르또의 권력이 공고해지면서, 수하르또는 1973년 정당을 구조조정하였다. 9개의 정당을 조정하여, 인도네시아 민주당(PDI)과 통일개발당(PPP) 2개의 정당으로 재배열시켰다. 즉, 1973년 이후는 3개의 정당만이 존재하였다(Ananta, Arifin and Suryadinata 2005, 3). **표 3**에서 나타나는 바와 같이, 1977년에서 1997년까지 골까르는 지배적인 1당우위를 유지해왔고, 신질서 체제 막바지로 갈수록 그 득표율과 의석수가 증가하였다.

1999년 선거 이후 **표 4**에서 보여주는 것처럼, 정당체제는 현격하게 달라진다. 1999년 제1차 민주선거에서 인도네시아투쟁민주당(PDI-P)은 제1당으로 등장

7) 골까르는 섹베르 골까르(Sekber Golkar)가 변화된 것이다. 섹베르 골까르는 반-공산주의 조직의 결합체로 1964년에 세워졌다. 골까르는 인도네시아 군대의 정치적 팔로 변모하였고, 1966년에서 1998년까지 수하르또의 선거기관 역할을 하였다. 골까르는 자바인(Javanese)들의 세속정당의 성격을 갖는다. 그리고 수하르또 지배 막바지에 이르면, 비자바인(Non-Javanese)에게 그 폭이 확대되어, 비자바 출신이 당의 리더가 되었다(Ananta, Arifin and Suryadinata 2005, 2-3).

표 4 1999년과 2004년 총선 정당별 득표율과 의석수

정당	득표율(%)(2004)	득표율(%)(1999)	의석수(2004)	의석수(1999)
Golkar	21.58	22.46	128	120
PDI-P	18.53	33.73	109	153
PKB	10.57	12.66	52	51
PPP	8.15	10.72	58	58
PD	7.45	-	57	-
PKS/PK	7.34	1.36	45	7
PAN	6.44	7.12	52	34
PBB	2.62	1.94	11	13
PBR	2.44	-	13	-
PDS	2.13	-	12	-
PKPB	2.11	-	2	-
Others	10.24	10.04	11	26

출처: Suryadinata 2005, 136.

하였지만, 지지율은 33.73%에 불과하다. 1999년 선거에서는 6개 정당 — 인도네시아투쟁민주당(PDI-P), 골까르(Golkar), 민족각성당(PKB), 통일개발당(PPP), 국민수권당(PAN), 월성당(PBB) — 이 주요 행위자로 나타났다. 그러나 이들의 정당정책은 매우 유사하다. 경제, 교육 그리고 사회적 문제가 유권자들의 주요 관심사였다. 특히 실업과 부패가 모든 정당에게 주요정책으로 나타났다(Suryadinata 2005). 2004년 선거에서는 다시 골까르가 제1당으로 등장하였지만, 그 지지율은 1999년 선거보다 약간 떨어진 21.58%이다. 1999년 선거는 메가와띠(Megawati Sukarnoputri)가 이끄는 인도네시아투쟁민주당(PDI-P)이 다수 지지정당이었고, 2004년 선거에서는 딴중(A. Tanjung)이 이끄는 골까르가 다수의 지지정당이지만, 1999년과 2004년 선거결과를 보면, 어느 정당도 과반수 이상의 의석을 차지하지 못하였다.

민주화 이후 1999년과 2004년 선거가 갖는 정치적 함의는 다음과 같다. 첫째, 신질서 체제와는 달리 민주화 이후 과반수 이상의 지지를 받는 정당이 나타나지 않았다. 비례대표제에 기반한 다당제가 성립한 것이다. 둘째, 2004년

총선은 지역적, 종족적, 언어적, 종교적 균열에 기반한 권력연합적(power-sharing) 성격을 갖는 대연정 정부구성의 기초를 형성하였다(Sebastian 2004). 1999년과 2004년 총선을 통해 본, 인도네시아 정치의 특징은 권력연합적이라는 것이다. 신구 정치세력 간의 기본적 대립이라기보다는 '집권'을 위한 권력 및 정당 간 연합이 두드러진 특징이다. 셋째, 구정당들의 변모와 신생정당의 출현이다. 구체제의 정당들은 민주화 이후 변모하는 데 성공적이었다. 골까르는 1999년 선거보다 지지율이 약간 떨어졌지만 2004년 선거에서 다시 제일 높은 지지율을 차지하였다. 인도네시아투쟁민주당은 수하르또 시절 있었던 인도네시아 민주당(PDI)의 후속정당으로서 1999년 지지율이 가장 높았다. 신질서체제 시절 권력의 하위파트너로서 기능한 통일개발당(PPP)[8]도 살아남았다. 또한 주목할 것은 민주화 이후 새로운 정치세력의 출현이다. 1999년 선거에서 민족각성당(PKB: Partai Kebankitan Bangsa),[9] 국민수권당(PAN: Partai Amanat Nasional),[10] 월성당(PBB: Partai Bulan Binatang),[11] 정의당(PK: Partai Keadilan)[12] 등 신생정당이 출현하였고, 2004년 선

8) 이 당은 민족각성당(PKB)과 달리 빤짜실라에 기초하지 않는 이슬람 정당임을 선언하였다. PPP의 지지자들은 비자바 무슬림인이다. 의장은 함자 하스(Hamzah Haz)이다(Ananta, Arifin and Suryadinata 2005, 13).

9) 이 정당은 수하르또 붕괴 이후 만들어졌다. 인도네시아 최대 이슬람 조직인 울라마(NU)의 정치조직이라고 볼 수 있다. 이 정당의 실질적인 지도자는 구스 두르(Gus Dur)라는 애칭을 갖고 있는 압두라흐만 와히드(Abdurrahman Wahid)이다. 1950년 울라마는 빤짜실라에 반대하였지만, 정치적 위치를 위하여 구스 두르는 빤짜실라 이데올로기를 받아들였다(Ananta, Arifin and Suryadinata 2005, 12).

10) 인도네시아 이슬람 사회의 두 번째 큰 조직인 무함마디야(Muhammadiyah) 의장인 아민 라이스가 만든 정당이다. 무함마디야는 1950년대 마슈미(Masymi)의 부분이다. 무함마디야는 빤짜실라를 반대하였다. 그러나 국민수권당은 무슬림과 비무슬림의 지지를 모으기 위해 빤짜실라를 정당의 기초로 선언하였다(Ananta, Arifin and Suryadinata 2005, 13). 아민 라이스는 하비비가 이끌었던 인도네시아 무슬림 지식인연합(ICMI)의 건설에 참여하였기 때문에 이슬람 색채가 강한 것으로 인식된다.

11) 유스릴(Yusril Ihza Mahendra) 박사가 이끄는 정당이다. 유스릴도 ICMI의 적극적인 활동가이다.

12) PK는 이슬람 교리를 가르치는 것을 전파하려고 1998년에 결성하였다. 이 정당은 농업학교를 졸업한 누르마흐무디(Nur Mahmudi Ismail) 박사가 이끈다. PK의 지지는 자바뿐만 아니라 교육받은 이슬람 공동체이다(Ananta, Arifin and Suryadinata 2005, 13).

거에서 민주당(PD: Partai Demokrat),[13] 복지정의당(PKS: Partai Keadilan-Sejahtera),[14] 사회민주노동당(PBSD)[15] 등 신생정당이 출현하였다. 넷째, 2004년 처음으로 만들어진 것이 지역대표의회(DPD) 제도이다. 지역대표회의 의원은 128명이며, 정당의 대표가 아니라 지역을 대표하기 위하여 선거로 직접 선출된다. 지역대표의회 구성원들은 의회에서 입법의 역할을 갖고 있지 않다. 국회(DPR)와 지역대표의회(DPD)가 국민협의회(MPR)를 구성한다. 이 시스템은 인도네시아 의회체제에서 상원제도의 역할을 제공한다(Suryadinata 2005, 135).

1999년, 2004년 총선 이후, 인도네시아 정당구조는 1당우위지배체제에서 '불안정한 다당제'로 변화하였다.[16] '불안정'하다고 하는 것은 우선, 2004년 총선에 있어 어떠한 정당도 안정적인 지지율을 갖고 있지 못하다는 것을 의미한다. 2004년 총선에서 골까르(Golkar)가 고작 21.58%였다. 그리고 아래의 **표 5**에 나타난, 최근 2007년까지 지지율의 변화 추이를 보면, 집권당인 민주당(PD)은 2005년 2월 최고 24%를 차지했다가 2007년 7월 9.8%의 지지율로 엄청난 지지율 하락을 경험하였다. 골까르는 2007년 7월 19.5%이고, 인도네시아투쟁민주당(PDI-P)은 16.4%이다. 두 정당 모두 2004년 총선 지지율에서 현저히 떨어졌다. 이러한 지지율의 하락세는 정당들이 이합집산하기에 좋게 작용하기도 하고, 이합집산하기 때문에 또한 특별히 지지하는 정당이 없어지는 현상을 함께 동반하기도 한다.

13) 유도요노와 긴밀한 정당이고, 유도요노는 이전부터 새로운 지도자로서 계속적으로 지목을 받고 있었다. 인도네시아 대학 인류학과 교수인 수부르(Subur B.)가 의장이다. 민주당은 인도네시아 단일국가 건설과 문화적 다원주의를 표방하는 정당이다(Ananta, Arifin and Suryadinata 2005, 24).

14) 1999년의 PK가 PKS로 변모하였다. 2004년의 PKS는 반부패와 반빈곤에 정책초점을 맞추고 있었다. 당의 리더는 이슬람 교육을 받은 누르(Nur W) 박사이다(Ananta, Arifin and Suryadinata 2005, 24).

15) 노동조합 간부들이 중심이 되어 결성한 정당이다. 2004년 총선에서의 지지율은 0.56%이고, 의석수는 없다.

16) 인도네시아 정당구조를 1945년부터 1999년까지 좀 더 세부적으로 시기 구분하여 보면, 의회 민주주의 시기는 7~8개 정당들을 중심으로 한 원자화된 다당체계, 교도민주주의 시기는 정당정치 말살 시기, 수하르또 체제는 골까르 우위의 패권적 정당체계, 1998년 민주화 이후 3~5개 정당들을 유효정당으로 하는 경쟁적 다당체계로의 변화과정을 경험하였다(이동윤 2002, 155).

표 5 인도네시아 주요 정당별 지지율 변화추이

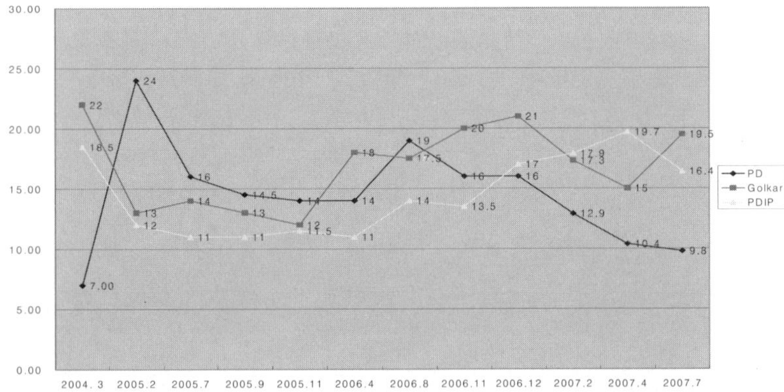

출처: Marbawi A Katon/Analis Politik Litbang Media Group 2007.

'불안정'하다고 하는 또 다른 의미는 정당이 정당으로서 제 역할을 하지 못하고 있기 때문이다. 현대 민주주의가 '대의제 민주주의'를 제도적 기초로 하고

표 6 인도네시아 정당 역할 평가

	민주주의를 지지하는 권리와 제도	좋지 않음 (설문응답자 798)
1	정치자금 또는 불법자금으로부터 정당의 독립성	91%
2	정당에 관하여 효능감 그리고 당원에 대한 통제능력, 헌법에 대한 정당의 책임과 반응	83%
3	중요한 이슈들을 반영할 수 있는 정당의 능력과 사회를 대변할 수 있는 능력	81%
4	행정부를 구성하고 실행할 수 있는 정당의 능력	81%
5	종교적, 종족적 감성 또는 교리적 상징들이 정당에 의한 오용을 예방할 수 있는 능력	65%

출처: Yulianto 2007, 75.

있기 때문에 정당의 정치적 역할을 아무리 강조해도 지나치지 않다. 그러나 정당이 그 기능을 수행하지 못한다고 보았을 때는 당연히 민주주의가 불안정하다고 볼 수 있다. **표 6**은 인도네시아 정당 역할에 대한 평가내용이다.

위의 **표 6**에 의하면, 인도네시아 정당들은 불법 정치자금으로부터 독립성을 갖지 못하고 있다는 91%의 부정적 평가를 받고 있다. 즉, 정당들이 정치자금에 의해 쉽게 노출된다는 것이다. 또한 정당의 효능감도 떨어지고, 헌법에 대한 정당의 책임성에 대한 답변도 83%가 부정적인 답변이다. 특히 정당들이 사회적 이슈와 국민의 이해를 대변하는 능력도 부족하다는 부정적인 평가도 81%이다. 이렇듯 인도네시아 민주화 이후의 정당도 민주주의 기초로서 그 역할을 제대로 수행하고 있지 못하다. 결론적으로 인도네시아 의회 개혁의 방향은 단지 기초적인 의회 역할, 즉 법을 만들고 행정부를 견제하는 데 개혁방향이 맞추어져 있고, 그 역할도 현실적으로 어렵게 나타나고 있으며, 여전히 인도네시아 정당구조는 그 복잡하고 다양한 사회 문제들을 해결할 수 있는 내용과 틀을 갖기에는 역부족이다(Legowo 2006).

2. 주요 정당의 이데올로기와 지지세력

민주주의를 정당정치 기초 위에서 설명하고자 한다면, 주요 정당의 이데올로기와 지지 세력을 분석하는 것은 정당구조가 얼마나 사회적 관계를 반영하고 있는지를 분석하는 또 하나의 중요한 잣대가 될 수 있다. 인도네시아 정당들의 이데올로기는 위에서도 잠깐 언급했는데, 좀 더 구체적으로 언급하면, 1955년 최초 자유선거 이후 등장한 이데올로기는 이슬람주의, 민족주의, 공산주의, 군사주의와 빤짜실라 이데올로기이다. 정치적 이데올로기로서 이슬람주의(Islamisme)는 인도네시아 인구의 88%가 이슬람을 믿는 것을 기초로 이슬람주의를 표방함으로써 지지세력을 규합하는 데 작용한다. 이슬람주의를 표방하는 정당도 정도에 따라 차이가 나는데, 정치적 규합의 의미로서 이슬람주의를 표방하는 정당에서부터 이슬람의 교리로 인도네시아 정치가 이루어져야 한다고 하는 정당까지 편차가 존재한다. 인도네시아 민족주의(Nasionalisme)는 현재 가장 유력한 영향력을 끼치는 이데올로기라고 말할 수 있다. '하나의 인도네시아, 발전하는 인도네시아'를 표방한다. 그 기원에 있어서는 다른 나라와 마찬가지로 네덜란드와 일본 식민지에 저항하면서 형성된 이데올로기이다. 빤짜실라(Pancasila) 이데올로기는 수까르노(Soekarno)가 처음으로 1945년 독립 이후 건국헌법에 통치이념의 기초로 만들었고, 신에 대한 충성, 정의롭고 공손한 인간성, 하나의 인도네시아, 민주주의와 사회정의라는 5가지 축으로 구성된다. 이 이데올로기는 인도네시아사회의 문화에 기초하여 특유하게 만들어진 이데올로기로써 종교와 세속주의를 통합한 것이다. 군사주의(Militerisme)는 폭력의 정당화로부터 오는데, 인도네시아에서는 수하르또의 쿠데타 집권 이후 지배적으로 나타났다. 합의 또는 협력과 같은 가치를 반대하고 찬성이냐 반대냐만을 강조하는 이데올로기이다. 공산주의(Komunisme)는 서구의 맑스-레닌주의가 인도네시아에 영향을 미치면서, 인도네시아 공산당의 이데올로기로 작용한 것이다(Kirbiantoro and Dody 2006). 하지만 공산주의 이데올로기는 현재 인도네시아 정당에 영향을 끼치는 이데올로기는 아니다. 골까르(Golkar)는 군사주의, 빤짜실라, 민족주의가 섞여 있는 정당이고, 인도네시아투쟁민주당(PDI-P)은 빤짜실라와 민족주의 정당, 민족각성당(PKB)은 이슬람주의, 통일개발당(PPP)은 이슬람주의, 민주당(PD)은 민족주의, 복지정의당(PKS)은 이슬람주의, 국민수권당(PAN)은 빤짜실라와 민족주의를 표명한다(Kirbiantoro and Rudianto 2006). 세속주의 이데올로기에 가장 대표적인 민족주의, 그리고 종교의 이데올로기는 정치적 이데올로기로 표명하고 있는 이슬람주의, 마지막으로 이 둘을 합한 빤짜실라 이데올로기가 인도네시아 정당들의 주요 이데올로기이다.[17] 그러나 2004년 민주당의 출현을 정치이데올로기 측면에서 좀 더 다른 각도로 분석하는 경우도 있다. 즉, 민주당이 표방하는 이데올로기는 민족주의뿐만 아니라, 다종족 사회를 묶을 수 있는 문화다원주의를 주장한다는 점이다(Anata et al. 2005, 24). 2004년 투표결과를 보았을 때, 민주당은 인도네시아 국민들이 세속적, 민족적 그리고 다원주의적 가치로 표를 행사할 수 있도록 나타난 정당으로 평가된다.

다음은 1999년과 2004년에 총선에 나타난 주요 정당의 지지 세력의 특성들을 분석하고자 한다. 민주주의가 정당정치를 기초로 한다고 보았을 때, 사회의 균열구조를 얼마나 잘 반영하는가가 관건이기 때문에 각 정당의 지지 세력을 분석하는 것은 중요하다. 인도네시아 사회의 균열구조로 보았을 때, 종족 — 자바인이냐 아니냐 — 과 그리고 종교 — 무슬림이냐 아니냐 — 와 교육수준 — 교육수준이 높으냐 낮으냐[18] — 등으로 볼 수 있을 것이다. 또한 자바섬과 자바섬 밖에서의 정당간 지지 세력은 달라지는 것으로 나타난다. 인도네시아투쟁민주당(PDI-P)은 자바섬 내에 거주자의 지지를 받고, 다른 섬에서는 초등학교 교육수준 사람들의 지지를 받는다.[19] 자바 섬 내에서는 도시 인구 집단이 이 정당에 가장 관심이 높고, 다른 섬에서는 자바인이면서 무슬림이 아닌 사람들이 관심을 보인다. 골까르(Golkar)는 자바섬이 아닌 다른 섬에서 고등학교 이상의 교육수준을 갖고 있는 집단들이 지지를 한다. 그 다음으로는 자바인이 아닌 사람이 지지를 보내고, 자바가 아닌 다른 섬에서는 자바인이 아닌 사람 중에서도 교육 수준이

---

17) 그러나 여기에서 과연 어떠한 이데올로기가 민주주의를 지지하고 부합하고 강화시킬 것인지는 논쟁적이다. 민족주의, 이슬람주의, 빤짜실라 각각 이데올로기가 어떻게 인도네시아의 민주주의를 강화시키는 이데올로기로 작용할 것인지는 앞으로 중장기적인 정치적 변화 속에서 지켜봐야 할 것이라고 판단한다.

18) 여기에서 교육수준의 의미는 대개의 경우 고등교육을 받은 사람들은 상위 계급에 속하고, 초등교육에 속하는 사람들은 하위계급에 속하는 것을 함께 포함한다.

19) 인도네시아 유권자들 중에서 '초등학교와 그 이하'의 교육수준을 갖는 유권자가 전체 중에 자까르따를 제외하고 60~80%를 차지하고, '중학교'가 10~20%, '고등학교'가 10~20%이고, '대학교' 이상이 2~6%이다. 자까르따는 상대적으로 교육수준이 높다. 초등학교 이하가 40%, 중학교 22%, 고등학교 30%, 대학교이상 8%이다(Anata et al. 2004).

높은 사람들의 관심을 받고 있다. 그러나 자바 섬에서는 무슬림에게도 이득을 본다. 이러한 특징을 보았을 때는, 골까르와 인도네시아투쟁민주당은 전혀 다른 지지블럭을 갖고 있다. 민족각성당(PKB)은 자바섬 내 거주민의 지지를 얻는다. 하지만, 자바의 인구가 점점 더 유동적이고 이주자의 수가 원래 거주자보다 더 빠르게 증가될 것으로 예상되기 때문에 언제나 그 집단에게 의지하는 것은 아니다. 이 정당은 자바인이라는 정체성에 영향을 받는다. 자바섬 외의 다른 섬에서 이 정당의 위치는 교육 수준이 높지 않은 사람들에 의존한다. 통일개발당(PPP)은 골까르와 유사하다. 하지만 다른 지역적 투표패턴을 갖고 있다. 무슬림인들은 자바에서 골까르를 가장 중요시 여기지만, 다른 섬에서는 이 정당을 지지한다. 다른 한편, 다른 섬에서 교육수준이 높은 사람들은 골까르의 주요 지지 세력이지만, 자바 섬에서는 이 통일개발당을 지지한다. 하지만 이 두 정당은 다른 지역에서 활동함에 따라 서로에게 갈등적 요인을 나타내고 있지는 않다. 국민수권당(PAN)은 자바섬이든 다른 섬에서든 높은 교육수준을 가진 사람들의 지지를 보인다. 종족적 역할은 이 정당 지지층에서 전혀 나타나지 않는다. 결국, 이 정당은 높은 교육 수준을 가진 사람들이 증가함에 따라, 매우 유리한 전략적, 정치적 지형을 갖게 될 것이다. 월성당(PBB)은 통일개발당과 유사하다. 자바 섬에서는 무슬림의 지지를 받고, 다른 섬에서는 자바인이 아닌 사람의 지지를 받는다. 즉, 이 정당은 이슬람 정당으로서 무슬림 카드가 중요한 역할을 한다. 통일개발당은 자바 섬 내 높은 교육수준을 가진 무슬림에게 지지를 받고, 월성당은 자바섬 내 고등학교 교육수준에 있는 무슬림에게 지지를 받는다. 그들은 경쟁적인 체제를 가질 수 있지만, 이슬람 정당이기 때문에 강한 연대성을 가진다. 복지정의당(PKS)은 국민수권당과 유사하다. 자바와 다른 섬에서 무슬림 인구집단 중 높은 교육수준을 가진 사람들의 지지를 유지하고 강화하려고 한다. 자바 섬에서 두 번째 변수는 이주자들의 지지를 획득하는 것이다(Anata et al. 2004, 412-415).

정리하자면, 우선 인도네시아투쟁민주당(PDI-P)과 골까르(Golkar)의 지지세력은 그 특성에 있어서 전혀 다르다. 통일개발당(PPP)과 골까르(Golkar)의 지지 세력은 유사하고, 월성당(PBB)은 통일개발당(PPP)과 지지 세력이 유사하고, 복지정의당(PKS)은 국민수권당(PAN)과 지지 세력이 유사하다. 민족각성당(PKB)은 지지 세력이 상대적으로 독자적이다. 향후 골까르와 투쟁민주당이 앞으로 있을 총선과 대통령 선거에서 연대할 기미가 강하게 보이기 때문에(*Tempo* 2007. 6. 21), 두 정당이 연대한다면 두 정당의 지지 세력이 현격한 차이가 있기 때문에 국민의 지지를 가장 광범위하게 얻을 수 있다. 또한 이들이 구세력이거나 민주화 이후 당명을 바꾼 세력이기 때문에 '개혁'이라는 측면에서 분명 한계를 갖는 정치집단이 될 것이다. 결국 인도네시아 주요 정당과 이데올로기를 분석해보았을 때, 종족적 측면에서 비자바인들의 대표성, 종교적 측면에서 비이슬람인들의 대표성, 계급적 측면에서 노동자계급 및 중하위층의 대표성, 사회적 측면에서 인권 및 복지 가치를 대표할 만한 유력한 정당은 아직 없다는 것을 알 수 있다.

Ⅳ. 결론

본 논문은 민주화 이후 인도네시아 정치구조의 변화를 통치조직과 통치지배엘리트의 변화와 특성을 중심으로 분석함으로써, 권력구조가 어떻게 재편되었는지, 정치적 함의가 무엇인지를 밝히려고 하였다.

우선, 법제도적 측면에서 2002년에 완성된 인도네시아의 민주화의 열매인 '신헌법'은 국민주권, 삼권분립, 대통령제 권력구조, 정당정치의 기초, 지방자치제 등 다각적인 측면에서 권력을 분화하는 민주적 장치들을 만드는 데 일정 정도 기여하였다. 그러나 이 제도의 실질적인 민주적 효과는 8년이 지난 현재에도 긍정적인 효과를 보인다고 평가할 수 없다. '불안정한 다당제'에 기초한 대통령제는 오히려 역효과가 나타나고 있고, 집행력을 발휘하지 못하는 행정부이고, 행정부와 의회 사이의 권력관계의 다층적인 분화구조는 민주주의를 이끌어가기 위한 능력을 발휘하는 데 그 한계로 작용하고 있다. 정당정치는 실종되었다고 평가를 받는다. 또한 지방자치체의 도입은 의도하지 않는 부정적 결과의 대표적인 사례로 회자되고 있다. 다음으로는 지배엘리트 측면에서 인도네시아에서 민주화 이전과 이후에 구성적 측면에서 현격한 변화가 없다는 점이다. 인도네시아 민주화는 수하르또 한 개인이 권좌에 물러남으로써 구체제의 핵심적 지배엘리트가 제기하는 정치적 내용들이 이행기에 정치적 타협을 통해 다 이루어짐으로써 구지배엘리트의 권력이 손상되지 않았을 뿐만 아니라 민주화 시기 동안 만들어진 신헌법을 통해, 민주화 이후 권력을 법제도적으로 유지 또는 확대하는 데 큰 어려움을 갖고 있지 않았다. 여전히 인도네시아 지배엘리트를 구성하는 집단으로 행정관료와 군대, 경찰, 사적 억압조직의 출신들이 60%에 준한다. 또한 2004년 신생정당이 출현하였지만, 그 지지율은 매우 취약하고, 정치적 역할에서 유의미한 기능을 수행하고 있지 못하다. 그리고 인도네시아 지배엘리트들은 정당정치를 통해 정치를 제도화시키기보다는 '영향력 있는 교제, 인맥, 네트워크'를 통하여 권력을 형성하고 발휘하고, 더 심각한 문제는 돈과 폭력에 기초한 권력이라는 점이다. 즉, 통치지배엘리트들이 법제도적 지위와 역할에 따른 영향력을 발휘하는 것이 아니라 법제도적 형식 안에 비제도적이고 비민주적인 방식으로 권력을 동원하고 작동시킨다는 점이다.

결론적으로 인도네시아 민주화 이후의 정치구조의 변화는 다른 의미에서 신헌법이 갖는 민주적 한계로 제약 받고 있다. 국민주권, 삼권분립, 대통령제, 정당정치, 지방자치제 등 민주적 제도와 장치들이 전 시스템 차원에서 유기적으로 맞물리면서 집행될 수 있도록 더욱 실질적인 변화들이 요구되고, 또 하나 신헌법은 '자유', '민주', '인권', '복지'와 같은 '민주적 원칙'들이 회복되거나 도입, 강화되어 발전되어야 한다. 또한 지금의 신헌법이 그 자체로서도 민주적 가치를 더욱 실현시키지 못하는 이유는 앞에서도 지적한 것처럼 과거 구체제의 지배엘리트들이 제도와 절차를 통하여 권력을 세탁하는 과정에서, 새롭고 민주적인 법과 제도가 식민화되거나 퇴색케 되었다는 점이다. 만약 권위주의에서 민주주의로의 정치체제의 변동이 권력 독점에서 탈독점화로의 변동으로 본다면, 현재 인도네시아 권력구조는 소수 엘리트가 입법부와 행정부, 대통령과 부대통령, 중앙과 지방 그리고 다당제라는 분권화된 제도에 기초하여 권력을 지배하고 있기 때문에, 형식은 권력분화이나 내용은 여전히 권력집중의 성격을 갖고 있는 '다층적 권력집중 구조'라고 볼 수 있다. 결국 태국과 필리핀과 달리 인도네시아 민주화의 상대적 성공에도 불구하고, 신헌법의 한계와 소수 지배엘리트 지속이라는 측면에서 지난 10년 간 인도네시아 민주주의로의 전환은 제한적인 성격을 갖는다고 평가된다. 앞으로 인도네시아 민주주의의 더욱 진전된 발전을 위해 '민주적 원칙'들이 강조된 법 개정과 그러한 민주적 원칙들을 강조하고 유지하고 집행할 수 있는 능력 있는 정치세력들이 통치지배엘리트로 드러날 때, 인도네시아 정치체제가 세계적으로 보다 나은 민주주의로서 기능할 것으로 기대한다.

참고문헌

달, 로버트. 박상훈 · 박수형 옮김. 2004. 『미국헌법과 민주주의』. 서울: 후마니타스

마넹, 버나드. 곽준혁 옮김. 2004. 『선거는 민주적인가: 현대 대의 민주주의의 원칙에 대한 비판적 고찰』. 서울: 후마니타스.

매크리디스, 로이. 김강녕 옮김. 1989. 『현대정치체제론:유형과 제도』. 서울: 인간사랑.

송승원. 2008. "2008년 인도네시아 이슬람의 동학에 대한 논의." 『동아시아 브리프』 3(2).

이동윤. 2002. "인도네시아의 정당정치와 민주주의 공고화." 『국가전략』 8(4).

______ 2003. "선거제도의 변화와 민주화 이후 선거개혁: 필리핀, 태국, 인도네시아의 사례." 『국제지역연구』 12(1).

양승윤. 2001. "제3장 인도네시아의 정당과 정당정치: 골까르의 성격과 역할을 중심으로." 고우성 외 지음. 『동남아의 정당정치』. 서울: 오름.

최경희. 2008. "인도네시아 유도요노 정부의 반부패 전략과 성과에 대한 중간적 평가." 『국제정치논총』 48(1).

최난경. 2003. "인도네시아 민주화와 헌법개정." 『동아연구』 43.

하디즈, 베디 R. 2007. "제2장 탈권위주의 시대 인도네시아 지방권력의 정치사회학." 조희연 · 박은홍 편. 『동아시아와 한국: 민주화와 민주주의 위기를 넘어』. 서울: 민주화운동기념사업회.

Haris, Syamsuddin. 2007. *Konflik Presiden-DPR dan Dilema Transisi Demokrasi di Indonesia.* Jakarta: Grafiti.

Indra, J. Piliang and T.A. Legowo, eds. 2006. *Disain Baru Sistem Politik Indonesia.* Jakarta: Centre for Strategic and International Studies.

"Kader PDI-P dan Partai Golkar Dikonsolidasikan." *Tempo* (2007. 6. 21).

Kirbiantoro, S. and Dody Rudianto. 2006. *Pergulatan Ideologi Partai Politik di Indonesia.* Jakarta: Inti Media Publisher.

Kristiadi, J. 2006. "Pancasila Sebagai Penuntun Proses Demokratisasi." Indra, J. Piliang and T.A. Legowo, eds.(2006).

Legowo, T.A. 2006. "Reformasi Parlemen Indonesia." Indra, J. Piliang and T.A. Legowo, eds.(2006).

Marbawi A Katon/Analis Politik Litbang Media Group. 2007. "Partai Nasionalis masih Unggul." *Media Indonesia* (2007. 10. 4).

Nababan, Asmara, Olle Tőrnquist, and Willy Purna Samadhi. et al. 2008. *Satu Dekade Reformasi: Maju dan Mundurnya Demokrasi di Indonesia.* Jakarta: Demos.

Priyono, Ae and Nur Iman Subono. 2007. "Demokrasi Oligarkis: Kolonisasi Instrumen Demokrasi oleh Elit Dominan." Ae Priyono, Willy Purna Samadhi and Olle Tőrnquist, eds. *Menjadikan Demokrasi Bermakna: Masalah dan Pilihan di Indonesia.* Jakarta: Demos.

Subono, Nur Iman and Ae Priyono. 2007. "Defisit Demokrasi: Kebebasan Sipil-Politik vs. Perangkat-perangkat Demokrasi Lainnya." Ae Priyono, Willy Purna Samadhi and Olle Tőrnquist, eds. *Menjadikan Demokrasi Bermakna: Masalah dan Pilihan di Indonesia.* Jakarta: Demos.

Yulianto, Otto Adi. 2007. "Representasi Semu." Ae Priyono, Willy Purna Samadhi and Olle Tőrnquist, eds. *Menjadikan Demokrasi Bermakna: Masalah dan Pilihan di Indonesia.* Jakarta: Demos.

Anata, Aris, Evi Nurvidya Arifin and Leo Suryadinata. 2004. *Indonesian Electoral Behaviour: A Statistical Perspective.* Singapore: Institute of Southeast Asian Studies.

______. 2005. *Emerging Democracy in Indonesia.* Singapore: Institute of Southeast Asian Studies.

Antlove, Hans. 2003. "Not Enough Politics! Power, Participation and the New Democratic Polity in Indonesia." Edward Aspinall and Greg Fealy, eds. *Local Power and Politics in Indonesia: Decentralisation and Democratisation.* Canberra: Research School of Pacific and Asian Studies, The Australian National University.

Ganesan, N. 2004. "The Collapse of Authoritarian Regimes in Indonesia and Thailand: Structural and Contextual Factors." *Asian Journal of Social Science* 32(1).

Ghoshal, Baladas. 2004. "Democratic Transition and Political Development in Post-Soeharto Indonesia." *Contemporary Southeast Asia* 26(3).

Saward, Michael. 2003. "Enacting Democracy." *Political Studies* 51(1).

Sebastian, L. 2004. "The Paradox of Indonesian Democracy." *Contemporary Southeast Asia* 26(2).

Sidel, John T. 2004. "Bossism and Democracy in the Philippines, Thailand and Indonesia: Towards and Alternative Framework for the Study of 'Local Strongman'." John Harris,

Kristian Stokke and Olle Törnquist, eds. *Politicising Democracy: The New Local Politics of Democratization.* New York: Palgrave Macmillan.

Singh, Bilveer. 2003. "The 2004 Presidential Elections in Indonesia: Much Ado about Nothing?" *Contemporary Southeast Asia* 25(3).

Suryadinata, L. 2005. "Indonesia: The Year of a Democratic Election." *Southeast Asian Affairs 2005.*

Tőrnquist, Olle. 2002. "What's Wrong with Indonesia's Democratization?" *Asian Journal of Social Science* 30(3).

제5장 | 인도네시아 선거정치와 지역 수준의 정치적 동학: 무함마디야의 대선 참여*

김형준

I. 들어가는 말

인도네시아 정치에서 이슬람의 위상과 중요성은 자명한 것처럼 보인다. 무슬림 비율이 전체 인구의 85%를 상회하며, 정치와 종교의 분리가 이슬람 교리상 인정되지 않기 때문이다. 하지만 인구학적 다수로서의 무슬림이 그에 부합하는 정치적 영향력을 행사하였는지에 대해서는 논란의 여지가 있다. 이슬람 정당이 선거에서 다수당이 되지 못했고, 이슬람식 가치를 정부정책에 반영하려는 시도가 기대되었던 결과를 가져오지 못했으며, 무슬림의 정치활동을 규제 · 탄압하는 정부 정책이 시행되었던 점 등은 무슬림 세력의 정치적 영향력을 의심할 수 있도록 한다.

일부 이슬람 지도자들은 이슬람이 그 위상에 부합하는 정치적 대우를 받아오지 못했다고 평가했다. 그 이유로는 이슬람에 비호의적이었던 정부의

*이 논문은 『동남아시아연구』 제17권 1호(2007. 2)에 발표된 "정치적 지하드: 인도네시아 무하마디야의 대선참여"를 수정한 것이다.

태도가 거론되었고, 이러한 태도의 형성 및 유지 배경으로는 수까르노와 수하르또 정부에 커다란 영향력을 미쳤다고 여겨지는 공산당, 군부, 미국, 기독교도와 같은 세력이 지목되었다(Hefner 1997, 78-9; Liddle 1996, 271-73; Ramage 1995, 98-100).[1] 이러한 인식의 저변에는 '양적 다수의 신화'(Samson 1973, 117)가 존재한다. 인도네시아인의 대다수가 무슬림이기 때문에 이슬람의 정치적 영향력 역시 강해야 한다는 것이다(Azra 2006, 16-7; Romli 2004, 44; Schwarz 1994, 184).

이 설명의 타당성은 불확실하며, 그와 반대되는 방식으로 이 문제에 접근하는 것이 가능하다. 즉, 이슬람에 비호의적인 정부로 인해 이슬람 세력의 정치적 영향력이 제대로 발휘될 수 없었다기보다는 이들의 낮은 대중적 영향력으로 인해 정부로부터 부적절한 대우를 받고 정치적 중심부에 놓이지 못했다는 것이다.

인도네시아 정치를 연구했던 학자 중 상당수는 이슬람 정치 세력의 대중적 영향력에 의문을 제기하였다. 이들은 인도네시아 무슬림 중 상당수가 종교적 의무 충족에 커다란 관심을 가지고 있지 않고 토착 전통에 기반을 둔 종교적 지향을 가졌기 때문에, 이들을 대상으로 한 이슬람 정치 세력의 영향력이 제한적일 수밖에 없음을 지적하였다.[2]

이슬람 조직이나 지도자가 무슬림 대중에게 행사할 수 있는 정치적 영향력은 학문적 관심의 대상이었지만, 그와 관련된 연구에는 일정한 편향성이

---

1) 수하르또 정권 후기는 친이슬람적 정치환경이 형성되었던 시기였다. 하지만, 이 역시 본질적 수준에서의 정책변화라기보다는 후계문제와 관련된 수하르또의 전략적 선회의 결과로 해석될 수 있다(Ramage 1995, 63).

2) 클리포드 기어츠(1960)가 제시한 아방안(abangan), 쁘리야이(Priyayi), 산뜨리(santri)는 이슬람 정치 세력의 제한적 영향력을 설명하는 분석틀로 이용되었다(Gaffar 1992, 189-193; Jay 1963, McVey 1970, 12-14). 1980년대 이후 제기된 비판으로 인해 기어츠의 삼분법적 도식은 거의 이용되고 있지 않지만(김형준 1998a), 무슬림의 종교적 지향을 이분법적으로 구분하여 정치적 상황에 적용하려는 경향은 유지되고 있다(Adnan 1990; Ramage 1995).

나타났다. 인도네시아 이슬람을 대표하는 두 조직 중 나흐다뚤 울라마(Nahdlatul Ulama)와 직간접적으로 연결되며 전통적 종교 해석을 지지하는 종교 지도자의 일상적 권위 및 정치적 영향력과 관련되어서는 지속적인 연구가 진행된 반면(Horikoshi 1976; Mansurnoor 1990; Turmudi 2004), 조직상으로 무함마디야(Muhammadiyah)와 연결되며 근대주의적이고 개혁적(reformist)인 종교 해석을 지지하는 이슬람 지도자들의 정치적 영향력에 대한 연구는 제한적으로만 이루어졌다.

이 글의 목적은 무함마디야의 정치 참여 양상을 지역 수준에서 검토하는 것이다. 연구의 주요 대상은 이 조직이 공식적 지지를 선언하고 정치적 지하드(jihad: 성전)라 규정된 선거 캠페인에 적극적으로 참여했던 2004년 1차 대통령 선거로써, 대선 참여가 무함마디야의 정치사에서 갖는 의미, 그에 대한 회원들의 태도와 선거 캠페인 참여 방식을 중심으로 논의가 진행될 것이다. 이 연구를 통해 기존 연구에서 상대적으로 경시되었던 개혁주의적 이슬람 조직의 정치적 영향력과 활동력, 지역 수준의 정치종교적 다이나믹스, 이슬람의 정치 자원화 및 민주화와의 관계 등에 대한 이해를 제고시킬 수 있을 것이며, 나아가 인도네시아 정치에서 이슬람이 차지하는 위상을 검토하기 위한 단초를 제공할 수 있을 것이다.

Ⅱ. 무함마디야와 정치

무함마디야는 이슬람 개혁주의에 기초하여 1912년 중부 자바 족자까르따(Yogyakarta)에서 설립된 단체이다. 개혁주의는 인간에 의해 첨가된 종교적 관행을 제거하고 오염되지 않은 종교적 가르침이 담겨져 있는 경전으로 돌아가기를 주장하는 움직임이었다. 개혁주의는 근대적 변화와 이슬람을 양립가능한 것으로 이해했다. 또한 원래의 종교적 믿음과 행동을 회복하면 할수록 이슬람 사회가 서구의 지배에서 벗어나 강력한 정치경제적 체계를 확보할 수 있으리라 주장했다.

무함마디야는 종교, 교육, 의료 분야에서 활동을 전개해왔다. 창립 당시의 목적인 '진정한 이슬람 가르침의 설파'를 위해 교육기관 설립, 종교토론 모임 개최, 예배시설 확충, 종교관련 서적 출판과 같은 활동을 수행했는데(Muhamma- diyah 1998, 1), 특히 일반 교과목과 종교가 함께 교육되는 학교의 설립과 운영에 그 관심과 역량이 집중되었다.

사회적 영역에 무게 중심이 놓여 있었음에도 불구하고 정치적 영역에서의 활동 역시 활발하게 이루어졌다. 진정한 종교적 가르침의 확산을 실현하기 위해서는 정부의 법제화 과정에 대한 개입이 필수적이며, 교육과 복지 활동을 위해서는 국가 기관과의 교섭력이 필요하다는 점이 정치 활동에의 참여 이유로 거론되었다.

정치 활동의 필요성에 대한 공감대가 형성되어 있던 것과 달리, 정치 참여의 형식과 관련되어서는 내부적 논란이 계속되었고, 시기별로 상이한 양상이 전개되었다. 지난 백여 년 동안 무함마디야는 때로 정당으로 인정되고 정당처럼 활동하기도 했으며(Muhammadiyah 1968, 4), 때로 정당과의 조직적 수준에서의 관계나 연대를 단절하기도 했다(Muhammadiyah 1972, 11). 그 지도자들은 때로 인도네시아 정치의 흐름 속에 완전하게 포함되기도 했으며(Alfian 1989, 337), 때로 정당의 지도자적 위치를 겸직하지 못하도록 규제되기도 했다(Muhammadiyah 2000a, 59-60).

상이한 방식으로 전개된 정치 활동은 정치적 환경 변화와 긴밀하게 연결되었다. 상대적으로 자유로운 정치적 분위기가 형성되었던 기간 동안 무함마디야 지도자들은 직접적 정치 참여의 욕구를 분출하며 조직적으로 정치 활동에 개입했던 반면, 억압된 정치 환경 하에서 이들은 직접적 정치 활동을 자제하고 간접적으로 그 영향력을 행사하려 했다. 이러한 모습은 무함마디야의 정치 활동을 기회주의적이고 타협적인 것으로 규정할 수 있도록 한다. 백여 년 동안의 역사를 통해 무함마디야가 단 한 번도 정치권력과 심각한 대립 관계에 놓인 적이 없었다는 사실은[3] 기회주의적 성향을 보여주는 적절한 사례로 이용될 수 있다.

기회주의적 정치 성향을 이해하는 데 있어 주목해야 할 점은 회원들 사이에 단일한 정치관이 존재하기보다는 상이한 시각이 병존하고 있었다는 점이다. 즉, 직접적 정치 활동을 지지하는 회원과 탈정치를 강조하는 회원이 공존하고 있었으며, 자유로운 정치 환경에서는 전자가 억압적인 환경에서는 후자가 주도적 세력으로 대두되는 경향을 보였다. 이런 의미에서 기회주의적 성향은 두 집단의 균형과 견제가 작동한 결과라 평가될 수 있다.

정치활동과 관련되어 상이한 입장을 취하는 두 집단 간의 균형과 견제가 처음 표출된 시기는 1930년대 후반이었다. 식민지 정부와 유화적 관계를 유지하면서 사회 · 복지 영역에 집중했던 지도자들을 대신하여 새롭게 지도부를 구성한 세력은 왕성한 정치 활동을 펼치기 시작했다. 당시 회장이던 만수르(Mas Mansur) 씨는 인도네시아이슬람당(Partai Islam Indonesia: PII) 창립에 주도적인 역할을 했으며 이 당의 최고위원회 위원 중 과반수가 무함마디야 지도자로 채워졌다(Noer 1980, 177). 하지만, 이들의 활동은 내부 비판을 야기했고 만수르씨에게 무함마디야와 PII 중 하나를 선택하도록 하는 압력이 가해졌다. 이어 개최된 총회에서 그의 정당 지도자 겸직은 허용되었지만, 그는 곧 PII 최고위원직을 사퇴하였다(Muhammadiyah 1939-40, 11-12). 정치 참여를 주

3) 네덜란드 식민지 시기부터 수하르또 정권까지 무함마디야는 때로 정부와 대립적인 관계에 놓이기도 했다. 하지만, 이는 특정 정책과 관련되어 일시적으로 형성된 경우가 대부분이었으며, 그 불만 역시 정치적 정당성에 대한 비판이나 도전으로 확대되지 않았다.

장하는 지도부의 등장 그리고 이들의 정치 활동에 대한 비판은 정치 참여를 둘러싼 상이한 시각이 조직 설립 후 20여년의 시간이 흐르는 사이 형성되었고, 상이한 입장을 지지하는 집단 간의 상호 견제가 작동하기 시작했음을 보여준다.

정치 참여를 주장하는 집단에 대한 견제 메커니즘은 1960년대 중반의 정치적 혼란기를 통해서도 작동했다. 1950년대 마슈미(Masyumi)를 통해 활발한 정치활동을 벌였던 무함마디야는 1950년대 후반 교도민주주의 도입과 함께 정치활동을 금지당하게 되었다. 억눌려 있던 정치적 욕구는 1965년 9·30사건을 통해 표출되었고, 이를 뒷받침하기 위해 1965년 총회에서는 적극적인 현실 정치 참여가 결정되었다. 하지만 이 결정은 오래 지속되지 못했다. 이듬해 정치 참여로 인해 사회적 부문의 활동이 후퇴하고 있다는 비판이 제기되었고, 그 근본 목적인 사회적 활동에 집중해야 한다는 결정이 곧이어 내려졌다(Muhammadiyah 1968, 4-5).

1965년 직후의 상황은 수하르또 퇴진 이후의 시기에 거의 유사한 방식으로 반복되었다. 회장직을 사임한 아민 라이스(Amien Rais)가 국민수권당(Partai Amanat Nasional: PAN)을 설립하고 현실 정치에 뛰어들자 무함마디야 회원의 정치 활동 역시 가속화했다. 하지만, 이후 개최된 일련의 결정은 당시의 정치적 분위기나 회원의 기대에 부합하지 않는 것이었다. 무함마디야가 정당이 되지도, 정당을 설립하지도 않을 것이라는 정치적 불간섭의 원칙이 재천명되었으며(Muhamma- diyah 2000a, 19), 나아가 회원들의 정치 활동을 제한하는 세부 규정이 제정되었다.[4)]

수하르또 퇴진 이후의 고양된 민주화 분위기와는 일견 차이를 보이는

---

4) 모든 수준의 지부에서 회장, 부회장, 비서, 부비서, 회계, 부회계의 직을 수행하는 회원은 정당의 지도자직을 겸직할 수 없도록 규정되었으며, 이러한 직위에 있는 회원이 정당의 지도자가 되어야 할 피치 못할 사정이 있는 경우 무함마디야 내의 직위를 반드시 사임해야 했다(Muhammadiyah 2000a, 59-60).

이 결정은 직접적 정치 참여를 지지하는 집단과 탈정치를 지지하는 집단 사이의 상호 견제라는 틀 내에서 이해되어야 한다. 정치 참여가 허용되는 사회적 분위기가 형성되었을 때, 무함마디야의 힘을 빌려 정치 활동을 수행하려는 회원의 요구가 강하게 표출되지만, 이를 경계하고 비정치적 태도를 견지하려는 회원의 목소리 역시 점진적으로 표현되어 완충제로 기능하게 된다.

설립 후 백여 년에 걸쳐 형성된 정치 전통에 비추어볼 때, 2004년 대선을 앞두고 취해진 무함마디야의 행보는 독특했다. 설립 이후 처음으로 무함마디야는 회원의 정치 활동을 추인했고, 특정 대통령 후보와 지역대표의회(Dewan Perwakilan Daerah) 후보에 대한 지지를 공식화했으며, 이들의 당선을 위해 조직적 차원에서 모든 지원을 행하도록 결정하였다.

아래에서는 이전의 정치 전통과는 차별성을 갖는 2004년 무함마디야의 대선 참여 과정이 검토될 것이다. 3절에서는 대선 참여가 공식적으로 수용되었던 과정이, 4절과 5절에서는 회원들의 선거 캠페인 참여과정이 분석될 것이며, 이를 통해 무함마디야 정치 활동의 특성과 대중적 영향력이 검토될 것이다.

Ⅲ. 무함마디야와 2004년 대선

2004년 선거를 앞두고 정치에 대한 무함마디야의 태도 변화가 처음 감지된 시점은 2002년이었다. 지역 지부 대표자들이 모여 작성한 연례총회 보고서에는 이전의 정치적 입장이 재확인되어 있었지만, 그 마지막 부분에는 '비전을 가지고 있으며, 높은 도덕성과 마음에서 우러나온 진실함 그리고 종교적 믿음과 확신을 가진 지도자'라는 표현이 첨가되어 있었다(Muhammadiyah 2002,

45). 이 표현은 일견 지도자에 대한 규범적 진술만을 담고 있는 것처럼 보인다. 하지만, 총회 당시의 정치적 맥락과 토론 과정을 검토해보면, 여기에 언급된 지도자가 이상 속의 인물과 현실의 특정 정치인을 동시에 지시하는 다의적인 것임을 알 수 있다.[5] 이 글에서 지목된 정치인이 아민 라이스(Amien Rais)이며, 무함마디야가 정치적 불간섭의 원칙에서 벗어날 준비를 하고 있음은 2003년 연례총회에서 보다 명확하게 드러났다.

2004년 총선과 대선을 일 년여 앞두고 개최된 총회에서 참가자들은 보다 구체적인 수준에서 정치적 문제를 논의했다. 하지만, 정치적 불간섭이라는 전통 역시 참가자들의 담론을 지배하였고, 다가오는 선거에서 무함마디야가 특정 인물을 후보로 선출하거나 지지하지 않으리라는 내용의 인터뷰가 신문 지상에 보도되었다(Fransiska 2003; Syarief 2003).

구체적인 정치적 입장 표명을 요구하는 집단, 이에 동의하지만 정치적 불간섭의 원칙을 공식적으로 파기하지 않으려 하는 집단, 현실 정치에의 참여에 반대하는 집단의 분열된 목소리를 조율하고, 갈등의 표출을 방지하기 위해 선택된 전략은 독특한 수사학적 표현의 사용이었다. 총회 보고서는 '가장 뛰어난 무함마디야 회원(kader terbaik Muhammadiyah)'의 2004년 선거 입후보와 관련된 의견과 희망이 참가자들 사이에서 이해되었음을 지적하고, 이를 가장 좋은 방향으로 진행시킬 권한을 중앙본부에 위임한다는 사실을 명백히 했다(Muhammadiyah 2003, 55).

2002년과 2003년 연례 총회는 무함마디야의 정치적 태도에 일정한 변화가 일어나고 있음을 보여주었다. 직접적인 정치 참여나 아민 라이스에 대한 지지가 구체적으로 표현되지는 않았지만, 은유적인 방식을 통해 2004년 선거

---

5) 총회에서 일부 지역 지부 대표자가 특정 인사를 대통령 후보로 지목하도록 요구했지만, 최고위원회 위원을 중심으로 한 반대로 인해 정치 문제에 대한 결정이 총회 결정문에는 포함되지는 않았다 (Bramantyo et al. 2002).

에서 중립적인, 나아가 방관자적인 태도를 취하지 않을 것임을 드러냈다.

무함마디야의 태도 변화를 야기한 몇 가지 요인을 지적하면 다음과 같다. 첫 번째는 정치적 불확실성의 감소였다. 와히드와 메가와띠 정부를 거치면서 직접적 정치 참여가 가져올 피해의 가능성이 축소되었음이 명백해졌고, 이는 정치 참여가 조직을 위험 속에 빠뜨리지 않으리라는 확신을 회원들에게 제공했다.

두 번째는 대통령 직선제와 지역대표의회(Dewan Perwakilan Daerah)제라는 새로운 선거 형식의 도입이었다. 대통령 직선제가 후보에 대한 정당 공천을 필수조건으로 하였기에 PAN 이외 정당에 소속된 회원에게 일정 정도의 정치적 부담을 가져왔지만, 대선의 경우 국가적 수준에서 캠페인이 조직된다는 점으로 인해 직접적인 정치적 충돌의 가능성은 높지 않았다. 지역대표의회제는 정당 공천을 받지 않은 후보를 대상으로 선거를 치루는 방식을 취하였기에, 상이한 정당에 소속된 기존 회원들의 기득권이 침해될 가능성을 가지고 있지 않았다.

세 번째는 아민 라이스의 대중적 인기였다. 그는 수하르또 퇴진 이후 '개혁의 아버지'라 불릴 정도의 높은 인기를 누리고 있었다. 또한 소수당인 PAN 출신임에도 불구하고 국회협의회(MPR) 의장으로 선출되어 정치적 중재자로서의 역할을 성공적으로 수행하였다. 이러한 상황은 무함마디야 출신 대통령에 대한 회원들의 열망과 결합하여, 그에 대한 전폭적인 지지 분위기를 확산시킬 수 있었다.

무함마디야에서의 아민 라이스의 위상 역시 정치적 태도 변화를 촉진시킨 요인이었다. 무함마디야 집안에서 태어나 회장으로까지 선출되었던 그는 무함마디야를 대표할 수 있을 최적의 인물이었다. 또한, 그의 교육 배경과 학자로서의 활동은 반정치적 성향을 가진 회원의 반발을 보다 용이하게 무마시킬 수 있었다. 2004년 최고위원회 위원 중 반정치적 성향을 가진 위원 모두

는 학자층에 속했지만, 아민 라이스와 맺었던 친분관계로 인해 그 목소리를 쉽게 표명할 수 없었다.6)

아민 라이스 지지에 대한 우호적인 분위기가 형성되어 있는 상황에서 중앙본부는 다가오는 선거를 의제로 2004년 2월 임시총회를 소집했다. 최고위원, 주지부 대표, 하위조직 대표 등 50여명이 참여한 총회에서 아민 라이스는 자신의 입후보 동기가 개인적 이익에 기인한 것이 아님을 명백히 했다. 또한, 앞으로의 정치적 변화가 알라의 뜻에 기초하고 있으며, 그 방향이 무엇이든지 간에 이를 기꺼이 받아들일 것임을 강조했다. 무함마디야의 교리 해석에 따르면, 의도(niat)의 진실함(iklas)은 특정 행동을 평가하는 핵심적 기준이다. 예배를 포함한 모든 종교적 활동은 그 의도가 진실할 경우에만 효과를 가져온다고 이해된다. 동기의 순수성을 강조함으로써, 아민 라이스는 자신의 행보가 종교적 믿음에 기반하고 있는 것임을 보여주었다. 그에게 있어 대통령 선거는 종교적 성격을 띠는 것이며 정치 참여는 종교적 활동의 일환이었다.

이튿날의 총회는 일사천리로 진행되었다. 중앙본부의 총비서가 준비된 선언문을 낭독하고 참가자간의 토론이 이어졌지만, 선언문의 핵심 내용을 문제시하는 발언은 제기되지 않았다. 토론 결과가 반영되어 발표된 최종 선언문의 주요내용은 다음과 같았다.

> 사회적, 국가적, 민족적 삶 속에서의 이바다(ibadah: 종교 활동)의 한 형태인 선거에 적극적으로 참여할 수 있기를 특히 무함마디야 회원에게 기대한다. ……개혁의 지도자이고 무함마디야의 전회장이며 가장 뛰어난 무함마디야 회원인 아민 라이스 박사의……행보를 전적으로 지지한다. ……각 지역에서

---

6) 하나의 예로서, 정치적 중립과 탈정치를 강력하게 주장했던 샤피이 마아리프(Syafi'i Ma'arif)회장은 1970년대 아민 라이스와 함께 시카고 대학에서 박사 과정을 수학하였다.

무함마디야 회원 다수에 의해 추천되고, 그들의 열망을 대표할 수 있는 무함마디야 회원 중 지역할당 국회의원 후보를 선택한다.

선언문에서 무함마디야는 선거 참여가 종교적 활동(ibadah)임을 명백히 했다. 이는 암묵적으로 지켜져 왔던 종교와 정치의 분리를 거부한 것으로써, 인간 삶의 모든 영역이 종교적 활동의 대상이라는 무함마디야식 종교관이 직접적으로 표현된 것이다. 종교의 영역으로 재규정된 정치적 장에서 무함마디야는 '가장 뛰어난 회원'을 조건 없이 지지하기로 결정함으로써 정치적 불간섭의 원칙을 포기하고 정치적 참여를 선언하였다.

대다수의 사람에게 있어 선언문의 정치적 함의는 쉽게 이해될 수 있었다. 하지만, 무함마디야 지도자들은 이와 같이 자명해 보이는 논리적 귀결을 최소한 공식적 수준에서는 받아들이려 하지 않았다. 선언문 발표 후 이어진 기자들의 질의는 정치적 불간섭 원칙의 포기에 맞추어져 있었지만 참가자 누구도 이를 인정하려 하지 않았다. 선언문 내용이 무함마디야의 정치 참여를 의미하는지를 묻는 직설적 질문에 대해 샤피이 마아리프 회장은 무함마디야가 인도네시아보다 더 오랜 역사를 가지고 있다는 다소 엉뚱한 답변을 먼저 했다. 곧이어 그는 무함마디야가 어떤 경우라도 정치에 참여하지 않을 것이라고 단언하였고, 선언문에 대해 해석할 자유가 각자에게 있다는 언급으로 답변을 마무리 지었다.[7]

정치적 불간섭 원칙이 이후 공식 담론에서 유지되었음에도 불구하고,

---

7) 총회 결정에 대해 두 집단이 반대 의사를 표명했다. 하나는 공식 하부조직인 대학생 연합(IRM)이었고, 다른 하나는 무함마디야의 젊은 지식인 연대(JIMM)를 표명한 조직 외부의 단체였다. 이들은 총회 결정이 정치적 중립성의 원칙을 훼손하였다는 점을 반대의 주요 논거로 제시했다. 언론을 통해 합의된 결정에 반하는 의사를 표명했다는 이유로 인해 이들은 커다란 비판에 직면했으며, 이 후 총회 결정에 반대하는 목소리는 더 이상 표면화되지 않았다.

회원들은 선언문의 내용에 따라 적극적으로 정치 활동에 참여하는 모습을 보였다. 이들은 아민 라이스를 대통령에 선출시키기 위한 지하드를 결행하였고 조직적인 방식으로 대선 캠페인에 참여하였다.

Ⅳ. 정치적 지하드로서의 선거 참여

총회 선언문은 선거 참여를 종교 활동(ibadah)으로 규정하고 있다. 이 어휘는 총회 이전 몇몇 최고위원에 의해 작성된 초안에는 포함되어 있지 않았다. 하지만, 이후의 논의과정에서 참가자들이 보다 명시적인 표현의 추가를 요구했고 이 의견이 수용되어서 이바다(ibadah)라는 표현이 첨가되었다. 이 표현을 통해 2004년 선거의 성격은 보다 명시적으로 정의될 수 있었다. 선거는 종교적 성격을 띠는 것이며 선거 참여는 종교 활동의 일환이었다.

이바다라는 표현과 함께 선거 과정을 통해 부각된 또 다른 표현은 지하드였다. 비이슬람 사회에서 일반적으로 '성스러운 전쟁'으로 번역되는 지하드는 이슬람권 사회에서는 보다 광범위한 의미를 담고 있는 개념이다. 지하드는 '알라를 위한 노력', '선(善)이나 대의에 도달하기 위한 노력', '종교적 목적을 성취하기 위한 노력'을 의미한다. 보다 협의의 의미로서 지하드는 긴급한 상황에서 종교적 목적을 달성하기 위해 행해지는 노력을 뜻하며, 이런 의미가 극단적으로 적용될 경우 이슬람을 보호하기 위한 노력, 더 나아가 물리적 투쟁을 지시할 수 있다(Cook 2005; Maulana 1990, 405-6). 지하드 개념은 상황의 절박성과 행동의 필연성을 부각시킴으로써 종교적 색채를 보다 강하게 만드는 효과를 갖는다. 주지부와 도지부 대표자 모임에서 한 회원은 선거 참여의 의미를 다음과 같이 규정하였다.

> 이번 선거에 참여하는 우리는 사빌리야(Sabilliyah), 즉 알라의 길에 있다. 우리의 지하드는 알라의 길로 향한다. ……우리의 선거 활동은 진정한 이슬람 사회를 형성시키기 위한 것으로써, 이러한 사회는 정의롭고 이슬람적인 지도자에 의해 지도될 때에만 가능하다.

지하드로 규정된 선거활동을 위해 개인적 희생이 요구되었다. 시간과 노력뿐만 아니라 금전적인 부분 역시 강조되어서 적극적인 기부가 요청되었다. 한 회원은 선거운동 과정에서 지출되는 교통비와 전화비가 개인이 아닌 알라에 의해 부담되는 것이라 주장했다. 지하드를 위한 개인적 희생은 사후세계에서 보상되어져서 지하드는 지옥의 고통에서 벗어나 천당에 들어갈 수 있는 길로 이해되었다. 지하드를 행하다 죽으면 천당에 간다(mati suwarga)라는 레토릭은 식민지 정부에 대항한 무장 투쟁(Kartodirdjo 1972, 100-1), 독립 후 중앙정부에 대한 분리운동(Jackson 1980, 328-330) 과정에서 나타났다. 나흐다뚤 울라마(Nahdlatul Ulama: NU)와 달리 무함마디야가 이런 식의 레토릭 사용에 익숙하지 않았음을 고려해보면,[8] 지하드 개념의 사용은 2004년 선거에 부여된 커다란 종교적 의미를 이해할 수 있도록 한다.

선거 활동을 지하드로 규정하기 위해서는 그 종교적 근거가 존재해야 한다. 이는 동시에 아민 라이스에 대한 지지가 지하드와 동일시될 수 있는 근거가 무엇인지에 대한 정당화 문제와도 관련된다.

선거와 지하드를 연결시키기 위해 무함마디야 지도자들은 먼저 원론적인 수준의 설명을 제시하였다. 사회가 진정한 무슬림 지도자에 의해 통치될 때 이슬람의 가르침에 부합하는 국가 운영과 이상적인 사회 건설이 가능하다

8) NU에 대한 투표와 지하드를 연결시킨 선거 활동의 사례에 대해서는 Hering & Willis(1973, 10)를 참조할 것.

는 것이다. 대통령 후보 중 진정한 무슬림 지도자가 누구인가에 대한 답은 이견 없이 수용되었지만 그 근거는 다양했다.

첫 번째는 아민 라이스의 신실한 믿음과 높은 종교적 지식이었다. 그가 자발적 금식(puasa Daud)을 꾸준하게 행해 왔던 사실은 믿음의 진정성의 표현으로 이해되었다. 인도네시아 이슬람대학(IAIN)과 이집트의 알아자르(al-Azar)대학에서 수학했던 경험은 종교에 대한 깊은 이해, 뛰어난 아랍어 구사력, 코란 암기 능력을 보증하는 경력으로 간주되었다.

아민 라이스는 무함마디야의 종교 해석에서 중시되는 이성과 합리성을 갖춘 인물로 간주되었다. 흥미로운 점은 이를 뒷받침할 근거로써 미국 유학 경력과 대학에서의 교육 경력이 거론되었다는 점이다. 이는 서구식 교육에 호의적인 무함마디야의 태도를 반영하고 있다.

아민 라이스의 종교적 믿음과 지향은 그로 하여금 높은 도덕성을 갖출 수 있도록 했다고 이야기되었다. 부정부패로 얼룩진 정치판에서 수년간 활동하면서도 한 차례의 스캔들에도 연루되지 않았음은 이를 보여주는 예로 이용되었다. 그의 정치 입문과 대통령 입후보 역시 개인적 이익이 아닌 국가를 구하고자 하는 사심 없는 동기에 기인한다고 설명되었다.

아민 라이스 지지 이유로 지적된 또 다른 요인은 용감함(berani)이었다. 용감함의 여러 의미 중 강조되는 요소는 외부 압력에 굴하지 않고 원칙에 따라 행동하는 용기였다. 그가 수하르또 정권 하에서 승계 문제를 거론했던 점, 수하르또 퇴진 시위의 선봉에 서 있었다는 점 등은 이를 보여주는 예로 인용되었다.

아민 라이스를 가장 이슬람적인 지도자로 규정하는 작업은 다른 후보와의 비교 과정을 통해서도 진행되었다. 함자 하스(Hamzah Haz)는 높은 종교적 지식을 가졌지만 이를 실천하지 못하는 인물로 그려졌다. 메가와띠 수까르노뿌뜨리(Megawati Sukarnoputri)는 지적 능력을 갖추지 못하고 결단력 없이 타인에 의존하는 인물로 평가되었다. NU 출신의 두 부통령 후보에 대해서는 그 비판의 화살이 개인이 아닌 조직을 향해서, NU 지도자와 지지자의 비합리성, 우매함, 절대 권위-복종 관계 등이 강조되었다. 선거의 다크호스로 떠올랐던 수실로 밤방 유도요노(Susilo Bambang Yudhoyono)와 관련되어 가장 비판적으로 거론된 문제는 그가 구축하였다고 여겨졌던 비무슬림과의 연합전선이었다. 또한 유도요노의 인기가 그의 외모에 초점이 맞추어져 있음에 주목하여, 그에 대한 지지가 비이성적이고 감정적인 수준에 기초한 것이며 그가 내적 강인함을 가지고 있지 못한 인물이라고 비판되었다.

아민 라이스의 장점과 타 후보의 단점으로 지적된 요소는 그 지지자에게도 적용되었다. 무함마디야 회원은 아민 라이스의 속성인 진실성, 용감함, 합리성을 가진 집단으로, 타후보 지지자는 감정적이고 비이성적이며 사리사욕에 가득 차 있는 집단으로 묘사되었다. 이러한 이분법적 구분은 무함마디야 회원들로 하여금 자신들의 선거 참여를 종교적 동기에 기반을 둔 종교적 행동으로 이해하는 데 도움을 주었다.

Ⅴ. 무함마디야식 지하드

수하르또 퇴진 이후의 선거를 특징지을 수 있는 현상 중의 하나는 금전을 매개로 한 정치적 거래의 확산이다. 공천권 획득, 선거캠페인, 지지자 확충, 투표 등의 과정에서 현금 수수가 공공연하게 이루어졌다(Cahyono 2004, 16-19; Ismanto et al. 2004, 82-4; Nuryanti 2005, 240-1). 민주화된 공간에서 광범위하게 나타난 금권 선거는 인도네시아의 민주화가 형식적 수준에서 진행되고 있을 뿐이며, 실질적인 민주화로의 이행 가능성이 높지 않다는 평가를 가능하게 한다(최난경 2005).

무함마디야 회원이 전개한 선거 활동은 기존의 모습과는 완전히 상이한 양상을 보였다. 아민 라이스 선거 캠페인에 참여한 회원은 물질적 보상을 기대하지 않았고 그 활동 경비를 자신들이 갹출하였다. 이러한 모습만으로 이들의 참여를 순수하게 자발적인 동기에 기반을 둔 것으로 해석할 수는 없을 것이다. 조직 활동을 통해 형성된 동료집단의 압력 그리고 무함마디야의 정치적 입지가 강화됨에 따라 얻어질 유무형의 이익 역시 존재했기 때문이었다. 하지만, 이러한 이유로 인해 이들의 행동에 내재했던 자발성을 쉽게 부정할 수는 없을 것이다. 대다수의 회원에게 있어 선거 참여를 통해 얻어질 직접적인 이익은 많지 않았으며 미래의 이익 역시 쉽게 실현될 수 있는 성질의 것이 아니었기 때문이었다.

회원의 자발성은 종교와 관련된다. 이들의 선거 참여는 무함마디야가 요구했기 때문이었다. 또한, 이들에게는 현실 세계의 개혁에 대한 강한 요구가 있었고, 이러한 욕구의 저변에는 이슬람식 이상 사회 건설에 대한 열망이 존재했다.

아래에서는 무함마디야 회원의 선거 활동 과정에서 나타나는 특성이 족자까르따 주(provinsi)에서 수집된 자료를 중심으로 검토될 것이다. 족자까르따는 무함마디야의 탄생지로서 그 전통과 성격을 집약적으로 보여주는 곳이라 할 수 있다. 족자까르따 주에는 무함마디야의 중앙본부와 주지부가 동시에 존재한다. 주지부 아래 5개의 도(kabupaten)지부가 있으며, 그 하부에는 군(kecamatan)지부가 구성되어 있다. 군보다 낮은 행정 단위인 면(kelurahan)에는 하나 혹은 그 이상의 하위 지부가 구성되어 있다.[9)]

9) 2000년 기준으로 족자까르따에는 1개의 중앙본부, 1개의 주지부, 5개의 시도지부, 77개의 군지부, 248개의 면지부가 있었다. 하부기관의 규모 역시 다른 지역을 능가하여서, 족자까르따에는 248개의 초등학교, 95개의 중학교, 41개의 고등학교에 8만여 명의 학생과 7천여 명의 선생이 있었으며, 4개의 대학 및

1. 선거 운동의 자발성

아민 라이스 지지 선거팀은 대선을 두 달여 앞둔 시점부터 가시화되었다. 우후죽순격으로 결성된 선거팀은 이후 공식적 선거 캠페인이 가능해진 기간 동안 공식라인을 따라 구성된 선거본부에 편입되어 활동하였다. 위계화된 조직 구성에도 불구하고 군단위나 면단위 선거팀의 독자성은 유지되었다. 이들 선거팀은 상부 조직에 의해 소집된 회의에 참가하여 활동 상황을 보고하고 본부나 주지부에서 하달된 지침을 전달받았지만, 활동상의 직접적인 통제를 받지 않았고 재정적으로도 독립성을 유지했다. 군이나 면단위 선거팀은 독자적인 프로그램을 개발했으며 참여의 적극성 역시 지역적 편차를 보였다. 이러한 다양성은 군지부 대표자 회의에 보고된 내용을 통해서 예시될 수 있다.

14개 군지부 대표가 모인 슬레만(Sleman) 도지부 회의에서 대표자들이 보고한 활동 내용 중 하나의 군에서 독자적으로 행해진 프로그램은 다음과 같았다: 아민 라이스 지지 문구가 적힌 조화를 운전자에게 배포, 다른 정당원과의 공조 체제 구축, 무료 진료행사 개최, 시장 순회를 통한 홍보스티커와 사탕 배포, 독자적 선거 홍보물 작성 및 배포, 면지부에 대한 군지부의 재정 지원. 이러한 활동은 인도네시아 선거 캠페인 과정에서 일반적으로 나타나는 것이었지만, 특정 활동이 군이나 면단위 선거팀의 이니셔티브에 의해 선택되고 독자적으로 행해졌음은 선거 활동의 자발성을 보여준다.

군지부 대표는 각각의 재정 상태를 보고했는데, 이 역시 지역적 편차를 보였다. 기부 받은 금액이 백만 루삐아에 머문 곳도 있었지만, 하나의 행사를 위해 천만 루삐아를 사용한 곳도 있었다. 일주일 만에 사백 벌의 홍보 티셔츠

전문대학, 14개의 의료기관이 위치하고 있다(Muhammadiyah 2000b).

를 확보한 곳도 있었던 반면, 경비 절감을 위해 이십 여만 루삐아의 현수막을 자체 제작한 곳도 있었다.

군지부 활동의 재정적 측면만을 고려해보면 이들의 자발성은 일견 강제된 것처럼 보이기도 했다. 중앙본부로부터의 선거 자금 지원이 부재한 상황에서 주지부는 도지부에 재정적 도움을 제공할 수 없었고, 도지부 역시 같은 입장에 놓여 있었기 때문이었다. 하지만, 이러한 상황이 받아들여진 데에는 선거 활동 참여가 회원의 자발성에 기초하여야 한다는 공유된 의견이 존재했기 때문이다. 이로 인해 상위조직은 하위조직에 활동 경비를 지원할 의무감에서 해방될 수 있었고, 하위조직 역시 상위조직으로부터의 재정적 지원을 기대하지 않았다.[10]

각 선거팀은 활동 경비를 후원금으로 충당했다. 각 지부의 관할 구역이 갖는 특성에 따라 기부금 모집 방식과 규모에 차이가 나타났는데, 상위조직일수록 그리고 도시에 근접한 지역일수록 보다 넓은 집단을 대상으로 하여 기부금이 모금되었고, 보다 많은 자원이 확보될 수 있었다. 아래에서는 주지부와 면지부의 사례를 통해 기부금 모집 방식의 차이가 비교될 것이다.

주지부 선거팀은 족자까르따시의 상공인과 지역유지를 대상으로 하여 기부금 모집 행사를 두 차례 수행했다. 첫 번째 행사는 중급 규모의 호텔에서 진행되었는데, 무함마디야에 호의적인 인사[11] 200여명에게 사전 초대장이

10) 아민 라이스를 위한 공식 선거팀은 PAN 주도하에 결성되었는데, 그 활동에 대해 회원은 회의적인 태도를 보였다. 공식 선거팀에 합류한 非무함마디야 회원의 경우 활동비 없이는 제대로 된 활동을 하지 않으리라는 것이 그 이유였는데, 이를 빗대어 '전화카드 요구'(minta pulsa)라는 표현이 이용되기도 했다. 자발적 경비 조달은 무함마디야 회원을 다른 선거참여자와 구분시키는 핵심적 요소로 이용되었다.

11) 초대된 사람의 대다수는 넓은 의미에서 무함마디야 회원으로 규정될 수 있었다. 이들 대다수는 조직에서 특정한 직책을 맡지 않지만 회원과 가까운 관계에 놓인 사람 혹은 비공식 회원으로 조직 활동을 하지 않는 사람이었다. 조사 중이던 필자에게도 초대장이 전달되었고, 필자가 기부금을 내자 감사 편지가 후에 전달되었다.

배포되었고, 그 중 100여명 정도가 모임에 참석하였다. 디너파티 형식으로 진행된 행사는 주지부 회장의 인사말, 아민 라이스에 대한 지지 연설, 일반 참석자의 지지 발언 등으로 구성되었다. 모임의 중반에 기부금 약정서가 배포되었고 모임 후반에 그날 모아진 기부금을 보고하는 자리가 마련되었다. 첫 번째 모임에서 약정된 기부금은 현금 7,450만 루삐아, 소 한 마리, 미화 200달러로써, 대략 8,200만 루삐아였다. 같은 형식으로 진행된 두 번째 모임에서는 4,500만 루삐아가 모아졌다. 두 차례의 행사를 통해 얻어진 기부금은 이후 주지부 선거 활동비용의 근간으로 이용되었다.

주단위와 달리 면단위 기부금은 무함마디야 회원을 중심으로 모집되었는데, 선거 활동에 직접 참여한 회원이 갹출한 금액이 대부분을 차지했다. 조사 대상이었던 A면의 아민 라이스 선거팀은 선거 한 달 전에 공식화했는데, 5차례의 모임에서 모집된 기부금 총액은 124만 루삐아였다.

처음 두 번의 모임에서는 58만 7,000루삐아와 36만 5,000루삐아 등 상대적으로 많은 후원금이 걷힌 반면, 이후의 모임에서의 후원금 규모는 10만 루삐아 미만이었다. 발기 모임과 두 번째 모임에는 이후의 선거 활동에 적극적으로 참여하지 않았던 몇몇 회원이 참석했고, 그 중 두 명이 각기 이십만 루삐아를 기부했다. 세 번째 이후의 모임 참가자는 직접적으로 캠페인 활동에 참여하는 회원으로 국한되었고, 후원금은 이들이 갹출한 금액이었다.[12)]

액수가 큰 기부 사례와 군지부 보조금 8만 루삐아를 제외하면, 정기적으로 회의에 참석한 20~30명의 회원에 의해 갹출된 총액은 76만 루삐아였고, 일인당 평균 기부액은 2~3만 루삐아였다. 한 달 공무원 임금이 백만 루삐아를 상회하고 전통의례 부조금이 1만 5,000루삐아 전후임을 고려하면, 개인 기부

---

12) 한 달여의 기간 동안 A면 선거팀의 전체 활동 경비는 위 모금액보다 많았다. 선거팀 회의비용은 장소를 제공한 회원이 부담하였고, 선거 홍보물 일부를 외부에서 지원받았으며, 현수막 설치의 책임이 리단위로 이관되었기 때문이었다.

금 규모는 상당히 작은 편에 속했다. 하지만, 다른 종교 모임이나 마을 내에서의 기부금 규모와 비교해볼 때 이와는 다른 평가 역시 가능하다.

마을의 종교모임에서는 일상적으로 기부금이 걷힌다. 모임 도중 기부금 상자가 전달되면 참가자들은 상자 안에 현금을 넣는데, 다른 사람이 그 규모를 알 수 없고 기록도 남겨지지 않는다는 면에서 자발적인 성격을 띤 것이라 할 수 있다. 이러한 모임에서의 기부금 규모는 보통 개인당 500루삐아나 1,000루삐아이고 드물게 5,000루삐아 지폐를 찾아볼 수도 있다. 이와 비교할 때, 선거팀에 참여한 회원의 기부액이 절대적으로 큰 것은 아니지만 상대적으로 작은 것 역시 아니었음을 알 수 있다.

자체 기부금 규모가 크지 않고 외부로부터의 재정 지원이 거의 없다는 이유로 인해 면단위 선거팀 활동은 열악한 조건에서 진행되었다. 한 회원의 말을 빌면, "자신들조차 아민 라이스가 그려진 티셔츠를 입지 못하는 상황에서" 이들은 자신들만의 노력에 의존하여 선거 활동을 진행해야 했다. 이러한 이유로 인해, 이들의 활동은 가시적 결과를 보여주지 못했다. 선거 홍보물 배포와 부착이 주요 활동이었지만 다른 정당에 비해 두드러진 규모로 이루어지지 않았다. 현수막 부착의 책임이 면이 아닌 리단위로 이관되었기 때문에 타정당 후보자의 현수막이 걸려 있는 자리에 아민 라이스 지지 현수막이 보이지 않는 경우도 빈번하게 나타났다. 이러한 한계에도 불구하고, 이들의 선거 활동 참여가 자발적 성격을 띠고 있으며 자발적 기부에 기초하여 이루어졌다는 점은 주목할 만하다. 이러한 활동은 종교적 열정에 의해 뒷받침되었기 때문에 가능했으며, 그 것에는 기존의 금권 선거운동에서 나타나는 특성과는 차별적인 아래로부터의 정치 참여의 가능성이 내포되어 있었다.

2. 현실 타협적 지하드

회원들의 자발적 참여에 기초한 아민 라이스 선거팀은 지하드로 규정된 선거 활동을 전개했다. 한 달여의 선거 캠페인 기간 동안 회원들 사이에서 가장 빈번하게 거론된 표현 중의 하나는 용감함을 일컫는 버라니(berani)이었다. 이 용어는 한 편으로 아민 라이스의 지도자로서의 장점을, 다른 한편으로 선거 활동에 참여하는 회원에게 요구되는 태도를 요약적으로 보여주기 위해 이용되었다.

지하드와 버라니가 연결되었을 때 연상될 수 있는 이미지는 종교적 목적의 성취를 위해 목숨을 아까워하지 않는 무슬림 테러리스트일 것이다. 하지만, 기부금 모집에서 열광적인 모습을 찾기 힘들었던 것처럼 이들의 지하드 역시 지극히 온건한 방식으로 진행되었다. 타후보 지지자와 격렬한 토론을 펼쳐가며 설득하려는 회원, 거리에서 열광적으로 아민 라이스를 연호하며 선거 운동을 펼치는 회원, 지나가는 사람을 붙잡고 아민 라이스 지지를 호소하는 회원을 찾아보기는 거의 불가능했다. 선거 유세장에서조차 열광적인 모습은 나타나지 않았으며, 차량을 이용한 거리 유세에서만 시끌벅적한 모습이 잠시 보였을 뿐이었다.

지하드로 규정되었음에도 불구하고, 지하드에 대한 일반적 이미지와는 전혀 다른 상황이 전개된 주요한 원인은 이들의 선거 활동이 자바의 문화적 맥락에서 이루어졌기 때문이었다. 그로 인해 무함마디야 회원이 일상적 활동에서 보였던 모습은 선거 활동에 그대로 투영되었고 기존 이미지와는 다른 정치적 지하드를 결과하였다.

선거 활동에서 나타난 특징을 가장 전형적으로 보여준 사례는 주지부 선거팀에 의해 핵심 선거전략으로 채택된 개인이나 가정을 대상으로 한 개별 유세활동이었다. '도르 뚜 도르'(door to door의 인도네시아식 발음)라 불렸던 이 방법은 일반적 선거 활동 방식인 금전 배포가 불가능하고 종교적으로도 용납될 수 없는 상황에서 비용대비 가장 좋은 효과가 있을 방법으로 간주되었다. 주지부 선거팀의 계획에 따르면, 각 군지부에서 선발된 100명의 지원자를 시도지부에서 훈련시키고 이들로 하여금 면수준 지원자를 훈련시키도록 할 경우 '도르 뚜 도르' 전략을 습득한 수천 명의 회원이 생성되며, 이들이 비회원을 지지자로 이끌 경우 수만 명의 새로운 지지자가 만들어질 수 있다.

지원자에 대한 훈련은 순조롭게 진행되어서 수백 명이 시도단위에서 '도르 뚜 도르' 훈련을 받았지만 이 훈련이 원래 계획했던 효과를 기대하기는 힘들었다. 지원자들이 훈련 모임에는 열성적으로 참여하였지만 훈련 내용의 실천에는 지극히 소극적이었기 때문이었다. 주단위 선거팀의 핵심 활동가였던 아궁(Agung) 씨가 참여했던 군단위 훈련 모임의 상황은 이를 예시해 준다.

시도단위 훈련에 참여하고 있던 아궁씨는 바쁜 일정을 쪼개 A군을 방문했다. 교육은 50여명의 젊은 회원을 대상으로 도단위 훈련과 동일한 방식으로 진행되었다. 그는 유권자에게 접근하여 아민 라이스 지지를 이끌어내는 방법, 타후보를 지지하는 사람과 논쟁을 벌이는 방법 등을 교육하였으며, 훈련생의 참여 정신을 고양시키고 이들을 용감하게 만들기 위한 프로그램을 수행했다. 교육 내용을 팀별로 실행하는 세션이 오후에 진행되었다. 3~4명으로 구성된 각 팀에게는 면식 관계에 있지 않는 일곱 명의 사람을 만나 아민 라이스에 대한 지지를 이끌어 내도록 하는 과제가 주어졌다.

네 명으로 구성된 훈련생팀이 거리에서 처음 만난 사람은 아민 라이스 지지자였다. 조심스럽게 지난 국회의원 선거에서의 선택을 묻던 이들의 얼굴에는 PAN을 지지했다는 대답을 듣는 순간 안도감이 떠올랐다. 화기애애한 분위기에서 약간의 대화가 진행된 후, 이들은 아민 라이스 홍보물 몇 장을 건네고 자리를 떴다. 두 번째 만남에서도 비슷한 상황이 전개되었지만 이들의 행운은 곧 끝이 났다. 이들이 세 번째 만난 사람은 골까르(Golkar)당을 지지하는 중년 여성이었고, 이전과는 전혀 다른 상황이 전개되었다. 인사말을 나눈 후 이들 사이에 오고간 대화는 다음과 같았다.

훈련생A　잠시 시간 좀 빌리겠습니다.

중년여성　예, 괜찮습니다.

훈련생A　앞으로 다가올 선거에서 누구를 선택할 것입니까?

중년여성　[침묵]

훈련생B　대략 누구를 선택할 것입니까, 곧 다가올?

중년여성　[침묵]

훈련생C　편안하게 생각하십시오.

훈련생A　[선거] 데이터를 얻으려는 것뿐입니다, 강제적인 것이 아니고……

중년여성　아, 그렇습니까? 골까르를 지지합니다.

훈련생C　골까르라면, 위란또지요

중년여성　예.

훈련생A　골까르라니, 이유는 무엇입니까?

중년여성　뭐 뚜렷한 이유가 있는 것은 아니고, 그냥. ……

훈련생C　확실하십니까?

중년여성　예.

훈련생A　알겠습니다. 그럼 안녕히 계십시오.

작별인사를 하고 이들은 서둘러 중년 여성의 집에서 나왔다. 약간 낙담한 듯한 태도가 나타났지만 오랫동안 이어지지 않았고, 이들은 홀로 집 앞에 앉아 있던 할머니에게 다가갔다. 지지 후보가 없다는 대답을 듣자 이들은 아민 라이스에 대한 지지를 요청하면서 홍보물을 나누어주었다. 곧이어 한적한 곳에 다다른 이들은 자리를 잡고 앉아 한담을 나누었고 예정된 시간이 가까워지자 훈련장으로 돌아갔다.

훈련생팀은 훈련에서 배운 내용을 적극적으로 실천하려 하지 않았다. 앞의 대화에서 보이는 것처럼 대상자가 타 후보를 지지한다는 사실을 알게 된 후 이들은 그녀를 설득하려는 어떤 시도도 하지 않은 채 서둘러 자리를 떠났다. 보다 쉽게 대화할 수 있다고 생각했던 할머니와의 만남에서도 이들은 홍보물을 나누어주는 수준에서 활동을 마무리지었다.

훈련이 반나절의 짧은 시간동안 이루어졌다는 점은 가시적인 효과를 거두기 힘들었음을 보여주는 요인일 것이다. 하지만, 이것만으로 소극적인 활동을 설명하기는 불충분하다. 활동을 보고하는 자리에서 이들은 자신들이 교육 내용에 부합하도록 활동했다고 평가함으로써, 훈련에서 강조된 적극적이고 공격적인 활동을 상이한 방식으로 이해하였음을 시사하였다. 어떤 측면에서 보면, 모르는 사람을 대상으로 지지 정당을 물어보고 홍보물을 나누어준 것 자체가 이들에게는 용감하고 적극적인 활동으로 비추어질 수도 있었다. 따라서 이들의 소극성을 설명하기 위해서는 다른 요소가 고려되어야 하는데, 이는 타인과의 상호작용과 관련된 자바의 문화적 특성이다.

자바인의 일상생활에서 중시되는 문제는 갈등 발생의 최소화이며, 이를 위해 타인의 삶에 대한 직접적인 개입을 회피하고 표면적으로 우호적인 관계를 유지하기 위한 다양한 방식이 이용되었다(Guinness 1986, 131-9; Kim 1998, 65-6). 따라서 특정 후보에 대한 지지를 설득하려 하거나 특정 후보와 관련된 논쟁을 펼치는 것은 규범에 어긋나는 일탈 행위로 비추어진다. 이런 의미에서, 선거팀에서 강조된 '도르 뚜 도르' 전략은 종교적 열정으로 무장된 사람에게조차 일상에서 쉽게 적용될 수 없는 방식이라 할 수 있었다.

면식 관계가 형성되어 있는 사람을 대상으로 한 면단위 선거 활동에서 선거팀의 정치적 지하드는 사회 규범의 영향을 보다 강하게 받게 된다. 따라서 이들 활동의 대다수는 타인과 직접적인 접촉을 요구하지 않는 것으로 제한되었고 보다 직접적인 활동, 예를 들어 홍보물을 집집마다 배포해야 하는 활동이 요구될 경우에도 그 대상자는 아민 라이스 지지가 확실한 사람으로 국한되는 경향을 보였다. 선거 유세에 참여한 회원들의 정치적 지하드에서 나타난 소극성은 A면 선거팀 모임에서 거론된 하르또씨의 활동에 대한 평가를 통해서도 드러났다.

> 제가 사는 동네에 종교모임(tahlilan)이 있었습니다. ……제 동네에는 지난 선거에 입후보한 PD당과 PDIP당 소속 당원이 있습니다. 종교모임이 시작되기 전, 저는 이들이 와 있음을 알면서도 아민 라이스 스티커를 배포했습니다. ……며칠 후 이들은 저를 자기들 편으로 끌어들이기 위한 시도를 했습니다. 이에 대해 저는 이들 정당의 [지방의회] 의원들이 선출되기만 했을 뿐 하는 일이 없다고 직설적으로 말했고, 이 후 이들은 저에게 접근하려 하지 않았습니다. ……인샤 알라(Insya Allah), 저희 동네의 다수는 아민씨 편입니다.

외부인에게는 그렇게까지 용감한 것으로 비추어지지 않을 만한 하르또 씨의 행동은 선거팀 모임 전체를 통해 가장 바람직한 유세 방식으로 평가되었다. 선거팀 팀장은 그의 활동에 대해 "[기존의] 흐름에 대항하는 용감한 행동이며, [그의 활동에] 너무나 감사하며, 이러한 활동이 제가 기대한 것이었습니다"라고 평가했으며, 그가 보인 용감한 정신과 투쟁이 종교적 업(pahala)과 종교적 행동으로서의 가치를 높인다고 지적했다.

하르또 씨의 활동에 대한 평가는 자바 문화의 맥락 내에서만 유의미할 수 있다. 일상적인 패턴에서 벗어난 행동을 공식적인 장소에서 행하려 하지 않고, 타인의 의사와 반대되는 견해를 직접적으로 드러내기를 꺼려하는 행동양식을 체화한 사람에게만 하르또 씨의 행동은 용감하고 대항적인 성격을 띤 것으로 평가될 수 있다. 이러한 규범이 지배하는 사회에서 정치적 지하드는 외부인에게 극히 소극적인 성격을 띠는 방식으로 진행되지만, 내부적으로는 상이한 평가가 부여되게 된다. 아민 라이스 선거팀에 참여한 회원 중 조직에서 특정한 직책을 맡고 있지 않은 사람이나 공무원이면서 참여한 회원들의 경우 참여했다는 사실 자체가 용감한 행동으로 평가되었다.

선거팀 활동에서 나타난 소극성은 평소 이들의 주요 활동 영역에도 그대로 적용되었다. 가장 안정적이고 활발한 활동을 펼칠 수 있는 장소에서조차 이들은 자신들의 활동을 자체적으로 규제하려는 움직임을 보였다.

선거캠페인 초기 선거팀 모임에서 거의 예외 없이 제기된 문제 중의 하나는 모스크 이용이었다. 이들은 모스크에 오는 사람 중 타후보 지지자가 있을 수 있으며 종교 활동에 정치가 개입될 경우 문제가 나타날 수 있음을 지적하면서 모스크를 정치적으로 중립적인 공간으로 남겨놓기로 결정하였다. 따라서 무함마디야가 건립한 모스크를 제외한 일반 모스크에서 선거 현수막이나 홍보물을 부착하는 행위는 억제되었다. 갈등의 출현 가능성을 감소시키려는 노력은 종교 강연에도 적용되어서, 참여 대상이 회원으로 제한되지 않을 경우 아민 라이스에 대한 지지를 직접적이기보다는 간접적인 방식으로, 즉 이슬람에서 강조되는 좋은 지도자의 자질을 강연에 포함시킴으로써 아민 라이스에 대한 지지를 유도하는 방식으로 행하도록 요구되었다.

이 결정이 완벽하게 지켜진 것은 아니었다. 마을 수준의 모스크에는 아민 라이스 홍보물이 부착되기도 했고, 종교 강연회에서 아민 라이스의 실명이 거론되기도 했다. 하지만 선거팀 구성원 사이에서는 무함마디야 회원이 아닌 무슬림을 배려해야 한다는 태도가 강하게 나타났으며, 이는 가장 종교적인 영역에서조차 종교적 지하드를 적극적으로 행하지 못하는 결과를 가져왔다.

2004년 대통령 선거가 종교적 성격을 띠는 지하드로 규정되었음을 고려해보면, 종교 시설 및 활동의 중립화 결정은 일견 모순된 것처럼 보인다.

현실을 이슬람식으로 변화시키기 위해 선거 활동에 참여한 회원들이 현실타협적 방식으로 종교 활동을 펼쳤기 때문이었다. 따라서 이러한 결정의 저변에 무슬림 사이의 종교적 화합이라는 종교적 논리뿐만 아니라 현실 논리가 개입되었음을 부정할 수는 없다. 갈등의 최소화라는 사회적 규범을 준수할 필요성이 공감되었기 때문에 종교시설의 중립화에 대한 논의는 커다란 이견 없이 수용되고 실천될 수 있었다.

정치적 지하드가 갖는 현실타협적 성격은 일부 유세 방식에서도 표출되었다. 아민 라이스를 선전하는 홍보물에는 아민 라이스가 자바 왕실과 혈연관계를 맺고 있으며, 높은 신비적 힘을 가지고 있는 것으로 묘사되었다. 주단위 선거팀은 족자까르따의 유명한 달랑(dalang: 그림자극을 연행하는 인물)과 신비주의 집단의 지도자를 방문하여 지지를 호소하였다. 아민 라이스가 대통령으로 선출되리라는 예언을 신비적 힘을 가진 사람이 예견했다는 신문기사가 선거팀 사이에서 유포되었고, 자바의 전통 문화에 아민 라이스가 반대하지 않는다는 현수막이 시내 곳곳에 걸려 있었다.

무함마디야가 전통적 믿음 체계와 혼합된 종교 관행 그리고 초월적이고 신비적 힘을 얻기 위한 관행에 대한 반대를 자기 정체성의 핵심으로 간주하고 있음을 고려해보면(Peacock 1978), 이러한 선거 활동은 자기 부정적 성격을 띠고 있다. 이는 선거의 절박성에 기인했다. 정치적 지지를 이끌어내기 위해서는 비이슬람적인 성향의 유권자에게 다가갈 필요가 있었으며, 이를 위해서는 이들에게 호소력 있는 방식이 사용될 수밖에 없다는 현실적 문제가 고려되었다. 다른 한편으로, 이는 구체적 현실 속에서 무함마디야 회원이 존재해왔던 존재 양식의 투영이라고 해석될 수 있다. 즉, 자바의 전통 관행으로부터 탈피한 순수한 이슬람 관행을 이념적으로 지지했을지라도, 상당수 회원은 전통적 종교관행에서 완전히 벗어나지 못한 삶을 살아왔다(김형준 1998b; Mulkhan 2000, 338-48). 따라서 선거 활동 중에 표출된 모습은 일상에서 이들이 보였던 현실 타협적 모습을 반영하고 있다.

요약하면, 회원들의 선거 참여에서 나타났던 소극적 태도, 종교적 중립성을 지키고자 했던 노력, 종교 해석상 금기시되는 관행의 이용 등은 이들에 의해 실천된 지하드가 현실 타협적 성격을 가진 것이었음을, 즉 현실 변혁을 위한 가장 효과적인 방법을 모색하기보다는 현실 규범에 부합하고 갈등 유발을 최소화시킬 방법으로 진행되었음을 보여준다.

Ⅵ. 맺음말

대선 캠페인 초기 무함마디야 회원은 아민 라이스의 높은 득표 가능성에 대해 자신감과 기대감을 보였다. 이러한 평가의 저변에는 무함마디야의 영향력에 대한 '순진한(naive) 믿음', 즉 회원과 동조자를 포함한 '무함마디야 가족(warga)'의 규모가 삼천만 명에 이르리라는 믿음[13], 중앙본부의 결정이 그 '가족'에 의해 수용되리라는 생각, 그리고 회원들의 선거 캠페인 참여를 통해 득표율이 증가하리라는 확신이 존재했다.

대선 결과는 이러한 기대를 충족시키지 못했다. 아민 라이스는 14.6%의 득표로 4위에 랭크되었다. 그의 득표는 1위를 했던 수실로 밤방 유도요노-유

13) 무함마디야의 공식 회원수가 백만 명에 미치지 못한다는 점은 잘 알려져 있었지만, 회원을 포함한 동조자의 규모가 삼천만 명에 이르리라는 주장이 보다 빈번하게 거론되었다. 한 최고위원은 NU보다 천만 명을 낮추어 계산하는 오랜 관행 때문에 삼천만 명이라는 수치가 나왔다고 설명하면서, 최근 NU가 회원수를 오천만 명으로 늘려 이야기하는 경우가 있기에 무함마디야 역시 회원수를 곧 사천만 명으로 증가시킬 것이라는 우스개 소리를 덧붙였다. 하지만, 삼천만 명을 과장된 수치라 평가했던 이 최고위원 역시 공식 회원수인 백만 명에 큰 의미를 부여하지는 않았고, '무함마디야 가족'이 천만 명에서 이천만 명에 이르리라 추산했다. 그의 주장은 회원수와 관련된 조직 내 보수적 추산을 대변하고 있다.

수프 깔라(Yusuf Kalla)조와 2천만 표 이상의 차이, 3위를 했던 위란또(Wiranto)-살라후딘 와히드(Salahudin Wahid)조와 1천만 표에 육박하는 차이를 보였다. 족자까르따에서의 선거 결과 역시 좋지 않았다. 아민 라이스는 27%의 득표율로 2위 자리를 얻는 데 만족해야 했다. 이는 최소 50%의 득표율을 얻을 수 있으리라는 기대와는 커다란 차이를 보였다.

낙관적 기대와 만족스럽지 못한 선거 결과 사이의 간극을 설명할 가장 중요한 요소는 위에서 지적된 '순진한 믿음'이다. 선거에 적극적으로 참여했던 회원에게는 무함마디야의 정치적 영향력에 대한 강한 믿음이 존재했다. 또한, 이들은 자신들의 지하드에 대해 과도한 자신감과 기대감을 가지고 있었다. 하지만, 이 글에서 검토된 대로 이들의 활동은 자바 문화의 맥락 내에서 공격적이고 적극적인 방식이 아닌 현실타협적 방식으로 진행되었고 그 영향력은 제한적일 수밖에 없었다. 이들의 선거 유세는 무함마디야의 종교 활동에 참여하던 사람을 주요 대상으로 하였으며 그 범위를 넘어서는 사람에게 이들의 목소리는 쉽게 전달되지 못했다.

족자까르따의 지도자들은 만족스럽지 못한 대선 결과, 특히 족자까르따에서의 결과를 미숙한 정치 경험에 기인한 것으로 설명하려 했다. 정치적 중립이라는 오랜 전통으로 인해 정치 활동을 효과적으로 행할 경험을 축적하지 못했다는 것이다. 이러한 설명에 일정 정도의 타당성이 있음을 부정할 수는 없다. 하지만, 대선 캠페인 과정과 결과는 무함마디야가 내부적으로 평가되던 것만큼의 대중적 영향력을 가지고 있는지에 대한 의문을 제기하도록 한다. '양적 다수의 신화'가 2004년 총선을 통해 또다시 신화로서 확인된 것처럼,[14)]수천만 명의 회원을 가진 조직으로 여겨지는 무함마디야의 사회문

---

14) 이슬람 세력의 정치적 영향력을 평가하는 준거점으로 자주 이용되는 1955년 선거에서 이슬람 정당은 43.5%의 득표율을 보인 반면(Feith 1957, 65), 2004년 총선에서 넓은 의미의 이슬람 정당의 득표율은 38.3%에 머물렀다.

화적, 정치적 영향력 역시 재확인되어야 할 것임을 이번 선거는 보여주고 있다.

실망스러운 선거 결과에도 불구하고, 무함마디야 회원의 정치 참여 양상은 인도네시아 민주화 과정에 대한 새로운 시각을 제공한다. 무엇보다 주목되는 측면은 회원들의 정치 활동에서 나타난 자발성으로써, 이는 금권 선거라는 기존의 관행과는 차별적인 모델을 제시해 주고 있다. 이들의 자발성이 종교적 믿음에 기초하고 있음으로 인해 서구 시민사회의 것과 차이를 보이고 있음은 고려되어야 하지만, 이들의 정치 참여가 민주주의, 도덕성과 같은 틀을 통해 동시에 정당화되었음은 그것이 제도적 민주화에서 실제적 민주화로의 전환 가능성의 단초를 내재하고 있다는 해석을 가능하게 한다.

참고문헌

김형준. 1998a. "자바 이슬람과 크리포드 기어츠, 그리고 그 후 40년." 『동남아시아연구』 6.

______. 1998b. "전통의례의 이슬람화: 개혁주의 이슬람과 자바의 전통 종교." 서울대학교 인류학 연구회 편. 『한국 인류학의 성과와 전망』. 서울: 집문당.

최난경. 2005. "인도네시아 족자까르따의 민주화와 지방자치화: 새로운 정당정치 그리고 새로운 유형의 금권정치." 『동남아시아연구』 15(2).

Adnan Zifirdaus. 1990. "Islamic Religion: Yes, Islamic ideology: No!: Islam and the State in Indonesia." Arief Budiman, eds. *State and Civil Society in Indonesia*. Clayton: Monash University.

Alfian. 1989. *Muhammadiyah: The Political Behavior of a Muslim Modernist organization under Dutch Colonialism*. Yogyakarta: Gadjah Mada University Press.

Azra Azyumardi. 2006. *Indonesia, Islam, and Democracy: Dynamics in a Global Context*. Jakarta: Solstice.

Bramantyo Ardi et al. 2002. "Rekomendasi Kepagian." *Tempo*. February 4-10.

Cahyono Heru. 2004. "Pelanggaran Pemilu Legislatif 2004." *Jurnal Penelitian Politik* 1(1).

Cook, David. 2005. *Understanding Jihad*. Berkeley: University of California Press.

Feith Herbert. 1957. *The Indonesian Elections of 1955*. Ithaca: Modern Indonesia Project, Cornell University.

Fransiska. 2003. "Syafi'i Ma'arif: Amien Rais Tidak Pernah Minta Dukungan Warga Muhammadiyah." *Tempointeraktif* 24 Juni.

Gaffar, Afan. 1992. *Javanese Voters: A Case Study of Election Under a Hegemonic Party System*. Yogyakarta: Gadjah Mada University Press.

Geertz, Clifford. 1960. *The Religion of Java*. Chicago & London: The University of Chicago Press.

Guinness, Patrick. 1986. *Harmony and Hierarchy in a Javanese Kampung*. Singapore: Oxford University Press.

Hefner, Robert. 1997. "Islamization and Democratization in Indonesia." Robert Hefner and Patricia Horvatich, eds. *Islam in an Era of Nation-States: Politics and Religious Renewal in Muslim Southeast Asia*. Honolulu: University of Hawaii

Press.

Hering, B. & G. Willis. 1973. *The Indonesian General Election of 1971*. Bruzelles: Centre D'etude du Sud-Est Asiatique et de L'extreme Orient.

Horikoshi Hiroko. 1976. "A Traditional Leader in a Time of Change: The Kijaji and Ulama in West Java." PhD Thesis, University of Illinois at Urbana-Champaign.

Ismanto et al. 2004. *Pemilihan Presiden Secara Langsung 2004: Dokumentasi, Analisis dan Kritik*. Jakarta: Kementerian Riset dan Teknologi dan Departemen Politik dan Perubahan Sosial CSIS.

Jackson, Karl. 1980. *Traditional Authority, Islam and Rebellion: A Study of Indonesian Political Behavior*. Berkeley: University of California Press.

Jay, Robert. 1963. *Religion and Politics in Rural Central Java*. New Haven: Southeast Asia Studies, Yale University.

Kartodirdjo Sartono. 1972. "Agrarian Radicalism in Java: Its Setting and Development." Claire Holt, ed. *Culture and Politics in Indonesia*. Ithaca and London: Cornell University Press.

Kim, Hyung-Jun. 1998. "The Islamization of Others' Everyday Life: A Case from Yogyakarta." *Antropologi Indonesia* 57.

Liddle, William. 1996. *Leadership and Culture in Indonesian Politics*. Sydney: Allen and Unwin.

Mansurnoor Arifin. 1990. *Islam in an Indonesian World, Ulama of Madura*. Yogyakarta: Gadjah Mada University.

Maulana Muhammada Ali. 1990. *The Religion of Islam*. Lahore: The Ahmadiyya Anjuman Ishaat Islam.

McVey, Ruth. 1970. "Nationalism, Islam, and Marxism: The Management of Ideological Conflict in Indonesia." Introduction in *Sukarno, Nationalism, Islam and Marxism*. Ithaca: Southeast Asia Program. Cornell University.

Muhammadiyah. 1939-40. *Soeara Moehammadijah*. Djokjakarta: Hoofdbestuur Moehammadijah.

_____. 1968. *Laporan Pimpinan Pusat Muhammadijah Periode 1965-1968 kepada Mu'tamar Muhammadijah ke 37 di Yogyakarta*. Yogyakarta: Pimpinan Pusat Muhammadiyah.

_____. 1972. *Keputusan Muktamar Muhammadiyah ke 38*. Yogyakarta: Pimpinan Pusat

Muhammadiyah.

______. 1998. *Anggaran Dasar dan Anggaran Rumah Tangga Muhammadiyah 1912-1985.* Yogyakarta: Pimpinan Pusat Muhammadiyah.

______. 2000a. *Laporan Pimpinan Pusat pada Muktamar Muhammadiyah ke-44 di Jakarta.* Yogyakarta: Pimpinan Pusat Muhammadiyah.

______. 2000b. *Profil Muhammadiyah 2000.* Yogyakarta: Pimpinan Pusat Muhammadiyah.

______. 2002. "Tanfidz Keputusan Tanwir Muhammadiyah 2002." *Berita Resmi Muhammadiyah.* Yogyakarta: Pimpinan Pusat Muhammadiyah.

______. 2003. "Tanfidz Keputusan Tanwir Muhammadiyah 2003." *Berita Resmi Muhammadiyah.* Yogyakarta: Pimpinan Pusat Muhammadiyah.

Mulkhan Abdul Munir. 2000. *Islam Murni Dalam Masyarakat Petani.* Yogyakarta: Bentang.

Noer, Deliar. 1980. *Gerakan Moderen Islam di Indonesia 1900-1942.* Jakarta: LP3ES.

Nuryanti Sri. 2005. "Antara Uang dan Ketokohan: Kasus Kota Medan dan Kabupaten Simalungun." Syamsuddin Haris, ed. *Pemilu Langsung di Tengah Oligarki Partai: Proses Nominasi dan Seleksi Calon Legislatif Pemilu 2004.* Jakarta: Pt Gramedia.

Peacock, James. 1978. *Purifying the Faith: The Muhammadijah Movement in Indonesian Islam.* California: The Benjamin/Cummings Publishing Company

Ramage, Douglas. 1995. *Politics in Indonesia: Democracy, Islam and the Ideology of Tolerance.* London and New York: Routledge.

Samson, Allan. 1973. "Religious Belief and Political Action in Indonesian Islamic Modernism." *Political Participation in Modern Indonesia.* New Haven: Yale University Southeast Asia Studies.

Romli Lili. 2004. "Partai Islam dan Pemilih Islam di Indonesia." *Jurnal Penelitian Politik* 1(1).

Schwarz, Adam. 1994. *A Nation in Waiting: Indonesia in the 1990s.* NSW: Allen and Unwin.

Syarief Amir. 2003. "Syafii Maarif: Muhammadiyah Tidak Akan Sebut Capres." *Tempointeraktif* 26 June 2003.

Turmudi, Endang. 2004. *Perselingkuhan Kiai dan Kekuasaan.* Yogyakarta: LKiS.

제6장 | 현대 인도네시아 선거정치에서 이슬람조직의 경쟁과 협력: 나흐다뚤 울라마와 무함마디야를 중심으로*

강영순

Ⅰ. 서론

인도네시아 현대정치의 선거과정에 있어서 1955년 선거부터 2004년 선거에 이르기까지 아홉 차례의 총선을 치러온 인도네시아는 1999년 이후에 역동적인 변화를 거듭해왔다. 1997년 경제위기를 시발점으로 하여 분출된 민주화 물결에 의해 32년간 장기집권을 해 온 수하르또(Soeharto) 대통령이 1998년 5월 권좌에서 물러난 것이 선거의 민주화를 가져왔다고 볼 수 있다. 민주화의 일환으로 100여 개의 정당들이 결성되었지만 정당의 자격요건을 갖춘 48개 정당만이 공천을 받고 그 외의 정당들은 단순히 당 조직체계만을 갖춘 형태로 존재하거나 다른 정당과 통합하는 방법을 사용하였던 1999년 총선을 통해 민주주의 정권이 확립되었다. 반면에 2004년 총선시엔 24개 정당이 참여하여 헌정사상 최초로 국민들에 의한 대통령 직접선거가 실시됨으로써 민주화의 면모를 보였다.

* 이 논문은 『동남아시아연구』 제17권 1호(2007. 2)에 같은 제목으로 게재된 것이다.

인도네시아의 경우, 이러한 선거행태에 가장 큰 영향을 미치는 요소는 이슬람 공동체이다. 그러한 사실은 선거캠페인시 각 정당에 대한 지지의 형태를 통해 확연히 드러난다. 선거캠페인이 진행될 시에는 이슬람교도들의 지지를 확보하기 위해 이슬람 정당뿐만이 아니라 각 정당, 특히 정부 여당에서 이슬람 교육기관에 대한 후원, 이슬람 사원들에 대한 후원, 이슬람 조직들에 대한 후원 등 이슬람 단체들을 통한 득표를 위해 여러 가지 유화정책을 펴나가기 때문이다. 인구에 비례해서 무슬림이 지배적이기 때문에 나타나는 현상이다. 20세기 초부터 시작된 반 화란 민족주의 운동에 이슬람 조직이 적극적으로 참여한 동시에 정치에도 참여하기 시작한 것이 지금까지 인도네시아 정치에 이슬람 세력이 주요 부분을 점유하게 된 바탕이 되고 있다. 따라서 정치사상 선거시마다 무슬림들의 지지를 확보하기 위하여 정당을 결성한 이슬람 조직들을 제외한 기타 정치조직들은 이슬람 조직들과 연계하여 지지 확보에 심혈을 기울여 왔다. 특히 1999년 선거에서는 그 양상이 현저하게 나타났다. 정치엘리트들의 세대교체를 도모한 첫 민주선거였기 때문이었다. 이슬람신학자들을 통해 구성된 이슬람 조직의 정당을 집중 지지하였던 사실을 통해 국민들이 얼마나 리더십 변화를 염원했는지를 짐작해 볼 수 있다. 반면에 2004년 선거에서는 인도네시아 역사상 처음으로 대통령 직접선거를 실시함에 따라 양 이슬람 조직의 참여양상도 다르게 나타난다. 한 개체간의 관계를 중시함으로써 투표행태에 절대적인 영향력을 행사하는 이슬람조직들의 선거참여는 모든 정당들의 관심의 대상이 되어 왔다.

그 중에서도 특히 인도네시아에서 가장 많은 구성원을 소유하고 있는 이슬람조직, 즉 '울라마(이슬람 신학자들)의 부흥'이란 의미를 지닌 나흐다뚤 울라마(Nahdlatul Ulama, 이하 NU)[1]와 '무함마드의 순나를 지향하는 주의'라는

1) NU는 1999년 총선 당시 4천만 명 이상의 구성원을 확보하고 있었다(DPP PKB 2000, 38-39). 'Nahdlatul

의미를 지닌 무함마디야(Muhammadiyah)[2]는 인도네시아 이슬람의 거대한 양대 산맥을 이루고 있기 때문에 다른 다수의 이슬람 조직들보다 그 영향력이 더 크다. 이러한 양대 조직은 전통주의집단과 현대주의집단을 대표하기도 한다. 전통주의 이슬람조직은 이슬람교리를 가르치는 전통적인 이슬람 학교인 뽄독 쁘산뜨렌을 운영하는 울라마들을 중심으로 구성된 집단으로 가장 강력한 대중기반을 지니고 있는 NU가 대표적이다. 꾸란과 하디스를 중심으로 하는 동시에 전통적인 이슬람 법학체계를 수용하는 부류이다. 반면에, 현대주의 집단은 순나(무함마드의 관행)를 지향하고 이슬람의 순수성을 회복하고자 하는 이슬람개혁운동에 편승하여 조직된 무함마디야가 그 대표적이며 대다수 서구교육을 받은 지식인들로 구성된 집단으로 쿠란과 하디스를 중심으로 교육, 사회, 복지활동, 민주주의 및 인권 등 사회변화의 구심점 역할을 해 온 동시에 정치문제에 대해서도 매우 비평적인 집단이다. 양대 조직이 형태의 상이성을 지녔지만 모두 교육 및 사회분야에서 활동한다는 점과 조직의 인물들을 통해 각 조직의 무슬림 공동체의 이익을 대변하기 위해 정치에 참여하게 된 공통점이 있다.

이 양대 이슬람 조직의 정치참여는 인도네시아 정치사에서 늘 주요 이슈가 되어 왔다. 종교조직으로서의 상이성도 있지만 양 조직 모두 정치에 적극성을 띠었으며 여당을 견제하는 역할도 해 왔기 때문이다. 초기에 이루어진 선거시엔 양 조직이 한 정당조직 속에 동일한 구성원으로 참여하여 협력의 양태보다는 각 이슬람 공동체의 이익을 위하여 전형적인 권력의 속성을 보임

Ulama'의 인니어 표기상의 발음은 '나흐들라뚤'이지만 아랍어에 가까운 발음으로는 '나흐다뚤 울라마'이다. 'Nahdatul'과 혼용되지만 NU 자체에서는 조직명을 'Nahdlatul Ulama'로 명시하기 때문에 본 논문에서도 이 표기법으로 하며 현지 인니어 발음인 '나흐다뚤 울라마'로 명시한다.

2) 무함마디야는 3천만 명 정도의 구성원을 확보하고 있다(Iwan Badillah, 2006/07/01; Din Syamsuddin, 2007/02/24).

으로써 끊임없는 불일치를 보여 왔지만 진정한 민주화의 서막으로 인식되는 1999년 대통령 선출시엔 양 조직간의 협력의 모습을 보여주었으며 2004년 대선시엔 각 공동체의 이익을 대변하기 위해서 국가통합을 내세우며 각 러닝 메이트와 함께 현저한 경쟁의 모습을 보여주었다. 단지 양 조직이 초기의 정치참여 형태와는 다소 상이하게 조직 내부의 구성원들을 통해 결성된 정당들을 조직이 적극적으로 후원하는 형태를 띠고 있다. 따라서 이러한 문제점을 중심으로 양대 이슬람 조직의 정치참여 배경은 어떠했는지, 참여과정에서 어떠한 양상을 보였는지, 대선시에 이슬람 이데올로기와 정치적 현실 사이에서 두 조직은 어떠한 유사점을 보였는지 등의 문제를 바탕으로 하여 본 연구는 정치참여의 출발도 동일했던 두 이슬람 조직 내에서 결성된 정당을 중심으로 선거과정에서 나타난 협력과 경쟁의 양상을 1999년 대통령 선출과 2004년 대통령 직접선거를 중심으로 고찰해 보기로 한다.

Ⅱ. NU와 무함마디야의 정치참여 배경 및 양상

인도네시아 이슬람 조직의 정치참여는 1912년 정치적 기반위에 조직된 이슬람연합(SI, Syarikat Islam)을 통해 반 화란 민족주의 운동 및 정치에 참여하게 된 시발점이 되었다. 그 전신은 1911년에 결성된 이슬람무역연합(SDI, Syarikat Dagang Islam)이다. 이러한 SDI는 인도네시아이슬람연합당(PSII, Partai Syarikat Islam Indonesia)의 전신이 되었으며 그때부터 무슬림들의 정치참여가 적극적으로 나타났다. 초기 민족주의를 이끌어 왔던 SI는 내부분열로 인해 인도네시아공산당 등 여러 정당들을 파생시켰다. 1912년에 창설된 무함마디야의 일부 구성원들은 SI에 소속되어 활동하였으며 1926년에 창설된 NU,

그리고 PSII와 함께 1945년에 창당된 인도네시아무슬림협의회인 마슈미(MASYUMI, Majelis Syuro Muslimin Indonesia)에 연합함으로써 의회를 통해 정치에 참여하는 정치조직이 되었다. 1945년 독립 이후 인도네시아중앙협의회가 잠정적인 국회역할을 수행하다가 1950년 8월에 내각책임제를 규정한 공화국 잠정헌법이 확정됨에 따라 선거권이 부여되는 내각책임제에 의한 의회정치가 시작되었을 때 정치조직들은 정당의 모습을 갖추어 정치참여를 시작하게 된 것이다. 이처럼 전통주의 이슬람조직인 NU와 현대주의 이슬람조직인 무함마디야는 거의 동일한 시기에 정치참여를 하게 되었다.

양 조직의 정치참여는 시대적 상황에 따라 상이한 양상을 보인다.

첫째, 식민지시대이다. NU와 무함마디야 등은 창설 당시엔 화란의 식민통치하에서 적극적인 반 식민 활동을 지속해 나갔지만 화란의 탄압과 감시로 인해 정치적 요소로서의 이슬람은 1920년 후반기부터 그 역할이 약화되었으며 내부분열로 인해 큰 결실을 맺지 못하였다. 또한 수까르노 초대 대통령의 인도네시아국민당(PNI, Partai Nasional Indonesia, 1927년에 창당) 등과 같은 민족주의 조직들에 의해 정통주의 이슬람세력들은 결집력을 상실하였다. 이러한 상황은 일본 통치후엔 일본이 자국의 승리를 위해 이슬람 지도자들을 회유하여 공동운명체 의식을 무슬림 사회에 확산시킴으로써 식민지배시와는 다소 상이한 양상을 띠게 되었다.

둘째, 수까르노 정권시인 구질서기이다. 1945년에 전통주의 이슬람집단을 대표하는 NU와 현대주의 이슬람집단을 대표하는 무함마디야와 현대주의에서 파생한 급진주의 이슬람 조직들이 연합하여 이슬람공동체의 이익을 대변하기 위해 창당한 마슈미는 1950~1955년 의회민주주의 초기의 국회선거시에 49석(Feith 1963, 345)이나 확보하였으나 PSII의 탈퇴(1947), 그리고 NU의 종교성장관직의 획득 실패로 인해 마슈미 내부의 NU와 무함마디야 양 이슬람 조직이 분열되고 — 당시 윌로포 내각의 주요 직위를 마슈미가 무함마디야 구성원들을 후원하여 획득했기 때문에 NU가 차별을 받았다고 인식함 — 그로 인해 1952년에 NU는 탈퇴하여 자체 정당을 결성함으로써 마슈미의 결집력은 약화되었다. 따라서 1955년 선거(Feith 1957, 74-75)에서는 마슈미가 57석으로 20.9%, NU가 45석으로 18.4%를 차지함으로써 정치의 장에서 NU는 주요부문을 점유하기 시작하였다. NU가 마슈미에서 탈퇴한 이후에 무함마디야의 정치적 세력 또한 저하되었다. 제2차 내각인 알리 사스뜨로아미죠요(Ali Sastroamidjojo II) 내각시엔 이슬람정당 출신 장관 9% 중에서 1%만이 무함마디야 출신으로 정치적 지위는 급격히 저하되었다(Ghazali 2005, 247). 무함마디야의 정치적 세력이 저하되자 1959년 총회 이후에 마슈미로부터 공식적으로 탈퇴하였다(Syaifullah 1997, 212-214; Ghazali 2005, 247-248). 그 당시 마슈미가 1958년에 발생한 인도네시아공화국혁명정부(PRRI, Pemerintah Revolusioner Republik Indonesia) 반란에 동조함으로써 "반란과 분열의 당"(Samson 1968, 1001)으로 낙인이 찍혔고, 마침내는 1960년에 합법적인 정치분야에서 제거되었으며 그로 인해 무함마디야는 몇몇 이슬람 조직과 함께 인도네시아무슬림당(Parmusi, Partai Muslimin Indonesia)을 창당하여 정치참여를 지속하였다.

따라서 교도민주주의 시기(1957~65)부터 이슬람의 정치적 영향력은 지속적으로 약화되어 갔다. 비이슬람 정당들의 이슬람세력 저지 활동, 반정부활동, 내부분열, 이념대립 등으로 인해 정책결정에 있어서 핵심적인 역할을 수행하지 못했기 때문이었다.

셋째, 수하르또 정권시인 신질서기이다. 수하르또 정권이 들어선 이후엔 이슬람에 대한 정치적 규제가 더욱 더 심해져 두 조직의 정치참여 기회는 점점 더 감소하였다. 맥비에 따르면, "1970년 중반경에 친서방 수하르또 정권은 이전의 수까르노 친북경정부가 취한 것보다 훨씬 더 이슬람의 정치적 · 사회적 역할을 규제함으로써 종교의 정치적 역할은 변화하였다"(McVey 1984,

199). 골까르(Golkar, Golongan Karya, 직능집단)를 통한 군의 정치참여로 군부세력은 점점 강화되는 반면에 여전히 이슬람국가 건설에 집착하고 있다고 인식받는 이슬람정당들의 영향력은 약화되어 갔다. 군부는 이슬람정당들의 세력을 약화시키기 위한 하나의 조치로 모든 정당들로 하여금 국가의 다섯 가지 기본원칙인 빤짜실라(Pancasila) — 전지전능한 유일신에 대한 신앙, 인도주의, 민족주의, 민주주의, 사회정의 — 를 당 강령으로 수용하게 하고 여당인 골까르(Golkar), 통일개발당(PPP, Partai Persatuan Pembangunan, 이하 PPP), 인도네시아 민주당(PDI, Partai Demokrasi Indonesia) 등 3개 정당만을 허용하는 정책을 내어 놓았다. 빤짜실라의 다섯 가지 중 가장 으뜸인 '전지전능한 유일신에 대한 신앙'은 어떠한 특정 종교를 지칭하는 것이 아니며 특정종교에 대해 강압성을 띠는 것이 아니라 신앙 그 자체를 중시하기 때문에 이러한 정책은 국가의 제반사항을 종교와 관련시키는 이슬람 정치세력의 극대화를 사전에 예방하자는 조치의 일환으로 취해진 것이다. 그러한 정책으로 1973년 1월 5일에 네 개의 이슬람 정당, 즉 Parmusi, NU, PSII, 이슬람교육연합(Perti, Persatuan Tarbiyah Islamiyah) 등이 합병이 되어 PPP를 결성하게 된다. 수하르또 정부의 탈 이슬람화 정책의 일환으로 시행된 정당합병으로 PPP의 이슬람 색채는 옅어지게 되었다. PPP내에서 가장 큰 세력인 NU에 대한 군부의 내부분열도 조장되었다. 그 대표적인 예는 1978년 PPP 총재직을 맡은 나로(J. Naro)를 비롯한 PPP 핵심지도자들과 밀접한 연계를 맺어 진행된 군부의 정치적 전략이다. 나로는 NU로 하여금 국회 의석수 감소를 종용하고 선거후보자 명단도 NU 지도자들의 자문 없이 독단적으로 작성하여 정부의 승인을 받는 등 정부에 철저히 협력한 인물이다. 이러한 요인들이 NU가 사회 및 종교활동에 전념하려는 목적으로 1984년에 PPP를 탈퇴하게 된 근본원인이 된다. 정당합병으로 인하여 PPP를 통한 이슬람 구성원들의 이익을 대변하기 위한 활동이 현저했던 시기이기도 했지만 무슬림 공동체를 포함한 국민들의 염원이 전달되어

국가정책의 하나로 실현되기에는 많은 제약이 있었다. 수하르또 정권시에 시행된 선거체제는 국민들의 주권을 실현시키기 위함이 아니라 단순히 한 정부형태의 기본골격을 갖추기 위함이었다고 볼 수 있다.

넷째, 개혁시대이다. 1998년 수하르또 장기집권의 종식으로 인한 민주화의 열기가 이슬람조직을 포함한 수많은 조직들로 하여금 정치참여의 촉매제 역할을 할 수 있는 정당을 결성하게 하였다. NU와 무함마디야도 무슬림공동체의 이익을 대변하고 정부정책으로 입안되어지도록 하기 위한 하나의 구심점과 민주화를 성취하겠다는 정치적 이상을 실현하기 위한 정치적 도구의 필요성을 느꼈다. 그동안 정당을 통한 정치참여의 장에서 떠났던 NU도 조직의 특성을 그대로 유지하면서 공동체의 정치적 염원을 성취하기 위한 하나의 매개체로 조직 구성원들이 민족각성당(PKB, Partai Kebangkitan Bangsa)을 창당하였다. 나시르(Nashir 2000)에 따르면, 무함마디야 또한 국가개혁과정에서 새로운 세력균형과 추진력을 위한 정치참여의 필요성을 절감하였고, 개혁을 추진하는 데 다른 인물들과 함께 책임감을 느끼고 체계적으로 개혁을 시작해야 한다고 자각함으로써 무함마디야 조직 내에 개방정당인 국민수권당(PAN, Partai Amanat Nasional)을 창당하게 되었다. 양 정당이 각 조직명의 정당은 아니지만 양대 조직의 원로들을 포함한 임원진들을 중심으로 구성되었기 때문에 조직의 대표정당으로 인식되며 각각 자체 조직망을 선거에 연계시켜 구성원들의 압도적인 지지를 확보함으로써 1999년과 2004년 두 차례에 걸쳐 선거에 참여하였다. 이러한 양 정당을 통하여 1999년 선거에서는 NU의 장이었던 압두라흐만 와히드(Abdurrahman Wahid, 일명 구스두르(Gus Dur)라 호칭함)[3]가 대통령으로, 무함마디야 의장이었던 아민 라이스(Amien Rais)는 국민

3) 압두라흐만 와히드(Abdurrahman Wahid)는 '와히드'로 호칭되는 동시에 일명 '구스두르(Gus Dur)'라고도 불리운다. 본문에 나오는 살라후딘 와히드(Salahuddin Wahid)는 그의 동생으로 호칭에 혼선 및 중복을 피하기 위해 압두라흐만 와히드를 '와히드'로, 살라후딘 와히드를 '살라후딘 와히드'로 표기한다.

협의회(MPR, Majelis Permusyawaratan Rakyat) 의장으로 선출되었으며, 헌정사상 처음으로 시행된 대통령 직접선거인 2004년 선거에선 NU 의장인 하심 무자디(K.H. A. Hasyim Muzadi, 이하 무자디라 지칭)는 인도네시아투쟁민주당(PDI-P, Partai Demokrasi Indonesia Perjuangan) 총재인 메가와띠 수까르노뿌뜨리(Megawati Soekarnoputri, 이하 메가와띠로 지칭)의 러닝메이트인 부통령으로, 무함마디야 의장이었던 아민 라이스는 PAN 총재로 있다가 대통령으로 입후보하여 개혁시대의 정치적 행보도 함께 하였다고 볼 수 있다. 1999년 이전의 선거 양태와는 너무나 다른 경쟁 및 협력의 관계가 이루어진 시기로 개방된 경쟁을 보임으로써 민주주의 면모를 나타내었다.

1999~2004년 회기엔 국회의석이 462의석이었다가 2004-2009년엔 559의석으로 늘어나면서 NU와 무함마디야를 포함한 이슬람정당들의 참여도 더 활발해졌다. 개혁시대 초기에 결성된 대표적인 이슬람 정당들은 PKB, PAN, PPP, 월성당(PBB, Partai Bulan Bintang), 정의당(PK, Partai Keadilan), 이슬람민중당(PUI, Partai Umat Islam), 민중각성당(PKU, Partai Kebangkitan Umat) 등으로, 그 중에 가장 큰 지지세력을 지닌 정당은 NU를 대표하는 정당인 PKB와 무함마디야를 대표하는 정당인 PAN이다. NU와 무함마디야 구성원들이 정당을 결성하게 된 배경은 정치적 기반을 통해 무슬림 공동체의 이익을 대변하고 민주주의를 실현시키기 위함이었다.

Ⅲ. 대통령 선출을 통해서 본 NU와 무함마디야의 경쟁 및 협력

살라후딘 와히드는 솔라후딘 와히드(Solahuddin Wahid)라는 표기로도 사용되고 있다.

1999년엔 NU 의장인 와히드가 NU 구성원들로 창당된 PKB를 기반으로 대통령으로 당선되었고 무함마디야 의장인 아민 라이스는 역시 무함마디야 구성원들로 창당된 PAN을 기반으로 국회 최고기구인 MPR 의장으로 선출되어 함께 정치권력의 중심부에서 활동하는 협력의 양상을 보였다. 반면에 2004년 선거에서는 전형적인 경쟁의 선거행태가 보여진다. 대선의 과정 속에 양 조직이 보여준 선거행태는 어떠했는지를 살펴보기로 한다.

1. 1999년 대통령 선출을 통해서 본 참여 형태

인도네시아 1999~2004년 회기의 1999년 선거에서는 수하르또의 장기 집권이 종식된 후에 처음으로 민주적으로 치러지는 선거였기 때문에 전체적으로는 경쟁과 정당들간의 연합양태가 현저한 양상을 보였다. 그 중에서도 NU와 무함마디야간의 협력형태는 대통령 선출을 앞두고 아주 두드러지게 나타난 사실을 볼 수 있다.

1999년 선거의 득표결과를 본다면 PDI-P가 33.74%로 단연 우세했으며 그 다음으로는 골까르(Partai Golkar, 이하 Golkar로 약칭)[4] 22.44%, PKB 12.61%, PPP 10.71%, PAN 7.12% 등의 순서이다(KPU, 2000). 이중에 PDI-P와 Golkar를 제외한 세 당은 모두 이슬람 정당이다. 그 중 NU의 PKB와 무함마디야의 PAN이 대통령 선출에 있어서 핵심적인 역할을 하였다. 당시 득표율로만 본다면 당시 국회의석 중 36%인 153석을 점유하여 가장 득표율이 큰 정당이

4) 1964년에 결성되어 수하르또 정권시에 사용하던 'Golongan Karya(직능집단)'는 정당이란 단어인 'Partai'를 넣어 'Partai Golongan Karya(Pgolkar)'로 명칭이 변경됨. 1998년에 수하르또가 권좌에서 물러난 뒤 1999년 선거를 앞두고 개혁시대에 부합되게 정당이란 명칭을 덧붙임. Partai를 빼고 여전히 Golkar만으로 표기하고 있다.

었던 PDI-P 총재인 메가와띠가 대통령으로 당선될 수 있는 확률이 가장 높았지만 당시 네 번 째 순위인 12.61%에 달하는 51석을 차지한 PKB를 기반으로 하고 있던 와히드, 즉 당시 NU 의장이었던 와히드가 대통령으로 당선됨으로써 협력의 중요성을 보여준 계기가 되었다. 뽀로스뜽아(Poros Tengah)[5]에서 와히드를 대통령 후보로 내세워 당선이 되게끔 한 사실과, PAN이 국회의석 중 7%인 34석만을 획득했음에도 불구하고 아민 라이스가 국민협의회 의장으로 선출된 사실을 통해서 입증되고 있다.

특히 1999년 대통령 선출을 앞두고 각 정당이 로비를 하는 과정에서 NU의 와히드가 무함마디야의 아민 라이스로부터 집중적인 대통령 출마 권유를 받은 사실은 인도네시아 정치사상 초유의 협력 형태를 통해 민주주의의 일면을 보여주었다.

처음엔 와히드가 대통령에 출마할 수 없다고 인식되었는데 그 이유는 첫째, 건강상의 문제 때문이었다. 앞을 잘 볼 수 없는 상태에서 한 나라의 국민을 이끌어나가는 지도자가 되기에는 부적합하다고 생각했던 것이다. NU측에서는 당시 '민족의 아버지'로 존경받는 위치에 그대로 있기를 원했기 때문이다. 둘째, NU는 어떠한 후보가 선출되는 과정에서 먼저 스스로 입후보하지 않는 전통을 지니고 있기 때문이었다. 따라서 당시에 와히드는 알라(Allah)의 대변자로 인식되는 가장 존경받는 인물이었지만 출마를 하지 않은 사실을 통해 NU가 얼마나 자신들의 전통을 중시하는가를 알 수 있다. NU총회는 와히드를 공식후보로 추천하였지만 '선거관리위원회 팀 15(Tim 15 KPU)'는 그 추천을 수용하지 않았다. 와히드는 NU의 구성원들이 창당한 PKB의 구성원으로 등록이 되어 있지 않았기 때문이었다. 엄밀히 말하면 PKB는 NU의 구성원들이 창당한 것이지 NU의 이름으로 만들어진 정당이 아니라는

5) 뽀로스 뜽아(Poros Tengah)는 '중심축'이란 의미로서 '개혁파(Fraksi Reformasi)'의 의미도 지닌다.

논리하에서 결정된 문제였다. 그로 인해 NU 산하의 청년조직인 안소르청년운동(GP Ansor) 단체는 선관위의 결정에 항의하는 시위를 벌이기도 하였다. 와히드를 NU 무슬림공동체에서 가장 존경받는 인물로 인식하였기 때문에 그들은 선관위의 결정을 받아들이지 않았던 것이다. 그들은 "와히드를 거부하는 것은 NU 전체 구성원들에게 상처를 주는 것이다. 와히드를 받아들이든지 아니면 선관위를 해체하라"[6]라고 요구하기까지 와히드를 지지했다.

이와 같이 와히드는 GP Ansor뿐만이 아니라 무함마디야를 포함한 여러 계층으로부터 1999년 대통령후보의 핵심인물로 지목을 받고 지지를 받았다. 무함마디야가 NU측의 와히드에 대해서 보인 협력형태를 살펴보기로 한다.

1) NU에 대한 무함마디야측의 로비활동

정기 국민협의회 개최 이전에 무함마디야 구성원들이 창당한 PAN의 총재인 아민 라이스는 당시 NU 의장이었던 와히드를 대통령으로 추대하기 위해 뽀로스뜽아(Poros Tengah)를 통한 로비활동을 벌였다. Poros Tengah는 당시 최대정당들이었던 Golkar와 PDI-P를 의식하여 그 두 당을 제외한 정당들과 연합을 한다면 두 정당보다 더욱 더 강력한 힘을 발휘할 수 있으리라는 확신하에 나온 발상이었다. 특히 NU와 연합을 한다면 그 힘은 더욱 더 클 것으로 확신한 것이다. 최우선 타깃으로 NU의 울라마들을 설득하는 작업에 들어갔다. 울라마들에게 자주 호의를 베풀면서 권유 및 설득의 형태를 취하였다. 와히드를 대통령으로 당선시키기 위해 예배나 기도회에 참여하는 등 헌신적인 노력을 기울였다. 심지어 아민 라이스가 "Gus Dur is my big brother"(Suharsono 1999, 88)라고까지 한 사실에서 Poros Tengah를 중심으로 하여 아민 라이스가 얼마나 많은 노력을 기울였는지를 알 수 있다. Poros Tengah

6) "Brigade Muslim Siaga, Banser Menjaga Kiai." *Tempo*(1998/11/16).

측 중에 메가와띠가 대통령이 되는 것을 반대하는 일부 집단에 의해 메가와띠가 대통령이 되지 못하도록 울라마들에게 접근을 시도한 것도 주요 요인 중의 하나로 볼 수 있다. 아민 라이스는 울라마들에게 접근을 시도했는데 그 중에 동부자바 랑잇딴의 압둘라 파끼(K.H. Abdullah Faqih) 방문과 서부자바 찌르본의 압둘라 압바스(K.H. Abdullah Abbas) 방문은 대표적이다. 이러한 시도는 여러 차례 이루어졌다. 가끔 '이슬람교리학습'이란 명목으로 아민 라이스가 방문하여 와히드를 대통령으로 추대해 줄 것을 요청하며 정치에 대한 얘기를 하는 모임을 가졌다. 아민 라이스는 랑잇딴 등 동부자바의 여러 곳을 방문하여 이슬람 지도자들을 권유하였다. 동일한 목적으로 아민 라이스의 PAN을 비롯한 Poros Tengah 구성원들도 NU의 종교지도자들을 권유하는 임무를 수행하였다. 바와시에르(Fuad Bawazier), 라자사(Hatta Rajasa), 함디(Al'hilal Hamdi) 등 아민 라이스측 구성원들은 자주 와히드의 거처를 찾아가 와히드와 담소를 나누기도 하였다. 이러한 행동의 근본의도는 와히드로 하여금 대통령 후보가 되게끔 하는 데 있었다.

랑잇딴과 찌르본 모임을 살펴봄으로써 아민 라이스측의 절실함을 잘 이해할 수 있을 것이다.

1999년 8월 31일 파키가 운영하는 뽄독쁘산뜨렌 랑잇딴 뚜반(Pondok Pesantren Langitan Tuban)에서 NU측 울라마들과의 모임을 가졌다. 그 당시 아민 라이스를 대신하여 바와시에르와 이스마일(Nurmahmudi Ismail)이 참석하여 모임을 주도하였다. 이들은 울라마들에게 와히드를 대통령으로 추대해 줄 것을 요청하였다. 그 이유는, "초대 대통령인 수까르노와 수하르또는 아방안이고 하비비 대통령은 이슬람의 형태가 분명하지 않다. 그렇기 때문에 지금 우리는 진정한 산뜨리 이슬람, 즉 와히드를 대통령으로 추대해야 한다."라는 것이었다[7]. 여기에서 '아방안'이라고 하는 용어는 자바 이슬람의 한 형태로서 토속신앙과 자바문화 위에 이루어진 이슬람으로 자바식 이슬람교도를 이를 때 사용된다. 순수한 정통 이슬람과는 다소 다른 형태를 띤다. 반면에 '산뜨리'는 전통적인 이슬람학교에서 배우는 학생들을 가리키기도 하지만 쿠란과 하디스에 근거한 교리에 충실한 정통이슬람을 신봉하는 신실한 무슬림들을 이른다.

그 모임이 있은 지 얼마되지 않은 9월 중순에 찌르본 모임이 개최되었다. 아민 라이스는 압바스가 운영하는 뽄독 쁘산뜨렌 분뗏(Pondok Pesantren Buntet)에서 울라마들과 모임을 가졌다. 찌르본 모임시에 아민 라이스는 30여 명의 울라마들이 모인 자리에서 "와히드를 대통령으로 추대될 수 있도록 허락해 달라"고 간절함을 표시했다. 그때 그는 "인도네시아가 현재 메가와띠와 하비비의 지지자들 사이에 동족전쟁이 발발할 직전에 있다. 그러한 상황을 방지할 수 있는 사람은 와히드밖에 없다"[8]고 하였음에도 불구하고 울라마들은 아민의 요청을 수용하지 않았다. 그러나 끈질긴 무함마디야측의 권유에 마침내 와히드를 Poros Tengah의 대통령후보로 허용하였다.

울라마들 외에도 안소르 청년운동단체와 무함마디야의 청년단체도 연합하여 대대적인 이슬람교리 집회를 개최한 것도 그러한 일환이었다. NU와 무함마디야간에 협력과 화합의 밀접한 관계가 이루어진다면 민족이 직면하고 있는 수많은 문제들을 연합하여 타개해 나갈 수 있으리라는 염원하에서 와히드라는 한 인물을 중심으로 로비활동이 이루어진 것이다.

2) 성 차별의식에 대한 이슈화

1999년 선거시에 여성대통령후보를 거부하는 정치행태가 NU와 무함마디야 구성원들 중에서 나타났다. 최다수의 득표를 한 PDI-P 총재인 메가와띠

7) K.H. Muchith Muzadi(2001/06/08).

8) K.H. Muchith Muzadi(2001/06/08).

의 지위를 약화시키기 위해 여성 대통령후보를 거부한 것이다.

NU의 원로 이슬람지도자들과 일부 울라마들은 "여성 지도자는 이슬람 종교에 기초를 두고 있지 않다. 여성은 국가의 지도자가 될 수 없다"고 하였으며, 정치적 대립관계에 있던 사람들도 "여성은 민족의 지도자가 될 수 없다"고 얘기하고 있다는 종교적 이슈를 이용하기도 하였다. 그러나 NU의 일부 울라마들 중에서는 여성이 민족의 지도자가 되는 데에 아무런 문제가 없다며 메가와띠를 지지함으로써 찬 · 반 대립이 있었다. 그러한 형태는 무함마디야 내부에서도 나타났다. 아민 라이스 자신도 거대한 민족의 지도자가 되기에는 메가와띠의 능력을 문제삼았다.

여러 개의 이슬람 조직 혹은 반목관계에 있는 이슬람정당의 결정이 확연하게 나타난 것이기 때문에 'gender'와 'antigender'란 용어가 생겨나기까지 했다. 그 상황은 Poros Tengah가 와히드를 대통령으로 지지할 당시에 생겨난 것이며 무함마디야는 NU의 이슬람지도자들과 이슬람정당들을 중심으로 여성대통령 지도력에 대한 반대표명을 이슈화한 것이다.

그러한 이슈는 다음 몇 몇 인물들의 비평을 통해 엿볼 수 있다.

부디만(Arif Budiman)은 메가와띠의 조용한 성격과 능력부족을 지적했고, 레프(Daniel Lev)는 "메가와띠는 주변 사람들에 의해 좌우되기 때문에 대통령이 되게 내버려둬선 안 된다"(Panji Masyarakat 1999/08/11)고 하였다. 또한 파따(Eep Sayfullah Fatah)는 "메가와띠의 지도력은 봉건주의적인 경향이 있다. 그러한 특징은 메가와띠가 대중들과 거리를 두고 있는데서 잘 알 수 있다. 불행하게도 메가와띠의 지도력은 주변에 무성한 얘기들을 통해 세워진다는 사실이다"라고 한 외에도 루히앗(KH. Ilyas Ruchiat)은 "많은 울라마들이 거부한다"고 했으며 PPP 또한 함자 하스(Hamzah Haz)와 자르까시 누르를 통해 메가와띠가 여성이기 때문에 받아들일 수 없다고 밝혔다(Suharsono 1999, 53-54).

이와 같이 무함마디야가 NU측에 대한 로비와 메가와띠에 대한 비평의

전략을 쓰면서까지 와히드를 대통령으로 추대하려고 했던 사실은 비록 와히드의 건강상태가 좋지 않지만 항상 그의 예리한 통찰력과 현대적인 사고 등으로 인해 모든 계층으로부터 존경을 받는 인물이었기 때문이다. 그로인해 1999년 대통령 추대시에 정치엘리트들로부터 지목의 대상이 되었고 373표를 획득함으로써 313표를 득표한 메가와띠를 앞서 대통령의 권좌에 오를 수 있게 된 것이다. 정치적인 측면에서 본다면 무함마디야는 협력의 형태를 통해 자신들의 권력의 입지를 굳혀놓기 위함이며 정책입안을 수월하게 하기 위함인 동시에 협력이라는 미명 아래 자신들의 이익을 위한 바탕을 마련해 놓은 것으로도 볼 수 있다.

2. 2004년 대선을 통해서 본 참여 형태

NU의 한 지도자를 대통령의 권좌에 앉히기 위해 상호협력과 로비활동을 벌이는 동시에 여성지도력을 비평하는 방법 등으로 1999년 선거에서 최다수의 득표를 한 인도네시아투쟁민주당의 메가와띠를 무색하게 만들었던 아민 라이스는 강력하고 카리스마적인 이미지로 poros tengah를 통해 다시금 새로운 정치적 전략을 썼다.

그것은 정기 국민협의회(MPR)의 헌법 메커니즘을 통해 와히드를 탄핵하는데 성공했으며 또 헌법 메커니즘을 통해 메가와띠로 하여금 잔여임기를 수행하는 대통령이 되게끔 만든 사실을 의미한다. 제스(Jass 2005)는 "만일 반목행태를 실제정치에 비추어 본다면 '정치적 양상은 회색빛을 띠는 경향이 있으며 흑백의 성격을 띨 수는 없다. 영원한 적도 없고 영원한 친구도 없으며 존재하는 것은 오직 이해관계뿐이다'라는 역사적인 격언이 옳다"라는 표현과 아울러 그는 이러한 정치반목은 무함마디야 회원들이 실제적으로 정치적 역할을 수행하는 가운데 자주 이용하는 전략 중의 하나라고 언급하였다. 이러한 행태는 무함마디야가 보여준 최정점에 도달한 정치전략이었다고 볼 수 있다.

메가와띠 대통령의 잔여임기가 끝나고 인도네시아 여섯 번째 인물의 대통령을 선출하는 2004~2009년 회기의 2004년 대통령선거는 처음으로 국민들의 직접선거를 통해 후보들이 경합을 벌인 선거로서 선거제도의 변화로 인하여 1999년 대통령 선출과는 상이한 양상을 보인다. 이슬람 지도자들이 대통령과 부통령으로 참여하여 독특한 면모를 보인 선거로 볼 수 있다. 대선후보 및 선거를 통해 그러한 양상을 살펴보고 양대 이슬람조직의 대표, 즉 NU측 후보와 무함마디야측 후보를 중심으로 한 선거양태를 살펴보자.

1) NU와 무함마디야측 후보들의 득표 양상

2004년 선거는 NU와 무함마디야 양대 조직 의장의 대선출마, 즉 NU 의장인 무자디는 부통령으로, 전 국민협의회 의장이었던 무함마디야의 아민 라이스는 대통령으로 출마하여 국민의 이목을 끌었다. 또한 NU의 살라후딘 와히드 부통령후보와 위란또(Wiranto) 대통령후보가 의장인 무자디와 경합을 벌임으로 인해 무자디와 살라후딘 와히드에 대한 NU 지지율이 분산되었던 사실을 알 수 있다. 첫 번째 선거에서 무자디는 NU와 PDI-P, 번영평화당(PDS, Partai Damai Sejahtera)의 지지를 받는 반면, 살라후딘 와히드는 NU와 PKB, 민족중심활동당(PKPB, Partai Karya Peduli Bangsa), 인도네시아민중부흥통일당(PPNUI, Partai Persatuan Nahdlatul Ummah Indonesia), 빤짜실라애국당(Partai Patriot Pancasila)의 지지를 받고 있었기 때문이다. 제6대 대통령을 선출하는 2004~2009년 회기의 2004년 선거는 통일개발당을 제외한 나머지 네 쌍의 대선후보들 모두 각각 연합정당을 구성하여 입후보함으로써 민주주의의 면모를 갖춘 경쟁의 형태를 보였다. 당시 대통령이었던 PDI-P의 메가와띠 대통령은 NU 의장인 무자디를 부통령 후보로 지명하여 대선에 출마하였다. 골까르당의 위란또 대통령 후보는 NU의 부의장중 한 사람인 살라후딘 와히드를 부통령 후보로 지명하여 출마하였다. 반면에 무함마디야 PAN의 아민 라이스는 시스워노 유도 후소도(Siswono Yudo Husodo)를 부통령 후보로 하여 대통령후보에 출마하여 민주당(PD, Partai Demokrat)의 수실로 밤방 유도요노(Susilo Bambang Yudhoyono, 이하 '유도요노'라 지칭)는 유수프 깔라(Jusuf Kalla, 이하 '깔라'라 지칭) 사회복지조정장관을 부통령후보로 지명하여 대선에 출마하였으며, PPP의 함자 하스(Hamzah Haz)는 아굼 구믈라르(Agum Gumelar)를 부통령후보로 하여 경합을 벌였다.

2004년 7월 5일에 실시된 1차 투표시엔 아래의 **표 1**에 나타난 것과 같이 전체 유권자수 118,656,868명 중에 메가와띠-무자디는 26.6%, 위란또와 살라후딘 와히드 러닝메이트가 22.15%, 그리고 아민-시스워노는 14.65%를 득표하였다. 그 중에 NU지지기반으로 하는 무자디-메가와띠 러닝메이트와 무함마디야를 지지기반으로 하는 아민-시스워노 러닝메이트는 양측의 득표 차이가 12%에 달한다. 또한 NU부의장인 살라후딘 와히드-위란또 후보가

표 1 제1차 인도네시아 대통령 선거 득표율(2004년 선거)

대통령-부통령 후보자명	득 표 수	비 율 (%)
유도요노-깔라(SBY-Kalla)	39,838,184	33.57
메가와띠-무자디(Megawati-Muzadi)	31,567,104	26.61
위란또-살라후딘 와히드(Wiranto-Salahuddin Wahid)	26,286,788	22.15
아민-시스워노(Amien-Siswono)	17,392,861	14.66
함자-아굼(Hamzah-Agum)	3,569,861	3.01
합 계	118,656,868	100.00

*무자디와 살라후딘 와히드는 NU측 후보, 아민은 무함마디야측 후보임.
출처: 2004년 대통령선거, 선거관리 위원회.(재구성)

22.15%에 달할 수 있었던 것도 살라후딘 와히드의 지지기반이 NU이기 때문인 것으로 해석이 된다.

과반수 이상의 득표를 해야만 당선될 수 있는데 1차 투표에서 유도요노-깔라가 과반수 이상의 득표를 하지 못했기 때문에 2차 투표를 실시하였다. 그리하여 1차 투표시에 2위였던 메가와띠-무자디와 1위였던 유도요노-깔라를 놓고 재투표에 들어갔다. 국회의원 선거 득표율에 비추어 본다면 메가와띠-무자디가 63,257,851 표를 득표할 것으로 예측되는 반면에 유도요노-깔라는 48,163,204 표를 얻어 메가와띠-무자디가 단연 승리할 것으로 예상되었지만 그 반대의 결과를 가져왔다(Legowo et al. 2005, 80). 실제와 추정의 차이를 입증한 좋은 표본이었다. 만일 약 35,583,483명의 미 투표자들의 표를 메가와띠-무자디가 확보하여 득표수와 합산한다면 52.78%로 추산하였다. 그러한 비율은 유도요노-깔라보다 더 높은 것이었다. 그러나 그러한 추정은 현실화되지 못하였다.

2차 투표시엔 메가와띠-무자디가 정당을 구성한 후에 시행한 것으로 **표 2**에 나타난 것처럼 유권자 114,257,054명 중 메가와띠-무자디가 39.38%, 유도요노-깔라가 60.62%를 득표함으로써 연합정당 구성을 통한 다수득표 노력도 결실을 맺지 못한 것이다.

표 2 제2차 인도네시아 대통령 선거 득표율(2004년 선거)

대통령-부통령 후보자명	제1차 투표	비율(%)	제2차 투표	비율(%)	1차와 2차 득표율 변화
메가와띠-무자디 (Megawati-Muzadi)	31,286,788	26.61	44,990,704	39.38	(+)11,703,516
유도요노-깔라 (SBY-Kalla)	39,838,184	33.01	69,266,350	60.62	(+)29,428,166
합 계	118,656,868	100.00	114,257,054	100.00	

출처: 2004년 대통령 선거, KRT - CSIS.(재구성)

메가와띠-무자디는 Golkar, PDI-P, PPP, PDS, 개혁성당(PBR, Partai Bintang Reformasi), PKPB, 인도네시아무산주의국민당(PNI-Marhaenisme, Partai Nasional Indonesia Marhaenisme) 등의 압도적인 지지를 받은 반면에, 유도요노-깔라는 펜클럽, 노동자계층에서 고위층에 이르기까지 다양한 계층의 연합이 2004년 8월 28일, 9월 1일, 14일 세 차례(*Kompas* 2004/08/28; *Kompas* 2004/09/02; Legowo et al. 2005, 79)에 걸쳐 결성하여 범 국민적 지지를 받게 됨으로써 승리한 것으로 보인다.

만일 노선을 중심으로 해서 국회의원선거에 비추어 본다면, 무함마디야의 PAN과 NU의 PKB를 제외한 이슬람 정당들이 연합정당으로 할 경우 24%의 득표율을 기록할 수 있을 것으로 예측하였다. 만일 PAN과 PKB를 포함한다면 42%가 될 것으로 추론되며 이러한 수치는 1999년에 비해서 34%가 더 증가된 것이다. 그러나 2004년 선거는 이슬람법인 샤리아(Syaria)법 지지율은 23%에 머물렀다(Legowo 2005, 137). 2004년 대통령선거 유권자들은 이슬람법인 샤리아 캠페인의 영향이 아니라 각 정당이 부정부패를 반대하고 민족단결, 민주주의, 개혁, 교육, 사회복지 등을 내세우는 캠페인에 더 많은 영향을 받았기 때문인 것으로 지적되고 있다. 즉 2004년 선거는 노선우선에서 국가와 민족우선의 공약으로 변화되었다고 볼 수 있다.

2) 후보들에 대한 비관론

2004년 대선에 즈음해서 대두된 몇 가지 비관론을 통해 그러한 사실을 엿볼 수 있다.

그러한 비관론은 다음과 같은 몇 가지 요인에 근거한다. 첫째, 대선프로그램, 사상, 팸플릿, 비전, 임무 등의 요소들은 복합적인 양상의 위기상황을 극복하기 위한 근본해결책이 되지 않는다는 것이다. 아직도 많은 사람들이 보수적이고 발전지향적이며 이상형을 지니고 있기 때문이다. 이러한 복합적인 양상의 위기는 과거 구정권의 유산, 즉 사회경제 시스템의 실패로 인한 결과이다. 둘째, 모든 대선 후보들이 일관성 있는 민주주의와 개혁주자로서의 모습을 갖추지 않았다는 관점이다. 근본적으로 민족운동에 관여한 역사적 근거를 가지고 있지 않다는 것이다. 아민 라이스는 일부계층에 의해서 개혁주의 인물로서 인정을 받는 동시에 또 다른 부류는 개혁주의를 위해 투쟁하는 과정에서 일관성이 없고 진취성이 없다고 평가하고 있다. 반면에 메가와띠는 PDI-P 당원들과 대중매체의 격렬한 지지로 성장해온 야당세력이라는 점과 수하르또 정권에 대해 싸워온 심벌로서만 간주될 뿐이라고 하였다(Legowo 2005, 196-197). 무함마디야의 아민 라이스는 개혁을 위해 투쟁한 인물임에도 불구하고 정책과정에서의 일관성 부족으로 인해 그러한 인식을 받게 되었다. 한편, NU의 무자디도 민주주의와 개혁운동에 동참한 근거가 없으며 러닝메이트인 메가와띠 또한 부친인 초대 대통령 수까르노와 같은 카리스마를 보유하지 못했기 때문에 그러한 인식을 받은 것으로 보인다. 이러한 사실은 대선 후보들이 장기 집권한 수하르또 정권에 대항해서 민주주의 실현, 국민복지, 개혁 등을 위해 최선을 다하지 않았다는 인식에서 기인된 것이다.

Ⅳ. 선거과정에서 나타난 NU와 무함마디야의 유사점

1. 이슬람집단과 민족주의집단간의 갈등

2004년 선거는 이슬람집단과 민족주의집단 간에 이데올로기의 경계가 뚜렷이 구분되는 양상을 띠었다. 대다수의 입후보자들이 이슬람교도인데 이러한 구분을 한 이유는 역사적인 근거를 기초로 한다. 1929년 이후 서구교육을 받은 엘리트와 주요 정치세력들, 즉 초대 대통령인 수까르노의 PNI와 같은 조직들을 중심으로 하여 민족주의 운동을 이끈 통치계급에 있었던 아방안 무슬림 세력들을 이 범주에 포함시킨 것을 근거로 한다. 앞서 언급되었듯이 자바 이슬람의 한 형태인 아방안은 토속신앙과 자바문화 위에 이루어진 이슬람으로 자바식 이슬람교도를 가리키며 정교분리를 주장하는 세속주의자와 동일시하기도 한다. 종교보다도 민족통합을 우선으로 내세우는 집단이다. 반면에 이슬람집단이라고 한 것은 정통 무슬림들로 구성된 이슬람조직을 지칭한다. 이슬람집단은 이슬람공동체의 이익을 대변하고 이슬람 교리에 기초한 국가관을 염원하는 이슬람조직 구성원들에 의해 형성된 정당을 매개체로 하여 이슬람공동체를 확립해 나가려는 목적을 지닌다. 따라서 이와 같이 뚜렷이 대별되어지는 양상은 권력분배의 형평성이 이루어지지 않을 가능성이 많기 때문에 정치엘리트들 간에 마찰을 유발할 수 있고 진정한 민주주의 실현에 장애를 가져올 수 있는 가능성을 비쳤다.

직접적이건 간접적이건 국가 장래를 위한 공동안을 내어놓기보다는 이미 지나간 개념을 기초로 하여 강조하기 때문이다(Legowo 2005, 114). 그러나 2004년 대선후보들은 이러한 기본개념을 탈피하여 민주주의와 국민복지를 공약으로 내세운 게 특징이라고 볼 수 있다.

이러한 여러 가지 변수를 감안한 대선승리를 위해 위란또와 살라후딘 와히드, PDI-P의 메가와띠와 러닝메이트인 NU의장 무자디, 무함마디야 PAN의 아민-시스워노, 민주당의 유도요노-깔라, 그리고 PPP의 함자-아굼 등 대선 입후보자들은 **표 3**을 통해 이데올로기의 상이성이 뚜렷이 나타난다.

이와 같이 대선후보 러닝메이트들은 이슬람과 민족주의간의 구분이 확연한 집단 간의 연합을 결성한 것이다. 이 중에서 이슬람교리에 바탕을 둔 국가건설을 염원하는 정통 무슬림들로 구성된 이슬람 양대 조직인 NU측의 무자디와 살라후딘 와히드, 그리고 무함마디야측의 아민 라이스, 이슬람 조직

표 3 대선후보들의 이데올로기 구분

공천 정당명	이슬람 후보	민족주의자 후보
인도네시아투쟁민주당(PDI-P)	하심 무자디 -부통령후보-	메가와띠 수까르노뿌뜨리 -대통령후보-
골까르(Partai Golkar)	살라후딘 와히드 -부통령후보-	위란또 -대통령후보-
국민수권당(PAN)	아민 라이스 -대통령후보-	시스워노 유도 후소도 -부통령후보-
통일개발당(PPP)	함자 하스 -대통령후보-	아굼 구믈라르 -부통령후보-
민주당(PD)	유수프 깔라 -부통령후보-	수실로 밤방 유도요노 -대통령후보-

출처: 2004년 대통령선거, KRT-CSIS.(재구성)

들로 이루어진 PPP의 함자 하스, 이슬람정당인 월성당을 배경으로 하고 있던 깔라 등은 모두 이슬람집단을 대표하는 후보자들이다. 반면에 메가와띠, 위란또, 시스워노, 아굼, 유도요노 등의 후보자들은 모두 민족주의 집단을 배경으로 한다. 이러한 상이한 배경을 가진 후보들이 러닝메이트로 구성된 것은 소속집단의 성격만을 강조하는 한 정당에서 나온 후보만으론 대선에서 승리할 수 없다는 각 정당 지도자들의 판단 아래 연합정당을 구성한 것이다.

따라서 2004년 선거는 권력을 쟁취하려는 과정 중에 일반적으로 나타나는 정치적 갈등이 대선을 앞두고 각 정당간의 상호경쟁으로 인하여 끊임없이 표출되었다. 특히 각 정당들은 경제적 불균등, 빈곤, 실업률, 부정부패 등을 감안하여 프로그램의 중심이슈로 활용하였다.

사이후딘(Achmad Fedyani Saifuddin)에 따르면, 대통령과 부통령 후보를 내어놓은 측은 정당이기 때문에 기본적으로 정당은 갈등의 소지를 지니고 있다고 했다. 후보를 내어놓는 것에서 그치지 말고 도덕적 책임을 지고 후보를 승리로 이끌기 위해서 최선의 노력을 해야 함을 일깨웠다. 위란또-살라후딘 와히드가 첫 번째 유세에서 실패했던 이유도 갈등 때문이었다. 메가와띠-무자디와 SBY-JK에 밀렸던 이유는 Golkar의 정치적 수뇌부들이 최선을 다하지 않았기 때문이다. 반면에 NU의 PKB는 위란또-살라후딘 와히드를 승리케 할 수 있다는 낙관론을 지니고 있었다(*Republika* 2004/07/12). Golkar 총재인 악바르 딴중(Akbar Tandjung)이 당내에서 위란또-살라후딘 와히드를 대통령 및 부통령 후보로 내어놓지 못한 이유로 인해 Golkar와 위란또와의 관계나 PKB와의 관계는 종결이 되었다. 악바르 딴중의 Golkar는 '이제 막 결성된 민주당(PD)은 개혁의 주자로서는 적합하지 않다'(*Kompas* 2004/09/08)고 판단하고 PDI-P와 연합을 하여 메가와띠-무자디를 지지하기로 결정하였다(*Suara Karya* 2004/09/08). 이와 같은 정당간의 갈등은 상호 경쟁하는 위치 가운데 각각 승리를 위한 염원을 지니고 있기 때문에 자연스런 형태로 비쳐진다. 2004년 대선후보자들은 각기 사회로부터 능력을 인정받는 인물들이었으므로 갈등의 소지가 표출되기 시작한 것이다. 각자 상이한 이데올로기를 지닌 강력한 지지집단을 확보하고 있기 때문에 1차 대선 캠페인시엔 유권자들의 득표를 위해 정당간의 경쟁은 치열한 모습을 보였다. 종교이데올로기집단, 민족주의 집단, 군 집단, 종족집단 등의 이익을 대변하기 위함이었다.

사실상 양대 이슬람 조직외의 다른 대선후보들도 모두가 이슬람을 기본 지지 조직으로 두고 있다. 그들은 각기 유권자들의 강력한 지지기반을 지니고 있기 때문에 선거캠페인시에 중앙으로부터 지방에 이르기까지 조직망을 재점검하고 경쟁에 대비하였다. 각 후보들이 후원조직을 만들고 대중매체를 이용하며 영향력있는 공무원들과의 협력 등의 방법으로 승리를 위한 효율적인 경쟁이 차츰 증대되었다. 아민 라이스 센터, 메가 센터 등도 이에 속한다. 사회, 경제, 정치, 문화 등에 대해서도 각 후보자들이 전문가들을 구성하여 대비해 나갔다.

따라서 군 장성 출신인 위란또와 NU의 살라후딘 와히드 러닝메이트가 많은 표를 획득할 수 있었던 것도 이러한 요인이 작용하였다. 위란또는 유도요노보다 군의 전폭적인 지지를 받았지만 상대적으로 젊은 층은 유도요노를 지지하는 편이었다. 위란또-살라후딘 와히드는 수하르또 전 대통령이 지녔던 네트워크의 지지를 확보하였다. 또한 새로운 집단 및 정당 즉, PKB, PKPB, PKPI, 기업가들, 민영 및 공영기업들, 그리고 전문인들의 지지를 많이 확보하였다(Legowo 2005, 185-186).

정치평론가인 나즈(Enceng Sobirin Nadj)와 사회평론가인 쁘라소요(Imam B. Prasodjo)는 대선후보에 대한 대중조직의 지지는 당연한 것으로 평가한 반면에 그러한 지지가 종족, 종교 혹은 기타 사회집단의 이름을 내세우는 원시적인 성격을 띠는 것으로 점철되지 않도록 상기시키기도 하였다(*Republika*, 2004/06/17). 그러한 형태는 특정 후보에 대해 지지 집단간의 경쟁을 하는 과정에서 격렬한 갈등의 소지를 지니고 있기 때문이다. NU와 무함마디야를 포함한 모든 이슬람조직들 또한 가부장적인 성격, 종교, 종족, 지역 등과 관련되어 있음으로 인해 그러한 갈등의 소지는 모두 지니고 있다고 볼 수 있다. 이처럼 이슬람집단을 지지기반으로 하고 있는 무자디와 살라후딘 와히드, 아민 라이스, 함자 하스, 깔라, 그리고 민족주의 집단을 배경으로 한 후보자들인 메가와띠, 위란또, 시스워노, 아굼, 유도요노 등은 그러한 문제점을 해소하기 위하여 유사한 전략을 세운 것이다. 즉, 다른 정당과의 연합 혹은 사회에서 명망이 있는 비정당의 인물영입, 민족주의자는 민족주의정당과, 세속주의 정당은 동일한 세속주의 정당과의 연합을 통한 결속을 하는 동시에 상이한 이데올로기 집단과의 연합을 도모한 것은 각 정당이 다수의 득표를 위하여 나온 발상이다.

그동안 이슬람과 민족주의 집단은 인도네시아 정치사상 지속적으로 대별되어 옴으로 인해 항상 정치분열의 주체가 되어왔지만 2004년 대선에서는 연합하는 형태를 보였다. 정당간의 갈등형태에 이르는 문제 중 이데올로기 문제가 가장 큰 문제로 대두되기 때문에 실행된 조치라고 볼 수 있다. 동일한 민족주의자 혹은 세속주의자끼리 연합을 한다면 이슬람 집단은 대표되어질 수 없다는 이유에서이다. 민족주의집단의 대다수가 이슬람 종교를 신봉하고 있지만 이데올로기적으로 민족주의자집단은 종교계층을 대표하지 않는다. 그러한 문제는 세속주의 민족주의자와 이슬람계층간의 연합을 촉구하게 되었다. 따라서 어떠한 인물이 이슬람집단을 대표할 수 있을지 혹은 민족주의집단을 대표할 수 있을지가 고려의 대상이 되었다. 에펜디(Bachtiar Effendy)에 따르면 "국가지도력에 있어서 민족주의자와 이슬람의 연합제의는 그렇게 중요하지 않다. 단지 선출될 지도력이 안정감을 가지기 위한 정치적인 심리일 뿐이다"라고 하였다(*Mesia Indonesia*, 2004/4/24). 그의 의견과 거의 동일하게 사닛(Arbi Sanit)은 "민족주의정당과의 연합은 현대 이슬람계층에겐 그리 문제가 되지 않는다. 하지만 급진주의 이슬람집단에겐 그러한 형태의 정당연합은 문제시된다. 급진적 이슬람집단은 국가지도력을 대표하지 못할 것이라는 이미지를 가질 수 있다. 즉 후일에 그들은 세속주의 국가라는 관념을 가지게 되고 그러한 실망감에서 급진주의 계층은 강력하고 격렬한 적대관계를 형성할 수 있다"고 하였다(*Suara Karya*, 2004/4/29). 이와 같은 상이한 이데올로기를 지닌 집단간의 연합은 서로에 대한 신뢰성이 구축되기 힘든 사실을 잘 입증해 주고 있다.

NU측 역시 동일한 문제를 지녔다. NU는 동부 및 서부자바를 중심으로 한 이슬람집단을 중심으로 득표활동을 벌였다. NU 후원집단들은 무자디의 러닝메이트인 메가와띠와 살라후딘 와히드의 러닝메이트인 위란또가 모두 민족주의자들로서 세속주의 집단을 대표한다고 믿고 있기 때문에 비무슬림들에 의해 지배적으로 운영된다는 인식과 이슬람공동체의 유익을 위한 실행과 신뢰성에 대한 의구심을 가졌지만 자신들이 지지하는 지도력에 대한 신뢰감은 흔들리지 않았다. 이러한 생각은 NU측의 무자디가 부통령 후보로 입후보하였기 때문인 것으로도 해석할 수 있다. 반면에 무함마디야는 아민 라이스가 대통령으로 입후보하였기 때문에 NU와 같은 문제는 크게 부각되지 않았으며 아쩨와 중부 자바를 중심으로 각 지방간의 지지망을 형성하여 경쟁에 임했다.

이처럼 후보들의 프로그램이나 공약보다는 그들 사이에 내재되어 있는 이데올로기와 같은 기본 요소들이 갈등의 근본적인 원인이 되고 주민들의 지지향방을 결정하는 요소가 된 것을 알 수 있다.

2. 이슬람 이데올로기와 실용주의의 갈등

이슬람 이데올로기를 중심으로 종교, 교육, 사회활동에 전념하는 것을 주된 목적으로 하고 있던 NU와 무함마디야는 실용주의와의 갈등을 나타낸다. NU와 무함마디야는 2004년 대선을 통해 이슬람공동체의 이익을 대변하기 위함과 개혁을 지속적으로 실행하고 민주주의를 실현하기 위해 각각 대선 후보인 무자디와 살라후딘 와히드, 그리고 아민 라이스를 지지하기로 결정한 사실은 이슬람 이데올로기와 실용주의의 이중성을 보여주는 단적인 예로 볼 수 있다.

NU의 무자디와 러닝메이트인 메가와띠 사이에서 이슬람 이데올로기를 중시하면서도 실용주의 사이에서 많은 갈등을 경험하였다. NU 내부에서는 이슬람종교와 교육 및 사회활동에 소홀하게 되고 점점 더 정치적 색채가 짙어지는 데 대해 우려를 표명하는 동시에 이슬람 공동체의 이익을 대변하기 위해선 실제 정치무대 영입의 필요성도 자각한 것이다. 그러나 이러한 가운데에서도 2004년 대선시엔 권력에 대한 실제적인 중요성과 이슬람이란 종교적 이념이 함께 조화를 이루고 단결을 하였다.

이데올로기와 문화적 격차는 실제적인 중요성에 기초하고 있으며 그 양상은 아민-시스워노 후보에 대한 복지정의당(PKS, Partai Keadilan Sejahtera)의 지지를 통해 잘 나타난다. 무함마디야에 근거를 두고 있고 개방정당인 PAN의 대선후보로 입후보한 아민과 몇 개의 민족주의에 기초한 정당과 농민, 어부, 노동자계층과 밀접한 세속적 계층에 의해 지지를 받는 시스워노를 의미한다고 물칸(Abdul Munir Mulkhan)은 말하고 있다(*Republika* 2004/07/07). 현대주의 집단간의 몇 개 집단이 이슬람공동체의 이익에 대한 시스워노의 실행과 성실에 대해서 의구심을 가졌던 것이다. 살림(Arskal Salim)에 따르면 "그러한 의구심은 시스워노가 이슬람조직 영역에서 활동했던 배경이 없었기 때문이다"라고 하였다(*Media Indonesia* 2004/7/2). 그러나 시스워노 러닝메이트는 최소한 70개의 이슬람 대중조직의 지지와 자까르따 아궁 알 아샤르(Agung Al Azhar) 광장의 이슬람 인물들의 지지를 받았다. 그러한 지지는 그들이 국가를 위기로부터 구할 수 있는 능력을 지니고 있는 동시에 이슬람공동체의 이상을 실현시킬 수 있는 역량이 있다고 판단했기 때문에 가능했던 것이다(*Republika* 2004/06/12). 그처럼 이슬람 공동체가 후보들의 배경을 중시한 사실을 알 수 있다. 이러한 경향은 양대 이슬람 조직이 이슬람의 근본이데올로기, 종족, 지역 등을 통해 인간관계가 형성되어왔기 때문이다.

이러한 근본적인 요소들을 통해 종교는 단순히 득표를 위한 상징적인 역할을 하게 되고 흑색선전, 상호비방의 도구가 되기도 한다. 이러한 형태는 대선 유세시에 물리적인 폭력을 부를 소지가 다분히 있었다. 2004년 양대 이슬람 조직의 대선 후보들은 이데올로기와 실용주의간의 조화를 이루기 위해 노력은 했지만 입후보자 러닝메이트간에 각각 상이한 이데올로기, 상이한 사회문화 및 종교적 배경 등으로 인하여 국민 모두를 충족시키는 실용적 프로그램을 지향하지 못한 것으로 고려된다.

데니(Denny JA)는 "흑색선전은 데이터나 사실에 근거하지 않고 중상모략에 근거하기 때문에 금지되는 사항이다. 그러나 대선후보들이 유세시에 각각 경쟁을 위해 상호비방 한다면 문제시되지 않는다. 단지 중상모략만 아니면 되는 것이다. 그러한 캠페인을 통해 유권자들은 후보자들에 대한 전체적인 양상을 파악할 수 있기 때문에 선출에 있어서 오류를 범하지 않을 수도 있다"(*Suara Pembaruan* 2004/07/05)라고 긍정적인 면도 제시하였다.

선거감시위원회(Panwaslu) 위원인 무니르(Rozy Munir)에 따르면, 흑색선전으로 점철된 제2차 대선 유세시에 최소한 7개 지역에서 충돌이 발생하였다. 7개 지역은 동부자바 인근지역, 동부자바 전지역, 남부 술라웨시, 깔리만딴, 수라까르따, 자까르따 등의 지역이다. 그 외에도 갈등의 근원이 된 것은 이데올로기 혹은 종교, 정치, 종족, 경제, 분리주의 등의 문제들이었다(*Koran Tempo* 2004/09/02). 그러한 충돌의 소지가 있는 지역이기 때문에 메가와띠-무자디 혹은 위란또-살라후딘 와히드는 제2선거 유세시엔 가담하지 않았다. PDI-P와 NU측 모두 대중들의 열광적인 지지, 급진주의로 인한 격렬함을 미리 예상했기 때문이다(*Kompas* 2004/5/10). 양측의 충돌로 인해 발생할 희생을 감안한 것이다.

이처럼 종교이데올로기, 종족, 지역 등의 기본적인 요소들을 통해 이루어진 인간관계가 유권자들의 선거행태에 직접적으로 영향을 미쳤지만 이슬람이데올로기와 실용주의의 갈등에 대한 예방책을 제시하지 못했던 것이다. 오히려 그러한 기본적인 요소들을 득표를 위한 주된 방편으로 인식하였다.

3. 성 차별의식에 대한 이슈화

2004년 선거역시 1999년 선거와 유사하게 성별 문제가 이슈화되었다.

첫 번째 대선 유세시에는 대중매체를 통해 이슬람 공동체가 대통령 직접 선거를 앞두고 분열의 조짐이 보인다는 종교정치 이슈가 대두되었다. 여성대통령후보를 선택하는 것은 금기시된다는 종교적 이슈였던 것이다. 대통령선거에 직면하여 극렬한 이슬람집단은 유권자계층에서 논쟁을 불러일으킬 수 있는 가장 역동적인 세력으로 비쳐졌다. 다섯 쌍의 대선 후보들 가운데 이슬람법에 근거한 이상적인 기준을 충족시키는 팀은 거의 없다고 인식되었다. 게다가 첫 번째 대선 유세에 즈음하여 메가와띠와 유도요노를 선출하는것은 금기라고 권유하는 이슬람운동 조직의 결정이 나타났다. 그러한 결정으로 인해 메가와띠는 여성이기 때문에 대통령직을 수행하기에는 부적합하다는 이유를 들어 최우선 배제대상으로 지목했다(Arskal Salim, *Media Indonesia* 2004/07/ 02).

현대정치에 있어서 이슬람 이데올로기 중 성 문제를 이슬람 정당및 조직들의 경쟁과 협력을 위해 부각시킨 것이다. 메가와띠 대통령후보와 NU 의장인 무자디 부통령후보와의 관계에서도 그러한 문제는 재 부각되었다. 무함마디야의 PAN을 지지기반으로 하고 있는 아민 라이스 후보와 통일개발당(PPP)의 함자 하스, 그리고 NU의 부의장인 살라후딘 와히드 등의 이슬람 지도자들이 여성에 대한 문제를 통해 자신들의 입지를 더욱 더 확고히 할 수 있는 요인이 될 수도 있기 때문이다. 이들은 대다수가 1999년 대통령 선출을 앞두고 여성의 지도력에 대해 신랄하게 비평을 했던 인물들이다.

또한 다수의 NU 이슬람 지도자들, 특히 빠수루안(Pasuruan) 소재 PKB 소속 울라마들은 여성 대통령을 선출하는 것은 NU회원들에게 있어선 금기시되는 법이라고 권고하였다. 한 사람의 여성이 지도할 때 공동체에 유익을 주지 않을 것이라는 하디스에 대한 문자상의 해석을 말하는 것으로 금기사항에 대해서 찬 · 반을 야기시켰다. 그러한 하디스 외에 QS An-Nisa'[9] (4):34에는 "남성은 여성의 지도자이다"라고 기록되어 있다. 그러나 이슬람에는 지도자가 성별에 따라 좌우되지 않고 재능과 역량에 좌우된다(*Koran Tempo* 2004/06/04). 이처럼 성별 문제는 단지 해석상의 차이에서 기인된 것이다.

그럼에도 불구하고 NU와 무함마디야의 원로들은 여전히 여성대통령에 대한 부정적인 견해를 가지고 반대했기 때문에 그러한 문제를 타개해 보기 위한 노력의 일환으로 무함마디야는 2004년 발리총회에서 '여성지도자들의 역할'에 대한 토의를 통하여 꾸란과 순나를 해석하는 새로운 방법, 즉 이슬람 교리에 대한 참된 해석을 찾기 위한 한 움직임을 보여 주었지만 여성대통령을 찬성한다는 결론을 내리지는 못했다.

여성들의 취약점은 선거에서 항상 정치 엘리트의 득표를 위해 활용되어 온 사실은 부인할 수 없다. 여성이 지도자로 선출됨에 있어서도 항상 소외되고 역량을 마음껏 발휘하지 못해 온 것은 사회적인 요인들과 그에 따른 선입견이다. 여성들은 항상 남성들에 비해 리더십이 부족하다는 점을 전제로 하기 때문이다. 이 문제점들은 여성유권자들 모두에게 해당하지만 특히 여성대통령 입후보자에게 직접적인 영향을 미쳐왔다. 여성지도자의 취약점을 이슈화한다면 그만큼 다른 정당들의 남성후보자들에겐 플러스 요인으로 작용하기 때문이기도 하다. 이러한 이슈는 1999년엔 NU와 무함마디야간에 또 각 정당끼리 하나의 협력의 형태로 나타났지만, 2004년 선거에선 NU 의장인 무자디를 대선 러닝메이트로 택한 여성후보 메가와띠에 대해서 무함마디야 PAN의 아민 라이스와 여타 이슬람 지도자 후보에게 있어선 경쟁의 대상이 되는 반면 NU 내부에선 협력을 하는 아이러니가 발생한 것이다. 이렇듯 2004년 선거에서도 역시 성차별의식이 여지없이 드러났음을 알 수 있다.

---

9) An-Nisa'는 '여성의 장'을 의미한다. Al-(n) Nisa'라고도 쓰며, 본문에는 'An-Nisaak'으로 표기된다.

4. 내부분열

대선을 앞두고 일어난 NU 내부분열은 패배의 주 원인으로 작용하였다.

NU 구성원들 중에는 메가와띠-무자디 쪽으로 옮겨간 회원들이 많다. 예를 들면, 전통적인 이슬람교육기관들과 NU를 기반으로 하고 있는 핵심구성원들, 특히 자까르따 지역, 찌르본 등지에 있는 회원들은 전적으로 메가와띠-무자디를 지지하였다. 반면에 동부 자바에 있는 NU 회원들은 위란또-살라후딘 와히드 쪽으로 지지를 하였다(*Republika* 2004/05/25).

그러한 현상은 NU 내에선 압두라흐만 와히드 전 대통령측과 하심 무자디(Hasyim Muzadi)측의 분열, 그리고 살라후딘 와히드의 부통령 입후보 등으로 표가 분산되어지는 결과를 초래했다.

NU 내부분열 중 가장 크게 이슈화되었던 것은 NU의 와히드와 무자디의 분열을 들 수 있다. 1999년 선거에서 NU의 와히드가 대통령으로 추대될 수 있었던 것은 신체장애에 대한 법적규정이 없었기 때문이다. 그러나 2004년 선거를 앞두고 PKB가 와히드를 대통령후보로 제안한 것에 대해 선관위는 받아들이지 않았다.

그 이유는 2003년 헌법 23조 6장에 기록된 "대통령과 부통령 입후보자는 그 직무를 수행하기 위해서 정신적으로나 신체적으로 능히 감당할 수 있는 능력을 지녀야 한다"는 조항이 갈등의 소지가 된 것이다. 대통령과 부통령은 신체적으로 장애가 없어야 한다는 사실을 명백하게 기록하지 않았기 때문이다. 그로 인해 와히드와 선관위는 갈등이 생겼다(Legowo 2005, 191). 그러한 갈등은 동부 자바에 소재한 방일(Bangil) 광장에서 투표용지를 불사르는 의식을 정점으로 하는 연합기도회 모임을 개최하는 시위 형태를 보였다. 연합기도의식은 선관위를 비난하는 모임으로 변하였다(*Suara Pembaruan* 2004/05/27). 따라서 와히드가 선관위에 의해 대통령후보 등록이 거부된 사실은 현대정치에서 가장 중요한 구성요소중 하나인 대중매체를 통해 2004년 대선 가운데 가장 큰 이슈로 비쳐졌던 것이다.

이러한 문제는 권력을 쟁취하기 위한 NU 구성원들간의 갈등 형태로 나타났다. 아직도 가부장적인 정치의식을 지니고 있는 NU회원들에게 상당한 혼란을 야기시킨 것이다.

아리 끄리스띠아나와띠(Ari Kristianawati)는 PKB 득표의 핵심인물인 와히드와 NU총회를 움직이는 무자디간의 갈등요인을 두 가지로 보고 있다. 첫째, 무자디는 더 이상 와히드의 정치야심을 그대로 수렴할 수 없다는 의지를 보였다. 무자디는 초기에는 와히드에 의해 NU총회의 의장이 되었지만 총회 외부에서 일어난 이권경쟁에 대해선 독립적인 위치를 유지하였다. 무자디는 NU총회 의장으로서 가부장적인 성격을 지닌 와히드의 지시에 굽히기를 원치 않았다. 둘째, 와히드의 지나친 주관적인 성격에 기인한다. 그는 무자디를 양육하여 총회 의장이 되기까지 했기 때문에 무자디에게 강요를 할 수 있는 권한을 지니고 있다고 믿는 동시에 PBNU조직은 그의 정치적 염원을 위한 지지의 중심축이 되어야 한다고 믿고 있다(*Suara Karya* 2004/05/12).

그러한 이유로 인하여 무자디가 PDI-P의 메가와띠가 제안한 부통령후보를 수락했을 당시에 NU 내부에서는 강력한 항의가 있었다. 그러한 항의는 추종자들간의 갈등으로 표출되었다. 그로 인해 NU 내부의 갈등양태는 더욱 더 심화되었고 와히드와 압둘라 파키의 주도 아래 무자디가 NU 내에서는 공천을 받지 못할 것이라고 공표함으로써 당시 대통령이었던 메가와띠에 의해서 영입이 되었던 것이다.

반면에, 무함마디야의 아민 라이스는 PAN 총재로서 무함마디야의 임원진들과 구성원들을 중심으로 정치동원에 성공하여 많은 구성원들을 국회로 진출시키는 중심인물로서의 역할을 하였고 또 장차 아민 라이스를 대통령으로 세우기 위해 적극성을 띠었지만 그 목표를 달성하지 못하였다. 오히려 내부의 한 측은 정치의 중심부에 들어가지 못한 이유로 실망을 한 반면에, 정치참여를 반대하는 측은 무함마디야가 정계진출을 위한 도구로 희생을 당한 데 대한 불만을 표출하였다.

PAN은 개혁시대에 다급하게 이루어진 정당이기 때문에 큰 결실은 맺지 못하였다. 따라서 PAN에 대한 실망감으로 무함마디야의 젊은층이 새로운 정당인 무함마디야수권협회(PAM, Perhimpunan Amanat Muhammadiyah)를 2005년 3월 9일에 결성하였다(Hakim 2005, 243). 이 조직은 아민-시스워노의 대선득표에는 크게 도움을 주지도 못하고 오히려 무함마디야의 연합에 올무가 되고 무함마디야의 근본정신을 상실하는 결과를 초래했다.

이러한 내부분열은 NU와 무함마디야 양 조직이 모두 경험한 사실로서 상호간의 경쟁이나 협력을 이끌어내지 못하고 역기능적 요소로 작용하였다.

5. 선거법 위반

우선 메가와띠-무자디의 선거법 위반을 들 수 있다. 메가와띠와 무자디 측의 남부 수마뜨라 선거운동시에 종교부장관인 사이드 아길 알무나와르(Said Agil AlMunawar)도 참여할 정도로 적극적이었지만 공직에 있는 사람의 선거캠페인은 금지되어 있었기 때문에 종교부장관과 메가와띠, 그리고 무자디는 선관위의 경고를 받기도 하였다(*Kompas* 2004/06/09). 39조 4항 하반절의 규정에 따르면 "대통령과 부통령은 캠페인시에 국정 이외에는 휴가를 받아야 한다"라고 명시하고 있지만 그 당시 "대통령과 부통령후보는 정부수뇌의 공석을 두지 않기 위해서"라는 이유를 들어 휴가를 내지 않은 것이다. 이러한 사실은 권력을 유지하려는 하나의 구실로 인식되었기 때문에 갈등을 유발한 것이다(Legowo 2005, 192). 이처럼 선거규정을 위반하면서까지 적극적으로 선거운동을 전개했지만 승리하지 못한 이유를 매스컴은 다음과 같이 분석하고 있다. 첫째, 2004년 8월 19일에 7개 정당 — Golkar, PDI-P, PPP, PDS, PBR, PKPB, Partai PNI-Marhaenis — 으로 구성된 연합정당이 불균형의 표상이었던 수하르또 시대의 유산을 물려받은 정당들이라는 것. 둘째, 선거추진운영위원들의 지도력 부족. 셋째, 금권선거 등을 들고 있다. 금권선거가 가장 현저하게 나타난 지역은 남부 수마뜨라, 서부 수마뜨라, 반다 아쩨, 시대 아르조, 끈다리, 사롤랑운, 서부자바, 르박, 가룻, 보고르, 족자까르따, 깜빠르, 찌르본, 서부 소순다열도, 시말룽운, 수라까르따, 데뽁, 방가이 등 18개 지역이다(KRT-CSIS 2004: 82-84). 이러한 요소들이 권력을 놓고 경쟁과정에서 부정적인 요소로 작용하였던 것이다.

반면에 NU 부의장인 살라후딘 와히드와 러닝메이트인 위란또가 발견한 위반 사항은 15가지에 달한다. 그 중 재투표와 관련한 2004년 7월 3일 날짜로 되어 있는 선관위 회람(No.1151/15/VII/2004) 발행 — 그 회람에는 투표용지의 제목에 구멍을 뚫으면 인정된다는 내용이 기록됨 — , 양식위조, 유권자 카드 오용, 일요일 선거캠페인 은폐, 유권자에 대한 협박, 불일치한 유권자 통계, 권력남용 등을 들고 있다(*Bisinis Indonesia* 2004/07/24).

한편, 무함마디야의 아민 라이스-시스워노도 여러 가지 형태의 위반 사항을 발견하였다. 표를 계수할 때에 일부 후보의 표를 늘리거나 줄이는 방법 사용, 선관위 No.1151 회람 등과 관련된 문제들이다(*Bisinis Indonesia* 2004/07/24). 선관위 No.1151 회람은 투표용지 접지부분 문제, 잉크의 품질문제, 투표용지 가장자리에 선이 그어지지 않은 투표용지 발행, 득표수의 늘임과 줄임, 득표 조작 등과 관련이 있어 선관위의 능력부족으로 지적받았다(*Media Indonesia*, 2004/07/26). 투표용지에 한번 이상 찍더라도 적법화된다고 기재된 No.1151을 발행함으로 인해 심각한 갈등의 근원이 되었다(Anas Urbaningrum, *Bisinis Indonesia*, 2004/07/08). 이러한 문제들은 선관위의 기술적인 문제에서 기인된 것으로 위란또-살라후딘 와히드와 아민 라이스-시스워노에 의해 표결에 대한 항의를 받기도 하였다.

언급한 문제들 외에도 무함마디야의 아민 라이스-시스워노에겐 외부적 요인이 작용함으로써 득표에 치명적인 영향을 미쳤다. 각각 연합정당을 구상하고 실행하고 있는 가운데 Golkar당 또한 연례총회를 통해 위란또를 대통령 후보로 지명함으로써 다른 대선 후보들간의 경쟁만이 아니라 2004년 대선의 경쟁구도를 바꾸어 놓았다. 그러한 경쟁구도의 변화는 민족구원당(Poros Penyelamat Bangsa)을 통한 이슬람에 기초한 정당을 기반으로 하고 있던 아민 라이스의 실패를 더 앞당긴 결과를 가져왔다. 그러한 경쟁구도의 변화로 인해 초기 이슈의 구도가 바뀌었다. 즉, 초기에 이슈화되었던 이슬람-민족주의자와 자바-비자바 이슈[10]가 이제는 정치변동이슈와 군-민 이슈에 더 근거를 두는 형태로 변하였다. 대선후보들 중 세 명, 즉 위란또, 아굼 구믈라르, 유도요노 등이 모두 군 장성 출신이다(Legowo 2005, 198-199). 반면에 그 러닝메이트들은 모두 민간인 출신들이다. 따라서 군의 절대적인 지지를 받는 유도요노-깔라에 비해 메가와띠-무자디는 일반시민들의 지지를 더 많이 확보할 수 있었다. 특히 악바르 딴중, 함자 하스, 자이누딘(Zainuddin MZ) 등이 메가와띠 측에 연합함으로 메가와띠-무자디 후보는 그 힘이 더하여졌다. 반면에 유도요노-깔라는 군 출신들이나 군의 배경을 가진 사람들의 지지를 확보하였기 때문에 아민-시스워노의 표는 줄어든 것으로 볼 수 있다.

10) 마아맆(Ahmad Syafi'i Maarif)에 따르면 "자바-비자바 문제는 대통령과 부통령후보에게 고려되어지는 문제와는 관련이 없다"고 한다(*Media Indonesia* 2004/04/26).

V. 결론

이슬람 연합을 시발점으로 하여 민족주의운동에 선구자적 역할을 했던 이슬람 조직들 중 나흐다뚤 울라마(NU)와 무함마디야는 정치참여의 출발이 동일했으며 장기집권을 한 수하르또 정권이 무너진 후에는 각 소속 구성원들에 의한 정당결성을 통해 이슬람 공동체의 이익을 대변하고 민주화를 실현하겠다는 정치적 이상을 목표로 각각 민족각성당(PKB)과 국민수권당(PAN)을 결성하여 1999년과 2004년 두 차례에 걸쳐 선거에 참여하였다. 초기의 정치참여와는 다르게 조직 내의 구성원들을 통해 정당이 결성되어 조직의 지지를 동반하였고 양대 이슬람 조직의 최고 지도자들이 인도네시아 최고 권력을 점유했다는 사실은 1999년 선거를 통해서 잘 보여주고 있다. 즉, 무함마디야 PAN의 아민 라이스는 최고의결기구인 국민협의회 의장직을 수행하게 되고, 무함마디야의 PAN을 선두로 하여 여러 정당들과 연합하여 적극적인 로비활동을 전개한 결과 NU의장 와히드는 대통령으로 추대된 형태를 통해서 입증되고 있다. 양 조직이 협력의 형태를 보임으로 인도네시아 이슬람 공동체의 이익을 대변하고 정치적 민주화를 이룰수 있다는 가능성을 비쳤다.

이와 같이 1999년 대통령 선출시에 보여준 NU와 무함마디야의 상호협력은 개혁시대에 진입해서 처음으로 이루어진 협상과 합의였다. 이슬람 역사상 NU와 무함마디야 상호간에 협력의 형태는 찾아볼 수가 없다. 항상 상호비방, 경쟁 등으로 점철되어왔기 때문이다. 그러한 이유로 인해서 더 이슬람 조직간의 협력을 염원해서 나타난 정치참여 형태가 1999년 대통령선출이다. 이슬람 이데올로기가 현저하게 작용하였으며 종교지도자의 영향력이 지배적으로 나타난 양상이었다고 볼 수 있다. 즉, 1999년 대통령선출은 종교적인 면이 중시되고 지도자와 추종자들의 밀접한 관계가 현저하게 작용한 동시에 정치적 패권을 위해 한 개인에 대한 인물중심으로 NU와 무함마디야간의 협력이 이루어졌다고 볼 수 있다.

반면에 2004년 선거는 종교적 노선보단 민주주의와 국민의 복지 등을 선거공약으로 내세웠지만 이슬람 이데올로기와 실용주의도 동시에 강조함으로 인해 각 대선 후보자들이 국가발전과 국민 복지에 대한 구체적인 프로그램을 제시하지 못한 전형적인 정치적 패권 위주의 선거였다. NU의장인 무자디와 부의장인 살라후딘 와히드가 각각 메가와띠와 위란또 대통령후보의 러닝메이트로서 부통령으로 입후보한 반면에, 무함마디야의 아민 라이스는 대통령으로 입후보하였지만 모두가 그 이상을 실현시키지 못했다. 결과적으로는 양측이 모두 실용주의보다는 이데올로기를 우선으로 고려한 것으로 나타났다. 1999년 대통령 선출시와는 그 양상이 다소 다르긴 하지만 전통적으로 한 정당만으론 승리를 얻기가 쉽지 않음을 보아왔기 때문에 NU와 무함마디야를 기초로 하고 있는 대선 후보들 역시 다른 정당과의 연합을 도모하거나 비정당 인물과의 연합을 통해서 러닝메이트간에는 승리를 위한 협력이 이루어졌지만 상대후보자들과는 철저한 경쟁관계가 이루어졌음을 알 수 있다. 2004년 선거는 정치의 속성인 권력배분을 위해 각각 연합하여 정당후보를 내세워 선거운동을 하였는데 각 지역의 득표율을 높이기 위한 경쟁의 이면에는 금권정치 등 부정적인 요소가 있어 진정한 민주주의의 선거행태는 보이지 못하였다고 볼 수 있다.

양 조직이 모두 내부분열로 인한 표의 분산, 성별의 이슈화, 금권정치, 이데올로기, 시간부족 등의 문제점들을 지니고 있었기 때문이다. 1999년에 새로운 정당을 결성하여 정치에 참여한 양 조직은 대선을 준비하기 위한 시간이 많이 부족했음을 알 수 있다. 또한 이데올로기의 상이성이 가장 크게 작용하였다. 다수의 득표를 위해 결성된 상이한 집단간의 연합, 즉 이슬람집단과 민족주의 집단간의 연합을 이루었지만 러닝메이트의 비 이슬람적인 성격에 대한 의구심, 여성의 지도력은 이슬람 이데올로기와 배치된다는 해석상의 차이점, 이데올로기와 실용주의간의 갈등 등이 한계점으로 작용하였음을 알 수 있다. 이러한 형태들을 통해 2004년 선거 역시 입후보자들의 개인적인 인물 중심으로 조직의 지지가 이루어지고 패권을 위한 경쟁이 이루어졌음을 잘 보여준다.

상기에 언급한 한계점을 극복하기 위해선 이슬람 조직, 특히 NU와 무함마디야 양 조직이 하나로 연합할 때 그 가능성은 충분히 있다고 볼 수 있지만 지금까지 양 조직이 정치적 중립을 지키려고 노력해 왔고 종교와 도덕적인 우위를 강조해 왔기 때문에 정치적 이상을 실현시키기에는 아직도 극복해야 할 부분들이 많이 있다. 양대 조직 모두 이슬람사회를 대변해온 조직으로서 앞으로도 종교, 사회뿐만 아니라 민주화를 위해서는 종교압력단체로서의 동일한 목소리를 낼 것이지만 각 무슬림 공동체의 이익을 위해서는 철저한 경쟁 상대로서의 역할은 지속될 것이다.

참고문헌

Chaidar, Al. 1999. *Pemilu 1999: Pertarungan Ideologis Partai-partai Islam Versus Partai-partai Sekules.* Jakarta: Darul Falah.

Feith, Herbert. 1963. "Dynamics of Guided Democracy." Ruth T, McVey, ed. *Indonesia.* New Haven: HRAF Press.

______. 1957. *The Indonesian Elections of 1955.* Ithaca: Cornell University Press.

Ghazali, Abd. Rohim. 2005. "Khittah Muhammadiyah Digugat." Pakkanna, Mukhaer and Achmad, Nur, eds. *Muhammadiyah Menjemput Perubahan.* Jakarta: P3SE STIE Ahmad Dahlan Jakarta dan Kompas.

Hakim, Sudarnoto Abdul. 2005. "Memperbarui Pembaruan Muhammadiyah." Pakkanna, Mukhaer and Achmad, Nur, eds.(2005).

Jass, Maryogi. 2005. "Muhammadiyah dan Politik: Dilema Khittah Muhammadiyah." Pakkanna, Mukhaer and Achmad, Nur, eds.(2005).

Komisi Pemilihan Umum. 2000. *Pemilu 1999 Dalam Angka.* Jakarta: KPU.

______. 2000. *Pemilu Indonesia dalam Angka dan Fakta, tahun 1955-1999.* Jakarta: BHKPU.

Kompas. 1999. *Partai Partai Politik Indonesia*, Jakarta: Kompas.

Kompas 2004/03/16; 2004/03/22; 2004/03/23; 2004/04/28; 2004/05/10; 2004/06/09; 2004/08/07; 2004/09/08.

Koran Tempo 2004/06/04; 2004/08/07; 2004/09/02.

Legowo, TA. et al., eds. 2004. *Pemilihan Presiden Secara Langsung 2004: Dokumentasi, Analisis dan Kritik.* Jakarta: Kedeputian Dinamika Masyarakat Menristek RI.

McVey, Ruth T. 1984. "Faith as the Outsider: Islam in Indonesian Politics." James P. Piscatori, ed. *Islam in the Political Process.* Cambridge: Cambridge University Press.

Media Indonesia 2004/04/24; 2004/04/26; 2004/07/02.

Nashir, Haedar. 2000. *Dinamika Politik Muhammadiyah.* Yogyakarta: CV.Adipura.

Pakkanna, Mukhaer and Achmad, Nur, eds. 2005. *Muhammadiyah Menjemput Perubahan.* Jakarta: P3SE STIE Ahmad Dahlan, Kompas.

Panitia Pengawas Pemilihan Umum. 2003. *Keputusan Panitia Pengawas Pemilu Nomor*

26 tahun 2003. Jakarta: Sekretariat Panwas Pemilu.

______. 2003. *Kumpulan Peraturan Pengawasan Pemilu 2004*, Jakarta: Sekretariat Panwas Pemilu.

______. 2004. Melapor ke Pengawas Pemilu. Jakarta: Sekretariat Panwas Pemilu.

PBNU. 2000. *Hasil-hasil Muktamar XXX Nahdlatul Ulama*. Jakarta: Sekjen PBNU.

Republika 2004/6/12; 2004/06/17; 2004/07/07; 2004/07/12; 2004/08/19.

Samson, Allan A. 1968. "Islam in Indonesian Politics." *Asian Survey* 8(13).

Sekretariat DPP PKB. 2000. Hasil Musyawarah Kerja Nasional II PKB, Jakarta: DPP PKB.

Suara Karya 2004/04/29; 2004/05/12; 2004/09/08; 2004/08/10; 2004/08/26.

Suara Pembaruan 2004/05/27; 2004/07/05; 2004/08/29; 2004/08/07; 2004/08/31; 2004/09/09; 2004/09/14.

Suharsono. 1999. *Cemerlangnya Poros Tengah*. Jakarta: Perenial Press.

Tempo 1998/11/16.

Yunus, H. Mahmud. 1993. *Tafsir Quran Karim*. Jakarta: Hidakarya Agung.

http://dpp-pni.tripod.com/

http://www.kpu.go.id/partai_partai/nourut.php

면담자료

Agus Miftach. 인도네시아 국민당(Partai Rakyat Indonesia) 총재(2001/06/04)

Din Syamsuddin 무함마디야 의장(2007/02/24)

Iwan Badillah. 무함마디야 총회 서기(2006/07/01)

Muchit Muzadi. NU총회 자문위원(2001/06/08)

제7장 | 태국의 선거와 정치구조의 변화*

김홍구

Ⅰ. 머리말

태국 정치구조의 특징을 시기별로 살펴보면 1932년 절대군주제가 붕괴되고 입헌군주제가 도입된 이후 1970년대까지는 관료지배체제(bureaucratic polity)로 특징지을 수 있으며 1980년대 이후는 준(準) 민주주의(semi-democracy) 체제로 특징지을 수 있다(Riggs 1966; Chai-Anan 1986). 관료지배체제의 특징은 군과 민간관료들이 정치영역을 지배했다는 것이며, 준 민주주의체제에서는 관료세력과 비 관료세력이 권력을 공유했다.

준 민주주의 체제는 1990년대 들어서 다시 변화하기 시작했다. 1990년대 초 태국에는 두 가지 커다란 정치변동이 발생했다. 1991년 2월 쿠데타와 1992년 5월 민주화운동이 그것이다. 비관료세력에 대해 점차 권력의 상대적 박탈감을 느끼게 되는 군은 1991년 쿠데타를 일으켰다. 하지만 쿠데타 이듬해

---

*이 논문은 『동아연구』 제52집(2007. 2)에 같은 제목으로 게재된 것이다.

인 1992년 시민사회운동세력과 중산층이 주도하게 되는 5월 민주화 운동이 발발하여 군부정권은 퇴진하고 문민정부가 다시 등장했다. 이때부터 태국의 권위주의 정치구조의 약화 현상은 더욱 가속화되었으며 정당, 의회, 시민사회운동 세력 등 비관료세력의 정치적 영향력은 크게 증대했다(김홍구 2003). 그 어느 때보다 정치개혁에도 박차가 가해져 1997년에는 태국 정치사상 가장 민주적이라고 불렸던 개정헌법안이 의회를 통과했으며 이 개정헌법은 오늘날 태국 정치구조의 근간을 만들게 되었다.

개정헌법의 내용은 1980년대 이후 태국의 정치구조를 특징지은 준 민주주의 체제의 한 단계 높은 질적 변화를 꾀하는 것이었으며 완전한 민주주의 실현을 지향하는 것이었다(Punthong 1997). 개정헌법은 선거제도의 변화를 통해 소수정당의 난립을 방지하고 다당제를 지양하여 정당과 의회정치의 질적 발전과 정치적 안정을 도모하며, 상원을 직접 선출하고 정치적 중립을 유지토록 함으로써 민간과 군 관료세력의 상원 진출을 억제시키고 정치적 영향력을 약화시키려 했다. 또 개정헌법은 국민의 권리와 자유를 보장함으로써 정치영역에서 시민사회운동이 보장받을 수 있는 환경적 요인을 조성시켜 풀뿌리 민주주의 실현에 대한 기대를 높여 놓았다. 뿐만 아니라 사법적, 준사법적 기구를 신설함으로써 행정부와 입법부를 견제할 수 있는 사법권을 강화시키고 국민의 권익을 보장하기 위해 노력했다. 마지막으로 태국의 정치구조를 이해하는 데 필수적인 입헌군주제 정치체제에 대한 내용은 기존과 동일하게 유지되었다.

지금까지 태국에는 개정헌법에 따라 2000년과 2006년 상원의원 선거, 2001년, 2005년, 2006년 하원의원 선거가 치러져 현재의 정치구조가 형성되었다. 그러나 선거결과 정치구조의 실제는 개정헌법에서 의도하던 바와 달리 나타났다. 총선 후 정당체제와 의회구조는 변화했으나 선거 때마다 탁씬(Thakshin Shinawatra)이 이끄는 타이락타이당(Thai Rak Thai Party)이 절대적으로 압승했다. 소수정당들로 구성된 연립내각과 이로 인한 만성적인 정치적 불안정 현상이 크게 사라진 반면에 일당 독주와 그로 인한 권력의 권위주의화에 대한 우려가 크게 나타났다.

타이락타이당 1당우위의 확립과 권위주의 통치방식에서 비롯된 정치적 불만은 2005년 총선이 끝나고 1년도 안 된 시점에서 발생한 탁씬 일가의 친(Shin)그룹 주식 매각사건을 촉매요인으로 하여 정권퇴진운동을 촉발시켰다. 이에 대응하여 탁씬 수상은 의회를 해산하고 2006년 4월 2일 총선을 실시하여 선거에 승리했지만 일시적으로 수상의 직에서 물러날 수밖에 없었다. 그러나 탁씬의 일시적 퇴진 후 헌법재판소가 총선무효 판결을 내리자 이를 빌미 삼아 탁씬은 다시 수상직에 복귀했다. 이후 정국은 극도로 혼란케 되었으며 9월 19일 군부 쿠데타가 발생했다.

이 글의 목적은 1997년 개정헌법에 따라 치러진 선거결과 초래된 태국 정치구조의 변화를 살펴보는 데 두고 있다. 이 글에서 살펴 볼 개정헌법에 따른 새로운 정치구조의 특징은 소수정당의 난립 방지와 다당제를 지양한 정당체제의 발전과 정치적 안정의 도모, 관료세력의 정치적 영향력 배제, 시민사회운동세력의 정치적 영향력의 확대, 사법적 준사법적 기구의 영향력 확대 등이다. 이 글에서는 개정헌법에 따라 선거가 치러진 후 전개되는 정치 상황 속에서 이런 특징들이 실제로 어떻게 변화하고 있나를 추적해 보기로 한다. 글의 구성은 다음과 같다. 2절에서는 총선결과를 통해서 나타난 정당체제의 변화를 살펴본다. 3절에서는 정당체제의 변화에 따른 정치적 결과를 살펴볼 것이다. 4절에서는 이런 정치적 결과에 대한 중요한 정치행위자들은 어떤 반응을 보였나를 살펴본다. 마지막으로 5절에서는 각 장에서 나타난 정치구조의 중요한 변화를 추적해 통합적으로 분석해 보고 향후 전망도 해볼 것이다.

Ⅱ. 총선과 1당우위제의 확립

개정헌법에 따라 치러진 선거 후 발생한 가장 중요한 정치구조의 변화는 기존의 소수정당 난립현상과 다당제 정당체제의 변화였다. 개정헌법에서는 선거제도를 중선거구제에서 소선거구 · 정당명부병립비례대표제(최소조항이 보장된)로 바꾸어 소수정당의 난립을 방지하고 다당제를 지양함으로써 정치안정을 이루고자 했다. 그러나 선거결과 이런 목표는 달성되었지만 일당우위제가 확립되어 형성된 정치안정은 또 다른 문제점을 야기시키게 되었다.

1997년 개정헌법에 따라서 지금까지 3 차례의 하원의원 선거가 있었으며(상원의원 선거는 2 차례) 선거결과는 타이락타이당의 압승이었다. 2001년 1월 6일 선거에는 43개 정당이 출마했다. 지역구와 정당명부에서 모두 의석을 획득한 정당은 5개 정당(타이락타이, 쁘라차티빳, 찻타이, 찻팟타나, 쾀왕마이)이었으며, 4개 정당(쎄리탐, 랏싸던, 낏쌍콤, 틴타이 당)은 지역구의석만을 획득하였고 나머지 34개 정당은 한 석도 얻지 못했다. 각 정당이 획득한 의석수를 살펴보면. 타이락타이당은 지역구 200석, 정당명부 48석 모두 248석을 확보하였으며 쁘라차티빳당(Prachatipat, Democrat Party)은 128석(지역구 97석, 정당명부 31석), 찻타이당(Chart Thai Party) 41석(지역구 35석, 정당명부 6석), 쾀왕마이당(New Aspiration Party) 36석(지역구 28석, 정당명부 8석), 찻파타나당(Chart Pattana Party) 29석(지역구 22석, 정당명부 7석), 쎄리탐당(Seri Tham Party) 14석(지역구 14석)이다(Phakhaphaatwiwat 2002, 248).

1당우위제 확립은 선거제도의 외적인 요인에 의해서도 영향을 받았다.[1)]

---

1) 1당우위제 형성에 영향을 크게 미친 선거제도의 외적인 요인은 두 가지다. 첫째, 1997년 발생한 경제위기를 극복하는 과정에서 유권자들에게 정치적으로 호소력이 강한 대중영합주의적 정책을 들고 나온 탁씬 개인과 타이락타이당에 대한 국민적 기대감이 크게 영향을 미쳤다고 볼 수 있다. 둘째는 2001년 선거

2001년 선거 후 지역적 기반을 갖는 야당과의 합당효과가 그것이다. 타이락타이당의 탁씬 수상은 과반수에 육박하는 의석을 얻었지만 이에 만족하지 않고 의회 내 절대 다수석을 점하기 위해서 합당과 연립정부 구성을 강력하게 추진했다. 탁씬은 선거 직후인 2001년 2월 쎄리탐당(14석)을 합당시켜 과반수 의석을 확보했으며 쾀왕마이당, 찻타이당과 연립정부를 구성한 후 2002년 초까지 쾀왕마이당을 흡수하여 300석 가까운 의석수를 확보했다. 또 찻팟타나당과의 합당도 계속 추진하던 중 여의치 않자 처음에는 일부 의원들을 빼내기식으로 개별 입당시키다가 2004년 8월까지는 찻팟타나당도 합당시켰다. 뿐만 아니라 함께 연립정부를 구성하고 있던 찻타이당과도 합당을 추진했다. 결과적으로 합당은 성공하지 못했지만 2004년 중반까지 부리람(Buri Ram) 파벌의 보스인 네윈(Newin Chidchorp)은 찻타이당의 12명의 의원을 데리고 타이락타이당에 입당하게 된다. 게다가 제1 야당인 쁘라차티빳당에서도 몇 명의 의원이 타이락타이당에 입당하게 되었다. 그 결과 2004년 말 의회 의석수 분포를 살펴보면 2001년 선거 후 248석을 획득한 타이락타이당은 319석을 획득하게 되었으며 찻타이당 27석(원래 41석), 쁘라차티빳당은 110석(128석)을 차지했다.

2005년 2월 6일 치러진 하원의원 선거에는 20개 정당이 출마했다. 지역구와 정당명부에서 모두 의석을 획득한 정당은 3개 정당(타이락타이, 쁘라차티빳, 찻타이당)이며 지역구의석만을 획득한 정당은 1개 정당(마하촌당)이었다. 16개 정당은 한 석도 얻지 못했다. 각 정당이 획득한 의석수를 살펴보면. 타이락타이당은 지역구 310석, 정당명부 67석, 모두 377석을 확보하여 태국 최초의 단독정권을 구성했다. 쁘라차티빳당은 96석(지역구 70석, 정당명부

후 지역적 기반을 갖는 쾀왕마이당, 쎄리탐당, 찻파타나당과의 합당효과를 들 수 있다. 합당을 통해 타이락타이당은 일당 우위의 기반을 확고히 할 수 있었고 2005년 선거에서 압승을 거두었다고 볼 수 있다.

26석), 찻타이당 25석(지역구 18석, 정당명부 7석), 마하촌당(Mahachon Party) 1석(지역구 1석)이다(http://www.bangkokpost.com/election2005/graphic/policies1.gif(2005/03/08).

한편 가장 최근에 치러지긴 했으나 헌법재판소에 의해 무효 판결을 받은 2006년 4월 2일 선거결과를 살펴보면 다음과 같다. 주요 야당이 불참한 가운데 치러진 선거에서 타이락타이당은 278개 선거구에서 단독 출마했다. 후보가 단독 출마한 지역에서 후보자는 유효투표의 20% 이상을 얻어야 당선된다는 조항 때문에 이를 충족시키지 못한 40개 선거구(17개 짱왓)에서 4월 23일 1차 보궐선거가 치러졌다. 또 4월 30일 2차 보궐선거가 남부 14개 지역구에서 치러질 예정이었으나 행정재판소에서 선거를 치르지 못하도록 강제명령을 내림에 따라(*Bangkokpost* 2006/05/02) 선거결과의석 수는 타이락타이당 475석(지역구 375석, 정당명부 100석)이었으며 기타 정당이 9석이었다.2)

지금까지 살펴 본 바와 같이 신헌법 하에서 치러진 2001년, 2005년, 2006년 선거에서 소선거구 · 정당명부비례대표 병립제는 정당의 난립과 다당제를 약화시키고 1당우위제를 크게 촉진시켰다. 세 차례 선거를 비교해 볼 때 2006년 출마정당의 수가 2001년과 비교해서 크게 감소했을 뿐 아니라 소위 유효정당의 수가 감소한 것은 다당제에서 탈피하고 있는 태국 정치변동의 경향성을 보여주고 있다고 볼 수 있다.

위와 관련된 몇 가지 수치를 살펴보면 다음과 같다. 1992년 3월 선거 후 치러진 7차례의 선거에서 10석 이상을 획득한 정당을 살펴보면 1992년(3월) 6개 정당, 1992년(9월) 6개 정당, 1995년(7월) 9개 정당, 1996년(11월) 5개 정당이었는데 2001년(1월) 6개 정당, 2005년(2월) 3개 정당, 2006년(4월)

---

2) People Power Party 3석, Khonkhoplodnee Party 3석, Prachakorn Party 2석, Phalang Dharma Party가 1석을 얻었으며 이들 정당은 정당명부비례대표 의석은 한 석도 얻지 못했다.

1개 정당으로 감소 추세에 있다. 제1당이 차지한 의석비율을 살펴보면 21.9%(92년 3월), 21.9%(92년 9월), 23.5%(95년), 32%(96년), 49.6%(2001년), 75.4%(2005년), 95%(20076년)였다. 또한 92년 이래 선거 후 연립내각을 구성한 정당 수를 살펴보면 5개 정당(92년 3월), 4 개 정당(92년 9월), 7개 정당(95년), 6개 정당(96년), 3개 정당(2001년), 2개 정당(2005년), 1개 정당(20076년)이다(김홍구 2005, 20).

위 7차례 선거 중 2006년 4월 선거는 야당의 보이콧 속에서 치러진 점을 당연히 감안해야 할 것이지만 야당이 참여해서 선거를 치렀어도 타이락타이당이 과반수 의석을 차지할 수 있을 것인가가 문제였지 상대적으로 큰 승리가 예상되었었기 때문에 타이락타이당 1당 우위의 경향성에는 영향을 미치지 않았을 것이다.

한편 타이락타이당 1당우위의 정당체제를 약화시킬 수 있는 요인도 있었다. 그 요인은 당내 파벌주의와 야당의 존재에서 찾아 볼 수 있다. 그러나 결론적으로 이런 요인들은 1당우위제 확립에 위협적이지 못했다.

탁씬은 1당우위의 정당구조를 확립하기 위하여 여러 정당들과 합당을 하거나 또는 개별 영입함으로써 타이락타이당 내 권력구조를 복잡하게 만들었다. 이런 이유로 탁씬은 2004년 두 차례를 비롯해 모두 10차례 내각을 교체하기도 했다. 주요 파벌은 탁씬 직계 파벌(약 100명), 싸너(Sanoh Thienthong)가 이끄는 왕 남 옌(Wang Nam Yen) 파벌(약 70명), 탁씬의 여동생이 이끄는 왕 부어 반(Wang Bua Ban) 파벌(약 70명), 방콕을 기반으로 하고 있는 파벌(약 30명) 등이 있었다.[3] 그러나 이들 파벌은 궁극적으로는 탁씬의 영향력 하에 놓이게 되어 탁씬의 독단적인 당 운영에 불만을 품고 있음에도 불구하고 탈당

3) 현재 타이락타이당의 파벌은 Wang Nam Yom 130, Rim Nam 15, Lamtakong 7, Wang Phya Nga 10, Chon Buri 7, Central provinces 10석으로 분류된다(*The Nation* 2006/07/04)

하지 못하였는데 이는 현행 헌법 107조 4항과 깊은 관계가 있다.[4] 이 조항에 대해서 하원의원들은 개정을 요구하고 있으며 일부 학자들도 정당 소속 조항에 대해서 국민보다 정당을 우선시 할 수 있다는 이유로 법 개정에 찬성하고 나섰다. 이 조항의 개정문제는 정치권 각 계파간의 이합집산을 초래해 커다란 정치변동을 야기시킬 수 있는 폭발력을 지닌 것이기도 했다.[5]

야당의 세력도 미미하기 짝이 없었다. 실질적인 야당세력은 쁘라차티빳당 뿐이었으나(타이락타이당은 찻타이당과 연정구성) 의석수가 110석에 불과하여 수상에 대한 불신임안조차 의회에서 상정 할 수가 없었다. 쁘라차티빳당내 사정도 복잡했다. 2003년 쁘라차티빳당의 당수는 추원(Chuan Leekpai)에서 반얏(Banyat Banyathan)으로 대체되었으나 반얏은 대중적 지지를 얻지 못하는 정치인이었다. 오히려 대중적 인기를 얻고 있던 정치인 아피씻(Abhisit Vejjajiva)은 추원 수상이 후계자로 지목했음에도 불구하고 당내 역학관계 때문에 당수직 선거에서 낙선했다. 선거전략가이며 오랫동안 당의 후원자였던 싸난(Sanan Kachornprasart)과 부총재인 아넥(Anek Laothammathat)은 탈당하여 7월에 마하촌당을 창당함으로써 당력의 손실을 가져왔다(Panaspornprasit 2004, 259-260).

타이락타이당의 독주와 정부를 견제할 수 없었던 야당들은 무기력했다. 2005년 선거를 앞두고 쁘라차티빳당 등 야당들이 제기한 가장 큰 이슈는

---

4) 107조 4항의 핵심은 "하원의원은 소속 당을 떠나면 그 직을 박탈당한다. 그러나 출당의 경우 국회의원직을 유지하면서 다른 당으로 옮겨 갈 수도 있는데 출당 당한 사람이 헌법 재판소에 고소하여(당이 국회의원으로 하여금 유권자에 대해서 행할 임무를 방해했다는 근거로) 승소할 경우다. 또 선거에 출마하기 위해서는 선거 최소 90일 전에 정당에 소속되어야 한다. 보궐선거나 총선거는 의석이 공석이거나 의회해산 후 60일내에 실시되어야 한다"는 것이다.

5) 당의 운영에 불만이 많았던 타이락타이당 내 왕남옌 파벌의 수장인 싸너 티얀텅(Sanoh Thienthong)은 107조 4항을 개정하기를 강력하게 주장했다. 그는 탈당을 원했지만 탈당 후 의회가 해산되고 총선을 다시 치르게 되면 차기 총선에서 출마자격을 박탈당하기 때문에 탈당할 수 없는 처지에 있었다.

타이락타이당의 일당지배 가능성에 대한 '견제와 균형'의 논리였다. 제 1야당인 쁘라차티빳당은 타이락타이당의 1당 독주를 견제하기 위해서 "201석 이상 뽑아주세요"라는 구호와 함께 선거운동을 전개하였다. 2006년 4월 2일 선거에서 쁘라차티빳당은 다른 주요 야당과 함께 선거에 불참하였다.

이상과 같이 타이락타이당이 1당우위제를 확고히 강화하면서 다당제 연립정부로부터 비롯된 정치적 불안정은 현저하게 감소되었다. 1997년 개정 헌법은 수상에 대한 불신임논의를 위해서는 적어도 하원의원 5분의 2 이상(200석 이상)의 발의를 필요로 하고, 개별 각료에 대한 불신임논의를 위해서는 5분의 1이상(100석 이상)의 발의를 필요로 했으나 절대다수의석을 확보한 탁씬은 임기 중 야당의 불신임을 단 한차례도 받지 않고 강력한 정부를 이끌 수 있게 되었다. 그것은 견제와 균형이 제대로 작동되지 못하는 파행적인 의회정치를 예고하는 것이었다.

Ⅲ. 1당우위제의 정치적 결과: 권위주의적 통치행태

의회 내 절대적인 다수를 차지해 안정된 정치적 기반을 확보한 탁씬 정권은 선거기간 중 환심성 논란을 불러일으킨 대중영합주의적(populist)인 정책공약[6])을 실현시키면서 국민들의 압도적 지지를 받았다. 국민들 사이에는 모든 문제의 해결을 탁씬 개인에게 맡기려는 경향이 생겨났으며 그는 종종

6) 탁씬은 부실채권문제 해결, 농가부채상환 3년 유예, 농가 마을 당 100만 바트 지원, 의료보험제도 전국확대, 국영자산관리공사(AMC: National Asset Management Corp.)설립과 함께 감세와 재정지출을 통한 경기부양 등 획기적인 경제정책을 추진해 나갔다. 이 같은 정책의 추진은 농촌과 서민층 유권자들의 큰 지지를 받았다(Jayasuriya and Hewison 2004, 3).

"백마 탄 기사(atsawin ma khao, 앗싸윈 마 카오)"로 불려졌다.[7] 대중영합주의 정책을 추진하면서 스스로 CEO라고 불리기를 원했던 탁씬은 일의 효율성과 업적을 중시했으며 점차 권위주의적으로 변해 갔다.[8] 그의 권위주의적 통치 행태가 뚜렷하게 나타난 대표적인 사례는 인권탄압과 언론자유의 훼손, 시민사회운동세력과의 갈등, 독립적인 기구들과 상원의 활동에 대한 간섭 등에서 찾아 볼 수 있다.

1. 인권탄압과 언론자유 훼손

개정헌법에서는 국민의 권리와 자유를 보장하기 위한 여러 가지 내용들이 담겨 있었지만 몇 가지 실제의 예는 개정헌법의 취지를 무색하게 하는 것이었다. 그 대표적인 사례가 인권탄압과 언론자유훼손이다. 그 결과 국민의 기본적 권리와 자유가 보장되지 못함으로써 민주주의 실현에 대한 기대를 저버리게 되었다.

탁씬은 집권 후 마약, 빈곤, 테러와의 전쟁을 벌였다. 그는 3개월 내에 마약 없는 사회를 만들고, 빈곤을 6년 내에 퇴치하고, 문맹을 10년 내에 없애겠다고 장담했다. 마약과의 전쟁은 2003년 2월 1일 선포됐다. 3개월 동안 58,000명이 투옥되고 2,274명이 사망했으며 42,000명 이상의 마약거래업자들이 자수하여 큰 성과를 거두었다(Mutebi 2003, 78-80).

---

7) 태국의 영향력 있는 보수주의자 쁘라웻 (Prawese Wasi)은 탁씬은 국가 문제를 이해하는 몇 안 되는 사람 중의 한 사람이라고까지 칭송했다(Nelson 2001, 369). 후일 탁씬 퇴진의 선봉에 서게 되는 쏜티조차도 초기에 "탁씬은 지금까지 (태국에는) 없었던 가장 위대한 지도자"라고 극찬하기도 했다.

8) 흔히 탁씬 정권의 정치체제를 민주적 권위주의(democratic authoritarianism)또는 연성 권위주의(soft authoritarianism)라고 부르기도 한다(Pongsudhirak 2003).

그러나 마약과의 전쟁은 정책추진 과정에서 국내외적으로 인권문제를 도외시했다는 혹독한 비난을 받아야 했다. 특히 수사절차 없는 초법적인 처형 사례가 비난대상이 되었다. 이런 예는 광범위한 것으로 나타난다. 국가인권위원회(Thai National Human Rights Commission)를 비롯한 국내 인권 기구들과 유엔 인권고등위원회(U.N. High Commission for Human Rights)가 개입해 이 문제를 해결해야 한다는 여론이 비등해졌다. 쁘라차티빳당의 추원(Chuan Leekpai) 전 수상은 이 사건이 국제사회에 인권유린으로 인식될 수 있음을 강력히 경고하기도 했다. 그러나 탁씬은 이에 구애받지 않고 2003년 8월 두 개의 새로운 반 테러법을 만들어 더 큰 우려를 자아내게 했다(Panaspornprasit 2004, 258).

또 다른 인권 탄압의 사례는 남부사태의 강경진압에서 나타났다. 무슬림이 인구의 다수를 차지하는 남부지역에는 1950년 이래 분리주의 운동이 존재해 왔으며 이에 대해 정부는 강제적인 동화정책을 추진해 왔다. 태국정부는 이슬람과 지역 문화적 전통 특히 이슬람 학교에서의 말레이어 사용을 금지시켰다. 이에 맞선 대표적인 전통적 분리운동단체는 빳따니연합해방기구(PULO: Pattani United Liberation Organization)와 빳따니민족해방전선(BNPP: National Liberation Front of Pattani) 등이었다. 이들은 태국정부의 억압과 사회경제적 불평등에 맞서서 싸웠다. 하지만 1980년대 정치적 자유화시기가 오고 무슬림 엘리트들의 정치참여의 기회가 열린 후 분리주의 운동은 크게 줄어들었으며 90년대 초에 들어서는 더 이상 호전적인 분리주의운동은 발생할 것 같지 않을 것이라는 예상도 있었다. 그러나 탁씬 집권 후 2004년 초부터 높은 수준의 정치화된 소요사건이 다시 발생했다.[9] 2004년 한 해 동안 세 가지 큰 사건이 발생했다. 1월 4일에 나라티왓(Narathiwat), 빳따니(Pattani), 얄라

9) 그 이유에 대해서 지금까지 이슬람 호전주의자들, 구 분리주의 네트워크, 정치=관료-군 네트워크, CIA, 마피아 관련설 등이 있으나 어떤 것도 확실치는 않다.

(Yala)에서 군부대와 경찰관서를 습격하여 총기를 탈취하는 사건이 있었다. 4월 28일에는 무장단체가 군부대를 습격한 후 빳따니에 있는 끄르쌔 모스크(Krue Se Mosque)를 점거한 사건이 발생해 108명의 무장반군과 5명의 보안요원이 숨졌으며 10월 25일 나라티왓의 딱바이(Tak Bai)에서는 85명의 민간인이 사망했다(Albritton 2005, 166).

정부의 강경진압은 사태를 더욱 악화시켜 사건 후 국가인권위원회는 조사를 통해 공식적으로 과잉진압이라고 결론지었다. 2004년 1월 4일 총기탈취사건 후 2006년 1월까지 사망자 1,076명, 부상자 1,600명을 기록했다. 급기야 2006년 5월 말 코피아난(Kofi Annan) 유엔 사무총장이 태국을 방문했을 때 태국 인권단체는 남부사태나 마약과의 전쟁에서 나타난 태국정부의 인권탄압과 유린을 고발하는 탄원서를 전달하기도 했다(*The Nation* 2006/05/26).

탁씬의 권위주의적인 통치성향은 대언론정책에서도 극명하게 나타난다. 2001년 3월 타이락타이당의 편집간여에 대해 반발하는 23명의 iTV 직원들이 강제 퇴출되었다. iTV는 탁씬이 2000년에 매입한 TV방송국이다. 8월에는 반부패위원회로부터 재산공개 누락혐의로 대법원에 고발되어 있던 탁씬의 유죄 가능성을 담은 태국의 한 신문기사가 로이터 기사에 인용된 적이 있는데 경찰로부터 강력한 경고를 받았다. 이즈음 해서 태국방송저널리스트협회(Thai Broadcasting Journalists Association)는 정부의 라디오와 TV 간섭사례 14건을 발표하기도 했으며 2001년을 "언론 간섭의 해"라고 규정했다(Funston 2002, 313). 뿐만 아니라 탁씬이 의장으로 있던 돈세탁방지기구(Anti-Money Laundering Office)가 247명 이상의 유명저널리스트와 시민운동가들의 은행구좌를 조사하기도 했다(Pongsudhirak 2003, 285).

탁씬은 수 차례 언론사에 대해 소송을 제기하여 압력을 가하기도 했다. 대표적인 예가 언론개혁가인 쑤삔야(Supinya Klangnarong)와 『타이 포스트』 *(Thai Post)*에 대한 명예훼손 소송사건이다. 탁씬 일가가 소유하고 있는 친

(Shin)그룹이 정부 정책 추진에서 불공평한 이득을 얻었음을 보도하자 4억 바트 손해배상을 청구한 것이다. 형사법원은 2006년 3월 15일 이 사건을 기각했다. 탁씬은 푸짯깐(Phuchatkan) 신문사의 창립자인 쏜티(Sondhi Limthongkul)에 대해서도 국왕 모독을 이유로 6건의 소송을 제기했으나 2005년 12월 4일 국왕의 요청으로 소송을 취하한 적이 있다. 탁씬은 2006년 4월 2일 총선 후 일시 수상의 직에서 물러 난 후 다시 복귀한 후에도 쁘라차티빳당과 주요 3대 일간지에 대해 명예훼손으로 소송을 제기하기도 했다(*The Nation* 2006/06/15).

2. 시민사회운동세력과의 갈등 심화

개정헌법에서 추구한 중요한 정치구조의 특징 중 한 가지는 시민사회운동세력의 정치적 영향력 확대였다. 그러나 앞에서 살펴 본 인권탄압과 언론자유훼손의 예에서 보듯이 탁씬 정권은 시민사회운동세력의 정치적 영향력이 강화될 수 있는 기반 조성에 우호적이지 않았으며 시민사회운동세력과 갈등을 심화시켜 나갔다.

1997년 경제위기 발발과 민주헌법의 의회통과 이후 출범한 추원정부 하에서 국가와 시민사회의 관계는 사안에 따라 갈등적인 양상을 보이기도 했지만 국가가 시민사회를 개혁의 파트너로 인정하게 됨에 따라 양자관계는 기본적으로 상호보완적인 관계를 유지했다. 그러나 탁씬정부가 들어 선 후 이 같은 관계는 변화하기 시작했다. 대중영합주의적 정책을 성공적으로 수행함으로써 국민의 지지를 받는 가운데 탁씬은 싱가포르나 말레이시아의 발전방식의 미덕을 공공연히 칭찬하였다. 특히 싱가포르의 비자유주의적 정치모델을 추켜세우면서 정부와 야당은 국민의 최대이익을 위해 함께 일해야 하며,

적대적 정치는 국민에 대한 배신을 의미한다고 주장하기도 했다(Brown and Hewison 2004, 8-9).

야당과 시민사회운동진영으로부터 탁씬 정부의 민주주의와 인권침해 사례는 큰 비난을 받았다. 탁씬 정부가 여러 언론매체의 기사 및 언론사 간부, 기자들 인사, 방송위원회 위원 선정 등에 개입하고, 그가 소유하는 친나왓 그룹의 광고물을 지렛대로 언론보도를 조종하는 등 사실상 시민사회에 대한 통제에 나섰다는 비난이 터져 나왔다(Brown and Hewison 2004, 10).

탁씬은 정부에 대해 비판적인 지식인과 NGO에 대한 공식적, 비공식적 협박과 압력을 행사하였다. 2003년 10월 아태경제포럼(APEC)이 방콕에서 열릴 즈음에 탁씬 수상은 시민사회운동진영을 향해 회기 동안 어떠한 형태의 시위라도 시도할 경우 "오랫동안 쓰라린 결과"에 직면하게 될 것이라고 협박하면서 NGO들은 해외로부터 "기금을 모으기 위해" 시위를 조직하고 있다고 비난했다. 탁씬의 민주주의와 인권 침해문제는 국내 시민사회단체와 유엔인권위원회의 비난을 받았다. 위에서 언급한 마약과의 전쟁에서 발생한 무고한 희생자들 문제로 인해 정부와 인권단체간에 긴장이 생겨났다. 양자간의 관계 악화로 인해 탁씬정권이 NGO들을 통제하려는 NGO 등록법을 준비 중이라는 주장도 있었다(박은홍 2004).

탁씬 정부와 시민사회운동단체와의 관계 악화현상은 2005년 하원의원 선거과정에서도 잘 나타났다. 선거과정에서 시민단체들은 전국적인 선거감시활동을 전개하였다. 특히 선거과정과 관련하여 유권자들의 반응 중 특이한 것은 지식인들과 시민단체들을 중심으로 타이락타이당의 일당지배를 견제하기 위한 강력한 시민운동이 전개되었다는 점이다(이동윤 2005, 280-281). 일부 시민단체들은 쁘라차티빳당의 선거운동 구호를 그대로 인용하여 "타이락타이당의 일당지배와 권위주의적 통치를 저지하기 위해 야당에게 최소 201석 이상의 의석을 확보해 주어야 한다"고 주장하였다(*Bangkokpost* 2005/01/20).

결국 시민사회운동세력들은 2006년 들어서 쏜티 등을 주도세력으로 삼아 민주주의국민연맹(PAD: People's Alliance for Democracy, 끄룸 판타밋 쁘라차촌 프어 쁘라차티빠따이)을 조직해 2002년 5월 사태에 이어서 다시 한번 권위주의 탁씬 정부에 정면으로 대결하게 되었다. PAD는 탁씬 퇴진운동을 벌이던 중 정치적 위기를 모면코자 탁씬이 일방적으로 실시하게 되는 2006년 4월 2일 총선을 보이콧하고 총선에서 기권표 던지기 운동을 벌여 성공함으로써 탁씬 수상을 수상의 직에서 일시적으로 물러나게 하는 정치적 성과를 거두었다.

3. 독립적인 기구 활동 관여

개정헌법에서는 행정부와 입법부를 통제할 수 있는 사법권을 강화하고 국민의 권익을 보장하기 위해 사법적 · 준사법적 기구를 신설했다. 이런 취지에 의해 헌법재판소, 행정재판소, 인권위원회, 반부패위원회, 선거관리위원회 등이 신설되었다. 이런 기구의 신설에 관한 내용은 개정헌법에 따라 정치구조를 구성하는 핵심적 내용들—관료세력의 정치적 영향력 배제, 시민사회운동 세력의 정치적 영향력 확대 등—과 함께 완전한 민주주의 실현을 위한 것이었다. 그러나 이런 기구들은 권위주의 정부의 과도한 간섭으로 인해 정치적 중립성을 유지하면서 행정부와 입법부를 효과적으로 통제하지 못했다.

개정헌법에 따라 신설된 선거관리위원회는 2001년 하원 의원선거가 끝난 후 무려 4차례나 재선거를 치를 정도로 부정선거퇴치에 대한 열의를 보이기도 했지만 그 후 많은 문제점을 안게 되었다. 가장 중요한 이유 중 하나는 선거관리위원회 위원 선출에 정치권, 특히 정부의 입김이 작용함으로써 위원들이 정치적 중립성을 유지하지 못하고 편파적 행동을 보였기 때문이다.[10]

선거관리위원회의 임기가 2001년 5월 26일 만료되었을 때 각 정당들은 자신의 정당에 유리한 인물을 위원에 임명하기 위해서 맹렬한 로비를 벌였다. 그 결과 국민적 신망이 없는 인물들이 위원에 대거 임명되었으며 위원장에 임명된 씨린(General Sirin Thoopklam)은 사기혐의로 상원의원 자격을 박탈당한 인사였다. 또 어떤 위원은 가짜 투표용지를 만든 혐의로 조사를 받은 적도 있어서 일단의 상원의원들이 위원 선정과정에 대한 조사를 요구하기도 했다 (McCargo 2002, 257).

2001년 선거와는 달리 2005년 선거에서는 선거관리위원회의 편파성 논란이 많이 불거졌다. "선관위를 종이 호랑이라고 부르지 마라. 그것은 단지 아무것도 할 수 없는 고양이일 뿐이다"라는 비하의 말까지 나돌기도 했다. 국민들 사이에는 입후보자뿐 아니라 깨끗하고 공정한 정치 만들기에 실패한 선거관리위원회를 주의 깊게 살펴보아야 할 것이라는 모욕적인 언급도 있었다. 선거관리위원회가 선거에서 돈, 영향력, 국가권력의 세 가지 악을 추방하는데 실패했다는 주장도 있었다. 타이락타이당에 의한 라디오, TV 등의 미디어 장악에 대해서도 선거기간 내내 논란이 많았는데 이와 관련된 일은 선거관리위원회의 주요 업무였다. 대중민주주의(The Campaign for Popular Democracy) 사무총장은 많은 선거부정이 밝혀졌는데도 선거관리위원회는 어떤 후보에게도 레드카드나 옐로우 카드를 발행하지 않았다고 불만을 털어 놓았다. 선거관리위원회는 쁘라차티빳당이 왕실연설을 캠페인 스티커에 부쳐 사용했다는 이유로 고소한 반면에 남부지방에서 타이락타이당을 위해 매표행위를 한 네윈(Newin Chidchob) 농업부 차관에 대해서는 증거가 없다는 이유로 고소하

10) 추원 전 수상은 선거관리위원회와 반부패위원회와 같은 민주주의를 지지하고 있는 독립적인 기구들이 제 기능을 못하게 된 이유를 "많은 위원들이 권력집단에 소속되어 있고, 정치인들이 위원 선정 과정에 개입하고 있으며 위원장 선정과정에서 특정인을 선정토록 압력을 넣고 있다"는 점을 들었다(*The Nation* 2006/07/12).

지 않았다(*Bangkokpost* 2005/02/03).

2006년 4월 2일 선거를 치르면서 선거관리위원회의 공정성 문제는 어느 때보다도 심각하게 제기되었다. 선거가 끝난 후 민주주의국민연맹(PAD)은 다음과 같은 몇 가지 사건을 문제 삼아 선거관리위원회에 대해 소송을 제기했다. 우선 선거를 하원 해산 후 45일 이내에 서둘러 타이락타이당에 유리하게 치렀으며(60일 내 치르도록 헌법에 명시), 선거부스의 위치가 부적절하여 선거과정을 밖에서 지켜볼 수 있었으며, 타이락타이당 후보가 단독 출마한 선거구의 경우 최소득표율인 유효투표의 20% 이상을 얻기 힘든 선거구에서 소수정당을 매수하여 입후보하게 했고, 재선거에서 이미 출마한 정당 외의 정당 후보자를 출마시킨 것이 제기된 소송의 주요 내용이었다.

2006년 5월 8일 위와 같은 선거관리위원회의 불법성이 인정되어 헌법재판소가 총선 무효판결을 내렸다. 그리고 선거를 주도한 선거관리위원회 위원 중 '부적절한 선거관리' 혐의로 기소된 3인의 위원(전 선관위원장 왓싸나 픔랍,[11] 빠린냐 낙찻뜨리, 위라차이 내우분니얀)은 형사법원으로부터 각각 징역 4년 및 10년간의 선거권 박탈을 선고받게 되었다(*Bangkokpost* 2006/07/25). 이들은 고위직 공무원으로는 최초로 투옥되는 수모를 겪었다. 결국 정치적 중립성을 유지하지 못하고 정부 편에 서서 편파적 행동을 일삼은 선거관리위원회는 그 존재 의의마저 부정당한 셈이었다.

헌법재판소도 정치적 중립성을 의심케 하는 몇 가지 사건의 중심에 있었다. 타이락타이당이 집권한 직후 반부패위원회는 탁씬 수상의 재산공개 누락 혐의를 헌법재판소에 고발했으나 무죄판결을 내림으로써 그 순수성과 권위 손상을 초래했으며 개정헌법의 선별적 적용에 대한 논란까지 불러일으켰다. 유사한 사례는 또 있었다. 2005년 2월 28명의 상원의원들은 탁씬 총리의 위헌

11) 왓싸나(Vasana Puemlarp)는 탁씬 수상과 같은 경찰 출신으로 탁씬과의 신분이 두터웠다.

여부에 관한 검토를 요청하는 탄원서를 헌법재판소에 제출했다. 이들의 주장에 따르면, 탁씬 총리가 자산을 은닉함으로써 헌법 209조에 명시된 "현직 의원은 기업의 주식을 5% 이상 보유할 수 없다"는 조항을 위반했다는 것이다. 그러나 헌법재판소는 위헌여부 검토 탄원을 기각했다(*Bangkokpost* 2005/02/03).

탁씬이 절대적 영향력을 행사하고 있는 경찰 출신이 사무총장으로 있는 돈세탁방지기구(Anti-Money Laundering Office)는 항상 정치적 중립성을 의심받아 왔다.[12] 2002년 이 기구는 정부에 비판적인 내셔널 멀티미디어 그룹(National Multimedia Group) 편집위원들의 은행구좌를 수사한 적도 있다. 그러나 친(Shin)그룹 매각과 관련해 탁씬의 아들과 딸의 앰플리치(Ample Rich)사 의혹 사건에 대해선 법 규정 외의 일이라고 수사하지 않음으로써 비난을 받았다(*The Nation* 2006/08/01). 특별수사국(DSI: Department of Special Investigation)도 편파적인 활동으로 비난받았다. 이 기구는 심지어 수상의 정적을 위협하기 위한 도구라고 비난받기도 했다. 수사국장 쏨밧(Sombat Amornwiwat) 역시 탁씬과 같은 경찰 출신이었는데 현직 방콕 시장인 아피락(Apirak Kosayodhin)의 방콕 시 200억 메가프로젝트 등의 사건에서 그에게 뇌물 공여 혐의를 둔 반면에 친 탁씬 인사는 보호해 주는 편파수사를 벌였다.[13]

4. 상원의 정치적 중립성 훼손

개정헌법에 따라 2000년 3월 4일과 2006년 4월 19일(4월 23일 보궐선

12) 탁씬은 경찰 출신이며 집권 후 예비사관학교, 경찰사관학교 동기생들이나 그 출신들을 중용했다.

13) 쁘라차티빳당은 특별 수사국이 CTX 사건(신공항 검색대 폭발물 탐지장치 도입 수뢰의혹사건)이 발생했을 때 타이락타이당 인사가 포함된 미국측의 뇌물 공여자 명단을 덮어 두었다고 주장했다(*The Nation* 2006/08/01).

거) 두 차례나 상원의원을 직선한 일은 태국 정치발전사에 획기적으로 기록될 사건이었다. 1932년 입헌혁명 후 관료지배체제 정치구조를 특징지으면서 정치발전을 가로막는 가장 중요한 요인 중 하나가 임명 상원제도였다. 군, 민간 관료 집단이 장악했던 상원은 직선하원을 강력히 견제하는 의회 내 세력이 됨으로써 구조적으로 의회 민주주의 발전을 가로막아 왔었다. 1932년 입헌혁명 후 70년 동안 지속되어 오던 임명 상원제도는 1997년 개정헌법으로 폐지되고 2000년에는 최초의 직접선거가 치러졌다. 2000년 상원선거에서는 76개도에서 200명의 의원을 주민직선으로 선출했다.

그러나 상원의원 선거제도는 많은 문제점을 남겼다. 2000년에 최초로 치러진 상원의원 선거에서 관료세력의 상원진출은 크게 줄었으나 부정선거 시비로 7차례나 재선거가 치러졌을 뿐 아니라 정치적 중립성에 관한 우려의 소리가 여전히 많이 남아 있었다. 상원의원 200명 중 3분의 1 이상이 정치인의 부인, 아들, 친지들이었으며 3분의 1은 전직 정부 관료출신이었다(Chatornvong 2002, 208). 상원의장과 상원의 상임위원장을 선출할 때도 정당의 로비가 극심해 정치적 중립성을 의심받게 되었으며 행정부로부터 빈번히 고유의 영역을 침범당했다. 정부를 지지하는 상원의원과 지지하지 않는 상원의원간의 알력도 심각했고 독립적인 기구에 중립적인 인사를 추천하면서 상원은 신망을 잃어갔다.[14)]

2006년 4월 상원의원 선거결과도 정치인들의 친인척이 대거 당선됨으로써 중립적인 역할에 회의를 품게 만들었다. 그래서 혹자는 상원을 패밀리 하우스(Family House) 또는 '싸파 푸어-싸파 미야'(남편과 부인 국회)라고 조소적으로 명명하기도 했다.[15)] 2006년 4월 상원의원선거후 치러진 후 실시한

---

14) 이런 이유로 금융감독원장(Auditor-Genaral Office)과 반부패위원회 위원장 임명 때 국왕의 승인을 받지 못하는 사태까지 벌어졌다. 두 기관의 장은 상원의 권고에 따라 국왕이 임명토록 되어 있었다.

15) 쁘라차티빳당 고문인 추원은 상원이 싸파 싸미 판라야(부부국회)가 되었다고 했다(*Daily News*

한 조사에 따르면 상원의원 200명 중 144명이 정치권과 밀접한 관계를 가지며 106명이 타이락타이당, 38명이 쁘라차티빳당 및 찻타이당과 밀접한 관계를 갖고 있는 것으로 나타났다. 나머지 8명은 전직 관료들이고 48명은 학자와 시민운동가들이었다(*Bangkokpost* 2006/04/21).

개정헌법에 따르면 상원은 행정부를 직접 견제하거나, 상원의원들이 직접 선발되거나 상원이 임명하는 멤버로 구성되는 다양한 독립적인 기구 — 선거관리위원회, 반부패위원회, 헌법재판소 — 를 통해서 행정부를 견제할 수 있다. 그러나 실제로 상원은 행정부 견제의 기능을 상실하고 상원이 선발한 독립적 기구는 정치권의 영향력 하에 놓여 있는 상황에 있다.

이상에서 살펴 본 바와 같이 독립적인 기구들이나 상원은 행정부 견제기능을 발휘하지 못했기 때문에 이들에 대한 국민들의 신뢰도도 그리 높지 않은 것으로 나타났다.[16]

Ⅳ. 권위주의적 통치와 정치행위자들의 반응

1. 시민사회운동세력의 탁씬 퇴진운동

2005년 말 태국의 『네이션』에는 다음과 같은 기사가 실렸다. “(2005년)

2006/04/24).

16) 2006년 4월 28~29일 여론조사기구인 ABAC(Assumption Business Administration College) poll이 방콕과 인근지역 주민 1,863명을 대상으로 인터뷰 조사한 결과 70%가 대법원, 68%가 행정법원, 63%가 헌법재판소를 신뢰하고 있으나, 반부패위원회는 41%가 신뢰하며 34%만이 상원을 신뢰하고 선거관리위원회에 대한 신뢰도는 32%로 급격히 하락했다(선거 이전에는 40%)(*Bangkokpost* 2006/05/01).

2월 선거에서 타이락타이당이 압승한 이후 1년도 안 된 시점에서 탁씬 수상이 몰락의 길에 들어설 줄 안 사람은 없었을 것이다"(*The Nation* 2005/12/31). 선거 후 약 1년간의 탁씬의 지지율은 2005년 2월 6일 80%에서 11월 1일 20%, 12월 21일 30%로 급락하고 있었다. 탁씬은 중산층, 시민사회, 인텔리 계층, 주요 기업으로부터 급속히 지지를 잃어가고 있었으며 반 탁씬 세력은 인권탄압, 언론자유 훼손, 독립적인 기구에 대한 간섭, 권력 남용, 가족과 측근 부정부패를 비난하고 나섰다.

후일 반 탁씬의 선봉에 서게 되는 세력은 PAD라는 시민사회운동단체였지만 초기에 반 탁씬 세력의 규합에 나선 사람은 언론재벌인 쏜티(Sondhi Limthongkul)였다. 원래 쏜티는 탁씬의 지지자였다. 그는 "탁씬은 과거에 볼 수 없었던 태국 최고의 수상이다"라고 극찬하기도 했던 인물이다. 쏜티가 탁씬을 비난하기 시작한 것은 CTX 부정사건과 남부사태가 발생한 후였다. 쏜티는 마침 TV 채널 9번의 〈주간 태국〉(Thailand Weekly Talk Show)이라는 프로그램에 출연하여 정부를 비난하다 프로그램이 폐지되자 장외에서 이 프로그램을 진행하기 시작했다. 처음에는 탐마쌋대학 강당에서 탁씬 수상의 언론탄압에 대해서 토론을 벌였으나 2005년 10월 28일부터는 매주 금요일 일과가 끝난 후 노란색(왕실 상징) 셔츠를 입고 룸피니 공원에서 집회를 주도해 급기야 시민운동, 학생 등과 연합세력을 구축했다.[17)]

쏜티를 중심으로 한 반 탁씬 세력은 초기에 탁씬의 권위주의적 통치행태를 비난하면서 헌법개정을 요구했다. 그들이 요구하는 헌법 개정의 요지는 무엇보다 효과적인 견제와 균형 체제가 갖추어져 수상의 권력 남용을 방지해야 한다는 것이었다. 의회 구조상 수상에 대한 불신임안을 상정하기 위해서는

17) 이 집회가 관심을 끌자 케이블 TV인 ASTV와 라디오 생방송을 통해서 전국에 알려지기 시작했다. 2006년 1월 13일에는 집회 후 그 곳에 모인 사람들이 수상관저까지 행진하여 난입한 사건도 발생했다.

하원 5분의 2의 찬성이 필요하여 원천적으로 불가능하게 되어 있었다. 또 독립적인 기구들의 구성원 선발과정을 바꾸어서 정치적 입김이 작용하지 않도록 해야 할 뿐 아니라 구성원 수도 늘려 각계가 참여할 수 있도록 하며, 현재 6년 단임으로 규정된 상원임기 제한 철폐, 대졸자 이상으로 제한한 하원의원 자격의 철폐 등이 헌법개정의 주요 내용이 되고 있었다. 정치권에서는 앞에서 언급한 헌법 107조 4항의 90일 조항이 가장 현실적인 문제점으로 대두되었다.

하지만 탁씬이 헌법개정 요구에 응하지 않자 반탁씬 세력들은 한 발 더나가 탁씬 수상에 대한 탄핵운동을 전개해 나갔다. 이에 본격적으로 불을 붙인 사건은 탁씬과 그 일가가 보유하고 있던 친 코퍼레이션(Shin Corp.)의 지분매각사건이었다. 이 사건이 발발하기 전에도 부정부패사건은 탁씬 정권의 정통성을 크게 훼손시키고 있었다. 국영기업의 민영화를 통한 특정 기업 특혜, 주가조작, 특정집단을 위한 경제정책 입안, 공무원사회의 부정부패, 뇌물 등 부정의 형태도 다양했다.18)

그러나 무엇보다도 국민들의 불만을 사고 있는 것은 탁씬과 가족, 친지의 부정부패문제였는데 주식매각사건은 가장 전형적인 예가 되었다. 탁씬 수상과 그 일가가 보유하고 있던 친 코퍼레이션의 지분 49.59%를 싱가포르 국영투자기구인 테마섹(Temasek)에 모두 매각, 총 733억 바트의 수익을 얻었

---

18) 대표적인 사례는 신공항 검색대 폭발물 탐지장치(CTX bomb scanner) 도입 수뢰의혹 사건으로 쑤완나품 공항 탐지기 도입을 둘러싸고 일어난 뇌물 수수 의혹인데, 태국 정부는 총 43억 바트를 투자해서 이 탐지기의 설치를 추진했으며 이 사건으로 쑤리야 쭝룽르엉낏(Suriya Jungrungreangkit) 교통부 장관이 사임(후일 부총리 임명)했다. 국영 Electricity Generating Authority of Thailand의 민영화 추진에 대한 시민단체들의 반발도 심했다. 공무원 부패에 대해서 금년 초 탁씬은 발본색원할 것이며 투명한 정부입찰을 위한 e-auction제 도입(2월 1일부터), 암행감사제도 도입 등을 발표하고 현재 지방에서 추진되고 있는 개발계획들이 부정부패가 일소되고 행정 비효율이 제거되면 40%의 이익이 생길 것이라고 주장했다.

고, 합법적인 면세 혜택을 받아 260억 바트의 세금 역시 한 푼도 내지 않았다. 이 사건은 탁씬을 일시적으로 퇴진시키는 데 가장 결정적인 사건으로 기록되고 있다.

쏜티를 중심으로 한 반 탁씬 세력은 처음에 수 천 명에 불과했지만 점차 방콕의 중산층과 학생층으로 참여자가 늘어나자 민주주의국민연맹(PAD)이라는 단체로 확대 발전되었다. PAD는 수많은 독립적인 시민운동조직들 — 노동자, 학생, 지식인, 대학 강사, 정치적 행동주의자들과 종교 그룹 — 이 느슨하게 연합된 형태였다. 그들의 목적은 탁씬 수상을 퇴진시키고 완전한 민주주의를 부활시키는 것이었으며 PAD를 구성하는 데는 쏜티의 역할이 컸다.

PAD의 퇴진 압력에 직면해서 탁씬은 2006년 2월 24일 의회를 해산시키고 4월 2일 조기총선을 치를 것을 발표했다. 이에 대해서 PAD와 주요 야당들은 총선을 보이콧하기로 결정했으나 선거는 감행되었다. 하지만 PAD의 선거 보이콧 결정은 태국 정치사상 유래가 없었던 1,000만표의 기권표[19]를 만들어내 선거의 정당성을 치명적으로 훼손시켰으며 결국은 선거에서 이긴 탁씬을 일시적으로 퇴진시켰을 뿐 아니라 총선을 무효화시켜 새로운 총선을 이끌어 내게 되는 결정적인 요인이 되었다.

4월 2일 총선에서 타이락타이당은 정당명부제에서 1,640,000표를 얻어 100석을 모두 얻었다. 정당명부제 기권표는 9,050,000표, 무효표는 160만표였다(*Bangkokpost* 2006/04/13). 타이락타이당은 지역구에서 1,510만표를 얻고(399개 지역구, 54%), 기권표는 930만표였다. 사실상 선거결과는 타이락타이당의 압승이었지만 기권표가 타이락타이당 일당 우위의 정당성을 크게 훼손시켰다. 기권표가 특히 많이 나온 곳은 정치적 여론층이 다수인 방콕과 남부

19) 기권표는 투표용지란에 기록할 수 있도록 되어 있었다.

지역이었다.

한편 탁씬이 일시적으로 수상의 직에서 물러난 후 PAD도 일시적으로 활동을 중단했다. 그러나 그로부터 5주 후에 행정법원이 4월 2일 총선을 무효화한 후 이를 명분 삼아 탁씬이 수상의 직에 다시 돌아오자 PAD의 반 탁씬 활동은 재개되었다.[20]

2. 군의 정치적 역할

1992년 5월 사태 이래 군은 정치적 중립을 선언하였으며 2000년 직선 상원을 선출한 후 제도적으로 정치에 참여할 수 있는 길도 제한되었다. 또 정당 활동을 통한 군의 정치적 영향력 행사도 사라져 갔다.[21] 정치 외 분야인 외교안보분야에서 일정한 영향력을 행사하고 있지만 태국 군은 과거와 비교해 직업주의에 충실하고 정치적 중립을 유지해 왔다고 평가할 수 있다. 이런 맥락에서 탁씬과 반 탁씬 세력간의 갈등이 첨예화하는 가운데 군사 쿠데타 설이 몇 차례씩이나 횡행했지만 그 때마다 군은 정치 불개입을 천명하곤 했

20) 탁씬이 수상의 직으로 다시 돌아온 후 새로운 시민사회운동단체도 출현했다. 2006년 8월 6일 발족된 "탁씬체제 종식을 위한 시민사회네트워크(Civil Society Network to Stop the Thaksin System (CSNSTS)"가 그것이다. 이 조직은 대학강사, 학생, 시민운동가, 사업가 등 각계각층의 인사로 구성되었다. 이들은 짜른 폭판(Charoen Pokphand Group)과 네스카페(Nescafe), 그래미 그룹(Grammy Group)과 같은 재벌그룹에 대해서 집권당에 대한 지원을 중단할 것과 정치적 중립을 요청하는 편지를 보내기도 했다. 그러나 이들은 PAD와 같이 대규모 집회는 하지 않을 것이라고 주장했다. 또 도지사와 경찰 수뇌부, 전국의 지방경찰에 대해서도 선거부정을 막고 탁씬에 대한 지원을 중단하도록 하는 편지공세를 펴기로 했다(*Bangkokpost* 2006/08/07).

21) 1980년대 이래 군은 정당을 만들어 정치에 참여한 경우가 있는데 대표적인 것은 육군사령관 차왈릿(Chawalit Yingchaiyut)이 만든 쾀왕마이당(New Aspiration Party)이었다. 이 정당은 1997년 집권하기도 했으나 2001년 총선 후 타이락타이당으로 흡수통합되었다.

다. 하지만 정치적 격변기의 군 외부적 상황은 군의 정치개입을 점차 유인하게 되었다. 탁씬과 반 탁씬 세력 양측 모두 정치적 목적을 위해서 군을 이용하고 군의 지지를 받고자 노력했다.

현재 태국 군은 두 개의 큰 축으로 구성되어 있다. 예비사관학교(The Armed Forces Preparatory School) 6기생들은 현재 군 수뇌부에 포진해 있고 10기생들은 수도권 내, 근교의 단위 부대장을 맡고 있다(*The Nation* 2006/03/02). 이 중 예비사관학교 10기생들은 탁씬 수상의 동기생들이며 탁씬 수상을 지지하고 있다고 할 수 있으며 쏜티 육군사령관을 포함한 여타의 군 세력들은 왕실 자문기관인 추밀원 의장 쁘렘을 지지하고 있다.[22)]

탁씬 수상은 사실 집권 초기부터 군을 장악하려는 의지를 내비쳤다. 탁씬은 집권 후 군 인사에 적극적으로 개입해 예비사관학교 동기생들을 주요 요직에 임명시키거나 진급시켰다.[23)] 그러나 이런 탁씬의 인사개입은 반작용을 불러일으켰다. 6기생의 대표주자인 쏜티 분야랏끌린(Sonthi Boonyaratglin) 육군 사령관은 얼마 전 군 정기인사이동(12월)을 앞두고 이례적으로 중간급 장교(대대장급)의 인사이동을 실시했는데, 대부분의 해당자는 탁씬과 가까운 10기에 졸업한 장군휘하에서 일했던 방콕주둔 주요 보병, 포병, 기갑부대 장교들이었다. 이들은 대부분 정치적으로 덜 중요한 자리인 참모부나 지방으로 인사이동 조치되었다. 이번 인사이동은 탁씬이 쏜티를 육군사령관보다 정치적 실권이 약한 육군최고사령관의 자리로 전보발령시키려 한다는 보도가 있은 후 발표되었다. 쏜티는 직업군인으로 국왕에게 충성할 뿐 탁씬으로부터 어떤 부적당한 정치적 압력도 인정하지 않곤 했던 인물이다. 그는 탁씬에게 예스맨이 아니며 탁씬의 정치적 목적을 위해 군을 이용하려 한 어떤 시도

22) 현재 군은 탁씬을 지지하는 세력과 쁘렘을 지지하는 세력으로 양분되어 있다고 볼 수 있다.

23) 예비사관학교 동기생인 Pornchai Kranler장군은 육군 사령관보, Anupong Paochinda 중장은 1군 사령관, Prin Suwanthat 소장은 1 사단장이라는 요직을 차지했다.

에도 반대했었다(*The Nation* 2006/07/20).

탁씬과 반탁씬 진영의 힘겨루기가 진행 중일 때 정치권으로부터 군을 정치에 이용하려는 수 많은 시도가 있었다. 우선 탁씬이 비상계엄을 발포하려는 유혹을 떨치지 못했을 때 10기 주요 군 지휘관들은 탁씬을 지지했지만 육군 사령관 쏜티를 지지하는 세력들이 반대하고 나서 결국은 실현되지 못했다. 군을 이용하려 했던 것은 탁씬 만이 아니었다. 1992년 5월 민주화 운동 때같이 군은 시민사회와 적대적인 관계에 있지 않았다. 그래서 반 탁씬 세력의 선봉에 섰던 쏜티(Sondhi Limthongkul)도 2006년 2월 4일 로얄 플라자(Royal Plaza)에서 개최된 반 탁씬 집회가 끝난 후 2,000명의 시위대와 함께 육군본부를 방문해 육군사령관 쏜티를 만나 탁씬 퇴진을 압박하기 위해서 노골적으로 군의 지지를 구했다.[24] 이 일이 있고 난 다음날 탁씬은 3군 수뇌부, 경찰총감과 함께 급히 골프 모임을 갖고 군은 자신과 함께 하고 있다고 하면서 당시 세간에 떠돌던 쿠데타 루머를 잠재우기 위해 애썼다.[25]

정치세력의 노골적인 구애에도 불구하고 군은 어느 한 쪽 편을 들지는 않았다. 시위 기간 중 언론감시기구들은 TV 방송국들의 탁씬과 안티 탁씬 진영의 뉴스비중을 공정하게 처리해 줄 것을 요구했는데 육군 사령관 쏜티는 군 방송국인 5번의 편집국에 반 탁씬 진영이 싸남루엉(Sanam Luang)에서 열리는 반 탁씬 집회를 취재하도록 지시했으며 탁씬 진영과 반 탁씬 진영에 대한 보도를 공정하고 정확하게 할 것을 지시하기도 했다(*The Nation* 2006/03/07). 육군사령관 쏜티는 탁씬의 두 차례 비상사태 선포 요청을 거절해 군의 정치적

24) 방문 후 쏜티는 육군의 전폭적인 지지를 구했다고 주장했으나 쏜티는 이를 부인하면서 단지 늦은 밤에 발생한 과열된 시위대의 분위기를 식히기 위해서 면담에 응했다고 했다.

25) 뿐만 아니라 탁씬은 PAD가 대규모 집회를 벌인 직후 연이어 군 수뇌부와 점심식사를 함께 했으며 참석한 군 수뇌부들은 쿠데타 발발 가능성과 군이 탁씬 사임을 제안했다는 보도를 부인했다.

중립의지를 강하게 나타내기도 했다. 사태가 일단락된 후인 5월 18일 군의 정치 불간섭과 쿠데타가 없을 것임을 다시 한 번 강조했다. 그는 과거에 군이 정치에 개입할 때마다 국가문제는 더욱 어려워지고 악화되었다고 발언하기도 했다(*Bangkokpost* 2006/05/19).

그러나 군을 자극시키는 여러 가지 사건들이 계속적으로 발생하자 군 내부의 미묘한 정치적 움직임이 감지되는 사건이 두 가지 발생했다. 탁씬 수상 암살기도 사건과 쿠데타 가능성 등의 유포설이 그것이다.

8월 24일 탁씬 수상 암살 기도 사건이 발생했다. 자작극이라는 풍문도 나돌았지만 군 내부의 탁씬에 대한 반발기류를 보여 주는 사건이었다. 탁씬 수상 관저 가까운 곳에서 다량의 폭발물을 실은 차량이 발견되었는데 이 차량을 운전한 사람은 국내안보작전사령부 소속의 타왓차이(Thawatchai Klinchana) 대위였다. 사건 발생 후 그는 구속되고 그의 직속 상관인 판롭 삔마니(Panlop Pinmanee) 장군은 즉각 파면되었다. 판롭 장군은 육군 사관학교 7기 졸업생이며 탁씬 퇴진운동에 앞장 선 PAD 지도부의 중요 인물 중 한 사람인 짬렁(Chamlong Srimuang)과 가까운 사이로 알려졌다. 그래서 탁씬 측에서는 이 사건을 탁씬에 대한 군 내부 반발세력의 소행으로 단정하고 일종의 쿠데타로 인식했다.

12월에 실시될 군 정기 인사이동문제를 놓고 그 공정성을 제기하면서 군 내부의 불만도 거셌다. 탁씬계 장교들의 특혜성 진급과 인사이동에 대한 불만이었다. 몇 명의 군장성들은 공개적으로 이 문제를 비난했다. 또 육해공군 유력 장성들은 추밀원 의장인 쁘렘을 방문하여 인사의 부당성을 주장했다. 군 장성들은 탁씬이 그의 정치적 목적을 위해 군을 분리지배함으로써 약화시키려 하고 있다고 주장하기도 했다(*Bangkokpost* 2006/09/13). 이 사건은 군심을 크게 자극했으며 9월 들어서 군 쿠데타설이 널리 유포되고 있었다. 9월초 탁씬 수상은 핀란드에서 개최되는 아셈(ASEM) 총회 참석 중 쿠데타 발생

가능성을 제기했던 것도 이런 사정을 염두에 둔 것이었다. 즉 탁씬은 군내 반대세력들의 불만을 충분히 간파하고 이들에 의한 쿠데타 가능성을 흘리면서 군 내 자파세력을 동원한 친위 쿠데타를 통해 이들의 쿠데타를 분쇄하려는 고도의 정치적 음모를 꾸민 것으로 보는 시각이 있었다.

그러나 쿠데타 발발 가능성은 현실로 나타났다. 2006년 9월 19일 태국에는 18번째 군사 쿠데타가 발생했다. 1991년 쿠데타가 발생한지 15년만의 일이다. 육해공군 및 경찰로 구성된 민주개혁평의회(육군 사령관인 쏜티 분야랏끌린 대장이 의장)는 대변인 발표를 통해 "현 정권의 국론분열, 부정부패 등을 척결하고 입헌군주제에 입각한 민주주의 수호를 위한 정치개혁을 위해 군부와 경찰이 일시적으로 정권을 장악한다고 주장했다." 쿠데타 후 태국 군부는 상·하원과 내각, 헌법재판소를 해산하고, 헌법의 효력을 중지시켰다.

쿠데타가 발생한 시각 탁씬 수상은 뉴욕 유엔총회 참석 중이었다. 그는 쿠데타 이전 군부의 이상 징후를 파악하고 밤 10시경 국영 TV인 채널 9를 통해서 국가비상사태를 선포했다. 따라서 군부의 쿠데타 성공 발표에도 불구하고 상황은 유동적이었다. 하지만 곧 이어 푸미폰 국왕이 민주개혁평의회 대표인 쏜티 분야랏끌린 장군을 민주개혁평의회 의장으로 정식 임명하고, 국민에게 평온을 유지할 것과 모든 공무원들에게 쏜티 장군의 명령에 따를 것을 지시함으로써 쿠데타는 정당성을 확보하게 되었고, 탁씬 정권은 완전히 축출되었다.

3. 국왕의 정치적 역할

태국 정치구조의 가장 독특한 특징 중 한 가지는 입헌군주제하에서 초정치적(above politics) 입장에 있는 국왕이 실제로는 정치적 역할을 하고 있다는 사실이다. 역대 헌법에서 국왕의 위상에 대한 조항은 전혀 변화된 바가 없었으며 개정헌법에서도 마찬가지였다.

비근한 국왕의 정치적 역할 사례는 1992년 5월 사태의 해결에서 찾아볼 수 있을 것이다. 또 그 후 국왕은 과도내각 구성에 간여했고 1997년 경제위기가 발생했을 때는 자립경제의 개념(self-sufficiency, setthakit phiyang pho)을 제시했으며 1997년 개정헌법을 공포하면서는 "국민의 헌법(The People's Constitution)"을 승인한다는 말로 개정헌법의 정당성을 인정해 주기도 했다. 2001년 탁씬이 집권한 후 국왕과 탁씬 간의 관계는 그리 순탄한 것이라고 볼 수 는 없었다. 국왕은 탁씬의 독선적이고 권위주의적인 통치스타일에 불만을 표하기도 했던 것으로 알려진다. 예를 들면 금융감독원장과 반부패위원회 위원장의 임명 때 이례적으로 승인을 하지 않아 불만을 나타낸 적도 있었다. 양 기관의 장은 상원의 권고에 따라 국왕이 임명토록 되어 있었으나 국왕은 추천된 인사가 부적절하다고 평가했다. 한편 탁씬은 태국사회에서 불가침의 영역에 있는 국왕에 대한 존경심을 갖고 있는지 의심받을 언행을 자주 표출하여 정적들로부터 많은 비난을 받았다. 후일 탁씬 퇴진 운동이 본격적으로 전개되었을 때 탁씬은 이 문제로 큰 곤욕을 치르게 된다.

탁씬과 쏜티를 중심으로 한 PAD 진영의 격렬한 정치적 대결 국면 초기에 왕실은 개입을 극히 자제하고 있었다. 왕실 자문기구 추밀원 의원 쑤라윳 쭐라론(Surayud Chulanont)은 "모든 사람들은 어른이고 어린이가 아니기 때문에 대화가 가장 좋은 해결 방법이다"라고 언급하는 등 극히 원론적인 입장만을 밝혔다(*Bangkokpost* 2006/03/09). 그러나 결정적 시기가 오자 국왕은 적극 개입했다.

국왕의 정치적 역할은 4월 2일 총선 직후부터 시작되었다. 탁씬은 4월 2일 총선에서 승리한 후 반탁씬 진영에 대해서 화해위원회를 만들 것을 제안하는 의욕을 보였지만 4월 4일 오후 후어 힌(Hua Hin)의 끌라이깡원 궁전(Klai

Kangwon Palace)에서 국왕을 면담한 후 사임을 발표했다. 사임 이유는 다음과 같았다. "내가 차기 수상직을 맡지 않겠다는 이유는 금년이 국왕 즉위 60주년을 맞는 상서로운 해이기 때문이다. 나는 모든 태국인들이 화해하기를 원한다"(*The Nation* 2006/04/05).[26] 탁씬은 칫차이 완나싸팃(Chidchai Wannasathit) 제1부수상을 수상대행에 임명했다.

탁씬이 일시적으로 수상의 직에서 물러나고 난 후에도 경색된 정국은 해결될 기미를 보이지 않았다. 왜냐하면 총선 이후 선출되지 않은 의석에 대한 보궐선거가 예정되어 있었으나 선거를 치르더라도 전체 의석이 메워질 수 없었다. 그렇게 되면 원천적으로 새로운 원 구성이 이루어질 수 없고 새로운 수상도 선출될 수 없는 상황이었다. 이런 상황에서 국왕은 헌법 7조를 통해서 현재의 난국 해결에 개입하라는 요청(야권에서는 국왕이 이 조항에 의거해 수상을 임명하라고 요구하고 있었다)을 받았지만 일단 거부했다.[27]

그러나 국왕은 2004년 4월 25일 끌라이깡원 왕궁에서 있었던 새로운 행정법원 판사를 임명하는 자리에서 4월 2일 치러진 타이락타이 1당 선거에 대해서 비정상적이며 비민주적인 것이라고 책망했다(*The Nation* 2004/04/26). 그리고 행정법원과 대법원, 헌법재판소 등 관계기관들이 현 시국을 풀 수 있는 모든 법적인 해결방안을 연구하라고 지시했다. 이어서 헌법재판소는 5월 8일 총선 무효화 판결을 내리고 새 총선 실시를 결정했다고 밝혔다. 탁씬과 반탁씬 진영 모두 헌법재판소의 결정에 동의했다. 새로운 총선의 날짜는

---

26) 탁씬은 선거가 끝난 시점에서 새로운 국회가 구성되면 수상의 직을 맡지 않을 것이나 타이락타이당의 당수직은 유지할 것이라고 말했다. 그리고 국회가 구성될 때까지 수상직의 업무를 보지 않고 제 1부수상인 칫차이에게 업무를 맡긴다고 발표한 후 수상청에 출근하지 않았다. 그의 언행은 고도의 정치적 복선이 깔린 것이었다.

27) 헌법 7조는 "헌법조항에 명시되어 있지 않아 법 적용을 할 수 없는 사건의 판결은 입헌군주제 통치의 전통을 따른다"고 되어 있다. 국왕은 헌법 7조는 국왕에게 결정권을 준 것이 아니며 입헌군주제에 대한 일반적 언급이며 만일 국왕이 결정을 내린다면 그의 의무를 넘어서는 비민주적인 것이라고 언급했다.

2006년 10월 15일로 정해졌다.

입헌군주인 푸미폰 국왕의 정치적 영향력은 막강하다. 그동안 수차례의 쿠데타와 정치위기 시에 중재자적 역할을 함으로써 정치적 파국을 막곤 했다. 중요한 정치변동 시에 각 정치세력들은 국왕의 지지를 받음으로써 정치적 정당성을 얻으려 했다. 이번에도 친 탁씬 세력[28]과 반 탁씬 세력이 갈등을 빚는 가운데 국왕의 지지를 구해 정당성을 확보하거나 국왕의 힘을 이용해 정치적 입지를 강화하려는 노력이 그 어느 때보다도 치열했다. 대표적인 예를 몇 가지 열거하면 다음과 같다. 반 탁씬 세력의 선봉에 섰던 쏜티는 탁씬을 향해 왕실모독죄를 저질렀다고 수차례 공격했으며,[29] 이에 대해서 탁씬 총리는 쏜티가 근거 없는 발언을 했다면서 명예훼손과 국왕에 대한 모독죄의 명목으로 소송을 제기했다.[30]

3월 23일 태국 최고행정법원은 탁씬 정부가 추진해온 국영전력회사(EGAT: The Electricity Generating Authority of Thailand)의 민영화 절차가 불법이기 때문에 기존의 모든 관련 포고령은 무효라고 결정했다. 반 탁씬 세력은 탁씬은 책임을 지고 물러나라고 공세를 취했다. 그러나 민영화 절차를 진행하면서 관련 왕명 두 건이 공포된 적이 있기 때문에 탁씬에 대한 책임공세는 실제로 국왕모독이라는 주장이 제기되고 쏜티는 왕실모독죄로 경찰에 고발

---

28) 북부와 동북부 지방에서 올라온 경운기 시위대라고 불리는 농민 그룹인 캬라반 부대(Caravan of the Poor)가 대표적인 친 탁씬 세력이었다.

29) 그동안 국왕을 둘러싼 대표적인 공방을 몇 가지 살펴보면 다음과 같다. 탁씬은 2004년 4월 왕실 사원인 에머랄드 사원에서 의식(국가의 불행을 피해가기 위한 의식)을 주재한 사실이 있었다. 탁씬 측에서는 적절한 의전절차를 밟은 것이라고 해명하였으나 이 곳은 왕실 가족들만 사용할 수 있는 곳이라 그의 처신이 커다란 비난의 대상(불경죄)이 되었다. 또 그는 자주 왕실에 대해서 부적절한 언사를 사용하기도 했다. "자신이 국왕에게 충성을 안 하면 어느 귀신이 충성을 한단 말인가?", "국왕께서 귀뜸을 해주시면 사퇴하겠다" 등. 탁씬은 태국불교의 최고 수장인 승왕대행을 임명하는 월권을 행하기도 했다. 이런 일련의 행위를 근거로 쏜티는 탁씬을 왕실모독죄로 소송을 제기했다.

30) 그러나 법원은 탁씬 수상의 쏜티에 대한 구속신청을 기각했다.

당했다. 그 후 쏜티는 중국에 가 있게 되는 데 망명설이 나돌다가 선거 당일인 4월 2일이 되서야 귀국했다. 또한 이와 관련해 쏜티의 언급을 적절히 게재하지 못한 타이어판 『콤찻륵』*(Kom Chad Luek)* 신문은 5일 동안 자진 정간해야 했다. 이 사건과 관련해 군은 평화적인 시위는 용납될 수 있지만 국왕에 대한 모독은 용납될 수 없음을 경고하기도 했다(*The Nation* 2006/04/02).[31]

탁씬이 일시적으로 수상의 직에서 물러 난 후 주춤했던 국왕을 정치적 목적에 이용하려 했던 공방들은 탁씬이 수상의 직으로 돌아온 후 다시 재개되었다. 쏜티와 푸짯깐 신문 칼럼니스트인 차이아난(Chai-anan Samudvanija) 등은 탁씬과 타이락타이당은 이미 수년 전에 핀란드(Finland) 모임을 통해서 입헌군주제 역할을 약화시키고자 하는 모의를 한 적이 있다고 비난하면서 이를 소위 'Finland Plot'라고 주장했다(*The Nation* 2006/5/27). 탁씬은 6월 29일 정부청사에서 있은 고위공직자 대상의 연설에서 "헌법 밖에서 그에게 반대하는 카리스마 있는 사람(푸미바라미 넉 랏타탐마눈)의 명령을 직간접적으로 따르지 말도록 지시했다." 이 발언 후 카리스마 있는 사람이 누구인가 하는 문제가 정국에 회자되었다. 그러던 중 탁씬의 법률 고문이었던 미차이(Meechai Ruchuphan)는 그의 웹사이트를 통해 언론과 대다수의 국민들은 "카리스마 있는 사람"은 국왕이라고 믿고 있으며 탁씬은 헌법 8조인 왕실모독죄를 위반했다고 주장했다(*Bangkokpost* 2006/07/06).[32]

PAD도 이에 합세했다. PAD는 7월 14일부터 시작하는 반탁씬 운동의

31) 탁씬이 일시적으로 물러난 후 사태가 일단락되자 국왕을 둘러싼 왕실모독 공방 때문에 일부 학자들은 형법 112조의 개정을 주장하기도 했다. 지금까지 왕실모독죄는 과다하게 정치적으로 이용당했기 때문이다. Thai Journalist's Association가 주최한 한 세미나(왕실모독죄와 타이 사회에 미치는 영향)에서 한 발표자는 왕실모독죄는 개인이 아니라 정부를 대신해서 내각만이 소송을 제기할 수 있도록 하는 형법 개정을 주장했다(*Bangkokpost* 2006/04/23).

32) 타이락타이당에서는 카리스마를 갖는 인물은 PAD, 쁘라차티빳당, 다른 반정부 기구를 일컫는 것이라고 주장했다(*The Nation* 2006/07/07).

주요 테마를 왕권 도전에 두었다. 쏜티는 이 사건을 빗대어 태국 국민들은 국왕편에 설 것인가 아니면 탁씬 편에 설 것인가를 선택해야 할 것을 요구하면서(*The Nation* 2006/07/12), 탁씬의 사임을 재촉구하는 대규모 집회를 가졌다. 이에 대해서 학계에서는 "우리는 모두 국왕과 함께 있기 때문에 어떤 선택도 할 필요가 없다면서 국왕을 정치인과 같은 수준으로 끌어내리지 말라고 경고했다(*Bangkokpost* 2006/07/06).

현재 태국 국왕의 카리스마는 정점에 와 있다. 2006년에는 태국 국왕 즉위 60주년 행사가 있었다(2006. 6. 12~13).[33] 이 행사에 앞서 국왕은 5월 26일 태국을 방문한 코피아난(Kofi Anan) 유엔 사무총장으로부터 그동안 가난한 농촌 개발에 대한 공로로 유엔이 수여하는 상을 수상(The United Nations Development Programme's Inaugural Human Development Lifetime Achievement Award)했다. 이런 행사들은 모두 국왕의 카리스마를 제고시키는 중요한 행사들이었다. 현재 세계에서 가장 장수하고 있는 푸미폰 국왕에 대한 태국국민들의 존경심은 상상을 초월하고 있다.[34]

10월 15일 총선을 앞두고 국왕은 직접적인 정치적 발언이나 역할을 하지는 않았지만 그의 심복으로 알려진 인물들은 꾸준히 정국에 영향을 미칠 발언을 했다. 이와 관련해서 의미심장한 두 건의 발언이 있었다. 추밀원 의장인 쁘렘은 국왕이 신뢰하는 최측근 인사다. 그는 2006년 7월 14일 육사생도를

---

33) 군주제의 전통을 유지하고 있는 29개국 중 26개국에서 왕과 왕비 그리고 왕족 등이 행사에 참석했다.

34) 태국 사람들의 국왕에 대한 존경심은 외부인의 눈에는 지나칠 정도로까지 비추어지는 것이 사실이다. 탁씬과 노골적인 반목을 나타내며 그의 일시적인 퇴진에도 크게 기여했던 영자신문 네이션지의 국왕에 대한 다음과 같은 언급을 통해서 존경심의 정도를 가늠해 볼 수 있다. "지난 금요일 태양보다 더 동정심 많고 친절하고 다정한 유일한 것은 아난타 마히돈 왕궁 발코니에서의 국왕전하의 눈길이었다. 그분은 행복했다. 우리는 그 분의 옆지만 갸날픈 따뜻한 미소로부터 그것을 느낄 수 있었다"(*The Nation* 2006/06/14). 이 기사는 2006년 6월 9일 아난따마히돈 왕궁(Ananta Samakhom Throne) 발코니에서 열린 푸미폰 국왕과의 만남의 날 행사에 운집한 국민들 앞에 선 국왕의 모습을 묘사한 것이다.

대상으로 한 특강에서 (탁씬)정부를 경마의 기수로 비교하고 군인들을 말에 비유하면서 "기수는 오고 가는 것이지만 말 주인은 항상 같다. 군은 어떤 정부에 소속된 것이 아니며 국왕에게 속해 있다"(*Bangkokpost* 2006/07/15)는 발언을 통해 군에 대해서 탁씬 정부보다는 국왕에 대해서 충성할 것을 주장했다. 이어서 8월 31일에 있었던 공사생도들 대상의 특강에서는 다음과 같은 발언을 통해서 탁씬 수상에 대한 불만을 나타냈다. "왕국의 신은 항상 좋은 사람들을 보호하고 나쁜 사람들을 저주한다. ……왕국은 신성하며 악의 세력은 결국 스스로 패배할 것이다. ……어떤 사람들은 국왕의 말을 듣고도 실천에 옮기지를 못하는데 아마도 정직하지 못하고 나쁜 사람들은 국왕의 조언에 귀를 기울이지 않기 때문일 것이다"(*The Nation* 2006/09/01). 국왕이 신임하는 또 다른 인사인 아난 전 수상은 "정치적 위기가 장기화되면서 사회적 단합이 악화일로에 있으며 민주주의에 영향을 미치고 있다. 현재와 같은 양극화 현상(탁씬 지지세력과 반 탁씬 세력간의)과 증오가 계속된다면 태국은 실패된 국가가 될 것"이라고 경고하고 나섰다(*The Nation* 2006/09/01).

국왕의 의중이 실렸다고 생각되는 이런 발언들은 4월 2일 총선이 있은 후 탁씬이 일시 퇴진하기 전과 비교하면 상당히 강경한 것으로 볼 수 있다.

9 · 19 쿠데타가 발생하자 국왕 배후설이 파다했다. 쿠데타 주도세력은 쿠데타 발생의 주요 이유 중 한 가지로 탁씬 수상의 국왕에 대한 모독을 주장했으며 쿠데타 발생 후 국왕은 즉각 쿠데타를 승인하여 정당성을 확인해 주었다. 또 쿠데타 후 구성된 과도내각의 쑤라윳 수상, 국가안보위원회 의장인 쏜티 육군사령관, 또 이들의 대부격인 추밀원 의장 쁘렘은 모두 국왕과 밀접한 관계를 갖는 인물들이었다.

V. 맺는 말

오늘날 태국의 정치구조는 1997년 개정헌법을 근간으로 형성되었다. 이 글에서는 개정헌법에 따른 정치구조의 특징들 — 소수정당의 난립 방지와 다당제를 지양한 정당체제의 발전과 정치적 안정의 도모, 관료세력의 정치적 영향력 배제, 시민사회운동세력의 정치적 영향력의 확대, 사법적 · 준사법적 기구의 영향력 확대 — 이 2000년 이후 몇 차례의 선거를 치르면서 실제로 어떻게 변화되었나를 살펴보았다.

첫째, 선거제도의 변화를 통해 소수정당의 난립을 방지하고 다당제를 지양함으로써 빈번한 연립내각의 교체가 개선되어 정치적 안정을 도모한 것은 사실이나 타이락타이당의 압도적인 1당우위제가 확립되어 권위주의적 통치행태의 폐해가 심하게 나타남으로써 또 다른 심각한 정치불안이 발생했다.

둘째, 최초로 상원 직선을 치름으로써 관료세력과 군의 정치적 영향력은 약화되었으나 정치권 특히 정부여당의 간섭에 의해 상원의 정치적 중립성이 크게 파괴되었다. 또 군을 정치적으로 이용하려 한 결과 정치적 중립성이 훼손되고 정치개입까지 초래되었다.

셋째, 권위주의 정부의 간섭으로 사법적 준사법적 기구들도 정치적 중립성을 유지하지 못해 민주주의의 견제와 균형이라는 기본 원리가 작동되지 못했다.

넷째, 탁씬 정권은 국민의 권리와 자유를 제한하고 시민사회운동세력의 정치적 영향력을 억제하려 했지만 시민사회운동세력은 탁씬정권에 대한 가장 강력한 견제세력이 되어 탁씬의 일시적인 수상직 사퇴까지 이끌어냈다.

다섯째, 태국의 독특한 정치구조를 특징짓는 입헌군주제 하의 국왕의 정치적 역할은 과거 정치적 위기 시와 마찬가지로 변함없이 유효했다. 그러나 과거 어느 때 보다도 직접적으로 국왕을 정치적으로 이용하려는 정치권의 시도가 많았다.

위에서 살펴 본 바와 같이 2000년 이후 선거를 치르면서 형성된 정치구조의 실제는 개정헌법에서 추구한 것과는 사뭇 다르게 나타나고 있다. 정치구조는 준 민주주의 체제를 벗어나 비관료세력 우위가 이루어졌지만 타이락타이당 1당우위제로 인한 새로운 권위주의 정치구조가 형성되어 있으며 이는 또 다른 정치불안을 야기시키게 되었다. 이런 정치구조 하에서 가장 강력한 견제세력은 (의회 밖의) 시민사회운동세력이며 정치적 위기시에 국왕은 막강한 정치적 영향력을 발휘하고 있다. 뿐만 아니라 군은 여전히 정치적으로 중요한 변수가 되고 있다.

사실상 쿠데타가 발생하기 전 태국 정치구조의 변화에 가장 큰 영향을 미칠 사건은 10월 15일로 예정돼 있는 총선이었다. 총선에 영향을 미칠 수 있는 요인은 대략 세 가지였다. 첫째는 정국의 불안정성이다. 탁씬이 사회 양극화를 조장하고 있다는 비난을 받는 가운데 탁씬파와 반탁씬파 사이에 무력충돌과 탁씬 암살기도 사건까지 발생하는 등 정치사회적 혼란이 가중되고 있었다. 뿐만 아니라 군 정기인사이동문제로 생긴 군 내부의 반발 움직임 등으로 공공연히 쿠데타의 가능성이 점쳐지는 상황이었다. 둘째 검찰이 지난 6월 27일 타이락타이당, 쁘라차티빳당과 기타 3개의 소수정당을 해산할 것을 헌법재판소에 권고했으며 헌법재판소는 5개 정당의 해체 여부를 심판하기로 결정해 향후 커다란 정치적 파문이 예상되고 있었다. 셋째, 공석인 선거관리위원회 위원 선출과 관련하여 대법원이 위원 후보자 명단을 상원에 제출한 후 상원에서 적격자를 심사 중이었는데 그 절차가 늦어질 경우에 선거일도 연기될 가능성이 있었다.

총선이 예정대로 치러질 경우 정치구조의 변화를 특징지을 가장 중요한 변수는 타이락타이당의 1당우위 유지 여부와 새 정부가 추진할 헌법개정작업의 향배였다. 선거결과에 대한 대체적인 예측을 살펴보면, 타이락타이당이 승리를 거두리라는 데는 이론의 여지가 없으나 단독 정부를 수립할 만큼의 의석수를 얻기는 어려울 것으로 예상돼 연립정부 구성의 가능성이 높게 점쳐지고 있었다. 또 어떤 형식으로든 타이락타이당이 재집권을 하더라도 탁씬이 수상의 직에 다시 오르는 경우 정치적 혼란 상황은 종식되기 어려울 것이며 헌법개정작업에도 큰 영향을 미칠 것으로 예상했다.

그러나 쿠데타로 탁씬이 물러난 후 타이락타이당은 붕괴위기에 처해 있다. 쿠데타 포고령 27호는 정당이 선거법 위반으로 해산되면 정당 간부들의 정치활동을 5년 동안 금지시킬 것을 규정했다. 이를 우려해 정치적 재기를 노리고 있는 탁씬을 비롯한 타이락타이당 간부들은 대부분 탈당해 버렸다. 따라서 앞으로 정치권의 이합집산을 통해 기존의 1당우위제 정치구조는 크게 변화할 것이다.

쿠데타 후 쑤라윳 과도내각은 1년 내에 새로운 헌법을 만들고 총선을 실시하여 민간정부에 정권을 이양할 것이라고 천명했다. 새로운 헌법은 대체로 권력의 효과적인 견제와 균형, 수상권의 약화, 독립적인 기구에 대한 정부간섭배제, 인권보호와 국민의 정치참여 강화, 부정부패 감시 기능의 강화 등의 내용이 반영될 것으로 보인다. 이에 따른 정치구조의 변화가 예상되지만 1997년 개정헌법의 경우와 같이 제도보다는 운영이 더 문제가 되는 정치현실은 여전히 남아 있는 셈이 된다. 이런 정치구조를 형성해 가는 데 있어서 군의 정치적 역할과 이에 대한 시민사회운동세력의 대응, 국왕의 정치적 역할 등이 여전히 주요한 변수가 될 것이다.

참고문헌

김홍구. 2003. "태국의 사회구조 변화와 정치변동." 한국동남아학회. 『동남아시아연구』 13(2).

______. 2004. "태국의 경제위기와 정치적 선택." 한국동남아학회. 『동남아시아연구』 14(2).

______. 2005. "태국의 선거제도 변화와 정당체제." 『국제지역연구』 한국외국어대학교 외국학종합연구센터 35.

박은홍. 2004. "지배구조의 자유화, 사회적 신뢰, 민주주의: 인도네시아와 타이의 비교." 2004년도 5월 한국동남아학회 연례학술회의 발표문.

이동윤. 2005. "태국 선거과정의 변화와 지속성." 한국동남아학회. 『동남아시아연구』 15(2).

Albritton Robert B. 2005. "Thailand in 2004: The 'Crisis in the South.'" *Asian Survey* 45(1).

Brown, Andrew and Kevin Hewison. 2004. "Labour Politics in *Thaksin's Thailand.*" Working Paper Series no.62. (March), City University of Hong Kong.

Chai-Anan Samudavanija. 1986. "Political Institutionalization in Thailand: Continuity and Change." Robert Scalpino, Seijaburo Sato, and Jusuf Wanandi, eds. *Asian Political Institutionalzation.* Berkeley: Institute of East Asian Studies.

Chatornvong, Sombat. 2002. "The 1997 Constitution and the Politics of Electoral Reform." Duncan McCargo, ed. *Reforming Thai Politics.* Copenhagen: NIAS Publishing.

Funston, John. 2002. "Thailand: Thaksin Fever." *Southeast Asian Affairs 2002.* Singapore: ISEAS.

Ganesan N. 2004. "Thaksin and the Politics of Domestic and Regional Consolidation in Thailand." *Contemporary Southeast Asia* 26(1).

Jayasuriya, Kanishka and Kevin Hewison. 2004. "The Anti-Politics of Good Governance: From Global Social Policy to a Global Populism." Working Paper Series No. 59(January). City University of Hong Kong.

McCargo, Duncan. 2002. "Thailand's January 2001 General Elections: Vindicating Reform." Duncan McCargo, ed. *Reforming Thai Politics.* Copenhagen: NIAS Publishing.

Mutebi, Alex M. 2003. "Thailand in 2003: Riding High Again." *Asian Survey* 44(1).

Nelson, Michael H. 2001. "Thailand's House Elections of 6 January 2001: Thaksin's

Landslide Victory and Subsequent Narrow Escape." Michael H. Nelson, ed. *Thailand's New Politics KPI Yearbook 2001*. Bangkok: White Lotus.

Panaspornprasit Chookiat. 2004. "Thailand: Politicized Thaksinization." *Southeast Asian Affairs 2004*. Singapore: Institute of Southeast Asian Studies

Pongsudhirak, Thitinan. 2003. "Thailand: Democratic Authoritarianism." *Southeast Asian Affairs 2003*. Singapore: ISEAS.

Punthong, Yutthanaa. 1997. *Khamthaam-Khamtop Ratthathammanuun haeng Raachaaanaacakthai 1997*[1997년 헌법 질의, 응답]. Krungtheep: Samnakphimnitiyut.

Riggs. Fred W. 1966. Thailand: *The Modernization of a Bureaucratic Polity*. Honolulu: East-West Center Press.

The Nation, Bangkokpost, Daily News 각 호

제8장 | 태국의 선거정치와 남부 지역주의*

이동윤

Ⅰ. 문제제기

지난 2005년 2월 6일 태국에서 실시된 제23차 하원의원선거는 태국애국당(Thai Rak Thai Party)의 압도적인 승리와 더불어 남부지방의 지역주의 현상이 보다 뚜렷하게 표출된 선거였다고 평가할 수 있다. 총 25개 정당이 참여하여 지역구 의석 400석과 정당명부 의석 100석 등 전체 500명의 하원의원을 선출한 이 선거에서 집권 여당인 태국애국당은 지역구 의석 310석과 정당명부 의석 67석 등 총 377석을 획득하여 압도적인 승리를 거두고 지난 2001년 선거에 뒤이어 다시 한 번 제1당이 되었으며, 야당인 민주당(Democrat Party)은 지역구 의석 70석과 정당명부 의석 26석 등 총 96석을 차지하여 제2당이 되었다. 태국국가당(Chart Thai Party)은 지역구 의석 18석과 정당명부 의석 7석 등 25석을 획득하여 제3당이 되었으며, 당초 신생정당으로 주목을 받았던

---

*이 논문은 전체 내용을 축약 · 수정하여 『한국정치학회보』 제40집 5호(2006)에 "민주화 이후 태국의 선거와 지역주의"라는 제목으로 게재되었다.

대중당(Mahachon Party)은 지역구 의석 2석만을 획득하여 군소정당이 되었고, 다른 정당들은 의석 획득에 실패하여 원외정당으로 사라지게 되었다.

이와 더불어 지난 1992년 민주화 이후 보다 가시적인 형태를 드러내고 있는 남부지방의 지역주의 현상은 이번 선거를 통해 단순히 특정 정당에 대한 지역적 선호도를 의미하는 정당의 지역화 현상이나 지역정당체계 단계를 넘어서 이제는 특정 지역과 정당에 대한 강한 반감이나 지역감정마저 표출되는 지역주의 문제로 확산되었다. 사실상 태국의 선거과정에서 나타나고 있는 정당의 지역화 현상은 최근 들어 특별하게 나타난 전혀 새로운 현상은 아니다. 이미 1992년 민주화 이후 선거과정과 결과에서 특정 정당이 특정 지역에서 강세를 나타내는 지역정당화 현상이 존재하였으며(Maisrikrod 1992, 45-6; Suchit 1996, 85-91; King et al. 1996, 112-3; Masrikrod et al. 1997, 144-5), 이러한 현상은 점차 그 정도가 심화되어 지역주의 경향마저 나타내고 있었던 것이다. 물론 민주화 이전에도 특정 정당에 대한 특정 지역의 강력한 지지나 선거동원이 전혀 없었던 것은 아니지만(Supannee 1986; Bajunid 1989, 83), 이러한 현상은 민주화 이후 정당 간 선거경쟁이 강화되고 선거에 의한 정권교체가 가능해지면서 보다 심화되는 모습을 나타내고 있다(이동윤 2003, 184).

현실적으로 선거과정에서 표출되는 지역주의[1]나 정당의 지역화 현상은 지역주의 자체가 '합리적 선택'(rational choice)이며, 유권자들의 정당에 대한 일체감이나 귀속감을 증진시켜 줄 수 있다는 점에서 긍정적인 측면이 강조될 수 있다(조기숙 2000). 그러나 문제는 각 정당들 사이의 정치적 이념이나 특별한 정책적 차이가 없는 상황에서 지역감정에 치우친 지역정당의 출현은

1) 여기서 '지역주의'라고 함은 빳따니(Pattani), 얄라(Yala), 나라티왓(Narathiwat), 싸뚠(Satun) 등 태국의 남부 국경지역에서 이슬람 분리주의운동을 중심으로 표출되고 있는 '남부 문제'(Southern problem)나 '남부 폭력사태'(violence in the South)뿐만 아니라 선거과정과 결과를 통해 남부 전역에서 나타나고 있는 '선거지역주의'(electoral regionalism)를 의미한다.

정치과정에서 공공연한 갈등과 혼란을 유발시킬 수 있다는 점이다. 예를 들어 특정 지역을 기반으로 하는 지역정당들이 유권자들의 지역주의 감정을 부추기며 세력화된다면, 이것은 그 국가의 선거나 정당정치에서 대중정당이나 전국정당으로의 발전을 저해하고, 연립정권 내에서도 지역적 대립과 정책적 갈등을 야기할 수 있다. 또한 선거과정에서의 지역주의는 지역 주민들 사이의 대립과 갈등, 정책 대결의 부재와 지역적 편중을 유발함으로써 국민통합과 민주적 정치발전을 저해하는 또 다른 요인으로 작용할 가능성이 크다(Sombat 2000, 69).

이에 따라 본 연구는 선거와 지역주의에 관련된 기존 논의들을 포괄적으로 검토하여 이론적 연구방법을 모색하고, 1992년 민주화 이후 태국의 선거과정에서 확산되고 있는 정당의 지역화 및 지역주의 현상을 경험적으로 분석함으로써 그 원인과 정치적 함의를 고찰하고자 한다. 특히 본 연구는 민주화 이후 태국의 선거과정에서 나타난 지역별 의석수(number of seats) 분포와 지역별 유효정당수(effective number of parties), 정당의 지역균열지수(regional cleavage index) 등을 분석함으로써 태국의 선거과정에서 지역주의 현상이 어느 정도 수준에 도달해 있으며, 그 문제점은 무엇인가를 밝혀내고자 한다. 또한 본 연구는 태국의 선거과정에서 보다 뚜렷한 정향을 나타내고 있는 남부지방의 지역주의 현상을 선거와 관련된 제반 요인별로 고찰함으로써 그 세부적인 원인을 점검하고자 한다.

Ⅱ. 이론적 논의와 연구방법: 선거와 지역주의

한 국가의 정치체제는 그 국가의 정치적 갈등과 사회적 균열의 흐름을 반영하며, 특히 선거과정을 통해 나타나는 정당정치의 분화는 사회적 이질성, 즉 사회적 이념과 가치관이 분열되어 표출되는 사회적 균열의 분화와 깊은 상관관계가 있다(Lipset 1960, 1-24; Taagepera 1999, 531). 현실적으로 한 국가의 정치과정이 정치 · 경제 · 사회 · 문화 등 국가 내부의 여러 영역에서 표출되는 다양한 정치적 욕구를 종합하고 수렴하지 못할 경우, 그 국가의 선거과정은 사회의 기능적 이해관계를 집약하거나 다양한 집단적 채널을 발전시키는 동인을 갖추지 못한 채 단순히 공직 획득을 위한 도구적 수단으로 전락할 수밖에 없다. 또한 이러한 선거과정에서 각 정당들은 일반 국민들의 이해관계를 수렴하기보다 정치엘리트들의 권력 욕구나 특정 집단의 이해관계에 따라 유권자들을 수직적으로 동원하는 '후원정당'(patronage party)의 역할만을 수행하게 된다(Mair 1996; 박상훈 2000, 35에서 재인용).

오늘날 대의민주주의를 기반으로 하는 정치체제에 있어서 선거과정을 통해 표출되는 정치적 균열은 정치세력 및 정당들 사이의 경쟁과 세력화과정에서 유권자들을 동원하게 되면서부터 점차 세부적으로 구획되고 분할되는 양상을 표출하고 있다. 정치적 균열은 특정 국면에서 어떤 요소가 정치세력화 또는 경쟁의 자원으로 전환되느냐 여부에 따라 서로 다르게 나타날 수 있으며, 선거과정에서 정당 및 정치세력들이 득표전략의 일환으로 지역을 기반으로 한 공간적 범주를 선거전략으로 활용할 경우 이것은 결과적으로 선거지역주의를 초래할 수 있다. 즉, 한 국가의 선거과정에서 정당의 지역화 또는 선거지역주의가 등장하였다는 것은 선거과정에서 각 정당들이 지역주의를 동원하였던지 혹은 유권자들이 이미 지역주의와 지역감정에 기초하여 균열되었던지 간에 결국 지역별로 지역주의와 지역감정에 의해 동원된 유권자들이 존재하고, 지역적 균열을 선거전략으로 활용하는 지역정당이 형성되어 있다는 사실을 의미한다.

일반적으로 선거과정에서 표출되는 '선거지역주의'(electoral regionalism)

혹은 '정당의 지역화'(regionalization of political party) 현상은 개별 유권자와 개별 정당의 행위결정이 집합되어 나타나는 선거 결과에 바탕을 둔 개념으로써 "선거 결과나 정당정치가 지역적 균열과 지지를 기반으로 하여 재편되는 현상"을 의미한다. 흔히 선거 결과를 통하여 나타나는 지역주의 혹은 정당의 지역화 현상은 유권자가 지역적 균열에 의해 편성되어 있고, 정당은 득표를 위해 유권자가 지니고 있는 지역주의 및 지역감정을 동원하며, 유권자들이 이들 지역정당들을 지지함으로써 전체적인 선거 결과나 정당체계의 형성에 있어서 지역적 균열에 입각한 정당선호도가 표출되는 것을 말한다(박상훈 1999, 1-2, 13). 이에 따라 '정당의 지역화'란 정당이 지역적 균열과 지지기반에 입각하여 지역정당을 형성하게 되는 것을 의미하며, 지역화된 정당들이 특정 지역에서 지역정당체계(regional party system)를 형성하게 될 경우 우리는 선거지역주의가 형성된 것으로 파악할 수 있다.

현대 정치에 있어서 지역주의 혹은 정당의 지역화 현상이 문제가 되는 것은 이것이 지역분할 혹은 할거구도를 통해 민주주의의 건전한 발전을 저해하기 때문이다. 흔히 지역정당은 선거와 정당정치의 과정 속에서 정당의 정치적 이념이나 정강정책이 중심이 되지 못하고 대중정당(mass party)이 정착되지 못한 상태에서 간부정당(cadre party)들이 지역주의나 지역감정에 편승하여 유권자들을 동원하고 지역적 할거구도에 입각한 정당체계를 형성함으로써 발생한다. 따라서 지역적 균열구조에 기반을 둔 정당은 결코 전국정당으로 발전할 수 없으며, 지속적으로 지역정당으로서의 한계에 머물 수밖에 없다. 특정 지역에 지지기반을 가지고 있으나 그 지역 이외의 다른 지역에서도 일정한 지지를 얻고 있는 전국정당의 경우 별로 문제가 될 것이 없지만, 특정 지역을 벗어나면 단 한 명의 후보도 당선시킬 수 없는 정당은 말 그대로 지역정당에 불과하다(장을병 1995, 25). 특히 한 국가의 지역적 균열구조는 정당이 다양한 사회집단들의 '기능적 이익'을 매개하고 반영하려는 유인을 약화시키기 때문에 지역주의에 따른 사회적 균열구조가 지배적인 상황에서 민주정치의 진정한 발전과 안정을 기대할 수 없다. 즉, 기존의 지역적 균열구조에 의해 파생되는 정당체계 속에서는 한 정당이 선거과정에서 압도적 우위를 차지하기 어렵기 때문에 늘 불안정한 정당체계가 형성될 수밖에 없고, 결과적으로 정당들 사이의 지역적 갈등과 대립에 기인하여 정치 이념이나 정책 경쟁을 통한 대중정당으로의 발전을 기대하기도 어렵게 된다(최영진 2002, 12, 24).

한편 정당의 지역화와 선거지역주의는 크게 세 가지 접근방법을 통해 논의할 수 있다. 우선 첫 번째로 사회균열론(social cleavage theory)에 입각하여 지역적 균열과 정당정치, 그리고 선거지역주의 사이의 관계를 설명하는 사회구조적 접근방법(social structural approach)이 그것이다. 대의민주주의를 실시하고 있는 현대 국가에 있어서 정당의 성격은 사회구조에 따라 규정되며, 정당정치의 동태적 변화는 사회구조의 변화와 연관지어 설명될 수 있다(Lipset et al. 1967, 1-64). 여기서 정당은 정치적 대안의 창안자이자 정치적 동원의 핵심적인 담당자이지만, 정당이 조직하는 대안과 균열은 유권자들의 편성구조인 사회적 균열로부터 제약을 받는다. 이것은 특정 정당이 특정한 사회적 균열을 동원하고 조직한다고 하더라도 다른 사회적 균열을 동원하고 조직하는 정당에 의해 제한을 받을 수 있기 때문이며, 특정 지역에서 특정 정당의 우세는 이에 대응하는 다른 지역에서의 지역정당화를 초래하여 지역감정과 대결을 유발할 수 있다는 것이다. 이에 따라 사회구조적 접근방법은 정당의 지역화 현상이나 선거지역주의의 정치·사회구조적 요인에 대하여 유의미한 분석을 제공하게 되지만, 전략적 행위를 통해 변화하는 선거과정과 정당정치를 설명하는 데 한계가 있고, 개별 정당을 단순히 사회구조의 변화를 반영하는 수동적인 존재로 보았다는 비판을 받고 있다(유창선 2001, 21).

정당의 지역화 및 선거지역주의를 설명하는 두 번째 논의는 정치동원론(political mobilization theory)에 입각한 접근방법이다. 정치동원론의 차원에서 정당은 정치적 환경에 의해 영향을 받는 수동적인 존재가 아니라 정치적 환경을 통해 유권자들을 동원하는 능동적인 행위자로 간주된다. 이에 따라 지역정당체계 속에서 정치동원론은 선거에서의 승리나 득표를 위한 정당의 전략적 행위에 주목하여 지역적 균열이나 지역감정에 기반을 둔 정당들에 의해 지역주의적 정치동원이 생겨나는 정치과정에 초점을 맞추게 된다. 즉, 한 국가의 선거과정과 결과를 통해 표출되는 지역주의와 정당의 지역화 현상은 유권자들의 지역적 균열과 정당의 지역주의적 동원이 결합하여 나타난 결과이며, 이러한 과정에서 정당은 득표를 위한 보다 손쉬운 방법으로서 유권자들의 지역적 균열을 선거전략으로 활용한다는 것이다(유창선 2001, 21). 그러나 이러한 접근방법은 정당의 선거활동을 지나치게 능동적인 것으로 고려하여 이미 구조화되어 있는 지역적 균열과 정치적 환경의 제약요인을 간과하였다는 비판을 받는다.

세 번째로 선거지역주의와 정당의 지역화 현상은 합리적 선택이론(rational choice theory)을 통한 접근방법으로도 설명될 수 있다. 흔히 선거연구에 있어서 '합리적 선택'이란 "경쟁하는 정치조직과 정치지도자들이 만들어낸 다양한 대안들 중에서 유권자들이 자신의 선호도와 가장 가까운 대안을 경제적으로 판단하여 선택하게 된다"(Downs 1957)는 것이며, 이에 따라 합리적 선택에 근거한 선거과정에서 지역주의나 정당의 지역화 현상은 인사 및 분배정책에서의 지역적 차별 조건과 후보자들의 지역주의적 동원전략, 그리고 정당의 정책 대결이 부재한 상황에서 정당과 유권자들이 함께 만들어낸 합작품으로 간주된다. 실질적으로 지역주의나 정당의 지역화 현상은 이미 구조화된 지역적 균열 속에서 정당의 지역주의적 선거전략과 유권자들의 지역주의적 선택이 결합한 결과라고 평가할 수 있다. 즉, 유권자들의 지역주의 투표행태가 비록 유권자들 개인의 이성적인 선택은 아닐지라도 결과적으로 합목적적인 선택이 이루어진 결과라고 생각할 수 있으며(조기숙 2000, 46), 궁극적으로 선거과정을 통하여 표출되는 지역주의 현상은 나름대로 유권자들의 합리적 선택에 기인한 결과인 셈이다.

그렇다면 한 국가의 선거과정에서 표출되는 지역주의나 정당의 지역화 현상은 현실적으로 어떤 방법을 통해 평가될 수 있는가? 흔히 선거과정에서 표출되는 지역주의와 정당의 지역화 현상은 특정 지역에서 특정 정당에 대한 유권자들의 지지율과 이를 통해 표출되는 의석 분포가 다른 지역에서의 지지율이나 의석 분포보다 큰 차이를 형성하면서 높게 나타나야 하고, 이러한 현상이 일시적인 것이 아니라 오랜 기간에 걸쳐 지속적으로 나타나야 한다는 전제조건을 갖는다(이갑윤 1998, 25-6). 이에 따라 선거과정과 결과를 통하여 표출되는 지역주의와 정당의 지역화 현상은 한 국가의 특정 지역에서 나타나는 정당구도의 편향성 혹은 정당체계의 상대적 크기와 수를 다른 지역과 비교하여 평가가 가능하다.

우선 첫 번째로 선거 결과를 통하여 표출되는 지역주의와 정당의 지역화 현상은 정당의 지역 간 지지율의 차별성을 통해 가시적인 평가가 가능하다. 일반적으로 한 정당의 지역 간 지지율의 차별성은 정당체계의 대표성 문제와도 깊은 상관관계가 있는데(최영진 2002, 11), 여기서 우리는 각 지역별로 특정 정당에 대한 지지도나 의석수가 다른 지역과 큰 편차를 나타내거나 특정 정당이 특정 지역에서만 두드러진 강세를 나타내는 현상 등을 통해 선거와 정당정치에 따른 지역주의와 정당의 지역화 현상을 감지할 수 있다. 즉, 특정 지역에서 나타나는 특정 정당의 득표율 혹은 의석비율이 다른 지역과 달리 과반수 이상의 두드러진 강세 현상을 일정한 기간 동안 지속적으로 나타낸다면, 이것은 그 지역에서 특정 정당의 지역화 현상이 발생하고 있으며 지역주의에 입각한 지역정당체계가 형성되어 있는 것으로 평가할 수 있다.

두 번째로 지역주의에 입각한 정당의 지역화 및 지역정당체계 현상은 한 국가의 각 지역별 유효정당수를 측정함으로써 평가가 가능하다. 유효정당수는 정치체제 내에 존재하는 개별 정당들이 얼마나 영향력을 갖고 있는지를 실제로 계산하여 영향력이 있는 정당들은 정당체계에 포함시키고 그렇지 못한 정당들은 제외시키는 방법이다(Taagepera et al. 1989, ch. 8). 이에 따라 우리는 선거 결과를 통하여 각각의 개별 정당들이 얻은 의석비율 혹은 득표율(P)의 제곱의 합으로 1을 나눈 값으로 유효정당수(N_E)를 산출할 수 있으며(Lakkso et al. 1979, 3-27), 이것을 응용하여 한 국가의 각 지역별로 나타나는 유효정당수와 정당체계를 측정할 수 있다. 즉, 유효정당수 계산에 의한 지역별 유효정당수 지수를 비교해 보면 지역적으로 지배정당 혹은 지역정당의 출현과 특정 지역에서 여타 정당들의 경쟁성이 지극히 제한되는 형태로서 일당제 혹은 1.5 정당제에 가까운 정당체계를 발견할 수 있고, 이를 통해 정당의 지역화 및 선거지역주의 현상을 파악할 수 있다.

$$N_E = \frac{1}{\sum_{i=0}^{n} P_i^2}$$ (N_E= 유효정당수, P = 개별 정당의 의석비율 혹은 득표율)

세 번째로 선거과정에서 지역주의에 따른 정당의 지역화 현상은 정당의 지역균열지수를 통해 평가가 가능하다. 정당의 지역주의 균열지수는 특정 정당의 특정 지역 득표율(혹은 의석비율)과 기타 지역의 평균 득표율(혹은 의석비율)의 차이를 통해 측정할 수 있으며(최영진 2002, 12), 이를 통하여 우리는 특정 정당이 특정 지역에서 어느 정도의 지역적 편차와 균열지수를 나타내고 있는지를 평가할 수 있다. 일반적으로 정당의 지역균열지수가 높은 서구 국가들에서 지역적 균열은 언어, 종교, 인종, 전통, 문화, 역사의 차이에 기반을 두고 있으며, 이들 국가들의 균열지수는 20을 크게 넘지 않는 것으로 알려져 있다(Von Beyme 1985; 박상훈 1999, 20). 이에 따라 특정 지역에서 특정 정당에 대한 지역균열지수가 일정한 기간 동안 20 이상의 높은 수치를 나타낸다면,

이것은 그 지역에서 지역주의에 기인한 정당의 지역화 현상과 지역정당체계가 나타나고 있는 것으로 평가할 수 있다.

Ⅲ. 1992년 민주화 이후 태국의 선거와 지역주의 분석

태국의 선거와 정당정치에 있어서 지역주의에 기반을 둔 정당의 지역화 현상이 가시적인 특징의 하나로 논의되기 시작한 것은 그렇게 오래된 일은 아니다. 1932년 발생한 궁정쿠데타로 입헌군주제가 채택된 이래 태국에도 근대적 의미의 정당과 선거제도가 유입되었지만, 이것이 보다 본격적으로 실시된 것은 1946년 이후부터이다. 그나마 태국의 정치과정은 쿠데타로부터 쿠데타로 이어지는 '태국정치의 악순환'(vicious cycle of Thai politics)이 형성되면서 선거 자체가 군부정권의 절차적 정당성을 확보해주는 도구적 수단으로 전락하였으며(Chai-anan 1982, 1), 1973년의 제1차 민주화과정과 1980년대 쁘렘(Prem Tinsulanonda) 정권의 준민주주의체제, 그리고 1992년의 제2차 민주화과정을 겪으면서 점진적인 발전이 이루어지게 되었다. 이러한 과정에서 태국의 정당들은 선거경쟁이 점차 심화되기 시작한 1980년대 준민주주의 시기부터 점진적으로 후원자-추종자(patron-client) 관계에 입각한 지역적 지지기반을 형성하기 시작하였으며, 특히 1992년 민주화 이후 특정 정치지도자를 중심으로 한 지역정당들의 면모가 보다 가시화된 형태로 자리잡게 되면서부터 지역주의에 기반을 둔 정당의 지역화 현상이 확산되었다.

우선 첫 번째로 1992년 민주화 이후 치러진 역대 선거들의 주요 정당별 · 지역별 의석수 분포 현황을 살펴보면, **표 1**에서 보는 바와 같이 특정 정당이 특정 지방에서 강세를 나타내는 정당의 지역화 현상을 발견할 수 있

표 1 태국 하원의원선거에서 주요 정당의 지역별 의석수 분포(1992년~2005년)

		정의단결당	태국국가당	새희망당	민주당	팔랑탐당	사회행동당	태국국민당	국가개발당	태국애국당	기타	소계
방콕	1992/03	–	–	–	1	*32*	–	2	–	–	–	35
	1992/09	–	–	–	9	*23*	–	2	–	–	1	35
	1995/07	–	–	–	7	16	–	12	–	–	2	37
	1996/11	–	–	1	*29*	1	–	4	1	–	1	37
	2001/01	–	–	–	8	–	–	–	–	*29*	–	37
	2005/02	–	1	–	4	–	–	–	–	*32*	–	37
중부	1992/03	15	*42*	8	–	6	5	4	–	–	3	83
	1992/09	–	38	6	9	6	4	–	12	–	8	83
	1995/07	–	44	7	7	4	6	4	8	–	11	91
	1996/11	–	28	21	14	–	5	10	10	–	4	92
	2001/01	–	21	3	19	–	–	–	4	*47*	1	95
	2005/02	–	10	–	7	–	–	–	–	*80*	–	97
북부	1992/03	29	12	12	5	2	4	1	–	–	4	69
	1992/09	–	18	8	8	6	3	1	21	–	4	69
	1995/07	–	19	9	12	3	2	2	18	–	10	75
	1996/11	–	6	20	21	–	3	4	20	–	1	75
	2001/01	–	3	1	16	–	–	–	2	*54*	0	76
	2005/02	–	–	–	5	–	–	–	–	*71*	–	76
동북부	1992/03	33	18	40	12	–	22	–	–	–	3	128
	1992/09	–	21	31	17	9	15	–	27	–	8	128
	1995/07	–	29	36	14	–	14	–	27	–	17	137
	1996/11	–	5	*78*	12	–	12	–	21	–	9	137
	2001/01	–	11	19	6	–	1	–	16	*69*	16	138
	2005/02	–	6	–	2	–	–	–	–	*126*	2	136
남부	1992/03	2	2	12	*26*	1	–	–	–	–	2	45
	1992/09	–	–	6	*36*	3	–	–	–	–	–	45
	1995/07	–	–	5	*46*	–	–	–	–	–	–	51
	1996/11	–	–	5	*47*	–	–	–	–	–	–	52
	2001/01	–	–	5	*48*	–	–	–	–	1	–	54
	2005/02	–	1	–	*52*	–	–	–	–	1	–	54

참고: □ 표시는 각 지역의 제1당을, 이탤릭체와 고딕체는 50% 이상의 의석 획득을 의미
출처: 이동윤 2003, 192를 참조하여 2005년 선거결과를 첨부 · 재작성.

다. 즉, 수도인 방콕을 중심으로 나타난 팔랑탐당(Phalang Tham Party)이나 중부지방에서 강세를 나타낸 태국국가당, 동북부지방을 중심으로 지지기반을 형성한 새희망당(New Aspiration Party), 그리고 남부지방에서 강력한 지지기반을 형성하면서 세력을 확장한 민주당 등이 바로 그것이다. 이들 정당들은 각각의 지지기반을 형성한 특정 지방에서 전국적으로 획득한 총 의석수의 과반수 이상을 획득하면서 지역정당으로서의 면모를 과시하였다. 또한 이들 중 태국국가당이나 새희망당, 민주당 등은 각각의 지지기반인 특정 지방을 중심으로 그 세력을 점차 확장하여 전국정당으로의 발전을 꾀하기도 하였다.

그러나 이들 정당들 중 방콕을 중심으로 수도권 정당으로서 자리를 잡았던 팔랑탐당은 1996년 선거 결과 그 지지기반이 급격하게 약화되어 소멸되었으며, 태국 중부와 북동부지방의 태국국가당과 새희망당 또한 1997년 헌법 개정과 새로운 선거제도에 의해 실시된 2001년 선거 이후 그 지지기반을 신생정당인 태국애국당에게 내어주고 세력기반이 약화되는 현상을 표출하였다. 반면 남부지방에서 두터운 지지기반을 자랑하던 민주당의 경우 2001년과 2005년 선거에서도 그들의 지역적 지지기반을 더욱 강력하게 유지함으로써 남부지방을 대표하는 지역정당의 면모를 과시하였다.[2)] 사실상 2001년 선거부터 새롭게 등장한 태국애국당의 경우 그들의 지역적 지지기반으로 알려진 북부지방뿐만 아니라 남부지방을 제외한 다른 모든 지방에서 유권자들의 강력한 지지를 받으면서 명실상부한 전국정당으로 자리를 잡았으나, 유일하게도 남부지방에서는 민주당에 대한 지지세에 밀리어 2001년과 2005년 선거에서 각각 1석만을 획득하였을 뿐이다.

---

2) 1983년 이후 실시된 모든 선거에서 민주당은 남부지방을 중심으로 강력한 지지기반을 형성하여 왔으며, 특히 탁씬(Thaksin Shinawatra) 총리의 태국애국당이 등장하여 전국적인 승리를 이끌었던 2001년과 2005년 선거에서도 남부지방만은 다른 지방과 달리 추언(Chuan Leekpai) 전임 총리가 이끄는 민주당에 대해 강력한 지지를 표명하였다.

두 번째로 1992년 민주화 이후 치러진 선거 결과를 종합하여 각 지역별 유효정당수를 계산해 보면, **표 2**에서 보는 바와 같이 수도인 방콕과 남부지방을 제외하고 중부나 북부, 동북부지방에서는 지역정당체계에 가까운 유효정당수가 나타나지 않음으로써 기존 논의들과 달리 이들 지역에서 정당의 지역화 현상이 심각한 수준은 아니었다는 사실을 확인할 수 있다. 방콕의 경우 1992년 3월과 1996년, 2001년, 2005년 선거 결과에서 각각 1.19, 1.59, 1.51, 1.51, 1.31의 지역별 유효정당수를 표출함으로써 수치상으로는 지역정당체계의 가능성을 시사하였으나, 실질적으로는 1992년 3월 선거의 경우 팔랑탐당이, 1996년 선거의 경우 민주당이, 그리고 2001년과 2005년 선거의 경우 태국애국당이 각각 제1정당이 됨으로써 특정 정당의 지역화 현상과는 상관관계가 없었다. 이와 더불어 2005년 선거의 경우 전국적으로 모든 지방의 유효정당수 수치가 낮게 나타난 것은 태국애국당이 남부지방을 제외하고 모든 지방에서 압도적인 지지로 의석을 석권하였기 때문이다.

표 2 태국의 전국 · 지역별 유효정당수 비교 (1992년~2005년)

연도	전국	지역별				
		방콕	중부	북부	동북부	남부
1992/03	6.01	1.19	3.31	4.03	4.48	2.43
1992/09	6.10	1.99	3.83	5.04	5.96	1.51
1995/07	6.43	3.03	3.75	5.76	4.97	1.21
1996/11	4.31	1.59	5.12	4.31	2.73	1.21
2001/01	3.07	1.51	2.97	1.81	3.32	1.25
2005/02	1.58	1.31	1.44	1.14	1.16	1.08

참고: 각각의 유효정당수는 의석비율을 기준으로 계산한 수치.
2001년, 2005년 하원의원선거의 경우 지역구 의석만을 계산한 수치.

그러나 남부지방의 경우 지난 1992년 민주화 이후 치러진 모든 선거에서 민주당에 대한 절대적인 지지와 더불어 정당체계에 있어서도 민주당을 중심으로 한 일당제 혹은 1.5 정당제와 가까운 유효정당수 수치가 지속적으로 표출됨으로써 남부지방에서 민주당을 중심으로 한 지역정당체계가 확실하게 자리잡고 있음을 확인할 수 있었다. 특히 남부지방에서 민주당을 중심으로 한 지역정당체계는 지난 1992년 9월 선거 이후부터 지속적으로 1.5 이하의 낮은 유효정당수 수치를 나타내고 있으며, 선거가 거듭됨에 따라 그 수치 또한 점차 낮아져서 일당제에 가까운 경향마저 표출하고 있다. 여기서 한 가지 우려스러운 점은 지역적 지지기반에 입각한 기존의 거대정당들이 대거 몰락한 지난 2001년 선거 결과나 태국애국당이 전국적으로 압도적인 승리를 거둔 2005년 선거 결과에도 불구하고 민주당만은 남부지방에서 태국애국당을 제치고 유권자들의 압도적인 지지를 통해 제1당의 지위를 지속적으로 유지하였다는 사실이다. 이것은 민주당이 남부지방을 대표하는 지역정당으로서 확실하게 자리매김하게 되었음을 의미하는 결과일 뿐만 아니라 남부지방 유권자들이 다른 지방의 유권자들과는 크게 다른 정당선호도를 지니고 있다는 사실을 시사하는 결과이기도 하다.

세 번째로 1992년 민주화 이후 치러진 각각의 선거 결과에서 개별 정당들의 지역별 의석비율을 통해 계산된 지역균열지수는 각 정당들의 지역별 지지기반과 이들의 지역화 현상이 어느 정도 수준으로 심화되어 있으며, 어떤 형태로 지속·변화되고 있는지를 보여주고 있다. 우선 태국국가당의 경우 1992년 두 차례의 선거를 전후하여 중부지방에서 각각 41.6과 35.6을 기록하면서 강력한 지역균열지수를 표출하였으나, 이러한 지역균열지수는 점차 약화되어 2005년 선거에서는 7.7로 급락하는 모습을 보여주었다. 수도 방콕에서 지지기반을 형성한 팔랑탐당 역시 1992년 3월과 9월, 1995년 선거에서 각각 88.3과 58.3, 41.1의 매우 높은 지역균열지수를 표출하였으나, 1996년 이후 정당 자체가 선거과정에서 사라지게 되었다. 반면 기존 연구에서 새희망당과 국가개발당 등은 동북부지방과 북부지방에서 각각 강한 지지기반을 형성하면서 지역정당으로서의 면모를 갖춘 것으로 논의되어져 왔으나, 실질적인 지역균열지수의 비교에서 다른 지방의 다른 정당들보다 상대적으로 낮은 수치를 표출함으로써 이들 정당의 지역화 현상이 우려했던 것만큼 심각한 수준이 아니었음을 확인할 수 있었다.[3)]

표 3 태국 정당의 지역균열지수(1992년~2005년)

		1992/03	1992/09	1995/07	1996/11	2001/01	2005/02
태국국가당	중부 의석	50.6	45.8	48.4	30.4	22.1	10.3
	기타 평균	9.0	10.6	11.6	2.9	3.0	2.6
	지역균열지수	41.6	35.2	36.8	27.5	19.1	7.7
새희망당	동북부 의석	31.3	24.2	26.3	56.9	13.8	-
	기타 평균	13.4	8.0	7.4	15.5	3.5	-
	지역균열지수	17.9	16.2	18.9	41.4	10.3	-
민주당	남부 의석	57.8	80.0	90.2	90.4	88.9	96.3
	기타 평균	4.9	15.4	13.2	32.6	14.2	5.2
	지역균열지수	52.9	64.6	77.0	57.8	74.7	91.1
팔랑탐당	방콕 의석	91.4	65.7	43.2	2.7	-	-
	기타 평균	3.1	7.4	2.1	0	-	-
	지역균열지수	88.3	58.3	41.1	2.7	-	-
국가개발당	북부 의석	-	30.4	24.0	26.7	2.6	-
	기타 평균	-	8.9	7.1	19.5	4.0	-
	지역균열지수	-	21.5	16.9	19.5	-1.4	-
태국애국당	북부 의석	-	-	-	-	71.1	93.4
	기타 평균	-	-	-	-	45.1	73.8
	지역균열지수	-	-	-	-	26.0	19.6

참고: 각각의 지역주의 균열지수는 의석비율을 통하여 계산한 수치임.

3) 물론 이들 정당들의 지역균열지수 또한 서구 민주국가들의 지역균열지수와 비교하여 절대적으로 낮은 수치는 아니지만, 매 선거 시기마다 연속적으로 높은 수치를 나타내는 것은 아니어서 지역주의나 정당의 지역화 현상으로 평가하기는 어렵다.

한편 남부지방에 지역적 지지기반을 형성하고 있는 민주당의 경우 매우 심각한 수준의 지역균열지수를 표출하고 있으며, 그 지수의 수치 또한 지속적으로 높아지는 양상을 발견할 수 있었다. 민주당은 1992년 민주화 직후 선거를 필두로 2005년 선거까지 지역균열지수가 점진적으로 높아지는 현상을 표출하였으며, 이러한 경향은 미약한 변동에도 불구하고 지속적으로 높은 수준을 유지하였다. 이에 반하여 태국 북부지방에 강력한 지지기반을 둔 것으로 알려진 태국애국당의 경우 그 지역균열지수가 2001년의 경우 26.1, 2005년 선거의 경우 19.6을 기록하여 민주당의 그것과 비교하여 월등한 차이를 나타내고 있었으며, 특히 **표 3**에 제시된 바와 별도로 남부지방에서의 지역균열지수를 측정해 본 결과 오히려 -60.4와 -87.7의 지역균열지수를 나타냄으로써 다른 지방의 유권자들과 달리 남부지방 유권자들이 태국애국당에 대해 강한 거부감을 표시하는 역(逆)지역주의의 대상이 되었음을 확인할 수 있었다.[4)]

결과적으로 1992년 민주화 이후 태국의 선거과정에 나타난 지역주의와 정당의 지역화 현상은 전국적인 수준에서 각 지방별로 크게 우려할 정도로 심화되어 나타나고 있는 것은 아니었으나, 남부지방에서 민주당을 중심으로 한 정당의 지역화와 지역주의 현상이 매우 확실한 형태로 형성되어 있다는 사실을 확인할 수 있었다. 1992년 민주화를 전후하여 태국 중부와 동북부지방에서 미약하게 표출되었던 일부 정당들의 지역화 현상은 구시대의 선거방법에 의존한 거대정당들이 대거 몰락한 2001년 선거를 기점으로 점차 사라지게 되었으며, 그 빈 자리를 태국애국당이 대신하며 전국정당으로 자리를 잡게 되었다. 반면 민주당의 지역적 지지기반이었던 남부지방의 경우 2001년 선거 이후에도 민주당에 대한 지지도가 보다 강력하게 표출됨으로써 민주당을

4) 태국애국당의 남부지방 의석비율은 2001년과 2005년의 경우 각각 1.9%이었으며, 기타 지역의 평균 의석비율은 각각 62.3%, 89.6%로서 -60.4와 -87.7의 지역균열 지수를 표출하였다.

중심으로 한 선거지역주의가 보다 공고하게 자리잡고 있음을 감지할 수 있었다.

Ⅳ. 2005년 하원의원선거와 남부지방의 지역주의

지난 2005년 하원의원선거를 통해 보다 가시적인 형태로 드러났던 태국의 선거와 정당정치의 문제점 중 하나는 그 동안 태국 사회가 지니고 있던 지역적 균열 양상이 선거과정과 결과를 통해 보다 명확한 형태로 표출되었다는 점이다(*The Nation* 2005/02/08). 2005년 선거결과를 통해 다수 지식인들과 젊은 중산층 유권자들은 지난 2001년 선거 이래 탁씬 총리와 태국애국당의 지속적인 일당지배를 우려하여 강력한 반대 의사를 표명한 반면, 대다수 저소득 계층과 농촌지역 유권자들은 태국애국당의 대중영합적 정책을 보다 선호하여 극명한 대비를 형성하였다. 또한 태국애국당의 경우 지역적으로 남부지방을 제외한 모든 지역에서 압도적인 승리를 거두었으나, 남부지방의 경우 총 54개의 의석 중 2석을 제외하고 모든 의석이 민주당에게로 집중됨으로써 정당 간 지역적 균열이 확연하게 표출되었다.[5] 실질적으로 1992년 민주화 이후 민주당을 중심으로 한 남부지방의 지역주의 현상이 점차 심화되자, 2005년 선거기간 동안 북부나 동북부지방에서는 민주당을 비롯한 다른 야당에 대한 지지도가 크게 약화되고, 집권 여당인 태국애국당에 대한 지지도가 결집되는 역지역주의 현상이 발견되기도 하였다(ANFREL 2005, 36).

---

5) 태국애국당의 경우 2001년 선거 당시 민주당 소속으로 남부지방에서 당선된 4명의 하원의원을 태국애국당으로 영입하여 2005년 선거에 공천하였으나, 이들 모두는 이번 선거에서 낙선하기도 하였다(*The Nation* 2005/02/08).

그렇다면 태국의 남부지방에서 나타나고 있는 지역주의와 정당의 지역화 현상은 어떤 원인에 기인하는가? 우선 첫 번째로 태국의 남부지방에 내재되어 있는 역사적 특수성과 사회 · 문화적 이질성을 그 원인으로 지적할 수 있다. 흔히 태국의 남부지방은 역사적 경로와 사회 · 문화적 구조 속에서 태국의 중앙이나 다른 지방과는 구분되는 특수한 지역으로 인식되어 왔다(McCargo 2005, 21).[6] 특히 태국의 남부지방은 빳따니, 얄라, 나라티왓, 싸뚠 등 말레이계 무슬림들이 다수 거주하는 남부 국경지역뿐만 아니라 남부지방 전역에 걸쳐 정복민과 피정복민으로 구분되는 과거 역사적 유산과 더불어 남부 국경지역에서 지속되어 온 태국 중앙정부에 대한 저항과 반란이 남부지방 전체를 문제지역으로 인식케 만드는 주요한 원인을 제공하면서 남부지방 특유의 지역적 정서와 문화를 형성하여 왔다(Horstmann 2004, 122). 이에 따라 수도인 방콕을 중심으로 일반적인 태국인들이 지니게 되는 남부지방에 대한 인식은 높은 범죄율과 무법, 지방 특유의 관료적 부패, 밀수 등 부정적인 평판들이 대부분을 차지하고 있으며(Croissant 2005, 29), 남부지방의 주민들 역시 중앙의 멸시와 차별, 불평등에 대한 지역적 반감과 이질성을 지니게 되었다.

역사적으로 태국은 쑤코타이 왕국(Kingdom of Sukhothai, 1257~1350년)으로부터 아윳타야 왕국(Kingdom of Ayutthaya, 1350~1767년), 톤부리(Thonburi, 1767~1782년), 그리고 오늘날의 짝끄리(Chakri, 1782년~현재) 왕조에 이르기까지 북으로부터 남으로 이동하며 영토를 확장해 온 정복의 역사를 지니고 있다(Wyatt 1994). 반면 태국의 남부지방은 7세기 경부터 말레이 반도를 중심으로

6) 흔히 태국은 수도인 방콕을 중심으로 크게 네 지역으로 구분되는데, 이러한 구분은 일차적으로 지리적 구분에 의한 것이기도 하지만, 민족적 혹은 문화적 함의가 포함되어 있다. 즉, 말레이 반도 쪽의 남부지방은 보다 말레이적인 동시에 이슬람적인 것으로 치부되며, 치앙마이(Chiang Mai)를 중심으로 한 북부지방은 고산족들의 세계인 동시에 미얀마 문화의 영향을 많이 받은 곳이고, 방콕을 둘러싼 중부지방은 보다 태국적이고, 이싼(Isan)으로 불리는 동북부지방은 라오스적이라는 것이다(조흥국 2004, 197).

랑까쑤까(Langkasuka) 왕국이 존재하여 오늘날 남부 국경지역인 빳따니 왕국의 전신이 되었다고 추정되며(Vinai 1990, 32), 랑까쑤까 왕국이 멸망하고 7세기부터 13세기 사이에는 씨위차이(Kingdom of Srivichai) 왕국이 등장하여 말레이 반도는 물론 수마뜨라(Sumatra), 자바(Java) 지역까지 넓은 영토를 지닌 거대왕국을 건설한 것으로 알려져 있다.7) 말레이시아의 끌란딴(Kelantan) 지역을 포함하여 태국의 남부 국경지역은 이 시기까지 태국의 변방이자, 이들에게 들어가는 교역의 출입구 역할을 담당하여 왔다(Horstmann 2004, 113).

태국의 남부지방이 오늘날의 태국 영향력 아래 처음으로 들어온 것은 쑤코타이 왕국의 람캄행(Ramkhamhaeng, 1279~1298년 재위) 대왕 시대부터이다. 태국어의 기원을 형성한 것으로 알려진 람캄행 대왕은 지속적인 영토 확장과 남진정책을 추진하여 대부분의 남부지방은 물론 말레이시아의 끄다(Kedah)와 빠항(Pahang) 지역까지 자신의 통제력 아래 두었다. 이 지역은 13세기 무렵 아랍 상인들에 의해 이슬람교가 전파되고, 14세기 중엽에는 빳따니 왕국이 건설되어 남부지방의 정치 · 문화적 중심을 형성하였다. 그러나 빳따니 왕국은 쑤코타이 왕국의 뒤를 이은 아윳타야 왕국의 지속적인 정복정책에 의해 조공관계를 맺고 그들의 속국으로 전락하였다(조흥국 1994, 66).8) 1567년 아윳타야 왕국이 버마에게 망하자, 빳따니 왕국은 다른 남부지역과 함께 독립을 선언하였으나, 이후 오늘날의 태국을 건국한 짝끄리 왕조가 등장하여 1786년에는 라마 1세(Rama Ⅰ, 1782~1809년 재위)가 군대를 보내 남부지방을 평정하고

---

7) 씨위차이 왕국은 수마뜨라 남부지방에서 발흥하여 말레이 반도와 자바 지역까지 말라까 해협 전역을 장악하고 해상왕국으로서의 위상을 높였으며, 오늘날 인도네시아와 말레이시아의 역사적 기원을 형성한 스리위자야(Srivijaya) 왕국인 것으로 인식되고 있다.

8) 이후 아윳타야 왕국이 타이만을 통한 무역활동에 집중하여 남부지방에 대한 관리가 소홀한 틈을 타고 말라까 왕국(Kingdom of Malacca)이 부흥하여 1460년부터 1511년까지 빳따니 지역을 합병하기도 하였으나, 1511년 말라까 왕국이 포르투갈의 침공을 받게 되자 빳따니 왕국은 다시금 아윳타야 왕국의 통치 아래 놓이게 되었다.

쏭클라(Songkhla)를 중심으로 한 직접통치를 단행하였다.

태국의 중앙정부에 대한 남부지방의 저항과 지역적 반감은 현재의 왕조인 라마 2세(Rama Ⅱ, 1809~1824년) 시기부터 그 역사적 연원을 찾아볼 수 있으나, 남부 국경지역에서 이슬람 세력들에 의해 실질적인 분리주의운동이 전개된 것은 제2차 세계대전 이후부터이다. 이들 남부지방의 이슬람 세력들은 제2차 세계대전의 귀결로 동남아 각지가 식민지배로부터 벗어나 새로운 독립국가의 건설을 추진하자, 중동과 주변 이슬람 국가들의 지원을 받아 본격적인 분리주의 운동을 전개하였다. 1960~70년대 빳따니 지역에 근거를 두고 분리주의 운동을 전개했던 빳따니민족해방전선(BNPP: Barisan Nasional Pembebasan Pattani, National Liberation Front of Pattani)과 민족혁명전선(BRN: Barisan Revolusi Nasional, National Revolution Front), 빳따니연합해방기구(PULO: Pattani United Liberation Organization) 등이 바로 그것이다. 1980년대 후반부터 이들의 저항과 분리주의 운동은 태국 중앙정부의 지속적인 노력으로 점차 그 활동이 위축되었지만, 완전하게 사라졌던 것은 아니다. 2004년 1월부터 남부 국경지역에서 발생한 일련의 폭력 사태들은 그 배후에 빳따니연합해방기구의 잔존세력들이 연루된 것으로 알려져 있으며, 이에 대한 태국 정부의 강력한 진압정책은 남부 국경지역 주민들의 커다란 반발과 거부감을 형성하면서 다시금 남부 전역으로 확산되었다.

두 번째로 태국의 남부지방에서 민주당에 대한 강력한 지지기반이 형성된 이유로는 정치지도자와 리더십 요인을 무시할 수 없다. 여러 가지 복합적인 요인들에도 불구하고, 1992년 민주화 이후 남부지방에서 민주당을 중심으로 지역주의가 확산된 것은 기본적으로 남부지방 출신의 정치지도자인 추언(Chuan Leepai) 전임 총리가 민주당을 이끌어 왔기 때문이다.[9] 자유민주주의를

9) Chaiwat Khamchoo 면담(면담일: 2005/01/31).

주창하며 1946년 쿠엉(Khuang Aphaiwong)에 의해 창당된 민주당은 태국에서 가장 오랜 역사와 전통을 지닌 정당으로서 1932년 궁정쿠데타 이래 태국에서 발생한 연이은 군부쿠데타와 권위주의 정권에 저항하는 주요 야당으로 활동하여 왔다. 창당 초기부터 수도인 방콕을 중심으로 지식인과 중산층의 폭넓은 지지를 통해 그 세력기반을 넓혀 온 민주당은 1990년대를 전후하여 추언의 리더십 아래 놓이면서 남부지방 주민들의 전폭적인 지지를 받게 되었다. 특히 추언의 민주당은 1991년 발생한 군부쿠데타에 반대하여 1992년 민주화운동에 참여함으로써 민주화의 성공 이후 1992년부터 1995년 사이, 1997년부터 2001년 사이 두 차례에 걸친 집권에 성공하였으나, 2001년 하원의원선거에서 새롭게 부상한 태국애국당에게 패배하여 야당의 길을 걷게 되었다.

남부지방의 어촌도시인 뜨랑(Trang)에서 생선장수인 부모의 장남으로 태어난 추언은 탐마쌋대학교(Thammasat University) 법학부를 졸업하고 변호사로 활동해 오다가 1969년 정치에 입문하였다. 추언은 1990년대 초부터 민주당을 이끌며 1992년 민주화운동의 주도적 역할을 수행하였으며, 민주화 이후에는 청렴한 이미지로 '미스터 클린'(Mr. Clean)이라는 별칭을 얻으면서 두 차례에 걸친 총리직을 수행함으로써 남부지방 주민들에게 입지전적인 인물로 평가를 받는 동시에 폭넓은 지지를 얻게 되었다(Thanakit 2002, 339-433). 민주화 이후 두 차례에 걸친 집권기간 동안 총리로서의 그는 비록 정책적으로 매사에 너무 신중하게 반응한다는 비판을 받기도 하였으나, 민주화운동을 이끈 정치지도자로서, 그리고 1997년 경제위기 이후 헌법 개정[10]과 경제개혁을 성공적으로 이끄는데 주요한 역할을 한 것으로 평가받고 있다. 추언은 2001년 선거에서 탁씬이 이끄는 태국애국당에게 패배하여 재집권에 실패한

10) 특히 1997년 개정된 태국의 '인민헌법(People's Constitution)'은 태국 정치사상 가장 민주적인 헌법으로 평가받고 있다(Paichart et al. 1997, 1).

이후 2003년 4월 민주당 총재직에서 물러나 당 최고고문 역할만을 수행하였으나, 그의 리더십과 영향력은 민주당 내에서 지속되었다. 그 동안 남부지방을 대표하는 뚜렷한 정치지도자가 존재하지 않았던 남부지방 주민들에게 있어서 추언은 지역을 대표하는 정치지도자일 뿐만 아니라 국민적 존경과 신망을 받는 절대적인 인물로 자리 잡게 되었다.

이에 따라 1990년대 초부터 추언의 리더십 아래 남부지방의 지지도가 급격하게 상승한 민주당은 그들의 전통적 지지기반인 지식인과 중산층, 방콕과 도시 지역을 근간으로 남부지방을 포괄하는 전국적인 정당으로 발돋움할 수 있었다(Orathai 2002, 305-6). 그러나 2001년 선거는 대중영합적 정책공약을 내세우며 새롭게 등장한 탁씬의 태국애국당이 농촌 지역을 근간으로 하여 남부지방을 제외한 전국에서 고른 득표율을 얻으면서 압도적인 승리를 거둠으로써 민주당은 제2당인 야당으로 전락하였다. 2001년 선거 당시 선거구도는 북부지방 출신의 탁씬이 이끄는 태국애국당과 남부지방 출신의 추언이 이끄는 민주당 사이의 대결구도로 압축되었는데(McCargo 2002), 대중영합적 정책공약으로 농촌 지역 주민들과 서민층의 소외감을 자극하여 전국적 지지도를 선점한 태국애국당은 선거운동 과정에서 1997년 경제위기 이후 재집권한 추언 총리와 민주당의 실정(失政)을 노골적으로 비판함으로써 남부지방 주민들의 강한 반감을 사기도 하였다(*BP* 2000/12/01; *The Nation* 2000/12/22).[11)] 선거 결과에 따라 민주당은 남부지방에서 전체 54석 중 48석을 차지하여 그들의 지역적 기반을 다시 한 번 확인할 수 있었으나, 남부지방 이외의 전국

11) 실질적으로 2000년 12월 남부지방의 쏭클라 지역에서 선거관찰을 수행할 당시 대다수의 지역 주민들은 "남부지방의 정서는 다른 지방 유권자들의 그것과 많이 다르다. 다른 지방에서는 북부 출신인 탁씬과 태국애국당의 정치적 술수에 속아 민주당 정부의 정책 실패와 무능을 비판하지만, 남부지방에서 다른 정당 후보들이 민주당과 추언 정부를 비판한다면 곤경을 치를 것이다"라고 응답한 바 있다. 2005년 선거과정에서도 남부지방의 태국애국당 후보들은 탁씬 총리에 대한 남부지방 유권자들의 강한 반감을 고려하여 가급적 탁씬 총리나 태국애국당의 이름을 거론하는 것을 자제하였다(*BP* 2005/01/18).

적인 지지도는 크게 하락하여 지역정당으로 전락하게 되었다.

현실적으로 남부지방에 대한 추언의 정치적 영향력은 2005년 선거기간 동안에도 지속되어 보다 뚜렷한 지역주의 현상이 표출되었다. 추언은 이미 지난 2003년에 당 총재직을 그만두었으나, 남부지방 유권자들은 2005년 선거 과정에서도 "추언의 민주당"을 연호하였다. 민주당은 또 다른 남부지방 출신인 반얏(Banyat Bantadtan) 총재를 전면에 내세워 2005년 선거운동을 전개하였으나, 추언 전임 총리의 인기도를 능가하지는 못하였다. 그럼에도 불구하고 민주당은 남부지방을 제외한 다른 지방에서 오히려 2001년 선거보다 열세를 면치 못하였는데, 그것은 그들의 지지기반인 남부지방을 지나치게 의식하여 남부지방 출신인 반얏 총재를 총리 후보로 내세운 결과 다른 지방 유권자들로부터 외면을 당했기 때문이다.[12] 실질적으로 민주당 내에는 추언 전임 총리의 후계자로 지칭되면서 전국적으로 높은 인기도를 지닌 아피씻(Abhisit Vejjajiva) 부총재가 있었으나, 그는 남부지방 출신이 아니며 남부 사투리나 방언으로 얘기할 수 없다는 이유로 배후에서 반얏 총재를 지원하는 역할만을 수행하였다(*BP* 2005/02/14). 결과적으로 민주당은 남부지방의 지지기반만을 지나치게 의식하여 전국적으로 강력한 리더십을 형성하는 데 실패하였으며, 그 결과 남부지방을 제외한 다른 지방에서 태국애국당에 대한 열세를 면치 못하였다.[13]

세 번째로 태국의 정치과정에서 나타나는 정당정치의 구조적 문제점과 유권자들의 선거행태 또한 정당의 지역화와 지역주의가 발생하는 주요한

---

12) 총리 후보로서 반얏 총재는 "특유의 남부 사투리를 통해 남부지방 유권자들의 지지도를 높일 수는 있으나, 방콕의 유권자들을 비롯하여 전국적으로 다른 지방 유권자들의 지지도를 이끌기는 어렵다"는 것이 일반적인 평가였다. Chaiwat Khamchoo 면담(면담일: 2005. 1. 31); Somsri Hananuntasuk 면담(면담일: 2005. 2. 3).

13) Suchit Bunbongkarn 면담(면담일: 2005/02/08).

요인으로 고려될 수 있다. 일반적으로 태국의 정당체제는 그 제도화 수준이 낮은 것으로 평가되고 있으며(Nelson 2001, 265), 후원자-추종자 관계를 중심으로 한 명사정당 혹은 간부정당의 면모를 벗어나지 못하는 허약성을 표출하고 있다. 그 동안 태국의 선거와 정당정치는 근대화 이후 전통적인 후원자-추종자 관계를 대체할 수 있는 가장 효율적인 정치제도로 활용되어 선거 시기에 급조된 정당들이 후보와 선거운동원, 후보와 유권자들 사이에서 여러 가지 보상체계와 금권을 동원하여 비민주적 · 비합리적 선거운동을 전개하는 주요 매개체로 이용되어 왔다(Neher 1975, 1098; Anusorn 1998, 405, 423; McVey 2000, 13). 일반적으로 국가 혹은 정치권력의 선택적 보상체계 제공과 유권자들의 정치적 지지를 교환하는 정치적 후원관계(political patronage)는 지역적 지지기반을 통하여 형성되는 정당의 지역화와 선거지역주의를 유인하는 주요한 원인으로 작용할 수 있으며(Warner 1997, 184-6), 태국 또한 그 범주를 크게 벗어나지 못하였던 것이다(Suchit 1987, 67-72; Kanok 1993, 62-3, 134).

정당의 조직구조와 의사결정체계를 살펴볼 때 태국의 정당들은 아직도 대부분 특정 정치지도자를 중심으로 한 폐쇄적이고 수직적인 정당구조를 벗어나지 못하고 있으며, 정당의 의사결정체계 또한 정당지도자나 중앙당의 일부 정치엘리트들에게 집중되어 있어 수평적이기보다 수직적인 의사결정체제를 형성하여 왔다. 이러한 경우 정당은 정책과 이념을 지향하며 유권자들의 지지를 획득하는 대중정당을 표방하기 보다는 정치적 지위와 후원관계를 중심으로 유권자들을 동원하는 명사정당이나 간부정당으로 전락하기 쉽고(Panebianco 1988), 이러한 과정에서 정당은 자신들의 지역적 지지기반이 공고한 특정 지역에서 후원자-추종자 관계를 통해 유권자들을 동원하는 선거전략을 선택하게 된다는 것이다.

다른 한편으로 유권자들의 투표행태 또한 선거과정에서 지역주의를 유인하는 주요한 요인으로 작동할 수 있다. 태국 유권자들의 투표행태는 정당의 이념이나 정책보다 후보자 개인을 중심으로 한 인물 지향적 투표행태를 표출하여 왔다. 대중적 지지기반이 빈약하고 뚜렷한 이념이나 정책적 구분이 없는 정당체계와 유권자들의 낮은 정치의식은 태국 유권자들의 인물 지향적 투표행태를 유발하는 주요한 요인으로 지적되고 있다(Kanok 1993, 62-3). 사실상 태국의 정당은 대중적 지지기반이나 사회적 욕구에 의해 태동되었다기보다는 집권자나 정치지도자들의 정치적 이해관계에 따른 외생적 설립과정을 거쳤으며, 후원자-추종자 관계를 기반으로 한 정치엘리트 중심의 파벌집단을 형성하여 왔다. 각 정당의 정치지도자는 자신의 추종자들에게 후보 공천이나 정치자금, 공직 보장 등과 같은 경제적 이익과 정치적 혜택을 제공함으로써 정당을 유지하였으며, 선거에 임하는 정치인과 후보자들 또한 기부 및 매표행위와 사회 · 경제적 후원관계 등 편법적 방법들을 동원하여 유권자들의 지지를 확보하였던 것이다(Suchit 1988, 67-72; Kanok 1993, 134; Suchit 1996, 191-5).

이러한 가운데 선거과정에서 공직 획득과 선거 승리를 위한 선거전략의 일환으로 개별 정당들은 경쟁적으로 지역주의를 동원할 유인을 갖게 된다. 1992년 민주화 이후 태국의 선거와 정당정치는 그 경쟁성이 크게 강화되었으며, 이러한 과정에서 정당의 지역화와 선거지역주의 현상도 보다 가시적인 모습을 드러내기 시작하였다. 사실상 민주화 이후 민주 대 반민주 구도의 정당 간 대결이 사라지고 선거과정에서 상호간의 경쟁성이 강화된 시점에서 뚜렷한 정당 이념이나 정책 대결 없이 유권자들의 인물 중심적 투표행태가 지속된다면, 정당과 후보자들에게 있어서 후원자-추종자 관계에 기반을 둔 지역주의적 동원은 가장 손쉬운 득표전략으로 활용될 수 있다(Warner 1997, 534-5). 즉, 득표의 극대화 혹은 당선이라는 정치적 목적을 달성하기 위하여 정당은 이념이나 정책적 대결보다 손쉽고 그 효과가 큰 유권자들의 지역감정을 자극함으로써 지역정당으로서의 생존과 선거에서의 승리를 꾀하게 된다는 것이다.

실질적으로 민주화 이후 지역 인사나 명망가들이 주요한 정치지도자로 활동하고 있는 태국의 정당들은 선거과정에서 지역적 정서나 문화가 다르고 경제적으로 낙후된 지역을 중심으로 유권자들의 지역감정과 정서를 자극하는 선거전략을 추진함으로써 득표의 극대화를 꾀하게 되었다.[14] 2005년 선거에서도 각 정당과 후보들은 공공연하게 지역주의에 편승한 선거운동을 전개하였는데, 예를 들어 대중당(Mahachon Party)의 경우 탁씬 총리의 고향이자 태국애국당의 거점 지역인 북부지방에서 유권자들의 지지를 얻기 위해 대중당의 아넥(Anek Laothamatas) 총재가 북부지방의 람빵(Lampang) 출신임을 내세워 선거운동을 전개하였으며(*BP* 2005/02/02), 민주당의 경우 남부지방 출신의 반얏 총재를 총리 후보로 내세워 절대적 지지를 호소하였다. 태국애국당 또한 북부와 동북부지방에서 남부지방의 민주당에 대한 절대적 지지를 비판하여 지역감정을 부추겼으며, 남부지방 쏭클라 지역에서는 내각 관료인 네윈(Newin Chidchob) 농업부 차관을 통해 "만약 이 지역에서 태국애국당 후보가 당선된다면, 모든 마을에 10만 밧(Baht) 씩을 지원할 것"이라고 약속하여 야당의 강력한 반발을 초래하기도 하였다(*BP* 2005/01/19).

네 번째로 2001년 선거를 통해 집권한 태국애국당 정부의 민족주의적 정책 추진과 탁씬 총리의 권위주의적 통치 스타일, 그리고 2005년 선거를 전후하여 남부지방에서 발생한 일련의 사건 · 사고들도 남부지방의 지역주의를 강화시키는 상황적 요인으로 작용하였다. 2001년 집권과 더불어 탁씬 총리는 과거 기업 총수로서 그가 지녔던 특유의 강력한 리더십을 발휘하여 중앙

---

14) 2000년 12월 동북부지방의 나컨라차씨마(Nakhon Ratchasima) 지역에서 선거관찰을 수행할 당시 일부 정당의 선거운동원들이 "우리 지역 출신의 정치지도자가 총리가 되고 중앙정부의 주요 공직을 획득해야만 지역발전이 이루어질 수 있다"는 내용의 선거운동을 공공연하게 전개하는 모습을 발견할 수 있었다.

집권적 통치력을 강화하였다. 탁씬 총리의 이러한 통치 스타일은 정부가 탁씬 개인의 권위주의적 리더십을 통해 운영된다는 '탁씬화'(Thaksinization) 현상에 대한 비판과 더불어 '민주적 권위주의'(democratic authoritarianism) 논쟁을 촉발시켰으며(Thitinan 2003, 277-90; Chookiat 2004, 257-66; McCargo et al. 2005), 국가관리 방식으로서 탁씬 총리의 최고경영자(CEO: Chief Executive Officer) 스타일 또한 국가정책을 사유화시키고 있다는 비판을 초래하였다(Bidhya 2004, 7-36). 소수 민족과 고산족 주민들이 다수 거주하고 있는 북부와 동북부 산간지역에서 펼쳐진 '마약과의 전쟁'(war on drugs)이나 민족주의 부흥정책은 이들 소수 민족들의 반발과 더불어 인권 문제를 유발하였으며, 2001년 선거 이후 남부지방에서 민주당의 영향력을 약화시키기 위한 중앙 집권적 통제력의 강화는 정치 · 경제적 자율성을 요구하는 남부 국경지역 무슬림들의 강력한 저항을 불러일으켰다(Croissant 2005, 31).[15]

표 4 남부 4개 짱왓의 무슬림 분포 현황 (2005년 현재)

짱왓(道)	면적(㎢)	인구(명)	무슬림(%)
빳따니	2,041	1,133,577	77
나라티왓	4,502	1,209,302	78
얄라	4,521	692,828	60
싸뚠	2,479	419,269	64

출처: 태국 내무부 행정국, 2005.

15) 오늘날 태국에 거주하는 소수 민족은 라오스 및 미얀마 국경지역에 살고 있는 아카(Akha), 라후(Lahu), 리수(Lisu), 메오(Meo), 야오(Yao), 까렌(Karen), 라와(Lawa) 등의 고산족들과 동북부 이싼(Isan) 지방의 라오족(Lao), 중국 남방지역 출신의 화인(華人), 그리고 남부 말레이-무슬림 등으로 구분하여 살펴볼 수 있다(조흥국 1994, 63; Raendchen 2004, 165; Chayan 2005, 152).

특히 2004년 1월부터 확산된 남부 국경지역의 폭력 사태는 단지 빳따니, 얄라, 나라티왓, 싸뚠 등 4개 짱왓(changwat)의 무슬림 거주지역에만 국한된 문제가 아니라 남부지방 전체의 민심을 동요하게 만드는 중요한 요인으로 작용하였다.[16] 사실상 전체 인구의 95%가 불교신자인 태국에서 무슬림들은 4.5% 내외를 차지하며, 이들의 70% 이상은 **표 4**에서 보는 바와 같이 말레이시아와 국경을 접하고 있는 남부 국경지역에 거주하면서 다른 지역과 구분되는 고립된 공동체 문화를 형성하여 왔다(Suhrke 1975, 194).[17] 흔히 태국의 남부 국경지역에 거주하고 있는 무슬림들은 캑(khaek), 캑 무슬림(khaek muslim), 캑 말라유(khaek malayu), 캑 팍따이(khaek phaktai) 등으로 불리는데, 이것은 남부 무슬림들을 멸시하거나 차별하여 부르는 용어로서 남부 말레이계 무슬림들의 차별적 인식과 정체성을 고양시켰다(Islam 2005, 79). 이와 더불어 태국 정부의 경제개발정책이 중앙과 남부 사이의 경제적 격차를 해소하는 데 실패하자, 남부 이슬람 사회의 종교적 · 인종적 자각과 중앙정부에 대한 거부감은 더욱 심화되어 표출될 수밖에 없었다(Croissant 2005, 27-9).

이에 따라 근대 국가의 형성과정에서 태국 정부는 국가통합 차원에서 소수 민족들에 대한 강력한 통합정책을 추진하여 왔으나, 남부 국경지역의 말레이계 무슬림들은 그들의 종교 · 문화적 유산과 공동체를 유지하기 위해 다양한 저항활동과 분리주의운동을 전개하여 왔다(Scupin 1980, 1223-4).[18]

16) 태국의 남부지방은 전체 14개 짱왓으로 구성되어 있으며, 이슬람 폭력과 분리주의운동이 지속되고 있는 지역은 빳따니, 얄라, 나라티왓, 싸뚠 등 4개 짱왓이다(Forbes 1982, 1058; Nelson 2001, 276).

17) 태국의 무슬림들은 말레이, 인도, 파키스탄, 방글라데시, 중국 등 각기 다른 종족으로 구성되어 있으며, 말레이 무슬림이 70% 이상을 차지하고 있다. 특히 말레이 무슬림들은 지리적으로 말레이시아와 인접해 있기 때문에 태국의 불교적 문화보다는 말레이 문화에 익숙해져 있으며, 태국어를 사용하지 못하고 야위어(Jawi)라고 하는 말레이시아 북부 끌란딴(Kelantan) 지역의 말레이시아어 방언을 사용하고 있다(이병도 2005, 155-6).

18) 특히 1932년 궁정쿠데타를 주도하고 1938년 집권한 피분(Phibun Songkhram) 정권은 범타이민족주의(pan-Thai nationalism)를 주창하여 소수 민족들에 대한 획일적 동화정책을 추진함으로써 남부 무슬림

1940년대부터 1980년대 중반까지 지속된 태국 정부와 남부 무슬림들 사이의 갈등은 1980년대 중반부터 태국 정부가 획일적 통합정책에서 선회하여 말레이 무슬림들의 종교적 권리를 인정하고 교육적 혜택과 경제적 지원을 활성화하는 정책을 추진함으로써 어느 정도 일단락되는 듯 보였다(Croissant 2005, 21-2). 그러나 남부 국경지역의 이슬람 폭력과 분리주의 운동은 과거 수백년간 지속된 태국의 팽창주의적 정복정책과 20세기 초 태국과 영국 사이에 초래된 영토경계 문제, 그리고 현대 정치과정에서 등장한 군부 권위주의체제의 강력한 통합정책 등이 복합적으로 작용하여 언제든지 재발할 수 있는 갈등의 씨앗을 내재하고 있었다.[19]

2004년 1월 남부 국경지역에서 이슬람 분리주의자들의 소행으로 추정되는 대규모 방화와 폭력사태가 발생하자, 태국 정부는 사태의 조기 수습을 위해 이 지역에 계엄령을 선포하고 강력한 진압정책을 추진하였으며, 이 과정에서 '크루 쎄'(Krue Se) 사건과 '딱바이'(Tak Bai) 사건 등이 연이어 발생함으로써 사태는 걷잡을 수 없이 남부지방 전역으로 확산되었다.[20] 탁씬 정부의 강력한 진압정책에 기인하는 일련의 사건들이 발생하자, 야당과 인권단체, 남부지방 주민들은 탁씬 총리의 권위주의적 통치 스타일과 인권 문제를 비판하였으며, 이러난 비판은 2005년 선거과정에서도 중요한 이슈로 등장하였다(ANFREL 2005, 40). 실질적으로 남부 국경지역의 무슬림 문제에 대하여 민주당

들의 거센 반발을 초래하였다(Steinmetz 2004).

19) 1932년 이후 남부 국경지역에서 발생한 말레이 무슬림들의 저항활동과 분리주의 운동에 대한 보다 자세한 논의는 Suhrke(1975); Scupin(1980); Forbes(1982); Piyanart(1988); Steinmetz(2004); Croissant(2005); Islam(2005); 조흥국(1994) 등을 참조할 것.

20) 2004년 4월 28일 발생한 '크루 쎄' 사건은 이슬람 무장세력이 경찰서와 군 검문소를 습격하고, 태국 정부군이 이슬람사원에 숨어 있는 이슬람 무장세력을 체포하는 과정에서 경찰과 어린이, 민간인들까지 포함하여 최소 112명이 사망한 사건이며, 2004년 10월 26일 발생한 '딱바이' 사건은 무슬림 시위대와 정부군 사이에 유혈 충돌이 발생하여 체포된 무슬림들을 이송하는 과정에서 78명의 무슬림들이 후송차량 안에서 질식사한 사건이다.

은 매우 조심스러운 입장이었는데, 그것은 민주당이 이 문제에 대하여 잘못 개입하면 태국애국당에 의해 오히려 역공을 당할 수 있기 때문이었다.[21] 그럼에도 불구하고 '딱바이' 사건은 남부지방에 대한 민주당의 주요한 선거전략으로 활용되어 탁씬 정부의 권위주의적 통치 스타일에 대한 비난과 더불어 자신들이 집권하면 "남부 문제의 해결을 위해 더 이상 폭력적인 방법을 사용하지 않겠다"고 선전하였다(*BP* 2005/02/04). 결과적으로 이러한 선거전략은 주요하게 작용하여 남부 국경지역 유권자들은 물론 남부지방의 대다수 유권자들은 태국애국당에 대한 강한 반감과 더불어 민주당에 대한 강력한 지지를 표출하였다(ANFREL 2005, 36).

다른 한편으로 2004년 12월 26일 발생한 남부 해안지역의 지진해일(tsunami) 피해 또한 남부 지역주의가 확산되는 또 다른 요인을 제공하였다. 선거 직전 발생한 이 참사는 선거과정에서 남부지방 유권자들의 민심을 가늠하기 어려운 상황을 초래하여 남부 유권자들이 전통적인 지지정당인 민주당을 선택할 것인지 혹은 남부 피해지역의 효과적 복구를 위해 태국애국당을 선택할 것인지에 대한 정당 간 경합을 유발하였다(이동윤 2005, 260-1). 현실적으로 지진해일 피해지역의 유권자들은 피해 복구를 위해 정부 여당인 태국애국당을 지지할 수밖에 없는 상황에서 민주당은 피해지역 유권자들의 민심이 이반되는 상황을 막기 위해 반얏 총재를 중심으로 정당의 지역 선거운동본부를 재해 복구기금을 모금하는 후원체제로 전환하여 남부지방의 복구작업을 적극적으로 지원하였다. 또한 민주당 고문인 추언 전 총리를 중심으로 남부지방에서 다양한 선거유세를 단행함으로써 민심의 이반을 적극적으로 경계하였다(*The Nation* 2005/01/06). 결과적으로 태국애국당은 지진해일 피해를 입은 남부지방에 대한 복구사업을 무난히 수행하여 전국적인 차원에서 비교적

---

21) Kiat Sittheeamorn, Buranaj Samutharaks 면담 (2005/02/02).

긍정적인 평가를 받았음에도 불구하고,[22] 남부지방의 선거결과는 민주당에 대한 절대적 지지 속에 단지 1석만을 획득하였을 뿐이다.

V. 맺음말

한 국가의 선거와 정당정치가 지니는 주요한 기능과 역할 중 하나는 그것이 그 국가의 정치적 갈등과 사회적 균열을 담아내며, 선거과정에서 일반 국민들이 지니는 정치적 갈등과 균열을 집약하여 통합하고 해소하는 정치적 기능과 역할을 수행한다는 것이다. 그러나 선거과정에서 정당이 그러한 기능과 역할을 원활하게 수행하지 못하고 정치지도자나 정치엘리트들의 이해관계를 반영하여 오히려 그러한 정치적 갈등과 사회적 균열을 선거전략으로 이용한다면, 그 국가의 선거과정과 정치체제는 내부적 균열과 갈등을 확산시킴으로써 정치적 혼란과 불안을 유발하기 쉽다. 특히 선거과정에서 각 정당들이 지역적 갈등과 균열에 기인하는 지역감정과 정서를 활용하여 선거운동을 전개할 경우 그 국가는 선거과정에서 정당의 지역화나 지역주의 현상이 발생하여 정치적 혼란과 더불어 국정 운영의 불안 요인을 내재하게 된다.

한편 2005년 하원의원선거를 통하여 보다 확산되는 기미마저 나타나고 있는 태국 남부지방의 민주당 지지 현상은 단지 특정 지역에서 특정 정당이

22) 남부지방이 지진해일 피해를 입은 이후 전국적으로 1,288명의 응답자를 대상으로 실시된 한 여론조사에서 응답자의 54.1%는 탁씬 총리의 사후 복구사업을 칭찬하였으며, 다른 23.6%는 정부의 복구사업에 만족을 표시하였고, 단지 10%만이 정부 복구사업의 잘못을 비판하였다. 같은 조사에서 응답자의 44.8%는 현 정부의 피해 복구작업에 감동을 받았으며, 다른 31.1%는 "그저 그렇다", 나머지 10.3%는 불만족을 표현하였다(*BP* 2005/01/04).

강력한 지지기반을 형성하는 정당의 지역화 현상뿐만 아니라 지역 간 갈등과 대립이 선거과정에서 보다 노골적으로 충돌하는 지역주의 경향을 나타내고 있다. 실질적으로 지난 1992년 민주화 이후 치러진 역대 선거과정에서 정당의 지역별 의석수 분포나 지역별 유효정당수, 정당의 지역균열지수 등을 통해 살펴본 태국 정당의 지역화 현상과 지역주의 경향은 과거 북부와 동북부지방에 강력한 지지기반을 형성하고 지역화 현상을 나타내던 일부 정당들이 지난 2001년 하원의원선거를 기점으로 점차 약화되는 모습을 표출한 반면, 유독 남부지방에서는 민주당을 중심으로 한 지역주의 현상이 보다 가시적인 형태로 공고화되고 있는 상황을 발견할 수 있었다.

태국의 남부지방에서 표출되고 있는 정당의 지역화나 지역주의 현상은 물론 남부지방이 내재하고 있는 역사적 경험과 사회 · 문화적 이질성 등 지역적 특수성이 작용한 결과이기도 하지만, 다른 한편으로 남부지방 출신의 정치지도자인 추언을 중심으로 한 리더십 요인과 북부지방 출신인 탁씬 총리의 등장과 태국애국당 정부의 중앙 집권적 통치 스타일, 그리고 민족주의적 정책에도 주요한 원인이 있는 것으로 평가할 수 있다. 이와 더불어 선거 시기에 즈음하여 남부 국경지역에서 재발된 이슬람 폭력과 분리주의 운동, 남부 해안지역을 강타한 지진해일 피해 등도 남부지방의 지역감정과 정서를 자극하는 상황적 요인을 제공하였다. 특히 특정 지역 출신의 정치지도자를 중심으로 후원자-추종자 관계를 형성하고, 선거과정에서 지역적 균열과 지역감정을 자극하는 정당의 선거운동 전략은 정당의 지역화 및 선거지역주의 현상의 구조적 요인을 제공하였다.

결과적으로 1992년 민주화 이후 태국의 선거과정을 통해 살펴본 정당의 지역화 및 지역주의 현상은 선거 결과가 다시 지역 간 극한적 대립과 갈등, 현시적 폭력과 분열을 확산시키는 우려할 만한 수준의 것은 아니었지만, 남부지방에서 민주당을 중심으로 한 정당의 지역화와 지역주의 현상이 보다 공고화된 형태로 발전하고 있다는 사실을 확인할 수 있었다. 이러한 현상은 물론 단기적으로 당장 정치과정의 혼란을 유발하는 것은 아닐지라도 보다 중 · 장기적인 차원에서 태국의 정치과정을 혼란과 불안으로 몰아넣을 수 있는 잠재적인 문제점이라고 지적할 수 있다. 따라서 1992년 민주화 이후 새롭게 시작된 태국의 민주주의체제가 보다 안정적으로 공고화되기 위해서는 태국 남부지방에서 표출되고 있는 정당의 지역화와 선거지역주의 현상이 보다 민주적이고 합리적인 방법으로 해소되어야 할 것이다. 현실적으로 태국의 남부지방에서 표출되고 있는 지역주의 현상은 태국 국민들의 투표행태와 정당구조가 합리적인 방향으로 개선된다면 자연스럽게 해소될 것으로 예측되지만, 남부지방의 사회 · 문화적 이질성과 소외감을 해소시킬 수 있는 보다 근본적인 정책적 노력이 함께 추진되어야 할 것이다.

참고문헌

박상훈. 1999. "한국 지역정당체계의 합리적 기초에 관한 연구: 합리적 선택이론을 통해 본 민주화 이행기 유권자 투표행위 분석." 고려대학교 대학원 정치학 박사학위논문.

______. 2000. "한국 지역정당체제의 미시적 기초에 관한 연구." 2000년도 한국정치학회 연례 학술회의 발표논문.

유창선. 2001. "한국 지역정당체제의 성립과 전개에 관한 연구: 포괄정당적 동질성이 지역정당 체제에 미친 영향을 중심으로." 연세대학교 대학원 사회학 박사학위논문.

이갑윤. 1998. 『한국의 선거와 지역주의』. 서울: 오름.

이동윤. 2003. "태국의 정당정치와 정당의 지역화 현상: 변화와 지속성." 『국제지역연구』 7(2).

______. 2005. "태국 선거과정의 변화와 지속성: 2005년 하원의원선거를 중심으로." 『동남아시아연구』 15(2).

이병도. 2005. "태국 남부 이슬람지역의 유혈 사태에 관한 연구." 『국제지역연구』 9(4).

장을병. 1995. "한국의 새로운 정당제도의 모색: 지역정당의 극복을 중심으로." 『사회과학』 34(2).

조기숙. 2000. 『지역주의 선거와 합리적 유권자』. 서울: 나남.

조흥국. 1994. "태국과 말레이 무슬림 간의 알력에 대한 역사적 고찰: 16, 17세기 분쟁을 중심으로." 『동남아시아연구』 3.

______. 2004. "태국의 내부 식민주의와 이산(Isan) 정체성에 관한 연구." 오명석 편. 『동남아의 지역주의와 종족갈등』. 서울: 오름.

최영진. 2002. "한국 지역주의와 민주주의의 위기: 대표성, 통치능력, 안정성을 중심으로." 『국가전략』 8(2).

Kanok Wongtrangan. 1993. *Phak kan-muang thai* [태국의 정당]. Krungthep: Samnakphim Chulalongkorn Mahawithairai.

Piyanart Bunnag. 1988. *Nayobai kan-pokkhrong khong rathaban tochau thai-muslim nai changwat-chaidaen phaktai, 2475~2516* [남부 국경지역의 타이-무슬림에 대한 정부의 행정정책, 불력 2475~2516]. Krungthep: Samnakphim Chulalongkorn Mahawithairai.

Suchit Bunbongkarn. 1988. *Kan-phattana thang kan-muang khong thai* [태국의 정치발전]. Krungthep: Samnakphim Chulalongkorn Mahawithairai.

Thanakit. 2002. *Prawat nayok-rathamontri thai* [태국의 총리 전기]. Krungthep: Pyramid.

Vinai Kruvannapan. 1990. *Thasanakati khong khonthai si changwat phaktai* [남부 4개 지역에 대한 태국인의 견해]. Krungthep: Samnakphim Chulalongkorn Mahawithairai.

Anusorn Limmanee. 1998. "Thailand." Wolfgang Sachsenröder and Ulrike E. Frings, eds. *Political Party System and Democratic Development in East and Southeast Asia*, Vol. I: Southeast Asia. Brookfield: Ashgate.

Asian Network for Free Elections (ANFREL). 2005. *Thailand General Election 2005: Report of International Observation Missions January-February 2005*. Bangkok: Asian Network for Free Elections.

Bajunid, Omar Farouk. 1989. *The 1986 General Election in Thailand*. Kuala Lumpur: Pustaka Antara.

Bangkok Post (BP) 2000/12/01; 2005/01/04; 2005/01/19; 2005/02/02; 2005/02/04; 2005/02/14.

Bidhya Bowornwathana. 2004. "Thaksin's Model of Government Reform: Prime Ministerialisation through 'a Country is My Company' Approach." Paper presented at the 5th Thai-Korean Political Scientists' Dialogue, organized by the Korean Political Science Association, Jeju National University, Korea (June 19-21).

Chai-anan Samudananija. 1982. *The Thai Young Turks*. Singapore: Institute of Southeast Asian Studies.

Chayan Vaddhanaphuti. 2005. "The Thai State and Ethnic Minorities: From Assimilation to Selective Integration." Kusuma Snitwongse and W. Scott Thompson, eds. *Ethnic Conflicts in Southeast Asia*. Singapore: Institute of Southeast Asian Studies.

Chookiat Panaspornprasit. 2004. "Thailand: Politicized Thaksinization." *Southeast Asian Affairs 2004*. Singapore: Institute of Southeast Asian Studies.

Croissant, Aurel. 2005. "Unrest in South Thailand: Contours, Causes, and Consequences Since 2001." *Contemporary Southeast Asia* 27(1).

Downs, Anthony. 1957. *An Economic Theory and Democracy*. New York: Harper & Brothers Publishers.

Forbes, Andrew D. W. 1982. "Thailand's Muslim Minorities: Assimilation, Secession, or Coexistence." *Asian Survey* 22(11).

Horstmann, Alexander. 2004. "From Shared Cosmos to Mobilization of Hatred: Ethnic Relations in Southern Thailand between Complementary, Alienation and Hostility." Thomas Engelbert and Hans Dieter Kubitscheck, eds. *Ethnic Minorities and Politics in Southeast Asia*. Frankfurt am Main: Peter Lang.

Islam, Syed Serajul. 2005. *The Politics of Islamic Identity in Southeast Asia*. Singapore: Thomson.

King, Daniel and Jim LoGerfo. 1996. "Thailand: Toward Democratic Stability." *Journal of Democracy* 7(1).

Lakkso, Markku and Rein Taagepera. 1979. "'Effective' Number of Parties: A Measure with Application to West Europe." *Comparative Political Studies* 12(1).

Lipset, Seymour Martin. 1960. *Political Man: The Social Bases of Politics*. New York: Doubleday & Co.

______ and Stein Rokkan. 1967. "Cleavage Structures, Party Systems, and Voter Alignments: An Introduction." Seymour Martin Lipset and Stein Rokkan, eds. *Party Systems and Voter Alignments: Cross-National Perspectives*. New York: The Free Press.

Maisrikrod, Surin. 1992. *Thailand's Two General Elections in 1992: Democracy Sustained*, Singapore: Institute of Southeast Asian Studies.

______ and Duncan McCargo. 1997. "Electoral Politics: Commercialisation and Exclusion." Hewison Kevin, ed. *Political Change in Thailand: Democracy and Participation*. New York: Routledge.

Mair, Peter. 1996. *Party System Change: Approaches and Interpretations*. Oxford: Clarendon Press.

McCargo, Duncan. 2002. "Thailand's January 2001 General Elections: Vindicating Reform?" Duncan McCargo, ed. *Reforming Thai Politics*. Copenhagen, Denmark: Nordic Institute of Asian Studies.

______. 2005. "Southern Thai Politics: A Preliminary Overview." Wattana Sugunnasin, ed. *Dynamic Diversity in Southern Thailand*. Chiang Mai: Silkworm Books.

______ and Ukrist Pathmanand. 2005. *The Thaksinization of Thailand*. Copenhagen: NIAS Press.

McVey, Ruth. 2000. "Of Greed and Violence and Other Signs of Process." Ruth McVey, ed. *Money & Power in Provincial Thailand.* Singapore: Institute of Southeast Asian Studies.

Neher, Clark D. 1975. "Stability and Instability in Contemporary Thailand." *Asian Survey* 15(12).

Nelson, Michael H. 2001. "Thailand." Dieter Nohlen, Florian Grotz, and Christof Hartmann, eds. *Elections in Asia and the Pacific: A Data Handbook*, Vol. Ⅱ: South East Asia, East Asia and the South Pacific. Oxford and New York: Oxford University Press.

Orathai Kokpol. 2002. "Electoral Politics in Thailand." Aurel Croissant, ed. *Electoral Politics in Southeast Asia.* Singapore: Friedrich Ebert Stiftung.

Paichart Siwaraksa, Chaowana Traimas, and Ratha Vayagool. 1997. *Thai Constitutions in Brief*, Bangkok: Institute of Public Policy Studies.

Panebianco, Angelo. 1988. *Political Parties: Organization and Power.* Cambridge: Cambridge University Press.

Raendchen, Jana. 2004. "Thai Concepts of Minority Policy: National Integraton and Rural Development in North-East Thailand." Thomas Engelbert and Hans Dieter Kubitscheck, eds. *Ethnic Minorities and Politics in Southeast Asia.* Frankfurt am Main: Peter Lang.

Scupin, Raymond. 1980. "The Politics of Islamic Reformism in Thailand." *Asian Survey* 20(12).

Sombat Chantornvong. 2000. "Local Godfathers in Thai Politics." Ruth McVey ed. *Money & Power: In Provincial Thailand.* Chiang Mai: Silkworm Books.

Steinmetz, Michael. 2004. "Thai Nationalism and the Malay Muslim Minority: Reflections on the Domestic and Foreign Policy Aspects of Relevant Historic Sequences." Thomas Engelbert and Hans Dieter Kubitscheck, eds. *Ethnic Minorities and Politics in Southeast Asia.* Frankfurt am Main: Peter Lang.

Suchit Bunbongkarn. 1987. "Political Institutions and Process." Somsakdi Xuto, ed. *Government and Politics of Thailand.* New York: Oxford University Press.

______. 1996. *State of the Nation: Thailand.* Singapore: Institute of Southeast Asian Studies.

Suhrke, Astri. 1975. "Irredentism Contained: The Thai-Muslim Case." *Comparative*

Politics 7(2).

Supannee Chalothorn. 1986. *Greater Bangkok: An Analysis in Electoral Geography, 1957 ~1976. Bangkok:* Chulalongkorn University Press.

Taagepera, Rein. 1999. "The Number of Parties As a Function of Heterogeneity and Electoral System." *Comparative Political Studies* 32(5).

______ and Matthew Soberg Shugart. 1989. *Seats and Votes: The Effects and Determinants of Electoral Systems*. New Haven: Yale University Press.

The Nation 2000/12/22; 2005/01/06; 2005/02/08.

Thitinan Pongsudhirak. 2003. "Thailand: Democratic Authoritarianism." *Southeast Asian Affairs 2003*. Singapore: Institute of Southeast Asian Studies.

Von Beyme, Klaus. 1985. *Political Parties in Western Democracies*. New York: St. Martin's Press.

Warner, Carolyn M. 1997. "Political Parties and the Opportunity Costs of Patronage." *Party Politics* 3(4).

Wyatt, David K. 1994. *Studies in Thai History*. Chiang Mai: Silkworm Books.

면담자료

Buranaj Samutharaks. 태국 민주당 소속 제22대 하원의원(면담일: 2005/02/02).

Chaiwat Khmchoo. 태국 쫄라롱껀대학교 정치학부 교수(면담일: 2005/01/31).

Kiat Sittheeamorn. 태국 민주당 소속 제22대 하원의원(면담일: 2005/02/02).

Somsri Hananuntasuk. 자유선거를 위한 아시아 네트워크(ANFREL: Asian Network for Free Elections) 코디네이터(면담일: 2005/02/03).

Suchit Bunbongkarn. 태국 쫄라롱껀대학교 정치학부 교수(면담일: 2005/02/08).

제9장 | 필리핀의 선거와 권력구조의 변화: 민주화 이후 대통령선거를 중심으로*

김동엽

Ⅰ. 머리말

선거는 후보자들이 사회적 균열구조에 근거한 이해나 갈등을 적절히 수렴하고 정책화하여 그 정책의 실행능력과 의지를 평가받는 장이라 볼 수 있다. 일찍이 모스카(Mosca 1939)는 '지배계급(The Ruling Class)'의 논리에서 간파했듯이, 선거에서의 경쟁은 다름 아닌 조직되지 않은 민중을 통제하는 조직된 소수의 엘리트들 간의 경쟁이고 민중들의 역할은 이들 엘리트들에 의해 제시된 선택들 중에서 누군가를 선택하는 것에 불과한 것이다. 많은 다원주의적 민주주의자들로부터 비판의 대상이 되고 있는 이와 같은 논리가 전통적 엘리트 가문들에 의해 지속적으로 지배되고 있는 필리핀의 정치적 현실에는 크게 벗어나지 않는 것으로 판단된다(McCoy 1994; Coronel et al. 2004; Simbulan 2005). 따라서 필리핀 권력구조[1]의 변화를 분석하는 것은 필리핀 민주주의의

---

*이 논문은 『한국정치학회보』 제40집 5호(2006 겨울)에 같은 제목으로 게재된 것이다.

1) 본 논문에서 '권력구조'는 사회균열구조에 따라 발생하는 갈등의 양상 및 정도와 그것을 해소하는 메커니즘인 정치구조를 반영하여 '특정 정치행위자들(개인, 집단 및 제도)이 행사할 수 있는 정치적 힘의 잠재적

발전에 관한 연구로서도 의미가 있다고 할 수 있다.

본 논문에서는 필리핀 정치권력의 변화현상을 분석하여 필리핀 권력구조의 지속성과 미세한 변화양상을 살펴보았다. 민주화 이후 필리핀에서는 네 차례의 정치권력 변화가 있었다. 세 차례는 정규적인 선거(1992, 1998, 2004)를 통한 변화였고, 한 차례는 국민봉기(People Power Ⅱ, 2001)에 의한 것이었다. 국민봉기와 같은 초헌법적 방법에 의한 정치권력의 변동은 권력구조에 극적인 변화를 가져오는 것이 일반적이지만, 2001년 국민봉기에 의한 정치권력의 변동은 필리핀 권력구조에 별다른 영향을 미치지 못한 것으로 평가받고 있다(Lande 2001).[2] 이외에도 정치권력의 변화를 시도하는 여러 차례의 군부쿠데타나 대규모 반정부 시위는 끊임없이 지속되고 있다. 선거가 꾸준히 진행되고 있음에도 불구하고 시위나 쿠데타 시도와 같은 초헌법적인 방법의 지속적인 등장은 필리핀에서 절차적 민주주의의 근간인 선거가 사회적 균열구조에 근거한 이해관계를 적절히 반영하지 못하고 있다는 증거이며, 그 원인에 대한 적절한 해명이 요구된다.

필리핀은 마르코스 독재시절의 일부 기간(1973~1978)을 제외하고 대통령중심제를 제도적 권력구조의 근간으로 사용하고 있다. 마르코스 독재정권이 국민봉기(People Power Ⅰ, 1986)로 물러나고 민주정부가 들어서면서 개정된 1987년 헌법에서는 일인 장기독재의 가능성을 없애기 위해 대통령의 임기를 6년 단임으로 제한하는 등 대통령의 권한축소에 심려를 기울였다. 권력을 통제하는 것이 입헌주의의 핵심이라고 할 때, 그 권력을 대통령의 권력으로 좁게 정의하면 의회는 그 통제를 위한 제1초소에 해당한다(박동천 2000, 33). 그러나 필리핀의회는 이러한 기능을 적절히 수행치 못하고 있다. 오히려 대통

배열'을 의미한다.

2) 2001년 필리핀 국민봉기에 대한 평가는 다양하며, 이 문제는 필리핀 사회의 역동성 및 구조적 정체성과 관련하여 독립적인 연구가 바람직하다고 생각하며 본 연구의 논의에서는 제외하였다.

령이 의정활동자금(Pork Barrel)의 통제권한을 이용하여 의회를 효과적으로 지배하고 있다.[3] 또한 군과 경찰의 최고 지휘자로서의 대통령의 지위는 제도적 차원뿐만 아니라 실질적 측면에서도 권력의 핵심이라 볼 수 있다(Brillantes and Amarles-Ilago 1994). 본 논문에서는 민주화 이후 치러진 대통령선거를 후보자와 유권자 그리고 정당과 계층을 중심으로 살펴봄으로써 필리핀 사회의 균열구조가 선거에 반영되는 혹은 반영되지 못하는 원인을 밝히고, 그에 따른 필리핀 권력구조의 변화양태를 규명하였다.

본 논문에서 다루고자 하는 질문은 다음의 세 가지로 정리된다. 우선, 필리핀에서 권력구조의 변화에 선거가 가지는 의미는 무엇이며, 투표결정요인으로서 중요한 것들은 무엇인가? 둘째, 필리핀의 경제적 계층이 투표결정요인으로서 작용하고 있는, 혹은 그렇지 못한 원인은 무엇인가? 셋째, 필리핀에서 권력구조의 변화가 일어나는, 혹은 일어나지 않는 현실적인 이유는 무엇인가? 본 논문의 문제의식과 주제선정의 계기는 필자가 장기간에 걸쳐 필리핀에 거주하면서 느낀 사회적 불평등 구조와 이와 연관되어 제기되는 정치적 변화의 가능성에 대한 지적 호기심에 기인한다.[4] 분석에 이용된 자료들은 민주화 이후 실시된 세 차례의 대통령선거에 관한 각종 여론조사, 선거결과

---

3) 'Pork Barrel'은 필리핀 상 · 하 양원의 의원들이 정치적 활동의 재정적 기반이 되는 것으로써, 1972년 계엄령의 선포와 함께 폐지되었다가 1990년 아키노 정부에서 지역개발기금(Countrywide Development Fund)이란 이름으로 부활하였다. 현재는 우선발전지원금(Priority Development Assistance Fund)이란 명목으로 정부예산에 책정되어 각 의원들에게 지급된다. 그러나 이의 지출 승인권이 대통령에게 있으므로 대통령은 의원들에게 회유나 압력을 가하는 수단으로 이를 이용하고 있다. 이러한 이유로 인해 매 선거 후 정당이나 정파에 관계없이 의원들이 대통령이 소속된 정당이나 정파로 대거 이동하는 현상을 낳고 있다(Parreño 1998).

4) 필자는 1998년과 2004년 선거를 직접 참관함으로써 당시 부각된 선거쟁점과 이슈들을 현장의 분위기와 함께 직접적으로 접할 기회를 가졌다. 1998년 선거당시는 필자가 필리핀에 장기체류하던 시기였고, 2004년 선거에는 선거참관단으로 캠페인과정, 투표과정, 개표상황 등을 직접 참관하였으며, 정치학자와 유권자들을 중심으로 심층적인 인터뷰를 수행하였다. 2004년 선거 당시 인터뷰 내용은 필자의 다른 글(김동엽 2005)에서 보다 구체적으로 인용되었다.

그리고 후보자들에 대한 분석자료 등이다.

필리핀선거에 관한 연구는 이미 여러 각도에서 시도되어 왔다. 많은 연구들이 후원-수혜관계(patron-client relationship)나 지역 보스(boss)에 초점을 맞추어 필리핀선거를 분석하고 있다(정영국 1992; 박기덕 2001; Sidel 1997, 1999; Arugay et al. 2004). 또한 '우리'와 '외지인'을 구분하는 후보자의 이미지가 필리핀선거에서 부각되는 것을 지적한 연구들도 있다(정영국 1999; Wurfel 1963). 필리핀의 선거제도나 정당을 중심으로 민주주의 공고화의 관점에서 분석한 연구들도 많이 있다(서경교 2005; 최정욱 2005; 김동엽 2005; Wurfel 1962; Lande and Cigler 1979; Case 1999). 이상의 연구들은 필리핀선거를 개별적 시각에서 분석하고 있으며, 이러한 연구들에 나타난 논점들을 체계적으로 정리하고 종합함으로써 필리핀선거에 나타난 권력구조의 변화양상을 보다 명료하게 조명할 수 있을 것이다.

본 논문의 순서는 우선 다음 절에서 연구에 사용되는 개념들을 명확히 정의하고, 각 개념들 간의 관계를 중심으로 연구의 전반적 흐름을 소개하였다. 더불어 이러한 개념들을 중심으로 기존연구에 나타난 필리핀선거의 특징을 정리하여 분석적 서술을 위한 기본적 변수들을 제시하였다. 제3절에서는 필리핀 민주화 이후 세 차례에 걸쳐 치러진 대통령선거를 후보자와 유권자 그리고 정당과 계층 등을 중심으로 살펴보고, 필리핀 권력구조의 변화양상을 변수들을 중심으로 정리하여 분석하였다. 제4절에서는 서두에 제시한 질문들에 대한 본 연구에서의 발견들을 정리하고, 필리핀 권력구조의 지속성과 변화에 대한 함의를 제시하였다.

Ⅱ. 선거와 권력구조의 변화

1. 후보자와 유권자 그리고 정당과 계층과의 관계

민주적 정치체제에 있어서 선거는 주권자인 국민이 그들의 대표자를 선출하는 행위이다. 사회적 이해관계의 근간이 되는 균열구조는 사회정치적 긴장 혹은 갈등의 기본 축을 의미한다. 서구산업국가의 경우 민족형성과정과 국가형성기에는 민족, 인종, 지역, 문화 등이 균열구조의 중심을 이루었고, 산업화와 근대화 시기에는 사회경제적 계층이 균열구조의 중심을 이루었다. 그러나 탈근대화 시대에는 가치관의 변화에 따른 새로운 균열이 등장하고 있다(박병석 1993). 전통과 근대 그리고 탈근대적 가치가 동시에 작동하는 제3세계 국가들의 사회적 균열구조는 명확한 경계를 긋기가 불가능하며, 이러한 모호성은 균열구조에 기초한 능동적 정치세력을 요구하는 권력구조의 변화에 부정적으로 작용한다. 즉, 대부분 유권자들은 분산되어 정치적으로 수동적 성향을 나타냄으로써 분위기나 상황에 휩쓸리는 경향과 함께 기존의 지배계급에 의한 동원의 대상으로 쉽게 전락한다. 선거를 유권자의 투표행태와 연관하여 분석하기 위해서는 투표결과 뿐만 아니라 유권자가 후보자를 선택하는 심리적 과정, 사회집단이 가지고 있는 특성과 이들의 정치적 결과, 그리고 제도적 특성 등 종합적인 접근이 요구된다(권인석 1999). 특히 제3세계 국가들처럼 투표결정요인이 분산되어 있을 경우에는 더욱 그러하다. 많은 경우 후보자들이 정당을 통해 이념이나 정책으로 유권자에게 접근하여 합리적 선택을 추구하기 보다는 '관계'나 '이미지'와 같은 감정적인 측면을 강조하여 개인적으로 유권자에게 호소하기 때문이다.

정치적 과정에서 정당은 정부와 유권자의 중간에 위치하면서 후보자와 유권자를 매개하는 역할을 수행한다(Sartori 1976, 25; Lawson 1980, 1045). 사회적 균열요소들은 사회구조적으로 연관되어 있으며 관련된 집단들은 각각 집단적 일체의식을 갖는다. 이러한 균열은 조직체를 통해 자신을 표현하게 된다(Lipset and Rokkan 1967). 이는 곧 사회적 균열구조에 기반을 둔 정치적으로 능동적인 주체의 탄생을 의미한다. 새로운 능동적 주체의 탄생 여부는 기존의 권력구조에 영향을 미치는 중요한 변화이다. 립셋(Lipset 1960)은 정당을 기본적으로 상 · 중 · 하로 구분되는 계층에 기초한 것으로 보았다. 그리고 저소득층은 경제적 평등을 추구하며 변화를 내세우는 좌파정당을 지지하고, 변화를 바라지 않는 고소득층이 보수정당을 지지하는 것을 당연한 것으로 봤다. 이러한 이론은 계층의 구분이 뚜렷하며, 이를 대표하는 정당들의 성향이 명확한 것을 전제로 한다. 그러나 많은 경우 계층의 구분이 분명하지 않으며, 좌/우파로 극명히 구분되는 정당체계가 나타나는 경우도 드물다. 특히 지역기반, 인물기반 등의 정당이 존재하는 대부분의 제3세계 국가에서는 더욱 그렇다. 기어츠(Geertz 1963, 109-113)에 따르면, "전통적인 집단의식은 근대에도 대단히 영향력을 발휘하며, 이들은 객관적인 사회경제적 이해에 근거한 경쟁적 분화를 발전시키는 데 강력한 장애가 된다"고 했다. 결국, 정당의 지지기반으로서 계층의 존재여부는 권력구조의 변화를 논하는 데 중요한 부분을 차지한다.

권력구조의 변화를 선거를 통해 추적하기 위해서는 우선 후보자와 유권자가 어떠한 관계로 연결되는지에 관한 분석이 필요하며, 정당과 계층의 관계가 어떻게 설정되어 있으며, 이것이 유권자와 후보자를 연결 짓는 데 어떻게 작용하는가를 살펴야 할 것이다. 계층투표가 이루어지는 형태는 유권자가 계층에 기초한 정당을 통해 후보자에게 지지를 표현하고 후보자는 계층에 기초한 정당을 통해 유권자에게 접근할 때 가시화된다. 이와 같이 후보자와 유권자 그리고 정당과 계층의 유기적인 관계가 나타나지 않을 경우에는 권력구조의 변화가 일어나기 힘들며, 기존의 권력구조는 지속된다고 볼 수 있다.

2. 필리핀 권력구조와 선거

필리핀 권력구조의 특성은 스페인 식민지시기로 거슬러 올라간다. 필리핀 사회의 지배층이라고 할 수 있는 전통적 엘리트들의 뿌리는 식민통치자들에 의해 사회경제적 지위를 보장받았던 특권층(Ilustrados)의 후손들과 18세기 이후 상업농업의 발달과 함께 등장한 상인들이 주류를 이룬다(박사명 1996; Simbulan 2005). 경제와 교육에 있어서 독점적 지위를 누리던 이들은 미국 식민지하에서 도입된 근대적 정치체제의 주체로 등장하였고, 정치적으로도 독점적 위치를 누리게 되었다. 필리핀의 근대적 정치제도는 엘리트들의 배타적 지위를 보장하며 그들의 존재를 과시하고 추종세력의 형성과 부의 축적수단으로 이용되었다.[5] 식민종주국과 현지엘리트들은 착취를 정당화하고 원활화하기 위해 민족주의적 이익과 소외계층의 의사를 대변하는 집단들을 의도

표 1 민주화 이후 필리핀사회의 그룹 간 갈등구조

그룹간의 갈등	조사 년도	갈등 있음		갈등 없음		갈등 있음-갈등없음			
		매우 강함	강함	별로 없음	전혀 없음	전체	ABC	D	E
빈자와 부자	1992	18%	37%	35%	10%	+10	+8	+16	+2
	1999	28	41	22	9	+38	+50	+40	+26
경영자과 노동자	1992	15	39	36	9	+9	+12	+4	+4
	1999	25	42	24	9	+34	+47	+36	+22
노동계층과 중산층	1992	7	29	50	15	-29	-24	-30	-24
	1999	17	39	30	14	+12	+22	+8	+24
젊은세대와 기성세대	1992	9	24	46	21	-34	-36	-36	-32
	1999	18	39	25	18	+14	+10	+14	+8
최상류층과 최하류층	1999	31	39	22	8	+40	+48	+40	+22

출처: Abad(2003, 28).

5) 지식과 재산 정도에 의해 투표권이 부여되던 초기 제한선거에서 전체인구의 약 1.15%(1907년 기준)만이 참여할 기회를 가졌다(Caoili 1989, 3).

적으로 배제하였다(Tancangco 1988). 따라서 필리핀 정당체계는 이념지향을 배제하고 편의적 실용주의를 강조하고 있으며 이념이나 정책이 아닌 인물중심으로 형성되었다(Caoili 1989, 4).

표 1은 민주화 이후의 필리핀사회의 그룹 간 갈등여부에 대한 여론조사로써 일정한 변화의 추이를 엿볼 수 있다. 갈등인식의 정도를 계층별(ABCD E)[6]로 구분함으로써 그룹 간 갈등에 대한 계층별 인식정도를 알 수 있다. 표에서 보여주고 있듯이 필리핀에서 사회그룹 간 갈등 중 가장 부각되는 것은 '빈자와 부자'로 나타난다. 1999년 조사에 새롭게 첨가된 최상류층과 최하위층 간의 갈등이 가장 높은 수준(+48)을 보여주는 것도 이를 뒷받침해 주고 있다. 중상류층에 속하는 ABC층은 1992년에 경영자와 노동자의 갈등(+12)을 빈자와 부자의 갈등(+8)보다 심각하게 보았는데, 1999년에는 빈자와 부자의 갈등을 더욱 심각하게 인식하는 것으로 나타났다. 전반적으로 사회그룹 간 갈등에 대한 인식은 상류층으로 갈수록 보다 심각하게 느끼고 있는 것으로 나타나고, 1992년보다 1999년에 그룹 간 갈등에 대한 인식이 전반적으로 증가하고 있음을 알 수 있다(Abad 2003, 27-29). 이와 같은 현상은 민주화 이후 필리핀의 경제적 불균형 구조가 더욱 심화된 데에도 그 원인이 있다고 볼 수 있다.[7]

이와 같은 필리핀 사회의 계층 간 균열의 심화와 이에 대한 인식의 상승

---

6) 본 논문에서 사용하는 필리핀의 사회경제적 계층의 구분기준은 필리핀의 한 여론조사기관(Social Weather Station)에서 사용하는 것으로써 소득수준과 집의 소유여부, 교육정도, 생활편의시설의 소유여부 등 여러 가지의 기준이 적용된다. AB층은 상류층, C층은 중산층, D층은 빈곤층, 그리고 E층은 극빈층을 대변한다. 1998년 기준으로 AB층은 전체인구의 약 2%이며, C층은 약 9%, D층은 약 73%, 그리고 E층은 약 17%로 조사되었다("Social Weather Report Survey." September 11 to 29, 1998).

7) 1985년에 상위 20%의 국민이 전체 국민소득의 52%를 차지하였던 것이 2004년에는 55%로 증가하였다. 또한 1985년에 하위 20%의 국민이 전체소득의 4.8%를 차지하였던 것이 2004년에는 4.7%로 감소했다(Coronel 2004).

이 민주화 이후 필리핀 선거에서 어떻게 작용하였는지는 필리핀 권력구조의 변화에 중요한 의미를 갖는다. 필리핀 선거를 연구한 많은 문헌들을 통해 필리핀 유권자들의 투표결정요소로서 다음의 네 가지 변수가 부각된다. 첫째, '정치기제(political machine)'로써 전통적인 후원-수혜관계에 기초하며 엘리트와 민중 그리고 엘리트들 간의 연합에 의한 유권자의 동원을 의미한다. 둘째, '지역변수'로써 전통적인 '우리의식'에 기초하며 후보자의 출신지역이 투표결정요인으로서 결정적인 영향을 미치는 것이다. 셋째, '이미지변수'로써 후보자의 개인적 이미지가 지역적 한계를 넘어 계층적 '우리의식'을 형성하여 선거결과에 영향을 미치는 것이다. 넷째, '이슈(issue)변수'로서 유권자들이 정서적 기준이 아닌 이성적이고 공리주의적인 기준에 의해 후보자를 선택하는 것이다. 이들 투표결정요소들 중에서 정치기제와 지역변수는 전통적 필리핀 권력구조의 지속성에 기여하며, 이미지변수와 이슈변수는 변화를 지향하는 것으로 볼 수 있다. 이상의 네 요소들을 중심으로 다음 절에서는 민주화 이후의 대선이 어떠한 변수들에 의해 영향을 받고 있으며, 그것이 필리핀 권력구조의 변화와 지속성에 주는 함의를 분석하였다.

Ⅲ. 필리핀 대통령선거와 권력구조의 변화

1. 민주화 이후의 필리핀 대통령 선거

1) 1992년 대통령선거

1992년 대선은 아키노 정권 말기의 정치, 경제, 사회적 혼란이 최고조에 이른 시점에서 실시되었다. 이와 같은 상황은 1992년 대선을 민주와 반민주의

표 2 1992년 대통령선거 결과

등위	후보	득표율(%)	정당	러닝메이트	득표율(%)
1	라모스	23.6	Lakas-NUCD[8)]	오스메냐	16.5
2	산티아고	19.7	PRP	라몬 막사이사이	14.2
3	코후앙코	18.2	NPC	에스트라다	33.6
4	미트라	14.6	LDP	퍼르난	21.7
5	마르코스	10.2	KBL	비센떼 막사이사이	3.4
6	살롱가	10.3	LP-PDP Laban	피멘텔	9.9
7	로렐	3.4	UNIDO	칼라우	1.3

출처: Commission on Election, Philippines

대결이라는 정치적 쟁점보다는 무능한 정부와 경제사회적 혼란이라는 이슈를 더욱 부각시켰다(정영국 1992, 161-3). 또한 독립 이래 최초로 두 주요정당의 후보가 격돌하는 것이 아니라 7명의 후보가 각기 자신의 당을 대표하여 출마한 선거였다. 이처럼 많은 후보가 난립하게 된 가장 직접적인 원인은 집권여당(Laban ng Demokratikong Philipino, LDP)이 후보지명을 둘러싸고 분열되면서 기타 후보들의 당선 가능성을 높였고, 이는 곧 많은 예비후보들로 하여금 선거에 뛰어들게 만들었다(Lande 1996, 2). 이러한 이유 이외에도 민주화 이후 다당 체제의 확립과 현직 대통령의 출마제한 등 여러 가지 이유들이 복합적으로 작용한 것으로 볼 수 있다.

선거 결과는 **표 2**에서 볼 수 있듯이 대부분의 후보들이 고른 득표율을 거두면서 치열한 경쟁이 전개되었음을 알 수 있다. 1992년 대선 결과를 다양한 변수들을 이용하여 통계적으로 분석한 란데(Lande 1996)의 결론에 따르면

8) 집권여당(LDP)의 후보지명에서 실패한 라모스는 일부 의원들과 함께 탈당하여 새로운 정당(Lakas-EDSA)을 창당하고 대통령후보가 되었다. 곧이어 8개의 군소정당들과 함께 정당연합을 형성하였고, 세부의 주지사인 오스메냐(Emilio Osmeña)를 부통령 후보로 영입하면서 정당연합의 이름을 Lakas-NUCD(Lakas-the National Union of Christian Democrats)로 바꾸었다.

지역변수가 투표결정요소로서 가장 중요하게 작용했던 것으로 나왔다. 라모스(Fidel V. Ramos)의 승리는 아키노 행정부의 지원과 지역변수, 즉 필리핀에서 가장 인구집중도가 높은 두 방언지역,[9] 즉 따갈로그와 세부아노 지역에서 많은 표를 얻음으로써 가능했다(Lande 1996, 14-5). 인구집중도가 가장 높은 두 지역출신이 대통령에 당선되지 못하고 팡가시난 출신인 라모스가 당선된 이유는 대선 후보들 중 세 명(코후앙코, 살롱가, 로렐)이 동일한 따갈로그 지역 출신이었고, 세부아노 출신의 대권후보는 없었기 때문으로 분석된다.[10] 라모스 후보가 아무런 연고가 없는 세부지역에서 다른 후보들보다 높은 득표율을 보였던 것은 세부지역의 전통적인 정치가문 출신인 오스메냐(Emilio Osmeña)를 러닝메이트로 두었기 때문인 것으로 보인다.

1992년 대선에서 이슈 중심의 캠페인을 전개하며 두각을 나타낸 후보는 산티아고(Miriam Defensor-Santiago)였다. 지역적인 기반이나 정치기제로서 전국적인 정당도 없는 산티아고가 집권 아키노 정부의 지지를 받고 있는 라모스와 근소한 표차로 2위를 차지한 것은 누구도 예상치 못했던 결과였다. 산티아고는 도시의 대학생들을 중심으로 한 자원봉사자들이 주요 선거운동원들이었으며 '좋은 정부(good government)'라는 단일 이슈를 가지고 캠페인을 전개했

---

9) 필리핀은 행정구역 상 17개의 도(Region)와 79개의 군(Province)으로 나뉘어 있다. 이는 근대화와 더불어 생겨난 것으로써 전통적인 정치기제로서의 의미는 그다지 크지 않다. 보다 전통적인 일체감의 요소는 지역 언어(Language), 즉 방언이다. 필리핀의 방언은 170여개 정도가 있으며, 12개의 언어가 백만명 이상의 사용 인구를 가지고 있다. 1990년 인구센서스에 나타난 대표적인 방언지역은 따갈로그(Tagalog 28%, 중남부 루손), 세부아노(Cebuano 24%, 중앙 비사야 및 북부와 서부 민다나오), 일로카노(Ilocano 10%, 북부 루손), 일롱고(Ilongo 9%, 서부 비사야), 비콜라노(Bicolano 6%, 남부 루손 비콜지역); 와라이(Waray 4%, 동부 비사야), 팜팡고(Pampango 3%, 중부 루손), 팡가시난(Pangasinan 2%, 중부 루손), 기타 (14%) 등이 있다. 란데(Lande 1996, 81)는 도(Region)나 군(Province)보다 방언지역을 지역적 투표결정요인으로서 보다 중요한 것으로 보았다. 그러나 선거결과가 대부분 도나 군 단위의 집계가 이루어지므로 방언지역 중심의 정확한 득표율을 산출하기는 쉽지 않다.

10) 7명의 후보자 모두 자신의 방언지역과 관련된 득표요인이 다른 어떠한 요인들보다도 큰 영향을 발휘했던 것으로 나타난다(Lande 1996, 60).

다. 산티아고의 선전은 국민들이 이슈 중심의 후보에게 표를 던진 것이었으며, 기존의 정치인들과 정체체제에 대한 반감을 표현한 것으로 볼 수 있다. 산티아고는 특히 수도권지역(NCR)에서 29%의 득표율을 기록하면서 수위를 차지했다. 이는 이슈중심의 후보가 교육받은 독립적인 유권자들에게 효과적으로 어필했던 것으로 평가된다(Lande 1996, 16, 90, 97).

집권여당의 후보였던 미트라(Ramon V. Mitra)의 참패는 필리핀 대선에서 정당의 역할과 계층 간 갈등의 측면에서 중요한 의미를 갖는다. 비록 미트라 후보가 다른 후보들과는 달리 인구집중도가 큰 자신의 방언지역을 가지고 있지 못했지만,[11] 하원의장인 그가 전국에 걸친 당 소속 하원의원들에 의한 정치기제가 효율적으로 작동했더라면 자신의 약점인 지역적 열세를 만회했을 것이다. 이처럼 정치기제로서 정당의 역할이 과거보다도 약화된 이면에는 제도적인 변화가 일조했다. 과거에는 분리하여 실시되던 지방선거(local election)를 1991년 선거법 개정을 통해 전국선거(national election)와 동시에 실시하도록 한 것이다. 이는 지방의 정치엘리트들이 자신들의 선거구에 전념함으로써 대선이나 상원선거와 같은 전국단위의 선거에 소홀할 수밖에 없었다는 것이다. 무엇보다도 미트라의 가장 큰 약점은 '뜨라뽀(trapo)'라는 이미지였다. 뜨라뽀는 전통적 엘리트(traditional politician)의 앞 글귀를 조합해서 만들 말로써 필리핀 방언에서 '더러운 걸레'라는 의미를 가진다. 이 용어는 1992년 선거를 즈음하여 나온 말로써 유권자들은 그 부정적 이미지 때문에 뜨라뽀로 낙인찍힌 후보들의 말은 아예 들으려고조차 하지 않았다. 미트라에게 뜨라뽀라는 라벨이 붙게 된 이유는 전통적 엘리트들의 집합체이며 각종 비리와 스캔들로 얼룩진 하원의 의장이었기 때문으로 파악된다. 또한 미트라 자신도 하원의장

11) 미트라는 팔라완이라는 작은 섬 지역 출신으로써 어떠한 방언지역에서도 압도적인 지지표를 얻지 못했다(Lande 1996, 33).

에 선출되기 위해 공공자금을 유용하는 등 부적절한 행위를 했고, 이를 타후보들이 폭로함으로써 의도적으로 집권여당 후보에게 뜨라뽀라는 라벨을 붙였던 것이다(Lande 1996, 29-36).

대선에 참가한 정당 중 자유당(LP)과 국민당(NP)을 제외하고 나머지 정당들은 대선후보를 중심으로 선거에 즈음하여 급조된 것들이었다. 그리고 7개 정당 중 3개(Lakas-NUCD, NPC, LDP)만이 전국적 조직을 가지고 지역단위 선거에 후보자를 추천했을 뿐 나머지는 대통령 선거에만 집중했다. 또한 대선후보의 득표결과와 동일 정당 소속의 하원의원과 주지사의 선거결과가 전혀 상관성을 보이지 않는다.[12] 이는 1992년 대선이 1972년 이전 대선에 나타난 양당경쟁구도와 차이점을 나타내며 취약한 정당결속력을 여실히 보여준다. 결국 1992년 대선에서는 지역변수와 이슈변수가 투표결정요인으로서 가장 큰 효력을 발휘했음을 볼 수 있고, 전통적 엘리트에 대한 부정적 이미지 또한 일정 부분 영향을 준 것으로 나타난다.

2) 1998년 대통령선거

1998년에 접어들면서 지역적인 경제위기의 여파로 페소화의 추락, 높은 이자율, 두 자리 숫자의 인플레이션, 기업인들의 사업전망에 대한 기대감 추락, 소비심리의 격감 등 필리핀 경제 전반에 걸쳐 어두운 그림자를 드리웠다. 더구나 같은 해 해수온도의 상승과 같은 기상이변(El Niño)으로 심각한 가뭄이 발생하여 농작물의 수확량이 격감함으로써 식량난을 우려하는 상황이었다. 정치적으로는 라모스 대통령의 측근들에 의해 대통령의 임기를 단임제로 규정하고 있는 헌법을 개정하여 라모스에게 재집권의 길을 열어주자는

---

12) 대선에서 1위를 차지한 라모스의 Lakas-NUCD는 주지사 20명과 하원38명을 당선시킨 반면, 4위를 차지한 미트라의 LDP는 주지사 24명 하원 89명을 당선시켰다. 또한 2위를 차지한 산티아고의 PRP는 단 한명의 주지사나 하원의원도 배출하지 못했다.

표 3 1998년 대통령선거 결과

등위	후보	득표율(%)	정당/선거연합	러닝메이트	득표율(%)
1	에스트라다	39.6	PMP-LaMMP[13)]	앙가라	22.1
2	데 베네시아	15.9	Lakas-NUCD-UMDP	아로요	49.5
3	로코	13.6	Aksyon Demokratiko	아이란 산티아고	0.9
4	오스메냐	12.2	Probinsya Muna Development Initiatives	수에노	2.1
5	림	8.7	LP	오스메냐 III	9.2
6	데 빌라	4.8	Partido para sa Demokratikong Reporma	오보스	13.0
7	산티아고	2.9	PRP-Gabay Bayan	타타드	2.9
8	엔릴레	1.2	LP 일부	-	-

출처: Commission on Election, Philippines

운동(Charter-Change, Cha-Cha)이 전국적으로 펼쳐졌고, 이에 반대하는 세력들(anti-Cha-Cha)과의 갈등이 심각한 상황이었다. 이 논란은 침묵으로 일관하던 라모스가 1997년 10월 불출마 결단을 내림으로써 일단락되었고, 이어서 본격화된 1998년 대선에 총11명의 후보가 등록하여 경쟁하게 되었다.

표 3에서 볼 수 있듯이 1998년 대선은 에스트라다 후보의 압도적인 승리였다. 에스트라다는 전체 17개 지역(Region) 중에서 로코(Raul Roco)의 출신지인 비꼴(Region V)에서 17.3%, 그리고 오스메냐(Lito Osmeña)의 지역인 중부비사야(Region VII)에서 19.2%의 저조한 득표율을 보였을 뿐 여타지역에서는 30% 이상의 높은 득표율을 보였다(Commission on Election). 이는 에스트라다의 당선이 단순히 몇몇 지역에서의 압도적 지지에 따른 것이 아니라 전국적인

13) 에스트라다 후보는 대중적 인기 이외에는 별다른 후원조직이나 정치기제를 갖추고 있지 못하였다. 그러나 그의 높은 대중적 인기를 구심점으로 하여 전국적 조직을 가지고 있는 LDP의 앙가라(Edgardo Angara)와 NPC의 코후앙코가 선거연합인 LaMMP(Laban ng Makabayang Masang Pilipino, the Struggle of the Nationalist Filipino Masses)를 결성함으로써 이러한 약점은 일시에 보완되었다(정영국 1999, 317).

지지에 기인하고 있음을 보여준다. 이는 에스트라다의 대중적 이미지변수가 전통적 지역변수를 초월한 것으로 볼 수 있다. 에스트라다는 그의 '민중 이미지'로 출신지역의 한계를 뛰어넘어서 필리핀 하층민들 사이에서 광범한 '우리 의식'을 형성하였다.

에스트라다는 '가난한 자를 위한 에랍(Erap for the Poor)'이라는 슬로건을 내세웠다. 에스트라다 자신이 빈곤층 출신은 아니지만, 자신을 엘리트들 중에서 배척되는 인물(black sheep)로 묘사했다. 대학을 중퇴하고 뛰어든 영화계에서 1950년대와 60년대에 거친(turf) 이미지로 약자를 위해 싸우는 스크린 상의 그의 이미지는 그 어떠한 현실적 공약보다도 강력한 효과를 나타냈다. 에스트라다는 라모스 정권하에서 소외된 계층, 특히 농업과 중소기업에 국가의 지원을 약속했다. 그의 캠페인은 정당보다는 자신의 조직인 JEEP(Citizen Movement for Justice, Economy, Environment, and Peace)가 주도했고, 필리핀의 대중교통 수단인 지프니(Jeepney)를 운전하면서 전국을 순회했다. 이는 필리핀 대선에서 이미지 선거의 극치를 보여주는 것이었다.

집권여당의 후보로 출마한 데 베네시아는 자신의 출신지역인 북서부 루손(Region I)에서 55.3%의 압도적 지지를 받았고, 남서부 민다나오 이슬람 자치지역(ARMM)에서 36.2%, 서부 민다나오(Region IX)에서 19.9%, 북부 민다나오(Region X)에서 20.8%, 그리고 북부 루손 산간 자치지역(CAR)에서 25.7%의 득표로 선전했을 뿐 나머지 지역에서는 아주 저조한 득표율을 보였다.[14] 데 베네시아의 선거 참패는 1992년 대선에서 당시 집권여당(LDP)의 후보 미트

14) 데 베네시아가 민다나오 지역에서 상대적으로 높은 득표율을 얻는 것은 라모스 대통령의 지원 덕분으로 해석된다. 1997년 9월, 라모스대통령과 이슬람 반군(MNLF)이 20년간에 걸친 무장투쟁을 종결하고 평화협정을 체결하였다. 이후 MNLF의 지도자 미주아리는 Lakas-NUCD의 후보로 이슬람 자치구인 ARMM의 주지사가 되었다. 결론적으로, 데 베네시아는 출신지역에서의 압도적 지지와 라모스 대통령의 정치적 동지인 마주아리의 영향력에 득표의 많은 부분을 의존한 것으로 보인다(정영국 1999, 321).

표 4 1998년 대통령선거, 계층별 투표 결과

	ABC 계층(%)	D 계층(%)	E 계층(%)
에스트라다	23.9	37.9	47.7
데 베네시아	12.6	16.6	17.7
로코	27.0	13.4	8.8
오스메냐	6.7	12.0	12.5
림	19.5	9.2	5.5
데 빌리아	6.7	4.9	3.0
산티아고	1.5	3.6	1.6

출처: 정영국(1999, 323).

라를 연상케 한다. 데 베네시아는 당 총재이자 하원의장으로서 당내 세력을 장악하고 있었지만 대중적 지지도는 선거 이전에 3~7%에 머물러 있었다. 이처럼 낮은 대중적 지지도는 데 베네시아에게 씌워진 '뜨라뽀' 이미지에 기인했다.[15] 이러한 약점을 보완하기 위해 대중적 인기가 높은 아로요(Gloria M. Macapagal-Arroyo) 상원의원을 러닝메이트로 영입하였으나 별 효과를 거두지 못했다. 대중적 인기가 미약한 그는 선거운동을 전적으로 라모스 대통령의 지원과 당 조직에 의존할 수밖에 없었다(정영국 1999, 318).

1998년 선거는 하층민(DE)들의 압도적 지지를 얻은 후보가 당선됨으로써 엘리트 중심의 권력구조에 변화의 가능성을 보여주었다. **표 4**에서 볼 수 있듯이 에스트라다는 중상류층(ABC)에서는 자신의 평균득표율보다 낮은 성과를 얻었으나, 극빈층(E)에서는 47.7%라는 압도적 지지를 얻었다. 또한 전국적인 정당조직이 없는 로코(Raul Roco)가 중상류층에서 에스트라다보다 높은

15) 그는 하원의장으로서 의회에 기반이 부실한 라모스 정부를 위해 정파를 초월한 무지개연합(Rainbow Coalition)을 결성하였고, 이를 기반으로 라모스 정부가 여러 가지 개혁적인 법안들을 입법화하는 데 크게 공헌하였다. 그의 화려한 의회활동 뒤에는 막대한 지원금(Pork Barrel)이 소용된 것으로 알려졌다. 이와 같은 그의 경력은 국민들에게 '뜨라뽀'라는 라벨을 붙게 만들었다(Case 1999, 472).

27%의 득표율을 보인 것은 일종의 계층별 투표행태가 나타난 것으로 해석할 수 있다. 필리핀의 경제사회적 계층분화에 따르면 ABC층이 약 10% 정도에 불과하고 DE계층이 90%를 차지하는 상황에서 이러한 선거결과를 놓고 현지에서는 전통적인 엘리트 지배정치에 대한 '민중의 반란'이란 평가를 내놓기도 했다(정영국 1999, 322 재인용).

1992년 대선에서는 후보 지망생들을 중심으로 기존 정당이 분열되는 현상을 보였지만, 1998년 대선에서는 정당 간의 선거연합이라는 새로운 현상이 나타났다. 그러나 가장 뛰어난 조직과 자금을 보유한 Lakas-NUCD의 데 베네시아가 패배한 것을 보면, 1998년 대선에서 선거연합이 제 기능을 발휘하지 못한 것을 알 수 있다. Lakas-NUCD는 전국적으로 하원의원 후보를 공천하여 92명을 당선시킴으로써 경쟁상대인 LaMMP의 55명에 비해 월등한 성적을 거두었다. 이는 지역의 정당조직이 대선의 득표에 제대로 작동하지 않았음을 말해 준다. 결국 1998년 대선에서 에스트라다가 승리할 수 있었던 것은 '빈곤한 민중'에 관한 이슈가 선거를 지배했기 때문으로 볼 수 있다. 보다 중요한 사실은 민중들이 자신들의 직감을 믿었고, 에스트라다를 부정적으로 평가하는 여론지도층 인사들의 의견을 비웃었다. 이러한 냉소적인 성향은 수세기에 걸쳐 지속된 엘리트들에 대한 반감에서 기인했던 것으로 볼 수 있다(Rocamora 1998, 3).

3) 2004년 대통령선거

2004년 대선은 1986년 민주화 이후 최초로 현직 대통령이 후보로 나섰다. 선거를 앞두고 사회적으로 국론이 심하게 분열된 상태였으며, 그 분열의 중심에는 현직 대통령인 아로요(Gloria M. Macapagal-Arroyo)와 2001년 국민봉기(EDSA II)로 권력을 박탈당한 전 대통령 에스트라다가 있었다.[16] 2004년 대선에 에스트라다의 절친한 친구인 포(Fernando Poe Jr.)가 에스트라다의 지지

세력과 거의 동일한 기반을 가지고 출마함으로써 EDSA II에 대한 재평가의 의미도 있었다(Henderson 2004; Tubongbanwa 2004). 필리핀경제는 심각한 제정적자 등으로 많은 어려움을 겪고 있었다. 2003년 재정적자가 2,110억 페소로써 국가예산의 25%에 해당하는 규모였다. 또한 페소화의 약화로 해외 부채지불액이 상대적으로 증가하여 국가예산의 40%를 해외부채에 대한 이자를 지불하는 데 사용하는 실정이었다. 더불어 막대한 선거자금의 유통으로 물가는 상승하고, 임금은 오랫동안 제자리걸음을 하고 있었다. 실업률은 2004년 1월에 11%에 달했으며, 수도권지역(NCR)에서는 5명 중 1명꼴로 실업상태에 있었다. 선거를 앞두고 국내 기업가들이나 해외투자자들은 기다리고 보자(wait and see)는 태도를 견지함으로써 국가경제는 거의 0%대의 성장을 나타냈다(Tubongbanwa 2004). 이러한 상황에서 2004년 대선에는 총 5명의 후보가 나서 경쟁에 돌입했다.

본격적인 캠페인이 시작되기 전에는 아로요 후보의 인기도가 포 후보에 비해 낮았으나 점차 상승하여 선거직전에는 포 후보를 앞선 것으로 나타났다.[17] 이는 선거연합인 K-4가 본격 가동하면서 이들 정치기제를 적극 활용한 덕분이라고 평가된다(Tubongbanwa 2004). **표 5**에 나타난 바와 같이 아로요는 공식집계에서 약 3.5%(112만표) 차이로 포를 제치고 승리하였다. 그러나 선거결과에 대한 논란은 공식발표 이후에도 지속되었다. 특히 민다나오 지역의

---

16) 당시 부통령으로서 사회복지 및 개발부 장관을 겸직하던 아로요는 2000년 10월 에스트라다 대통령이 부정부패 혐의로 곤경에 처하자 장관직을 사임하고 에스트라다 정권퇴진 운동에 적극 가담함으로써 에스트라다의 정적이 되었다. 그녀는 에스트라다 퇴임 후 권력을 승계하여 제14대 대통령에 올랐다. 필리핀 헌법상 "전임 대통령의 유고로 승계한 잔여임기가 4년을 초과하지 않을 경우 차기 대선에 출마할 수 있다"는 규정에 근거하여 현직대통령에게 출마기회가 주어진 것이다.

17) Social Weather Station의 여론조사 결과에 따르면 2004년 1월 16~22일에는 포(36.3%)가 아로요(26.5%)를 앞서고 있으며, 1월 28일에서 2월 6일 사이의 조사에서도 포(37.5%)가 아로요(28.7%)를 여전히 앞선 것으로 나타났다. 그러나 5월 10일 선거에 임박한 4월 10~17일 조사에서는 아로요(35.3%)가 포(30.8%)를 앞선 것으로 나타났다(www.i-site.ph).

표 5 2004년 대통령 선거 결과

등위	후보	득표율(%)	정당/선거연합	러닝메이트	득표율(%)
1	아로요	40.0	K-4[18]	카스트로	49.8
2	포	36.5	KNP[19]	레가다	46.9
3	락손	10.8	LDP	-	-
4	로코	6.4	Alliance of Hope	아키노	3.2
5	빌랴누에바	6.1	BMP	파조	0.06

출처: Commission on Election, Philippines

집계과정에서 아로요와 선관위원 간의 부정을 도모한 내용이 이후에 공개됨으로써 선거결과에 대한 신빙성을 더욱 떨어뜨렸다. 독립적인 선거집계를 실시한 민간선거감시단체(NAMFREL)의 집계를 바탕으로 하여, 개표가 완료되지 못한 지역은 추정치를 적용하여 계산하면 승자가 바뀔 가능성도 있는 것으로 조사되었다(Verzola 2006).[20]

지역별 득표현황에 따르면 일정한 편차는 있지만 아로요와 포의 경우 전국적으로 고른 득표율을 보였다. 아로요 후보의 승리에 결정적 역할을 했던

18) 아로요는 집권 후 결성한 집권연합인 PPC(People Power Coalition)을 근간으로 하여 선거연합 K-4(Koalisyon ng Kapatan at Karanasan, Coalition of Truth and Experience for Tomorrow)를 결성하였다. K-4의 주도적 정당은 아로요가 공동의장으로 있는 Lakas-CMC(Lakas-Christian Muslim Democrats)였고, 이외에도 LP, NPC, NP, KAMPI, PRP 등 필리핀 주요 정당들이 대부분 동참하였다.

19) 포의 출마선언과 함께 야권의 최대 정당인 LDP는 대권후보 자리를 놓고 분열되었다. 당 내부인사인 락손(Panfilo Lacson)이 대통령 후보로 출마할 것을 선언하자, 당 총재인 앙가라는 이에 반대하는 입장을 표명했다. 앙가라는 당선 가능성이 높은 포를 영입하여 당의 대선후보로 내세울 것을 주장했으나, 당 사무총장인 아키노(Agapito 'Butz' Aquino)가 당내경선의 형식을 거쳐 락손을 LDP의 공식 대선후보로 선언했다. 이를 계기로 LDP는 포-앙가라와 락손-아키노 라인으로 분열되었다. 결국 앙가라 계열의 LDP 의원들은 외부의 야권인사들과 새로운 선거연합인 KNP(Koalisyon ng Nagkakaisang Pilipino, Coalition of United Filipino)를 결성하고 포를 대선후보로 공식화했다.

20) 계표과정 상의 문제로 집계되지 못한 지역을 아로요에게 우호적으로 계산한 결과 약 156,110표 차이로 아로요가 포를 앞선 것으로 나타났고, 만약 포에게 우호적으로 계산하면 약 83,858표 차이로 포가 아로요를 앞선 것으로 나타난다.

세부를 비롯한 비사야 지역에서의 압도적 우세는 지역적 연고에 의해서라기보다는 정치기제의 적극적인 활용 덕분인 것으로 판단된다. 아로요 후보가 여러 정당들 간에 이루어진 선거연합을 통해 정치기제를 전적으로 활용한 반면 포 후보는 빈약한 정치기제 때문에 오로지 포의 개인적인 인기에 의존한 캠페인을 펼칠 수밖에 없었다. 2004년에 함께 치러진 상원의원 선거에서 K-4는 12석 중 7석을 획득했고 KNP는 5석을 획득함으로써 대선결과와 큰 차이를 나타내지 않았다. 그러나 하원의원 선거에서는 K-4가 184석(Lakas-CMD-79, NPC- 40, LP-34, KAMPI-26, NP-5)을 획득했고 KNP는 겨우 13석(LDP-7, KNP-4, PMP-2)을 획득하는 데 그쳤다.[21] 이는 K-4의 정치기제가 지역단위에서 강력한 효력을 발휘했음을 보여주고 있다.

필리핀의 정치적 전개과정에서 중요한 역할을 담당했던 필리핀 중산층은 2004년 선거에서 지지 후보가 분산된 것으로 나타났다.[22] 아로요 대통령의 신자유주의적 경제정책이 중산층 붕괴와 같은 부정적 결과를 낳음에 따라 이에 대한 변화를 기대하며 비록 분명한 경제프로그램을 내세우지는 않았지만 당선이 유력한 포 후보에게 지지를 보내는 사람들도 있었다(Tubongbanwa 2004). 그러나 최선의 선택은 아니지만 에스트라다의 경험에 비추어 경쟁후보인 포보다는 낫다(less evil)는 생각에서 아로요를 지지하는 경향이 보다 크게 나타났다(de Quiros 2006). **표 6**에서 볼 수 있듯이 아로요는 계층에 관계없이 고른 득표율을 나타냈지만 포의 경우에는 극빈층(E)의 지지가 두드러진다.

---

21) 필리핀 상원의원은 전국단위로 투표하여 득표율 1위부터 12위까지 당선자로 인정한다. 반면 하원의원은 지역구와 정당명부를 통해 선출된다. 필리핀 선거제도에 관한 자세한 사항은 김동엽(2005)을 참조하시오.

22) C계층에 속하는 필리핀 중산층은 전체인구의 약 9%(1998년 SWS 조사) 정도 밖에 되지 않지만 마르코스 독재정권의 몰락(EDSA I)과 에스트라다의 부패하고 무능한 정권을 몰아내는 데(EDSA II) 결정적인 역할을 하면서 필리핀 민주주의의 근간으로 평가받고 있다. 필리핀 중산층의 정치에 관해서는 리베라(Rivera 2000)를 참고하시오.

표 6 2004년 대통령선거, 계층별 후보 선호도 조사(2004년 4월 26~29일)

	ABC 계층(%)	D 계층(%)	E 계층(%)
아로요	33	39	35
포	18	28	41
락손	19	12	7
로코	12	7	5
빌랴누에바	7	5	2

출처: Pulse Asia(2004).

1998년 대선과는 달리 2004년 대선에서 정치기제가 효과적으로 작동할 수 있었던 것은 현직 대통령이 출마함으로써 누릴 수 있는 조직과 자금에서의 우위 때문으로도 해석할 수 있다. 다른 한편으로 에스트라다 정권의 실패를 경험한 많은 유권자들이 투표결정요인으로서 이미지 변수에 많은 가치를 부여하지 않았기 때문으로 볼 수 있다.[23)]

2. 필리핀 권력구조의 변화양상

필리핀에서 최초로 대통령 선거가 시작된 1935년부터 독립 이전까지 치러진 대선에서는 지역 엘리트들의 연합인 정치기제가 가장 중요한 투표결정요소였다(Quezon Ⅲ 2004). 이는 1906년부터 시행되어 온 지역단위 선거에서 후보자와 유권자를 이어주던 전통적 후원-수혜관계가 전국단위로 확대됨을

23) 후보선택의 기준으로서 1995년 조사에서는 1) 인기도, 2) 전통적 관계나 조직에 의한 지지, 3)유권자에게 이익이 되는 후보자의 특성, 4) 정당 프로그램 순이었던 것이, 2003년 조사에서는 1) 유권자에게 이익이 되는 후보자의 특성, 2) 정치기제, 3) 인기도, 4) 전통적 관계나 조직에 의한 지지 순으로 바뀌었다. 또한 2003년 조사에서 후보자를 평가하는 중요한 요소로서 1) 교육정도, 2) 경험, 3) 공약, 4) 근검 순으로 조사되었다(IPER 2004, 30).

의미했다. 해방 후인 1946년부터 마르코스 독재정권의 수립이전까지 치러진 대선에서는 양당의 정치기제가 작동하기는 하였으나 전통적 우리의식에 기초한 지역변수가 가장 중요한 투표결정요소로 등장하였다(Ando 1979). 정치기제로서의 정당은 이념과 사상에 의한 결합이라기보다는 단순히 엘리트들 간의 상호이해관계에 의한 일시적 연합에 불과하였고, 보통선거제도의 실시와 함께 확대된 정치참여와 근대화의 진전과 더불어 약화된 전통적 후원-수혜관계는 투표결정요인으로서 지역변수의 등장을 낳았다. 비록 표면적으로 양당체제가 안정적으로 유지되었지만, 이는 유권자들의 이해를 수렴하는 기능보다는 후보자들의 정치적 도구로 이용되었다. 그 결과 유권자들에게 정당선호는 투표결정요인으로서 큰 의미를 가지지 못하였고, 반면 후보자들의 지역적 혹은 계층적 이미지가 중요하게 대두되었다.

민주화 이후 치러진 세 차례의 대선은 필리핀 권력구조의 변화 가능성을 보여줌과 동시에 지속성을 유지하려는 힘이 강하게 작동하고 있음을 볼 수 있다. 1992년 대선에 등장한 이슈변수와 1998년 대선에서 최고조에 이른 계층적 이미지변수가 필리핀 권력구조의 변화를 이루지 못하고 2004년에 다시금 전통적인 정치기제의 부상과 함께 필리핀 권력구조의 지속성을 유지하는 결과를 낳았다. 변화를 주도했던 이슈변수와 계층적 이미지변수가 적절히 결합되어 보다 합리적이면서 강력한 정치세력을 탄생시키지 못하고, 에스트라다와 같은 무능하고 허약한 정권을 탄생시킴으로써 필리핀 권력구조는 변화에 실패했던 것이다. 이처럼 필리핀의 권력구조가 변화의 역동성 가운데에서도 지속성을 유지하는 데는 필리핀의 정치문화, 계층구조의 성격 그리고 정당과 같은 제도적 원인 등 다양한 측면에서의 설명이 필요하다. 필리핀에서 선거는 여전히 가족지향적인 전근대적 정치문화 환경 아래서 이루어지고 있다. 이는 정당이나 기타 사회적 제도가 미흡한 상태에서 가족이 국가의 기본적인 정치적 조직으로 남아있기 때문이다(Rimban 2004a). 그런가 하면 후

표 7 필리핀의 계층 간 불평등에 관한 의견

질문들	년도	동의 (%)	모름 (%)	부정 (%)	동의-부정			
					전체	ABC	D	E
커다란 소득격차는 필리핀의 번영을 위해 필수적이다	1992	59	27	14	+45	+29	+43	+61
	1999	54	22	24	+30	+4	+30	+44
불평등 구조는 부자와 권력자들에게 혜택이 돌아가기 때문에 지속된다	1992	52	24	24	+28	+33	+26	+19
	1999	50	21	29	+21	+41	+21	+4
불평등 구조는 민중들이 단결하여 없애려고 하지 않기 때문에 지속된다.	1992	49	33	18	+32	+42	+32	+24
	1999	56	24	21	+35	+42	+32	+46

출처: Abad(2003, 26).

보자들은 대중매체를 이용하여 이미지를 조작하고, PR이나 광고전문가들을 고용하며, 캠페인조사와 여론조사 전문가 등을 적극 활용한다(Datinguinoo and Olarte 2004). 이처럼 필리핀선거는 전통적인 환경과 현대적인 기법이 복잡하게 얽혀져 작동하고 있다. 이러한 이중성은 대통령이나 상원선거와 같은 전국단위의 선거와 하원이나 지방선거와 같은 지역단위선거가 후보자의 배경이나 투표결정요인에 있어서 상이성을 띠게 한다. 전국단위의 선거에서는 전통적 엘리트들보다 대중들에게 이름이 알려진 유명인들이 두각을 나타내고, 지역단위 선거에서는 전통적인 지역엘리트들이 여전히 강세를 보인다. 이러한 이중성은 전국적 정당의 탄생과 결집력의 증대에 부정적으로 작용했다.

필리핀 사회의 균열구조에서 경제사회적 계층 간의 차이가 가장 심각한 것으로 나타난다. 국민의 약 90% 가량이 하층민(DE)에 속하는 현실은 모든 후보자들이 민중지향적인 좌파성향의 슬로건을 내세우는 이유이다.[24] 그럼

24) 민중지향적 캠페인의 배후에는 과거 좌파운동가들이 많은 역할을 하고 있는 것으로 나타난다. 대표적인 인물로는 에스트라다 선거캠프를 이끌었던 Horacio 'Boy' Morales (필리핀공산당 정치조직인 NDF의

에도 불구하고 왜 필리핀에서 경제사회적 계층 간의 갈등이 선거이슈로 부각되어 권력구조의 변화를 가져오지 못하는가에 대한 하나의 설명을 **표 7**에서 찾을 수 있다. 표에서 볼 수 있듯이 중상류층(ABC)이 하층민(DE)들보다 계층 갈등에 더 예민한 것으로 나타난다. 극빈층(E)이 가장 낮게 사회경제적 불평등의 원인을 부자와 권력자들에게 돌리지 않는 이유는 문화적 측면이 강하다. 필리핀 국민은 불평등을 착취에 기인하는 것으로 보지 않고 '운명' 혹은 '신의 뜻'으로 해석하는 경향이 있다(이봉희 1972; Kerkvliet 1980). 또한 부자들과 하층민들 간의 관계가 참을 만한 상태이기 때문으로 볼 수도 있다(Zialcita 1989; Abad 1999, 27에서 재인용). 그러나 마지막 질문에서 볼 수 있듯이 필리핀 하층민들은 불평등 구조의 변화를 위해서는 계층적 결집이 필요하다는 것을 인식하고 있음을 볼 수 있다. 이러한 인식들의 존재가 상황에 따라 강한 결집력을 발휘할 수 있다는 것을 1998년 대선에서 경험한 바 있다. 결국 필리핀 권력구조의 변화는 얼마나 효과적으로 이와 같은 계층적 이해를 정치세력화 하느냐에 달려 있다고 볼 수 있다.

필리핀에는 계층적 이해를 결집하고 대안의 지도자나 정강정책을 내세울 수 있는 대중적 정당이 아직 발달하지 못하였다.[25] 이는 곧 하층민들이 정당보다는 유명인들의 이미지에 의존하여 투표하는 결과를 낳았다(Coronel 2004). 정치참여의 범위가 지극히 제한된 식민지하에서 필리핀의 정당들은

지도자)와 Edicio de la Torre(과거 지하단체인 Christians for National Liberation의 지도자). 아로요의 캠페인을 이끌었던 Rigoberto Tiglao와 Mike Defensor(과거 필리핀 공산당 마닐라-리잘 지역 지도자) 등이 있다 (Rimban 2004b).

25) 필리핀에서 안정된 정당이 발달하지 못한 이유에 대하여 여러 가지의 설명이 가능하다. 한 예로, 선택한 후보의 이름을 각각 기입하는 특이한 투표방법(write-in-ballots)이다. 이는 과거에 문맹자들의 투표를 제한하던 시기에 만들어진 것으로 유권자가 최소한 누구에게 투표하고 있는가를 알고 있다는 의미를 갖는다. 그러나 이러한 제도는 정치를 개인화하는 경향을 낳았고, 선거에서 이름을 안다는 것(name recall)이 중요한 요소로 작용하게 되었다. 또한 영향력 있는 지역 엘리트들은 정당에 상관없이 자신이 선호하는 후보를 유권자들에게 강요하기 때문이다(Lande 1996, 130; Montinola 1999, 135).

민족주의에 입각한 저항조직의 성격보다는 식민정권에 영합하여 기득권을 유지하는 전통적 엘리트들의 조직으로 탄생하였다. 1972년 계엄령 선포 이전까지는 안정적 양당체제를 유지하였으나 정치적 이해관계에 따라 잦은 당적 변경이 이루어짐으로써 정당의 결집력은 지극히 미약했다. 1986년 민주화 이후 필리핀 정당체제는 극단다당제의 형태로서 세력관계상 1.5정당제 또는 1당우위제적 성격을 갖는다(박기덕 2001). 그러나 선거철에는 정당들 간의 선거연합을 통해 여권과 야권으로 나뉘어 경쟁하는 양당체제가 형성된다. 규모나 조직의 측면에서 개별 정당들은 대부분 간부정당의 성격을 띠고 있으며 낮은 수준의 대중화를 이루고 있다. 선거연합은 이념보다는 정치적 이해관계에 기초하므로 잦은 변화와 낮은 결속력을 보임으로써 안정적 정당으로 발전하지 못하고 있다. 결국 필리핀에서 정당은 정치적 동원을 위한 기제이며 개인적 선거운동을 위한 일시적인 조직체 역할을 수행할 뿐이다(정영국 · 이동윤 2004).

Ⅳ. 맺음말

오랜 식민지 기간을 거치면서 필리핀 사회는 엘리트로 대변되는 극소수의 부유층과 민중으로 대변되는 다수의 빈곤층이라는 불평등한 사회경제적 계층구조를 형성하였다. 자주적 독립이나 계급혁명, 혹은 전쟁과 같은 역사적 단절을 경험하지 못하고 근대적 정치체제의 수립과 국가의 독립이 식민정부의 계획에 의해 점진적으로 이루어짐으로써 전통적 계층구조는 그대로 유지되었다. 특히 근대적 정치제도를 도입하는 시점에서 식민정부는 강력한 중앙집권적인 정치체제보다는 지방분권적인 체제를 도입함으로써 지역엘리트들에 의해 지배되는 필리핀 권력구조의 특징을 낳게 하였다(Hutchcroft 2000).

지역엘리트 중심의 필리핀 권력구조 하에서 선거는 엘리트들 간의 타협과 협상의 결과에 정당성을 부여하기 위해 유권자를 동원하는 주기적 행사에 불과했다. 동원의 방법에 있어서는 전통적 후원-수혜관계로부터 각종의 위협이나 매표과 같은 다양한 방법이 활용되었다. 근대화의 흐름과 더불어 국민들의 정치적 의식이 높아지고, 도시화의 진척으로 전통적인 관계가 약화됨에 따라 전통적인 투표결정요인에 변화가 나타나기 시작했다. 그러나 각종 부정과 폭력의 난무로 선거는 여전히 사회적 갈등구조를 여과하는 역할을 담당하지 못하고 있다. 투표결정요인도 후원-수혜관계나 출신지역과 같은 전통적인 요인들에 의해 지배됨으로써 권력구조의 변화에 큰 의미를 제공하지 못하였다.

필리핀의 경제사회적 균열구조가 선거에서 중요시되기 시작한 것은 민주화 이후부터이다. 불평등 구조의 지속과 심화는 계층 간 갈등을 더욱 증폭시켰다. 또한 넓혀진 민주적 정치공간은 오랜 독재정권 아래서 민중운동의 경험을 가진 좌파 성향의 활동가들에게 선거라는 새로운 무대를 제공했다. 그러나 이들에 의해 추동되는 계층투표의 성향은 일정한 한계를 드러냈다. 즉 계층의식의 부상이 이념적이고 조직적인 정당과 결합하지 못함으로써 개인적 이미지에만 의존하는 결과를 낳았다. 이념적 혹은 정책적 뿌리와 조직적 뒷받침이 없이 대중적 이미지에 의존하여 탄생한 정치권력은 필리핀 권력구조의 근본적 변화를 가져오지 못했다. 또한 경제사회적 균열구조는 필리핀 대선에서 모든 후보들의 캠페인 대상으로 변모하였다. 결과적으로 계층균열구조가 대선에 효과적으로 반영되어 권력구조의 변화를 가져오지 못함으로써 필리핀 정치의 현대적 발전에 기여하지 못한 것으로 평가된다.

한 필리핀정치 분석가는 필리핀 사회를 한편으로는 극단적 포퓰리즘으로 나아가고 다른 한편으로는 계층 간 균열구조가 더욱 심화되는 것으로 파악하고, 이러한 양방향으로의 질주는 결국 체제를 파국으로 몰고 갈 것으로 진단했다(Coronel 2004). 필리핀의 권력구조는 분명 변화의 압력에 직면하고 있다. 전통적 엘리트들에 대한 거부감이 대선에서 강력한 위력을 발휘한 것은 과거에 대한 거부이며 새로운 것에 대한 바람이라고 볼 수 있다. 이러한 변화의 움직임을 조직하여 정치세력화하는 데 실패함으로써 필리핀 민중은 다시금 엘리트정치의 종속적 주변부로 밀려나고 말았다. 그러나 현재의 불평등구조가 지속되는 한 변화의 욕구는 지속될 것이고, 필리핀의 지배엘리트들도 끊임없는 압력에 봉착할 것이다. 필리핀 정치체제가 계층 간 갈등의 심화로 파국에 이르기 전에 계층균열구조를 반영하는 권력구조로의 변화를 위한 실질적인 노력이 요구된다. 이는 곧 다원주의적 자유민주주의를 향한 필리핀 정치의 나아갈 방향이기도 하다.

참고문헌

권인석. 1999. "정당과 관련된 유권자 행태의 분석을 위한 이론적 검토," 1999년 한국정치학회 춘계학술회의 발표논문.

김동엽. 2005. "필리핀 선거제도의 내용과 평가: 민주주의 공고화의 관점에서." 『동남아시아연구』 15(2).

박기덕. 2001. "필리핀 정당체제의 변화와 정당정치의 문제점: 사회구조와 정치행태를 중심으로." 『동남아시아연구』 11.

박동천. 2000. 『선거제도와 정치적 상상력』. 서울: 책세상.

박병석. 1993. "통일한국의 정당체제와 선거제도: 사회적 균열구조 위에서의 전망." 『통일한국의 새로운 이념과 질서의 모색』 3.

박사명. 1996. "식민지사회의 계급형성: 인도네시아와 필리핀의 역사적 비교." 『동남아시아연구』 4.

서경교. 2005. "필리핀의 민주주의: 민주화 과정을 통한 고찰." 『동남아시아연구』 15(1).

이봉희. 1972. "필리핀 정치문화의 역사적 배경과 현대정치." 『한국정치학회보』 6.

정영국. 1992. "필리핀정당정치와 1992년 대통령 선거." 『국제정치논총』 32(2).

______. 1999. "필리핀 선거정치의 지속과 변화:1998년 대통령선거를 중심으로." 『한국정치학회보』 33(3).

정영국, 이동윤. 2004. "필리핀의 정당정치와 민주주의 공고화." 『동남아시아연구』 14(1).

최정욱. 2005. "선거제도, 사회구조와 정당체계: 인도네시아 1995년과 1999년 총선거." 『동남아시아연구』 15(1).

Abad, Ricardo G. 2003. "Filipino Views on Income Inequality and Social Mobility: Results from Two National Surveys." *SWS Occasional Paper*, August 2003.

Ando, Hirofumi. 1979. "A Study of Voting Patterns in the Philippine Presidential and Senatorial Elation, 1946-1965." *Midwest Journal of Political Science* 13(4).

Arugay, Aries A., Gladstone Cuarteros and Aya Fabros. 2004. "The 13th Congress: Old Faces, New Dynamics." *Political Brief* 12(2).

Brillantes, Alex B. Jr. and Bienvenida M. Amarles-Ilago. 1994. *1898-1992: The Philippine Presidency*. Quezon City: University of the Philippines CPA.

Caoili, Olivia C. 1989. "The Batasang Pambansa: Continuity in the Philippines." Renato

Velasco and Sylvano Mahiwo, eds. *The Philippine Legislature Reader*. Quezon City: Great Books Publishers.

Case, William. 1999. "The Philippine Election in 1998 — A Question of Quality." *Asian Survey* 39(3).

Coronel, Sheila S. 2004. "Between Tinsel and Trapo." http://www.pcij.org/2004Elections/perspectives (검색일: 2006. 07. 13).

Coronel, Sheila S., Yvonne T. Chua, Luz Rimban and Booma B. Cruz. 2004. *The Rule Makers: How the Wealthy and Well-Born Dominate Congress.* Quezon City: Philippine Center for Investigative Journalism.

Datinguinoo, Vinia M. and Avigail Olarte. 2004. "Campaigning, Filipino Style." http://www.pcij.org/2004Elections/perspectives/water.html (검색일: 2006. 07. 13).

de Quiros, Conrado. 2006. "There is the Rub: Revenge of the Trapos." *Philippine Daily Inquirer,* March 3, A14.

Geertz, Clifford. 1963. "The Integrative Revolution: Primordial Sentiments and Civil Politics in the New States." C. Geertz, ed. *Old Societies and New States: The Quest for Modernity in Asia and Africa.* New York: The Free Press.

Henderson, Clarence. 2004. "Barrel of Monkeys, 2004 Edition: Notes on Philippine Election." http://www.apmforum.com/columns/orientseas63.htm (검색일: 2006. 07. 24).

Hutchcroft, Paul D. 2000. "Colonial Masters, National Politicos, and Provincial Lords: Central Authority and Local Authority in the American Philippines, 1900-1913." *The Journal of Asian Studies* 59(2).

Institute for Political and Electoral Reform (IPER). 2004. *The Voter's Choice: MYSELF — A Psychographics Study on Voting Behavior of the Filipino Electorate.* IPER with the support of the UNDP.

Kerkvliet, Benedict J. 1980. "Classes and Class Relations in the Philippine Village." *Philippine Sociological Review* 28(1-4).

Lande, Carl H. 1996. *Post-Marcos Politics: A Geographical and Statistical Analysis of the 1992 Presidential Election.* Singapore: Institute of Southeast Asian Studies.

Lande, Carl H. 2001. "The Return of 'People Power' in the Philippines." *Journal of Democracy* 12(2).

Lande, Carl H. and Allan J. Cigler. 1979. "Competition and Turnover in Philippine Congressional Elections, 1907-1969." *Asian Survey* 19(10).

Lawson, Kay. 1980. *Political Parties and Linkage*. New Haven: Yale University Press.

Lipset, Seymour Martin. 1960. *Political Man: The Social Bases of Politics*. Garden City: Doubleday.

Lipset, Seymour Martin and Stein Rokkan. 1967. "Cleavage Structures, Party System, and Voter Alignments." S. M. Lipset and S Rokkan, eds. *Party Systems and Voter Alignments: Cross National Perspectives*, New York: The Free Press.

McCoy, Alfred W. ed. 1994. *An Anarchy of Families: State and Family in the Philippines*. Quezon City: Ateneo de Manila University Press.

Montinola, Gabriella R. 1999. "Parties and Accountability in the Philippines." *Journal of Democracy* 10(1).

Mosca, Gaetano. 1939. *The Ruling Class*. ed. Arthur Livingston, New York: McGraw Hill.

Parreño, Earl. 1998. "Pork." Sheila S. Coronel, ed. *Pork and other Perks*. Quezon City: Philippine Center for Investigative Journalism.

Pulse Asia. 2004. "GMA Widens Lead over FPJ, Noli Maintains Lead over Legarda." http://pulseasia.newsmaker.ph (검색일: 2006. 08. 06).

Quezon, Manuel Ⅲ. 2004. "Elections are like Water." http://www.pcij.org/2004Elections/perspectives (검색일: 2006. 07. 13).

Rimban, Luz. 2004a. "First World Techniques, Third World Setting." http://www.pcij.org/2004Elections/perspectives (검색일: 2006. 07. 13).

Rimban, Luz. 2004b. "The X-Man." http://www.pcij.org/2004Elections/perspectives (검색일: 2006. 07. 13)

Rivera, Temario C. 2000. "Middle Class Politics: The Philippine Experience." *The Journal of Social Science* 45.

Rocamora, Joel. 1998. "Elections '98: Who Won? Who Lost?" *Political Brief* 6(6).

Sartori, Gioovanni. 1976. *Parties and Party Systems: A Framework for Analysis, Vol I*. New York: Cambridge University Press.

Sidel, John T. 1997. "Philippine Politics in Town, District, and Province: Bossism in Cavite and Cebu." *The Journal of Asian Studies* 56(4).

______. 1999. *Capital, Coercion, and Crime: Bossism in the Philippines.* Stanford, California: Stanford University Press.

Simbulan, Dante C. 2005. *The Modern Principalia: The Historical Evolution of the Philippine Ruling Oligarchy.* Quezon City, The University of the Philippines Press.

Tancangco, Luzviminda G. 1988. "The Electoral System and Political Parties in the Philippines." R. De Guzman and Mila Reforma, eds. *Government and Politics of the Philippines.* New York: Oxford University Press.

Tubongbanwa, Harry. 2004. "The Philippines Prepare for Elections." http://www.isg-fi.org.uk/fi/iv/iv05.htm (검색일: 2006. 07. 24)

Verzola, Roberto. 2006. "The True Results of the 2004 Presidential Elections Based on the NAMFREL Tally: A Final Report." http://www.pcij.org/blog/?p=174 (검색일: 2006. 08. 06).

Wurfel, David. 1962. "The Philippine Elections: Support for Democracy." *Asian Survey* 2(3).

______. 1963. "The Philippines." *The Journal of Politics* 25(4).

Zialcita, Fernando N. 1989. *Notions of Justice.* Quezon City: Institute of Philippine Culture, Ateneo de Manila University.

제10장 | 최근 필리핀의 선거정치와 사회적 변화: 변화와 지속성의 혼재*

박승우

I. 머리말

필리핀에서 근대적 의미의 선거제도가 시작된 것은 1907년으로 선거정치에 관한 한 필리핀은 100년에 이르는 오랜 역사를 자랑하는, 아시아에서는 매우 보기 드문 사례에 속한다(Anderson 1996; Tancangco 1988; Teehankee 2002).[1] 그 후 지금까지 필리핀 제도정치에서 선거는 가장 핵심적인 정치과정으로 자리 잡아 왔다. 이는 심지어 마르코스(Ferdinand Marcos)의 권위주의 체제(1972~86)하에서도 그러했다. 루시안 파이(Pye 1985: 121)의 말처럼 "미국의 식민지배 초기부터 필리핀인들은 정치는 바로 선거를 의미한다고 배워왔으며," 필리핀에서 선거는 정치의 알파요 오메가다. 따라서 만약 필리핀 정치의 근대성을 논한다든지, 아니면 비(非)민주성을 논한다든지, 또는 필리핀 정치체제의 향방을 논한다든지 할 때 필리핀 선거정치에 대한 분석이 그 핵심이

*이 논문은 『동남아시아연구』 제17권 2호(2007. 8)에 같은 제목으로 게재된 것이다.

1) 1907년 이전의 선거제도, 특히 스페인 식민지 시대의 전근대적 형태의 선거제도에 관해서는 김동엽 2005를 볼 것.

되어야 할 것이다.

1986년 2월 피플파워 혁명으로 마르코스 체제가 무너진 뒤 벌써 20여 년의 세월이 흘렀고, 그동안 일곱 차례의 총선과 세 차례의 대선을 치렀다. 그러나 지금 현재 당초 피플파워가 추구했던 '진정한 민주주의,' '실질적 민주주의'의 실현에 어느 정도의 진전이 있는가? 선거정치뿐만 아니라 의회와 정당 등 제도정치 전반에 과연 의미 있는 변화가 있었던가? 멀리는 에스트라다(Joseph Estrada) 정권(1998~2001)의 총체적 실패를 보면서, 가까이는 2005년부터 현재까지 계속 전개되고 있는 아로요(Gloria Macapagal Arroyo) 대통령(2001~현재)의 선거부정과 가족들의 부정부패를 둘러싼 정치적 스캔들, 그리고 이로부터 촉발된 대통령과 야권 및 시민사회 간의 공방과 충돌, 그리고 최근에는 헌법개정을 둘러싼 정치적 논쟁과 대립 등을 보면서 이러한 질문에 긍정적인 대답만 할 수는 없는 게 사실이다. 과연 필리핀은 정말 앞으로도 계속 '변화 없는 땅(changeless land)'으로 머물려는가, 아니면 정체된 듯이 보이는 그 가운데에도 저 밑바닥에서는 뭔가 의미 있는 변화가 일어나고 있는 것인가? 물론 지난 20년간 전혀 변화가 없었다고 단정짓는 것은 지나치게 부정적인 평가일 것이다. 그렇게 단순화하기에는 오히려 그동안의 격변의 소용돌이(예컨대 에스트라다를 권좌에서 몰아낸 2001년의 피플파워 2를 비롯하여, 정부(군)와 공산반군, 무슬림분리주의 세력 간에 단속적으로 전개되어 온 무력충돌, 각종 테러와 납치, 시민사회의 끊임없는 투쟁 등)가 필리핀 사람들에게 안긴 변화의 무게는 엄중하기만 하다. 어쩌면 필리핀은 끊임없이 움직이기는 하는데 결과적으로는 제자리를 맴돌고 있는 지도 모르겠고, 그게 아니면 갈지자 경로를 힘겹게 왔다갔다 하고만 있는지도 모르겠다.

본 연구는 1986년 이후의 포스트마르코스(post-Marcos) 체제하에서 선거정치를 중심으로, 과연 필리핀 정치체제와 민주화 과정에 의미 있는 변화가 있었는지, 그리고 변화가 있었다면 그 의미와 한계는 무엇인지를 추적하는 작업의 일환이다. 좀 더 구체적으로 말해서, 본 연구는 필리핀에서 최근 실시된 일련의 선거(1998년, 2001년, 2004년 선거)를 중심으로 필리핀 선거정치의 주요 양상과 특징들을 분석하고,[2] 이와 관련되는 사회 전체의 변화 움직임 또한 살펴본다. 전자(前者) — 선거정치 — 와 관련해서는 최근의 선거정치에 나타나는 새로운 변화와 그 의미 및 한계를 짚어보고, 오랜 필리핀의 선거정치의 역사에서 변화하지 않는 지속적 성격을 찾아본다. 후자(後者) — 사회적 변화 — 와 관련해서는 최근의 선거가 필리핀 사회 전반에 어떤 영향을 미쳤는지, 특히 군부와 공산반군 등 주요 정치세력들의 움직임과 이들 간의 역학관계에 어떤 변화를 일으켰는지를 살펴본다.

Ⅱ. 최근 필리핀 선거정치의 새로운 변화와 그 한계

피플파워 혁명 이후 새로이 개정된 1987년 헌법은 선거민주주의의 복원과 정치개혁을 위한 몇 가지 중요한 정치제도(특히 선거정치와 관련된)를 담고 있는데, 그 중에 본 연구에서 구체적으로 다룰 두 가지는 바로 정당명부비례대표제도와 의회 의원들의 연임을 금지하는 연임금지제도이다. 이 신헌법과 이에 입각하여 1991년, 1995년, 1997년 등 수차례에 걸쳐 이루어진 선거관련 입법에 반영된 여러 가지 새로운 정치제도는 기존의 마르코스 체제나 혹은 마르코스 이전 체제에서 볼 수 없었던 새로운 성격의 정치엘리트 집단이 '정치사회(political society)', 즉 선거, 의회, 정당 등 제도정치의 영역에 진입하는 계기를 마련했다. 그러나 이러한 신 정치엘리트 세력의 출현은 아직까지는

2) 본 연구가 마무리된 이후 치러진 2007년 5월 총선 결과는 본 연구에 포함되지 못했다.

기존의 과두지배엘리트(oligarchy)와 정치명문가들이 지배하는 필리핀 정치사회의 지평에 근본적인 변화를 이끌어내지는 못하고 있다는 것이 본 연구자의 평가이다. 아래에서는 이들 새로운 정치제도와 이것이 가져온 변화에 대해 살펴보고 이러한 변화가 가지고 있는 의미와 한계에 대해 논하기로 한다.

1. 비례대표제도와 그 한계

포스트마르코스 체제하 필리핀의 입법부는 양원제로 24명의 의원으로 구성되는 상원과 250명 이내의 의원으로 구성되는 하원으로 이루어진다. 하원의원은 지역구의원과 비례대표의원으로 나누어지는데, 비례대표의원은 상원의원과 마찬가지로 전국선거구에서 선출된다. 지역구 하원의원의 수는 대략 200여 명이며, 비례대표의원의 수는 전체 하원의원 총수의 20%, 즉 50명 이내로 제한되어 있다.[3] 한편 하원의원 지역선거구의 수는 유동적으로, 등록한 유권자의 수에 비례하여 획정되며 대개 유권자 30만 명당 1개 정도인데, 인구의 변동에 따라 수시로 재(再)획정된다.[4]

현재 필리핀에서 시행하고 있는 정당명부 비례대표제는 정당뿐만 아니라 농민, 노동자, 도시빈민, 여성. 인권운동 등 사회 각 부문별 사회단체도

---

3) 헌법 제6장(입법부) 제1~5조 참조. 지역구의원의 수는 표 3에서 보듯이 지난 6차례의 의회에서 200명에서 209명 사이였으나, 비례대표의원의 수는 표 1에서 보듯이 헌법이 허용하고 있는 50명 선에 크게 미달하고 있다(Coronel *et al.* 2004, 221-22, 238-43; http://www.i-site.ph).

4) 필리핀헌법 제6장 제5조 3~4항에 따르면 각 주(州, province)와 인구 25만 이상의 시는 적어도 1명의 하원의원을 선출할 수 있으며, 매번 인구센서스를 실시한 후 3년 이내에 선거구를 재획정하도록 규정되어 있다. 따라서 아무리 인구가 적은 주라 하더라도 적어도 1명의 하원의원을 선출하게 되며, 인구가 많은 경우 6개의 선거구가 있는 주도 있다. 2004년 제13대 하원의 경우 마닐라 시와 팡가시난(Pangasinan) 주, 서(西)네그로스(Negros Occidental) 주, 세부(Cebu) 주 등이 6개의 선거구를 보유하고 있다(http://www.i-site.ph).

참여할 수 있어 정당명부제가 아니라 사실상 정당 · 사회단체명부제인 셈인데, 이 제도는 1인대표제(first past the post) 또는 단순다수대표제(simple plurality)를 채택하고 있던 기존의 필리핀 선거제도가 기득권을 가진 대규모 정당에게만 유리하고 좌파 정당 등 소규모 정당이 설 자리를 허용하지 않는 단점을 보완하고, 기존 제도정치의 영역에서는 거의 대표되지 못했던 각종 시민사회 운동부문과 농민, 노동자 등 소외된 부문의 대표성을 제고하려는 목적을 가지고 있다(박승우 2007a, 108-9). 이 제도는 1995년 일반적으로 정당명부법(party-list law)으로 알려진 법률 제7941호의 시행과 더불어 시작되어 1998년 총선에 제대로 된 형태로 처음 적용되었다.

비례대표제의 시행은 과거 필리핀 제도정치권에 전혀 진입하지 못했던 새로운 집단과 세력이 선거정치와 의회정치의 장에 등장하는 계기를 마련해 주었다(**표 1** 참조). 1998년 선거를 통해 구성된 11대 하원에서 14명, 2001년의 12대 하원에서 20명, 2004년의 13대 하원에서 24명의 비례대표의원이 탄생하였는데, 이들 비례대표의원의 대부분은 진보정당이나 시민사회단체(NGO) 출신이었다. 2001년 총선에 처음 참여하여 전국적으로 170만 표(전체의 11.4%)를 획득하는 등 돌풍을 일으켰던 바얀무나(Bayan Muna)는 현재 필리핀의 가장 대표적인 급진좌파 정당으로 자리매김하고 있고, 중도좌파 정당인 악바얀(시민행동당)(Akbayan-Citizen's Action Party) 또한 크게 주목받고 있다. 그 외에도 대부분의 비례대표의원들이 각종 시민사회운동에 참여한 진보진영의 인사들이었다. 그 중 바얀무나의 오깜포(Satur Ocampo)는 1970년대 중반 급진변혁운동세력의 중추이던 민족민주전선(NDF, National Democratic Front)의 지도부 중 한 사람이었고, 벨트란(Crispin Beltran)은 급진노동조직인 '5월 1일 운동(Kilusang Mayo Uno)'을 이끌었던 사람이다. 또한 산라까스(Sanlakas)의 보티스타(Jose V. Bautista)는 필리핀대학 학생운동가 출신이다(Coronel et al. 2004, 218).

표 1 각 회기별 정당·사회단체의 하원 비례대표 의석수 현황

정당사회단체명	약자	성격	11대[1]	12대[1]	13대[1]
Bayan Muna(바얀무나)[2]	Bayan Muna	급진좌파 정당		3	3
Akbayan! Citizen's Action Party (악바얀-시민행동당)[3]	Akbayan	온건좌파 정당	1	2	3
Partido Anakpawis(아낙빠위스)[4]	Anakpawis	급진좌파 정당			2
Buhay Hayaang Yumabong	Buhay	정당(헌법수호)		2	2
Sanlakas(산라까스)[5]	Sanlakas	온건좌파 정당	1	1	
Partido ng Manggagawa(노동자당)[5]	PM	노동운동단체 또는 온건좌파 정당		1	1
Abag! Promdi	Promdi	군소정당	1		
Association of Philippine Electric Cooperation	APEC	사회운동단체	2	3	3
Citizen's Battle Against Corruption(반부패시민연대)	CIBAC	사회운동단체		2	1
Butil, Luzon Farmers' Party(부띨-루손농민당)[6]	Butil	농민운동단체	1	2	1
Alyangsang Bayanihan ng mga Magsasaka, Manggagawang Bukid at Mangingisda	ABA	농어민 이익단체	1	1	
Philippine Coconut Producers Federation	COCOFED	이익집단, 농민단체	1	1	
Anak Mindanao(민다나오의 아들)	AMIN	무슬림청년운동단체		1	1
Abanse! Pinay	Abanse!	여성운동단체	1	1	
Gabriela(가브리엘라)[4]	Gabriela	여성운동단체			1
Alagad		빈민운동단체	1		1
기타 사회운동 단체들			4		5
합 계			14	20	24

주: 1) 11대 하원(1998~2001), 12대 하원(2001~2004), 13대 하원(2004~2007)

2) 바얀무나(Bayan Muna)란 '나라(bayan)'를 '최우선(muna)'한다는 뜻. 급진좌파 정당인 바얀무나는 비례대표 참여 정당사회단체 중 최대의 조직이다.

3) 악바얀(Akbayan)은 1992년 총선에 참여한 진보 단체들의 연합체로 출발하였으며, 다양한 세력들로 구성되어 있는 온건좌파 정당이다. 악바얀은 필리핀공산당(CPP, Communist Party of the Philippines)과 신인민군(NPA, New People's Army)의 무장투쟁노선에 동조하지 않고, 의회민주주의의 틀 내에서 비폭력적 투쟁을 선호한다.

4) 아낙빠위스(Anakpawis)와 가브리엘라(Gabriela)는 의석제한(3석)규정을 회피하기 위해 바얀무나에서 자발적으로 분파해 나간 바얀무나의 산하 조직. 아낙(anak)은 '자식', 빠위스(pawis)는 '땀'이란 뜻인데, 이 둘을 합해 아낙빠위스(Anakpawis)가 되면 '노동계급의 자식'이란 뜻이 된다. 가브리엘라(Gabriela)는 '개혁, 통합, 평등, 리더십, 행동을 위한 여성 연대 총회(General Assembly Binding Women for Reforms, Integrity, Equality, Leadership and Action)'의 약자로 1984년 3월 설립되었다. 가브리엘라는 19세기말 스페인 식민지배에 대항하여 일어난 필리핀 혁명의 여성 지도자인 가브리엘라 실랑(Gabriela Silang)의 이름을 따 온 것이다.

5) 노동자당(PM)은 산라까스(Sanlakas)로부터 분파해 나간 단체로 둘 다 메트로마닐라 지역을 중심으로 노동조합들의 지지에 기반하고 있다.

6) 부띨(butil)은 곡식, 씨앗 등을 의미한다.

출처: 11~12대 하원 자료는 Coronel et al. 2004, 222-29; 13대 하원 자료는 http://www.i-site.ph.

1998년 이후 현재까지, 11~13대 의회에서 이들 비례대표의원들은 나름대로 필리핀 정치사회에 의미 있는 변화를 이끌어내기 위해 노력하고 있다. 특히 바얀무나, 악바얀 등 진보정당과 사회단체들은 다양한 입법 활동을 벌이고 있다. 예컨대 오깜포는 요즈음 문제가 되고 있는 유전자변형식품(GMO)의 수입과 유통을 저지하는 입법을 추진하고 있고, 벨트란은 노동자들의 최저임금을 높이는 데 주력하고 있다. 또한 악바얀 소속의 로살레스(Loretta Rosales)는 가장 활동이 활발한 비례대표의원으로 평가되는데, 그녀는 선거과정의 민주화 등 선거개혁과 중등교육, 토지, 수자원 등과 관련한 각종 입법을 추진해 왔다(Coronel et al. 2004, 218-26; Datinguinoo and Olarte 2001b, 4).

필리핀의 현행 비례대표제는 그러나 근본적인 한계를 안고 있다. 아래에 그 몇 가지만 지적해 보기로 한다. 우선 기본적으로 비례대표 제도가 허용한 비례대표의원의 수 자체(50명 이내)가 적은 편인데다, 실제로 당선되어 의회에 진입하는 사람은 제도상의 문제로 인해 허용된 인원보다 더욱 더 적은 편이다. 비례대표의원의 의석배분은 비례대표에 투표한 전국의 모든 표를 집계하여 각 정당사회단체별로 득표한 비율에 따라 각각 나누어지는데, 2%에서 4%까지의 득표율을 얻으면 1석, 4%에서 6%까지는 2석, 6% 이상이면 3석을 배정하게 되어 있다. 문제는 각 정당사회단체가 획득할 수 있는 의석수가 최대 3석으로 제한되어 있다는 점과 전국득표수의 2%라는 최소기준이 의외로 매우 높다는 점이다. 그 결과 2001년 총선에서 바얀무나처럼 170만표(전체의 11.4%)를 얻고도 3석밖에 배정받지 못하는 경우도 생기고, 2%에 가까운 표를 획득한 수많은 군소단체들의 표가 전부 무효화되기도 한다. (12~13대 하원에서 바얀무나, 악바얀, APEC 등이 결국 3석밖에 얻지 못했다.) 이처럼 비례대표로 정치사회에 들어오는 신진 엘리트들의 절대수가 너무 적다 보니, 이들의 목소리는 다른 기존의 지역구 의원들 즉, 구 정치엘리트들에게 파묻혀 버리고 이들만의 독자적 영향력을 거의 발휘하지 못한다.

둘째, 비례대표제에 참여하는 많은 단체들 중 원래 본 제도의 목적과는 거리가 먼 단체들이 많다. 비례대표 리스트에 등록한 단체 중에는 기존 정치 정당의 하부조직도 있고, 또 정치명문가들이 비례대표제를 통해 한 석이라도 더 차지해 보려고 급조한 단체도 있다. 그리하여 2001년 총선의 경우 원래 필리핀 선거관리위원회는 161개 단체를 비례대표제의 적용 대상이 되는 정당 사회단체로 인정해 주었으나, 나중에 대법원이 이 중 많은 수를 무효화하기도 하였다(Datinguinoo and Olarte 2001a, 3). 셋째, 비례대표제로 의회에 진출한 진보적 정치엘리트들이 그 태도와 실천에 있어서 구 정치엘리트들과 별다른 차별성을 보이지 못한다는 점인데, 이에 대해서는 아래에서 다시 거론할 것이다.

그리고 마지막으로, 비례대표제로 의회에 진출한 하원의원들이 진보진영 공통의 목표나 공공의 보편이익을 추구하기보다는 자신들이 대표하는 부문과 단체의 특수이익만 도모하는 경향이 있다는 점이다. 예컨대, 이들 비례대표의원들이 모두 힘을 합해 선거개혁을 추구한다든지, 경제정책이나 복지정책 등에서 서민 등 사회 하위계층 모두를 대변하여 한 목소리를 낸다든지 하면, 필리핀의 진보세력 전체의 어젠다가 보다 효과적으로 현실화될 수 있을 터인데, 각 부문별 · 조직별로 당면한 사소하고 편협한 이해관계만 추구하다 보니 비례대표의원들끼리 서로 대립하는 경우도 생긴다. 예컨대, 12대 하원에서 나타난 바얀무나와 악바얀 간의 대립이 그 좋은 예이다(Coronel et al. 2004, 223).

2. 새로운 정치엘리트의 등장과 그 한계

그러나 어쨌든 1998년 11대 의회 이래 비례대표제도는 많은 신진 정치엘리트들이 의회정치의 장에 진입하는 데 양호한 기회구조를 제공해 왔다.

그리고 이러한 신 정치엘리트의 등장이란 새로운 흐름에 최근에는 '유명인(celebrity)' 출신 정치인들까지 가세하고 있다. 즉 기존의 전통적 정치인들과는 달리 영화배우, 방송인 등 소위 '유명인' 출신의 새로운 정치엘리트들이 대거 제도정치권, 특히 전국구선거로 치러지는 상원에 진출하고 있는 것이다(Coronel 2004b; Coronel et al. 2004).

예컨대, 12대(2001~2004) 상원의원 24명 중 11명 정도가, 그리고 13대(2004~2007) 상원의원 23명 중 9~10명 정도가 유명인의 범주에 속한다. 이 중 몇 가지 두드러진 사례만 소개하면, 12대 상원의원인 라몬 레빌리아 시니어(Ramon Revilla Sr.)와 13대 상원의원인 그의 아들 라몬 레빌리아 주니어(Ramon Revilla Jr.)는 부자가 모두 영화배우 출신이다. 레빌리아 주니어는 1966년생으로 카비테(Cavite) 주지사를 역임(1998~2001)하고 2001년에 상원에 진출하였는데 그의 아내도 역시 인기 영화배우이다.[5] 12대 상원에는 유명 농구선수이자 감독 출신인 자워르스키(Robert Jaworski)도 있었는데 그는 레빌리아 시니어의 사위이기도 하다. TV뉴스앵커이자 TV쇼 호스트 출신으로 12대 상원에 등단한 데카스트로(Noli de Castro)는 지금 현재 부통령으로 있다. 그 외에 조셉 에스트라다(Joseph Estrada) 전 대통령의 아내 루이사(Luisa Ejercito-Estrada)가 2001년부터, 그의 아들 호세(Jose "Jinggoy" Estrada)가 2004년부터 상원의원으로 재임하고 있다. 루이사는 의사 출신의 가정주부였고 호세 또한 아버지처럼 영화배우 출신이라 결국 전직 대통령의 아내와 아들이라는 사실, 즉 이들의 유명세가 이들을 상원으로 진출시킨 주된 자원이 되었다 하겠다(박승우 2007b, 120-22).

코로넬 등(Coronel et al. 2004, 16)이 지적하듯이 주로 후원-수혜관계

5) 그는 2007년 3월 28일 32명의 어린이와 2명의 교사를 버스에 가둔 채 인질극을 벌이던 인질범과 위험을 무릅쓰고 단신으로 협상을 하던 모습이 CNN을 통해 전 세계에 방영됨으로써 성가를 드높인 바 있다.

(patron-client relations)와 정치적 네트워크가 핵심적인 자원이 되는 지역구선거와는 달리, 전국구선거로 치러지는 상원의원 선거에서 승리하기 위해서는 명성(name recognition)이 무엇보다 중요한 정치적 자원이 되는 것이다. 이런 이유로 최근 들어 상원선거뿐만 아니라 정 · 부통령선거에도 유명인 출신이 많이 등장한다. 앞서 언급한 데카스트로 부통령 외에도 같은 2004년 대선에서 현직 대통령인 아로요에 아깝게 패배한 페르난도 포(Fernando Poe Jr.) 또한 영화배우 출신이다. 그러나 무엇보다 역시 영화배우 출신으로 1998년 대통령에 당선된 에스트라다가 이러한 새로운 추세의 선구자 역할을 한 셈이다.

이처럼 최근 들어 유명인 출신의 신진 정치엘리트들이 상원을 중심으로 의회에 등단하고, 하원에서는 비례대표제의 시행으로 인해 진보적 정치엘리트들이 제도정치의 장에 진입해 들어오고, (여기에다 아래에서 자세히 살펴보겠지만) 연임금지제도로 인한 세대교체 때문에 전통적 정치가문에서도 젊은 정치엘리트들이 의원직을 승계하는 등의 현상은 필리핀 정치의 새로운 방향전환을 예기하는 질적인 변화로 볼 수 있을 것인가? 이러한 질문에 대해서는 그리 긍정적인 답변을 하기가 힘들다. 이들 신진 정치엘리트들은 그 사고방식이나 행위양식 등에서 전통적 정치엘리트들, 즉 소위 '뜨라뽀(trapo)'와 별다른 차이를 보여주지 못하고 있는 것이다.[6] 이들은 모두 기존의 의회정치, 정당정치의 틀과 관행에 쉽게 매몰되고 구 정치엘리트들에 쉽게 포섭되며, 기존의 제도정치 체제가 제공하는 각종 정치적 특권과 이권, 물질적 혜택과 포크배럴(pork barrel) 등에 과도하게 집착하는 면모를 보여준다(박승우 2007a, 110).[7]

6) 뜨라뽀(trapo)는 이중적 의미를 지니고 있는데, 영어로는 '전통적 정치인(traditional politician)'의 약자이면서 동시에 필리핀어와 스페인어에서 '걸레'를 뜻하는 단어이기도 하다. 그래서 필리핀에서 부정과 부패에 물든 구 정치인들을 경멸적으로 부를 때 이 표현을 즐겨 쓴다.

7) 포크배럴(pork barrel)이란 '돼지밥통'이란 뜻으로, 이는 의회 또는 행정부가 의회의원들의 지역구 사업

이 점은 유력 정치가문 출신으로, 아버지 세대의 뒤를 이어 지역구와 하원의석을 승계 받은 젊은 신진 엘리트들은 물론이거니와 비례대표제로 의회에 진출한 진보적 정치인들마저도 마찬가지이다. 필리핀 정치를 부패하게 만드는 관행과 제도를 타파하고 변화시키는 것이 필리핀 선거정치의 민주화를 공고하게 하는 한 방법일 것이며 이에 앞장서는 것이 진보적 정치인들의 도리일 텐데, 이들은 오히려 포크배럴과 같은 제도는 없애서 안 될 제도라고 옹호하고 있는 것이다. 이들은 기존의 구 정치엘리트들과 쉽게 타협하고 양보한다. 그리고 이것이 도를 지나쳐서 자신들의 이념이나 어젠다를 훼손하는 정도에 이르기도 한다. 적어도 우리가 '정치엘리트의 교체'를 이야기하자면, 과거와 질적으로 다른 정치적 이념이나 신념, 그리고 정치적 비전을 가진 엘리트들이 일정 규모 이상으로 제도정치권에 진입해야 할 것이다. 이 점에서 새로 필리핀 의회에 들어온 신 정치엘리트들은 구 정치엘리트들과 별다른 차별성을 보여주지 못하고 있는 것이다.

Ⅲ. 과두지배엘리트와 정치가문의 정치사회에 대한 지배의 지속

1. 연임금지제도와 이에 대한 구 정치엘리트들의 대응

을 위해 특별히 배정하는 선심성 예산을 말한다. 의회와 행정부는 원칙적으로 국가 전체의 총체적이고 균형적인 발전을 위해 예산을 배정해야 하는 데도 불구하고, 의회의원들의 지역구에 대한 정치적 부담을 덜어주는 방편으로, 국가 예산을 사용하여 일종의 특혜를 베푸는 것이다. 필리핀의 정치인들은 행정부 또는 의회 지도부가 베푸는 포크배럴에 가장 큰 관심을 쏟는다.

마르코스 권위주의 체제 이전, 즉 1960년대까지의 필리핀 정치사회가 소수의 '정치가문'에 의해 독점적으로 지배되어 왔다는 것은 주지의 사실이다(Anderson 1988; Coronel et al. 2004; McCoy 1994; Wurfel 1988 외 다수).[8] 그리고 이 중 일부는 심지어 19세기말 말로로스 의회(Malolos Congress, 1898~1906) 시절부터 시작하여 100년이 넘게 필리핀의 제도정치를 지배해 오고 있다. 예컨대, 지난 11~13대 의회에서 상원의원 또는 하원의원을 배출한 정치가문 중에 1935년 자치령(코먼웰스, Commonwealth) 시대 이전의 미국 식민지배하에서 이미 입법부 의원을 배출한 정치명문가만 헤아려 보아도 30개가 넘는다. 여기에는 우리에게도 잘 알려져 있는 아키노(Aquino), 마르코스(Marcos), 코후앙코(Cojuangco), 오스메냐(Osmeña), 로렐(Laurel), 로하스(Roxas)는 물론이거니와 쿠엥코(Cuenco), 콘셉시온(Conception), 임페리얼(Imperial), 락손(Lacson), 록신(Locsin), 로페스(Lopez), 렉토(Recto), 로무알데스(Romualdez), 수물룽(Sumulong), 율로(Yulo) 등 실로 다양한 가문들이 포함된다. 그리고 이들보다 좀 늦게 1935년 자치령 이후 1960년대까지 정치사회에 등장한 정치가문 중에 오늘날까지도 그 영향력을 계속 유지해 오고 있는 가문만 해도 알바노(Albano), 두라노(Durano), 아바드(Abad), 안토니오(Antonio), 바갓싱(Bagatsing), 마드리갈(Madrigal), 뿌얏(Puyat) 등 20여 개 정도가 된다. 이들 50 내지 60개 정도의 가문이 바로 현대 필리핀 정치경제를 지배하고 있는 소위 '과두지배엘리트(oligarchs)'

8) 여기서 '정치가문(political family 또는 political clan)'이란 몇 세대에 걸쳐 지속적으로 의회와 지역정치를 지배해온, 각 지역의 지방권력을 장악하고 있는 가문을 말한다. 본 연구에서는 필리핀 진실규명언론센터(Philippine Center for Investigative Journalism, PCIJ)에서 2004년에 펴낸 자료(Coronel et al. 2004, 256-60)에 주로 의존했다. 여기에는 포스트마르코스 체제하의 134개의 정치명문가 명단이 나오는데, 결혼 등으로 연결된 복수의 가문을 함께 묶어 놓기도 하고, 일반적으로 정치명문가로 알려진 가문의 이름이 빠져 있기도 해서 그 숫자를 그대로 받아들이기도 곤란하고, 이것이 필리핀 정치명문가를 모두 포괄하고 있다고 보기도 어렵긴 하나(이 명단에 빠진 주요 가문까지 포함하면 '정치가문'의 수는 대략 150개 정도로 늘어난다) 그래도 현존 필리핀 정치체제를 가장 근사하게 대변하고 있다고 보기에 이를 토대로 분석해 보았다.

들인 것이다. 바로 이들 과두지배엘리트들이 지난 백여 년 동안 누대에 걸쳐 필리핀의 정치사회와 국가기구를 독점적으로 지배해 왔다는 점은 필리핀 정치체제를 다른 나라와 차이 나게 만드는 핵심적인 요소 중의 하나이며, 이런 이유로 필리핀 민주주의를 일반적으로 통용되는 '엘리트 민주주의'로 규정하지 않고 '과두제 민주주의'라 부르는 것이다(박승우 2007a).

1987년의 신헌법은 이러한 과두지배체제를 타파하기 위한 여러 가지 제도적 변화를 시도했으며, 그 중의 하나가 바로 의회의원의 연임을 금지하는 '연임금지제도'이다. 개정헌법 제6장(4조와 7조)은 상원의원과 하원의원의 연임을 제한하는 조항을 담고 있는데, 6년 임기의 상원의원의 경우 2번까지만 연임할 수 있고, 3년 임기의 하원의원은 3번까지만 연임할 수 있다. 이 규정은 기본적으로 과두지배엘리트 및 전통적 정치가문 출신 정치인들의 필리핀 정치사회에 대한 영속적 지배를 단절시키고, 이들이 지배해온 선거정치와 의회정치의 장에 새로운 정치엘리트들을 유입시키려는 의도를 가지고 있었다. 이 새 헌법은 마르코스 체제의 타도에 참여한 모든 진보세력과 보수세력, 시민사회운동세력과 제도정치권의 타협의 소산이었으며, 어떤 면에서는 진보진영의 입장이 상당한 정도로 반영된 정치 헌장이었다. 그리고 연임금지조항은 진보진영의 정치엘리트 및 시민사회세력에 의해 추진된 정치개혁의 산물이었다. 이러한 연임금지제도에 따라 포스트마르코스 체제하 필리핀 의회에서는 선거가 거듭될수록 더 많은 기존의 정치엘리트들이 선거에 출마하지 못하게 되었고, 특히 피플파워 혁명 이후 네 번째의 의회인 제11대 의회에서는 초선의 비중이 그 이전에 비해 급속히 늘어나는 현상이 나타났다(**표 2** 참조).

그러나 구 정치엘리트들은 연임(連任)은 금지하되 중임(重任)에 대해서는 규정하지 않은 현행 제도의 허점을 철저히 파고들어, 자신들의 정치적 독점구도를 계속 유지하는 데 이를 적극적으로 활용하였다. 이들은 연임금지조항을

표 2 하원의원의 각 회기별 연임 현황

구분	8대 의회 (1987~92)	9대 의회 (1992~95)	10대 의회 (1995~98)	11대 의회 (1998~2001)	12대 의회 (2001~2004)
	수(%)	수(%)	수(%)	수(%)	수(%)
초선	142(72)	82(41)	35(17)	129(59)	95(42)
재선	30(15)	78(39)	73(40)	31(14)	78(34)
3선	18(9)	24(12)	62(30)	51(23)	27(12)
4선	5(2.5)	9(4.5)	21(9)	5(2)	17(7)
5선 이상	3(1.5)	6(3)	12(5)	4(2)	11(5.5)
합계	198(100)	199(100)	203(101)	220(100)	228(100)

주: 여기서 말하는 연임 여부는 마르코스 계엄정권 이전의 의회(제7대 의회(1969~72) 및 그 이전)의 임기까지 포함한 것이며, 따라서 초선은 이전에 한 번도 국회의원으로 선출된 적이 없는 경우이다.
출처: Coronel et al. 2004, 17.

피해가는 데 여러 가지 전략을 동원했는데, 가장 대표적인 방법이 한 임기만 건너뛰고 그 다음에 다시 출마하는 것이다. 예를 들어 8~10대 의회에서 3번을 연임한 후 그 다음 의회(11대)는 건너뛰고 12대 의회(2001년 총선)에 다시 출마하는 것이다(Eaton 2003, 481-82; Muego 2005; Sherrill 2006). 세부(Cebu) 시의 쿠엥코, 남(南)일로코스(Ilocos Sur) 주의 싱손(Singson), 케손(Quezon) 주의 수아레스(Suarez), 알바이(Albay) 주의 래그만(Lagman)가(家) 등 수많은 사례에서 아버지가 3선을 한 뒤 자식(또는 아내)에게 한 임기만 의원직을 맡겨 두었다가 다시 찾아온 경우를 볼 수 있다.[9]

그 다음으로 빈번하게 나타나는 사례는 아예 자신의 의원직을 자신의 배우자나 자식 등에게 승계시키는 것이다. 이는 한 임기만 가족 구성원에게 일시적으로 '위탁'하는 것과는 달리 아예 자신은 정계에서 물러나거나 아니면

9) 필자가 www.i-site.ph에 제공된 12~13대 상 · 하 양원 의원에 관한 자료와 PCIJ(2004년 간행)에 나오는 역대 필리핀 의회의원의 명단을 비교하여 분석한 결과이다. 이하 마찬가지임.

상원 등 다른 선출직이나 여타의 공직으로 진출하고, 하원의원직은 자식 등 가족에게 승계시켜 버리는 것이다. 이 중 아버지로부터 아들이 하원의원직을 물려받는 경우가 가장 많은데, 그 사례는 세부 주의 두라노, 다바오(Davao) 시의 가르시아(Garcia), 이사벨라(Isabela) 주의 다이(Dy), 라유니언(La Union) 주의 오르테가(Ortega)가 등 이루 열거하기 힘들 정도이다. 피플파워 혁명 이후 이미 7차례의 총선이 있었기 때문에, 3선 의원(8~10대)인 아버지의 뒤를 이어 자식이 이미 3선(11~13대)까지 한 경우도 적지 않다.10)

그 외에도 여러 가지 선출직 공직을 가족 구성원끼리 돌아가면서 맡는 방법이 있다. 상원의원, 지역구 하원의원, 주지사, 시장, 각급 지방의회 의원 등 각종의 선출직 직위를 가족 구성원끼리 적절히 분업을 하여 나누어 맡는 방법이다. 예컨대 아버지가 상원으로 진출하고 아들이 주지사와 하원의원을 맡으면서 필요하면 서로 맞바꾸어 출마하는 방법이다. 이 경우 임기제한 규정은 있으나 마나한 규정이 된다. 카가얀(Cagayan) 주의 엔릴레(Enrile), 이사벨라 주의 알바노(Albano)가 등은 아버지와 아들이 상원의원과 하원의원을 번갈아 가며 함으로써 연임금지규정을 피해 나가고 있다. 한편 오로라(Aurora) 주 앙가라(Angara)가의 후안 앙가라(Juan Angara)의 경우 3선 하원의원인 고모로부터 의원직을 물려받았는데, 그녀는 의원직을 물려준 뒤 주지사로 선출되었다. 그리고 후안의 아버지 에드가르도(Edgardo Angara)는 1992년부터 현재까지 상원의원으로 있다.

'위탁'이든 '승계'든, 아니면 '순환보직'이든, 연임금지규정에 대응하는 구 정치엘리트들의 여러 가지 전략으로 인해 의회의원들의 연령대는 크게 낮아져 최근 들어 20, 30대의 의원들이 꽤 많아졌다. 심지어 대학을 졸업하자

10) 이에는 동(東)다바오(Davao Oriental) 주의 알마리오(Almario), 남(南)까마리네스(Camarines Sur) 주의 안다야(Andaya), 소르소곤(Sorsogaon) 주의 에스꾸데로(Escudero)가 등 7~8개의 사례가 있다.

마자 가문의 명성과 아버지의 후광을 등에 업고 쉽게 의회에 진출한 사례도 적지 않다. 그러나 이렇게 등장한 젊은 신진 정치엘리트들도 결국 전통적 정치가문의 일원일 뿐이다. 즉, 1998년 11대 의회 이후 최근까지 필리핀 의회에 진출한 정치엘리트들의 나이가 젊어지고, 초선의원의 비중이 늘어나고 하는 것이 대부분은 사실상 구 정치엘리트들의 '가문의 지배'가 영속되는 가운데 이루어진 표면적 변화일 뿐인 것이다. 즉, 겉으로 보기에만 필리핀 의회가 훨씬 젊어지고, 보다 참신하고 진보적으로 바뀐 것이 아닌가 하는 착시현상을 일으킬 뿐, 이는 오히려 구 정치엘리트집단의 세습적 지배를 보여주는 반증인 것이다.

2. 구 정치엘리트에 의한 지배체제의 변화와 지속성

이처럼 포스트마르코스 체제하에서 구 정치엘리트에 의한 정치적 독점구조를 해체하기 위해 시도된 연임금지제도는 소기의 성과를 거두지 못하고 있으며, 필리핀 정치사회, 특히 그 핵심인 하원과 지방정치는 여전히 과거와 같이 소수의 전통적 정치엘리트와 유력 정치가문에 의한 과두적 지배가 그대로 지속되고 있다. 이러한 구 정치엘리트에 의한 정치적 독점은 포스트마르코스 체제하의 하원의원들의 출신 성분을 검토해 보아도 확인할 수 있는 사실인데, 이는 구 과두엘리트 집단 및 유력 정치가문 출신이 여전히 최근(1998년 이후) 하원의 대종을 이루고 있다는 데서 잘 드러난다.

먼저 2004년 총선에 당선된 13대 하원의원(지역구 의원) 206명 중 약 90명(44%)이 주요 정치가문 출신이다. 12대 하원에서는 그 비중이 더 높아 전체 지역구 하원의원 209명 중 절반이 넘는 107명이 정치가문 출신인 것으로 보고되고 있다(**표 3** 참조). 이처럼 정치사회의 핵심이라 할 수 있는 의회(특히 하원)를 정치가문 출신의 정치인들이 장악하는 현상은 1986년 피플파워 혁명 이후 들어선 포스트마르코스 체제하 모든 정권의 공통된 특징이다. 예컨대, 아키노(Corazon Aquino) 정권하의 제8대 하원의 경우 전체 하원의원 200명 중 169명(84.5%)이 전통적 정치가문 출신이었고(Anderson 1988, 27; Coronel 1991, 167), 제9대 하원에서도 145명(72.5%)이 정치가문 출신이었다. 많은 관찰자들이 마르코스 체제에서 아키노 체제로의 이행을 가능하게 한 1986년 피플파워 혁명을, '혁명(revolution)'이 아니라 '복고(restoration)'라고 평가한 (Anderson 1988; Coronel 1991, 166; Hutchison 1993, 199; McCoy 1994, 19; Steinberg 2000, 151-52, 189; Timberman 1991, 167 이하; Wurfel 1988, 323) 가장 대표적인 근거가 바로 이런 데 있으며, 아키노 체제에 대한 이러한 평가는 최근의 필리핀 의회정치에 대해서도 유효하다.

표 3 각 회기별 정치가문 출신 하원의원 비중

	지역구 하원의원 총수	정치가문 출신 의원	
		수	%
8대 하원(1987~92)	200[1)]	169[2)]	84.5
9대 하원(1992~95)	200[1)]	145[3)]	72.5
11대 하원(1998~2001)	208[1)]	78[4)]	37.5
12대 하원(2001~2004)	209[1)]	107[4)]	51.2
13대 하원(2004~2007)	206[5)]	90[5)]	43.7

출처: 1) NSCB 2002, 15.17;
2) Anderson 1988, 27;
3) Datinguinoo and Olarte 2001a, Eaton 2003, 480;
4) Datinguinoo and Olarte 2001a;
5) http://www.i-site.ph의 자료에서 필자가 직접 계산함

그러나 지난 20여 년간의 포스트마르코스 체제를 1998년을 기점으로 나누어 비교해 보면, 전반부(아키노 · 라모스 정권하의 12년)에 비해 후반부(에스트라다 · 아로요 정권하)로 들어오면서 전체 하원의원 중 정치가문 출신이 차지하는 비율이 눈에 띄게 낮아졌음을 알 수 있다. 물론 11대 하원에서 그 비율이 37.5%로 크게 줄어든 것은 연임금지조항에 기인한 일시적인 현상으로 해석되나, 그럼에도 불구하고 초기와 비교한 최근의 비율 하락은 그 의미가 적지 않다. 다만 이에 대한 최종적인 평가는 향후의 한두 차례의 총선 결과를 더 지켜보아야 할 것 같다. 아마도 2010년 총선쯤 되면 장기적인 추세가 드러날 것이고, 이를 토대로 필리핀 정치에서 전통적 정치가문의 역할과 비중에 대한 제대로 된 평가가 가능할 것이다.

그러나 현행 아로요 정권하에서도 구 정치엘리트들은 여전히 필리핀 하원의 반 정도를 양적으로 장악하고 있는 셈이다. 이는 결코 적지 않은 비중이며, 주요 정치가문 출신의 구 정치엘리트집단이 필리핀 의회정치를 지배하는 가장 큰 세력이라는 점에는 변함이 없다. 더구나 이러한 양적인 비중의 변화보다도 더 중요한 것은 과연 질적인 변화가 있었는가 하는 점인데, 이 점에서는 그 대답은 더욱 부정적이다. 전술한 바와 같이 새로이 정치사회에 진입한 신 정치엘리트들이 그 정치적 비전이나 가치관, 정치행태와 태도 등에서 기존의 구 정치엘리트와 크게 다른 면모를 보여주지 못하고 있다. 특히 큰 기대를 모으고 있는 비례대표 출신 진보 정치인들마저 자신들의 정치적 이념이나 신념에 투철하지 못하거나, 기존의 정치관행에 쉽게 매몰되고 구 정치엘리트들과 쉽게 타협하는 등의 한계를 자주 노정시키고 있는 것이다. 다시 말해 피플파워 이후에도 필리핀 정치사회의 문화는 과거의 전통적 정치문화를 그대로 답습하고 있다는 것이다. 이런 점에서도 우리는 포스트마르코스 체제하 필리핀 정치사회가 여전히 구 정치엘리트에 의해 지배되고 있다는 평가를 내릴 수 있다.

3. 구 정치엘리트의 세습적 지배가 지속되는 이유

이처럼 포스트마르코스 체제하에서도 선거정치와 의회를 여전히 구 과두지배엘리트들과 지역의 유력 정치가문들이 주도하고 있으며, 한 지역구에서 남편과 아내, 아버지와 자식, 형제와 사촌, 고모와 조카가 돌아가며 의원직을 유지하고 있고, 또한 그럼으로써 연임제한제도를 완전히 무력화시키고 있다. 뿐만 아니라 한 가문의 구성원들이 해당 지역구의 대부분의 선출직 직위, 즉 상하원의원, 주지사, 각급 시장과 군수직, 주의회, 시군의회 뿐만 아니라 심지어 바랑가이 의회까지 장악하는 현상이 최근까지도 여러 지역에서 지속되고 있다. 이러한 구 정치엘리트와 정치명문가에 의한 정치권력과 정치사회에 대한 세습적 지배를 필리핀에서는 '다이너스티(dynasty)'란 이름으로 부르고 있으며, 신헌법에서조차 그 금지를 명문화하고 있는 것이다.[11] 그러면 필리핀 정치에서 이러한 구 정치엘리트들의 세습적 지배, 가문의 지배가 계속 건재한 이유는 무엇일까?

우선 그 첫째는 바로 전술한 바와 같이 연임금지규정에 대한 구 정치엘리트들의 여러 가지 대응전략이 주효했다는 것이고, 둘째로는 아래에서 좀 더 자세히 검토해 보겠지만, 시민사회의 분열과 침체에서도 그 원인을 찾을 수 있다. 마르코스 체제하에서 반독재민주화운동으로 활성화된 필리핀 시민사회는 피플파워 이후에는 오히려 분열과 대립으로 그 역량이 크게 약화되었고, 최근에는 상당한 침체 상태에 놓여 있다(박승우 2007a, 115-17).

세 번째 요인으로는 일반 국민과 사회전체의 정치문화를 들 수 있는데, 그 중에서도 특히 후견주의(clientelism)적 정치문화와 후원-수혜의 사회적 관

11) 필리핀헌법 제2장 제26조는 "국가는 공직에 대한 기회를 [모든 국민들에게] 공평하게 보장하여야 하며, 법이 규정하는 바 '정치적 다이너스티'를 금지하여야 한다(prohibit political dynasties as may be defined by law)"라고 명시하고 있다.

계구조가 중요하게 작용한다. 최근 들어 여러 학자들이 과거 필리핀 지역정치에서 강력한 힘을 발휘하던 후원-수혜관계가 약화되었거나(Kerkvliet 1977, 1995, 1996) 변화되었다(Anderson 1996)고 한다.[12] 물론 이러한 관찰에는 나름대로의 타당성이 있으며, 필자 또한 상당 부분 여기에 동의하는 바이다. 그러나 최근의 필리핀 선거정치의 행태를 살펴보면 후원-수혜관계는 비록 그 외형이나 강도는 변화하였더라도 그 본질적 속성은 여전한 것 같다. 전술한 바와 같이 하나의 유력 가문의 구성원들이 해당 지역의 선출직 직위를 중층적으로 장악하는 것, 그리고 의원직을 자식이나 배우자 등 가족구성원들에게 '일시적으로 위탁' 또는 '승계'하는 것 등의 행태가 지역 주민들에 의해 여전히 용인되고 있다는 사실, 그리고 이러한 지역 정치가문들의 지역 장악력이 한두 세대가 아니라 서너 세대를 걸쳐 계속 지속되고 있다는 사실 등은 과두지배엘리트 및 유력 정치가문의 각 지역에 대한 토착적, 토호적 지배력이 여전히 강고할 뿐만 아니라 이들과 지역주민 · 유권자들 간에 전통적인 후원-수혜의 유대가 여전히 강고하게 작동되고 있음을 보여주는 방증이라 하겠다(박승우 2007a, 120-1).[13]

12) 베네딕트 앤더슨(Anderson 1996, 24)은 각 지역의 정치인과 지역 주민들 간의 관계가 1970년대 이전의 '전통적' 선거정치에서는 후원-수혜관계로 충분하였으나, 1970년대 이후에는 이것만으로는 충분치 않고 여기에 (정치엘리트와 지역 주민들을 연결하는 끈으로) 금권이나 폭력 등이 추가되었다고 한다.

13) 뿐만 아니라 최근 필리핀 선거에서의 '선거운동조직(machine)'의 운용행태에 대한 코로넬(Coronel et al. 2004, 87-89)의 보고를 봐도 후원-수혜관계가 여전함을 짐작할 수 있다.

Ⅳ. 필리핀 선거정치의 비민주성: 부정선거와 선거폭력

이 절(節)에서는 필리핀 정치에 나타나는 구 정치엘리트들의 과두지배적 속성뿐만 아니라 최근의 선거정치에 나타나는 비(非)민주적 성격에도 작용하는 기타의 요인들에 대해서 추가적인 논의를 시도하기로 한다. 1998년 이후 최근의 선거에 지속적으로 나타나는 필리핀 선거정치의 비민주적 성격이라 함은 주로 부정선거, 금권선거와 매표(買票, vote buying), 선거폭력 등을 들 수 있다. 이와 관련하여 우리는 첫째, 필리핀의 사인주의 · 특수주의적 정치문화와 선거정치의 사유화(私有化), 둘째, 필리핀의 가족주의적 문화와 가치관 등을 살펴 볼 것이다.

1. 필리핀의 전통적 정치문화와 선거정치 행태

1) 사인주의(personalism)적 정치문화와 선거정치의 사유화(私有化)

필리핀 문화에서 가장 두드러진 특징 중 하나로 꼽히는 것이 바로 '공사(公私) 구분의 불철저'이다. 필리핀인들은 공적 영역과 사적 영역 간의 구분을 명확하게 하지 않고 혼동하는 경향이 강하며, 공적 업무와 사생활, 공적 자원과 사적 자산을 제대로 구분하지 않는 경향이 있다. 파이(Pye 1985, 122)는 필리핀의 정치인들은 (정부의 행정 관료들도 마찬가지이지만) 자신들이 하는 각종 정치활동 및 기타의 공적 활동을 "공인(公人)으로서의 공적(公的) 행위"로 보지 않고, "사적(私的) 행위의 연장(延長)"으로 보는 경향이 있다고 지적한다. 예컨대, 자신이 의회나 정당에서의 활동을 통해 입법을 하고 정책을 판단하고 결정하며 지역구의 숙원 사업을 관철시키고 하는 것을 자신이 가지는 공적 의무의 하나로 보는 것이 아니라, "국민(특히 지역주민이나 유권자)에 대한 사적 시혜(施惠)" 또는 '고객(client)에 대한 우땅날로옵(utang na loob)', 즉 보은(報恩)으로 보고 있다는 것이다. 이를 팀버먼(Timberman 1991, 21-22)은 '사인(私人)주의'로 번역되는 '퍼스널리즘(personalism)'이라 부른다.[14)]

이러한 사인주의적 문화는 사적 이익을 보편이익(universal interest), 또는 공익보다 앞세우는 '특수주의(particularism)' 문화와 공적 자원을 사유재산처럼 간주하는 '가산제(patrimonialism)'적 정치문화의 토양이 된다. 여기에서 '특수주의'란 공인이 중립적이고 불편부당한 입장에서 국가 전체와 공공의 이익을 위해 일하지 않고, 개인이나 집단의 특수이익(particular interest) 또는 사익(私益)을 추구하는 것을 가리킨다. 그리고 '가산제'는 공적 권한과 자산을 자신이나 가문의 특권과 사유재산으로 간주하고 이를 사사로이 취급하는 행태를 말한다. 필리핀 정치문화의 이러한 특성은 결국 정치인이나 행정 관료들로 하여금 공익과 공공선(公共善)을 위해 국가권력을 행사하거나 정부정책을 집행하지 않고, 자신과 자신을 둘러싼 사사로운 집단과 세력을 위해 국가의 위세와 자원을 사용하게 만들었으며, 여기에서 오늘날 필리핀 정치인이나 국가지도자들의 부정부패와 정실주의, 연고주의와 족벌정치(nepotism)의 폐단이 발생한다고 할 수 있다(박승우 2006). 결국 필리핀의 사인주의적 · 특수주의적 정치문화는 궁극적으로 공적 영역 및 정치사회, 그리고 선거정치의 장(場)이 사적 권력에 의해 식민화(colonized)되고 정치엘리트와 그 가문들에 의해 사유화(privatization)되는 근본 요인으로 작용하게 되는 것이다.

14) '사인주의'가 '퍼스널리즘'의 번역어로 그리 적절하다고는 생각지 않으나 다른 마땅한 번역어가 없어 그냥 이렇게 쓰기로 한다.

2) 가족주의(familism)문화 및 가문(원초집단) 간 사적 투쟁의 장으로서의 선거정치

필리핀 문화의 또 다른 중요한 특징으로 꼽히는 것은 바로 필리핀인들이 가족과 친족집단에 부여하는 중요성이다. 필리핀인들은 가족과 친족을 국가나 민족 등 다른 어떤 공동체보다 최우선하여 생각하는 '가족주의' 문화를 가지고 있다. 필리핀인들의 세계는 자신을 둘러싸고 그 주위를 가족과 친족집단이, 그 다음에는 마을이나 소규모 지역공동체가, 그 다음으로 언어종족집단(ethno-linguistic group)이나 더 큰 지역공동체가, 그리고 이를 다시 필리핀이라는 국가공동체가 둘러싸고 있는 일종의 동심원적 구조를 가진다. 여기에서 이들은 개인도 아니고 국가 · 민족 · 지역공동체와 같은 대규모의 공동체도 아닌, 바로 가족 · 친족에 가장 중요한 우선순위를 부여한다(Friend 1965, 22-24; McCoy 1994, 7-10; Steinberg 2000, 3-5; Timberman 1991, 16-18; Wurfel 1988, 34-35). 이런 점에서 이들의 가치관을 개인주의와 공동체주의(또는 집합주의)의 중간에 속하는 일종의 소(小)공동체주의라고 할 만하다(박승우 2006; 2007a, 120).

필리핀인들은 바로 이러한 자신의 가족 · 친족 등 '원초집단'의 명예와 영광(glory and honor), 사회적 평판과 존경, 사회적 지위 등을 다른 어떤 가치보다도 더 중시한다(Hirschman 1977).[15] 예컨대 가문의 명예와 사회적 지위를 지키기 위해서는 살인도 서슴지 않는 것이 필리핀의 정치인들이다.[16] 이런

15) 사회심리학자 쿨리(C. H. Cooley)는 사회집단을 '원초집단(原初集團, primary group)'과 '이차집단(secondary group)'으로 구분하였는데, 그는 원초집단을 개인적(personal)이고 사적(private)인 집단으로 친밀한 인간관계에 기초하며, 정의적(情意的) 유대로 묶여져 있고, 구성원 사이에는 주로 대면적(對面的) 상호작용(face-to-face interaction)이 이루어지며, 비교적 작은 규모의 집단으로 보고, 그 예로 가족, 친족집단, 또래집단, 마을공동체 등을 들었다. 반면에 기업, 공공기관, 학교, 병원 등 근대의 대규모 조직은 거의 모두 이차집단이다.

16) 마르코스는 젊은 시절 자기 가문의 정적을 암살함으로써 자신의 정치인생에서 큰 위기를 맞이하기도 했다. 필리핀에서 정치적인 이유로 정적을 암살하는 일은 비일비재하다. 그런데 특이한 것은 이러한 범죄행위에 대해 가해지는 법적, 도덕적 제재가 우리가 이해하기 힘들 정도로 가볍다는 점이다. 이들 중 상당수가 가문의 정치적인 영향력을 동원하여 법망을 쉽게 빠져나갈 뿐만 아니라, 이들에 대해 일반인

점에서 나는 필리핀의 정치를 "원초집단 간 홉스적(Hobbesian) 쟁투의 장(場)"이라 부른다. 원초집단 내부의 구성원은 '우리 집단(we-group)'이 되어 강력한 동류의식(kind consciousness)으로 결속하나, 그 외부의 국외자에 대해서는 '그들 집단(they-group)'으로 타자화해 버림으로써, 내집단의 동질감과 집단정체성 및 외집단에 대한 대결의식과 거리감이 동시에 강화된다. 이런 점에서 미국의 한 저널리스트가 "필리핀인들의 프렌드십을 보면 나는 종종 영화 '대부(The Godfather)'에 나오는 마피아 가족들이 연상된다. 서클 내부의 사람들에 대한 절대적인 충성, 그러나 그 바깥의 사람들에 대해서는 전면적 전쟁"(Timberman 1991, 17)이라고 묘사한 것을 수긍할 수 있을 것이다.

이런 이유로 필리핀의 선거정치, 특히 각 지역의 지역구선거나 지방선거는 해당 지역 내 소수의 정치엘리트집단과 정치가문들 간의 사적 대결의 장인 것이다. 코로넬(Coronel 2004a)의 표현을 빌면, 선거는 정치가문들 간의 일종의 투계(鬪鷄)나 경마, 권투시합, 다시 말해 엘리트들만의 게임이요 스포츠가 되는 것이다. 이는 지역구선거에서뿐만 아니라 본질적으로는 전국구선거에서도 그러하다. 대선(정 · 부통령 선거) 또한 전체 정치엘리트 집단내의 하위집단 또는 각 분파세력들 간의 세 대결인 것이다. 로델(Rodell 2004) 같은 이는 2004년 대선에서 친 마르코스, 친 에스트라다 세력 등 보수 세력은 페르난도 포를 중심으로, 사회중산층, 비즈니스 엘리트 등 개혁 세력은 아로요를 중심으로 결집하였다고 분석하나 나는 이러한 분석에 별로 동의하지 않는다. 나는 2004년 대선이 사실상 전체 정치엘리트 내의 각 분파세력 간의 세력다툼일 뿐이라고 보며, (물론 이 내부에 보다 더 보수적인 집단과 좀 더 개혁친화적인 집단은 있을 수 있겠지만) 아로요를 개혁주의자로 본다든가 2004년 대선을

들 또한 그리 큰 도덕적 비난을 퍼붓지 않는다. 왜냐하면 이들이 가문의 명예와 존경의 획득을 위해 자기 자신을 희생했다고 믿기 때문이다.

중간계급(아로요) 대 상층계급(페르난도 포)의 대결로 보는 등의 분석은 적절치 않다고 본다. 마찬가지로 1998년 대선에서의 표 갈림 또한 하층계급(에스트라다)과 중간 · 상층계급(여타의 후보) 간의 계급 간 대결로 설명하는 것은 무리가 있고, 이 역시 지배엘리트 내부에서의 파당적(factional) 대결로 설명하는 것이 적절할 것으로 본다. 필리핀에서 선거는 '국민과 국가 간의 관계'에 기초한, '국민의 대표 선출', '국민의 동의 확보' 등 '대의민주주의'의 기본 원칙들과는 거리가 멀다. 즉, 필리핀에서 선거는 엘리트 집단 내의 사적 대결, 또는 앞서 말한 대로 엘리트집단 내 각 하위집단(즉, 정치가문, 그 가문들 간의 연대, 또는 정치파벌)들 간의 대결인 것이고, 그 초점은 '정치적 재분배와 교환'(Timberman 1991, 40)에 있는 것이다.

2. 필리핀 선거정치의 치열성과 비민주성

1) 올인(all-in)의 정치와 지역 선거의 치열성

이상의 여러 요인들 — 사인주의 및 가족주의적 문화와 선거정치의 사유화(私有化), 그리고 제3절에서 설명한 각 지역에 뿌리 깊게 남아있는 후견주의적 정치문화 — 은 아래의 **그림 1**에서 보듯이 각 지역의 선거정치를 '특정의 원초집단[특정 가문(후원자)과 그의 수혜자(지역주민)들로 이루어지는]'과 '다른 원초집단' 간의 사적인 대결로 특징짓게 만든다. 이는 필리핀의 정치적 균열(political cleavage)이 계급이나 민족 등을 중심으로 수평적으로 나타나지 않고, 각 지역별로, 그리고 각 지역에서는 하나의 정치 세력과 다른 정치 세력 간에 수직적으로 균열이 나타나게 만들고 있다. 이런 이유로 선거에서의 승리는 그 지역 내에서의 해당 원초집단, 특히 정치엘리트 가문의 명예와 사회적 존경, 그 지역에서의 사회적 지위 등을 결정짓는 가장 중요한 이벤트

그림 1 필리핀 정치문화와 선거정치의 주요특성

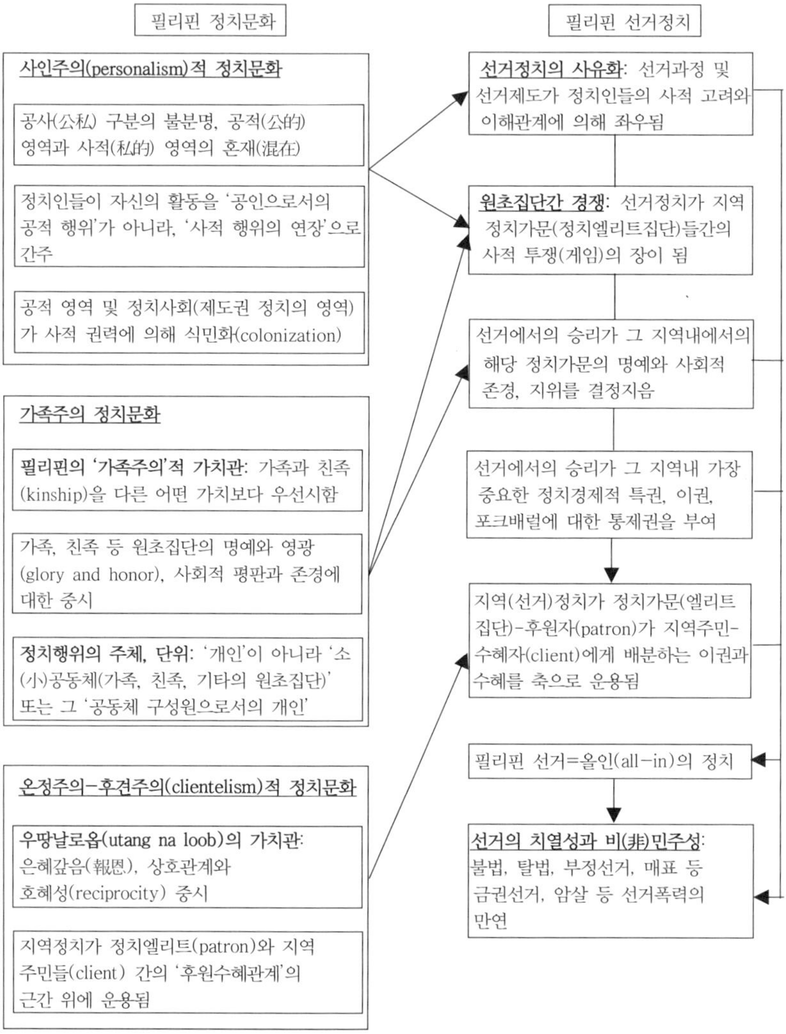

이다. 뿐만 아니라 필리핀의 지역정치는 또한 '포크배럴과 특권(pork and perk)'을 둘러싸고 벌어지는 일종의 이권 다툼이기도 하다. 즉, 선거에서의 승리는 그 지역에서 확보 가능한 모든 종류의 정치·경제·사회적 특권과 이해관계에 대한 통제권을 담보해 준다고 해도 과언이 아니다. 이런 여러 가지 요인들이 모여 필리핀의 지역선거를 일종의 '올인(all-in)의 정치'로 만드는 것이다.

더군다나 정의(情誼)적(affectional) 인간관계는 본래 조직이나 이차집단 간에서보다는 원초집단 간에 훨씬 더 강하게 나타나는 법이다. 원초집단 내에서도 그러하지만, 원초집단 간에도 애증(愛憎)의 관계는 강한 법이다. 따라서 필리핀의 지방선거와 특히 선거운동이 원초집단 간의 정의적 대결인 까닭에 그 선거운동은 더욱 치열해질 수밖에 없을 것이다. 이러한 치열한 선거전에서는 결국 불법과 탈법, 폭력과 부정이 난무할 수밖에 없을 것이다.

2) 부정선거와 선거폭력

선거가 이처럼 치열해지다 보니 필리핀 선거가 불법·탈법·부정선거로 점철될 수밖에 없고 선거폭력 또한 근절되지 않고 있는 것이다. 과거보다는 많이 줄어들었지만, 필리핀의 지역선거에서는 아직도 여전히 선거과정에의 불법적·탈법적 개입(대리투표, 중복투표, 표 바꿔치기 등)이 여러 곳에서 발생하고 있으며, 매표 또는 투표권 매수 또한 지역에 따라서 공공연히 자행되는 실정이다(Linantud 2005).[17] 이는 대통령 선거의 경우도 마찬가지인데, 2004년 대선은 선거후에 그 선거과정과 결과에 대한 시비가 끊이지 않아 최근까지도 필리핀 정치의 주된 논쟁거리가 되어 왔다. 2004년 5월 선거가

17) 1998년 선거에 대한 서베이조사 결과 조사대상자의 17%만이 매표를 목격했다고 증언했다. 반면에 2001년 선거에서는 60%의 응답자가 '돈은 받되 자기 양심대로 투표하는 것'은 괜찮다고 답했다. 2004년 선거에서는 투표권이 싸게는 20페소(2004년 연평균 환율이 1페소=20.4원이므로, 400원 정도밖에 안 된다!)에 팔리기도 했다고 한다(Linantud 2005, 86-87).

끝난 직후 개표 방식을 둘러싼 논란이 한 차례 있었고(Muego 2005, 293), 2005년 6월에는 아로요가 선관위원인 가르실리아노(Virgilio Garciliano)에게 전화를 걸어 선거결과에 개입했다는 부정선거의 의혹이 사실로 드러나면서 정국은 걷잡을 수 없는 소용돌이로 빠져 들어갔다. 이 사건은 그 후 아로요에 대한 탄핵이 의회에서 쟁점화되고, 대통령 하야를 요구하는 대규모 반정부 시위가 전개되는 등 시비가 끊이지 않고 있다. 그 후 아로요는 헌법개정이란 정치적 카드로 반전을 모색하고 있지만, 원래 낮은 지지율과 지역적 편차로 당선된 아로요에 대한 국민들의 시선은 싸늘하여 그녀에 대한 지지도는 역대 어느 대통령보다도 낮은 실정이다(Hedman 2006; Muego 2005, 294-95; Salazar 2006).[18]

한편, 과거에 비해서 최근에 들어와서 많이 줄었다고는 하지만 선거폭력도 여전한 편이다(**표 4** 참조). 2004년 총선에서 총선 전날까지 선거로 인해

표 4 역대 선거폭력의 현황

역대 선거(일부)	사망자 수	비 고
1971년 총선[1)]	534*	
1980년 지방선거[1)]	411	
1981년 대선[1)]	178	
1986년 2월 임시대선[1)]	296	
1987년 5월 총선[1)]	204**	
1988년 1월 지방선거[1)]	124	후보자 41명 포함
2002년 마을선거[2)]	100 이상	
2004년 5월 총선[3)]	117	후보자 29명 포함

주: * Timberman(1991, 195)에는 905명으로 나와 있음.
** Timberman(1991, 195)에는 104명으로 나와 있음.

출처: 1) Anderson 1988, 30
2) Coronel Ferrer 2003
3) Linantud 2005, 83

18) 2004 대선에서 아로요는 루손과 민다나오에서는 포에 대패하였고, 비사야스에서만 완승을 거두어 겨우 대통령에 당선되었다.

사망(암살 등)한 사람의 수는 선거후보자 29명을 포함, 모두 117명이었다(Linantud 2005, 83). 그리고 2002년의 경우 마을선거(barangay elections)에서만 100명 이상이 선거관련 폭력으로 사망했다(Coronel Ferrer 2003). 이는 과거와 비교하면 많이 줄어든 것이긴 하나, 다른 나라들과 비교해 볼 때 필리핀은 여전히 '폭력적 선거'를 치르고 있는 것이다.[19]

Ⅴ. 최근의 선거정치가 필리핀 사회에 미친 영향

아래에서는 지금까지 논의한, 최근 필리핀 선거정치에 나타나는 (제한적) 변화나 지속적 속성이 국민 전체와 사회 제 부문에 어떠한 영향을 미쳤는지, 특히 군부나 시민사회, 공산반군 등 사회 주요 세력들의 대응과 이들 간의 역학관계에 어떤 변화를 일으켰는지를 알아보고 그 함의를 생각해 본다.

1. 최근의 선거정치가 국민에 미친 영향: 변화에 대한 기대와 좌절

1986년 이후 지난 20여 년간의 포스트마르코스 체제하에서 정치사회적 변화에 대한 필리핀 국민들의 열망은 대단히 높았음에도 불구하고 필리핀의 국가와 정치사회(제도정치권)는 아직까지도 이에 부응하는 변화를 보여주지 못하고 있다. 1987년 헌법에는 비례대표제의 도입, 연임금지규정, 반 다이너

19) 코로넬(Coronel et al. 2004, 86-93)은 금권, 살인, 폭력(money, murder and mayhem)이 아직도 여전히 필리핀 선거에서 승리를 담보해 주는 주된 방법이라고 한다.

스티 조항 등이 헌법 규정에까지 명시되었는데, 이는 정치제도상의 개혁을 통해 구 과두지배엘리트와 전통적 정치가문들의 세습적 지배체제의 타파내지는 변혁을 희구한 피플파워의 정신이 구현된 것이고, 그 핵심은 비례대표제 등 선거개혁이었다. 1990년대 말까지만 해도 이러한 선거개혁을 통한 정치개혁을 제대로 하면 구 과두지배체제와 그 비민주성에 근본적 변화가 있으리라 기대했다. 과거의 정치체제가 안고 있는 여러 문제들, 즉 과두지배엘리트에 의한 정치적 독점구도뿐만 아니라 사인주의와 특수주의, 연고주의와 족벌주의, 부정부패 등 필리핀 정치문화와 정치행태 전반에 뿌리 깊게 남아있던 문제들이 사라지거나 완화되리라 기대했다. 그러나 오늘날까지도 그러한 변화의 조짐은 별로 나타나지 않고 있다. 전술한 바와 같이 비례대표제는 아직 그 성공 여부를 판가름하기 이르며, 연임금지제도는 별다른 효과가 없음이 판명되었고, 반 다이너스티 조항 또한 구 정치엘리트들의 조직적 저항에 부딪쳐 번번이 그 입법이 좌절되고 있다. 그 외에도 새로이 등장한 신 정치엘리트 세력 또한 정치개혁을 위한 노력이나 리더십을 전혀 보이지 않는 등 변화의 추동세력으로서의 역할을 수행하지 않고 있다.

이처럼 1987년 헌법에 제한적이나마 반영되었던 피플파워의 정신과 비전, 그리고 국민들의 목소리와 이해관계를 진정으로 대변하는 책임 있고 민주적인 정치체제를 위한 아키노 정권 출범 초기의 진보진영의 기획은 그 후 구 정치엘리트세력이 장악하게 된 정치사회의 효과적인 방어막에 막혀 제대로 현실화될 수 없었던 것이다. 라모스 정권하에서도 정치개혁 프로그램은 근본적인 곳에 제대로 변화의 칼날을 들이대지 못하고 용두사미로 끝나고 말았고, 국민의 기대를 나름대로 안고 출발했던 에스트라다 정권은 오히려 역대 최악의 정치실험으로 끝나고 말았다. 필리핀 국민들이 1998년 에스트라다를 선출한 것도 에스트라다가 '구체제의 개혁'을 위해 무언가 해 줄 것이라고 기대했기 때문이었다. 그러나 에스트라다 체제는 극심한 연고주의와 족벌주의, 무능과 부정부패로 점철되었던 것이다. 역대 대선에서 라모스, 에스트라다, 페르난도 포 등 비(非) 뜨라뽀 후보자들에게 표를 던진 사람들은 대부분 다 기존의 전통적 정치체제의 '변화에 대한 기대'를 담고 표를 던진 것이라고 볼 수 있다. 그러나 라모스가 재임 중 나름대로 정치적 변화를 위한 노력(비록 충분한 성과를 거두지는 못했으나)을 기울인 것 외에는 모두 실망스런 결과만 낳았던 것이다.

최근의 선거에서 유명인 출신 정치인들이 대거 정치사회에 진출한 것 또한 필리핀 국민들의 정치적 변화에 대한 기대와 열망의 소산이라 해도 크게 잘못된 해석은 아닐 것이다. 정치사회의 근본적인 개혁이 계속 지연되는데다가 1990년대 이래의 사회문화적 변화 — 이념정치 · 계급정치의 퇴조, 정치적 판단과 선호에 미치는 대중문화의 영향력 증대, 현대정치의 전반적인 경박화(輕薄化) · 부박화(浮薄化) 현상 등 — 는 국민들의 기대를 다른 곳으로 돌렸다. 이들이 유명인들에 환호하고, 이들을 중앙의회의 무대로 내보내는 현상을 보노라면, 필리핀 국민들의 정치적 변화에 대한 기대와 열망 속에 일종의 종교적인 색채 — 천년왕국적(millenarian) 사회운동에서나 나타나는 — 마저도 느껴지는 것이다. 그러나 전술한 바와 같이 이러한 몸부림에는 한계가 있고, 이는 필리핀 정치의 제대로 된 변화와는 거리가 먼 것 같다.

국민들의 실망과 좌절은 최근 아로요의 정치적 스캔들에 대한 국민들의 반응에서도 나타난다. 2005년 아로요의 선거개입에 대한 구체적인 내용이 드러나고 이 문제가 정치권의 뜨거운 쟁점이 되고 하원에서 탄핵안이 논의되고 하는 와중에서도 국민들은 별다른 동요를 보이지 않았다. 또한 반 아로요 세력이 주도한 거리 시위에도 별반 큰 호응을 보내지 않았다.[20] 반 아로요

---

20) 2005년 7월 13일 야권이 아로요를 압박하기 위해 마닐라 중심가에서 벌인 시위나 9월 6일 하원에서 탄핵안이 부결되면서 역시 반 아로요 세력이 주도한 시위 — 아키노 전 대통령과 2004년 말 심장마비로 사망한 페르난도 포의 미망인, 수산 로체스(Susan Roces)가 이끈 — 에 기껏 수천 명의 군중이 참여하였

시위에 참여한 대중들의 수가 적다는 사실이 그렇다고 아로요를 승인한 것인가 하면 물론 그렇지는 않다. 이는 아로요의 지지율이 마르코스 이후 역대 대통령 중에서 가장 낮은 것만 봐도 알 수 있다(Hedman 2006, 189; Muego 2005, 306). 다시 말해 국민들은 아로요 세력이든 반 아로요 세력이든, 정치사회를 구성하고 있는 모든 정치엘리트들에게 염증을 느끼고 있는 것이며, 이는 일종의 '정치적 냉소주의'의 증좌이기도 한 것이다. 어떤 관찰자는 이를 놓고 '피플파워에 대한 대중의 피로감'을 그 원인으로 지적하기도 하지만(Salazar 2006, 231), 이는 얼마나 국민들이 현 정치체제의 변화 가능성에 대해 실망하고 또한 좌절하고 있는가를 보여주는 증거들인 것이다.

2. 시민사회의 분열과 침체

포스트마르코스 체제하의 필리핀 시민사회는 1986년 이후 상당한 굴곡을 보여준다. 대체적으로 초기에는 일정한 영향력을 유지하다가 최근으로 들어오면서 상대적으로 침체에 빠진 모습을 보이고 있다고 평가할 수 있다.[21] 피플파워 혁명으로 아키노 정권이 들어선 직후만 하더라도 진보적 시민사회는 승리감과 자신감에 도취되어 있었다. 이들은 대규모로 제도정치의 장에 진군해 들어갔고, 아키노의 제1기 내각에도 여러 명의 시민사회 지도자가

다(Hedman 2006, 188; Salazar 2006, 231-32). 과거 1986년 피플파워 혁명 당시 50만 명 이상이(Timberman 1991, 149; Wurfel 1988, 300), 1997년 라모스의 헌법개정 시도를 저지하기 위해 20 내지 30만 명이 모인 것과 비교하면(Eaton 2003, 488; Steinberg 2000, 207-8), 시민들의 관심이 얼마나 약화되었는지를 알 수 있다.

21) 물론 시민사회운동세력은 다양한 진영으로 이루어져 있고, 그 속에는 진보적 · 개혁적 세력뿐만 아니라 보수적인 세력도 공존한다. 그러나 이 글에서는 주로 진보적이고 개혁적인 사회운동세력에만 초점을 맞추어 논하기로 하겠다.

포함되는 등 국가기구에도 일정한 지분을 갖고 참여하기 시작하였다. 이들은 결국 자신들이 원하는 헌법(1987년 개정헌법)을 창출해 내었고,[22] 제대로 된 정치개혁을 위한 첫걸음을 내디딘 듯 보였다. 그러나 그것도 잠시 아키노 집권 1~2년 사이에 상황은 크게 변해 버렸다.[23] 진보적 시민사회 세력은 국가기구와 정치사회의 장으로부터 점차 밀려나기 시작했으며, 초기에 중도적 색채를 보여주던 아키노 정부는 오른쪽으로 한 걸음씩 움직여 종내에는 보수로 완전히 회귀하였던 것이다(Eaton 2003, 476 이하; Timberman 1991, 167-99).

1992년 라모스가 집권하고, 구 과두정치엘리트에 부정적이던 라모스가 정치개혁을 주요 국정 어젠다로 제시하면서 이들 진보 진영은 다시 한번 희망을 가지게 된다. 라모스가 집권한 다음 해인 1993년에 선거법개정을 위해 시민사회는 단결하여 하나의 전선을 형성하였고, 이들의 단합된 노력은 정치사회를 장악하고 있던 구 지배엘리트 집단을 압박하여 결국 1995년 정당명부비례대표제도를 입법화하기에 이른다. 그러나 앞에서도 살펴본 바대로 비례대표제도는 여전히 그 성공여부가 불투명하고, 제대로 된 선거개혁과 이를 통한 진보세력의 정치사회 장악이라는 원대한 구상은 아직은 가시권에 들어오지 않고 있다. 라모스 시대의 이러한 정치개혁의 실패(또는 미완성)는 라모스 자신의 정책 우선순위와도 깊은 연관이 있는데, 라모스는 사실상 정치개혁보다는 경제개혁(신자유주의적 시장개혁)에 더 많은 관심이 있었던 것이다(박승우 2005; Rocamora 1998).

---

22) 개정 필리핀헌법 제1장 제23조는 "국가는 (국민의 복지를 향상시키는) 비정부기구(NGOs), 지역사회단체, 각 부문별 사회단체를 장려하여야 한다"라고 규정함으로써 시민사회의 발전을 헌법적으로 뒷받침하고 있다.

23) 아키노 정부가 보수적 입장으로 방향을 선회한 데는 1987년 8월에 호나산(Gregorio Honasan)이 이끄는 '군개혁운동(RAM)'의 군사 쿠데타가 결정적인 작용을 하였다. 이 쿠데타에서 군인과 민간인 53명이 사망하고 수백 명이 부상당했으며, 아키노의 아들도 심각한 부상을 입었다. 이 쿠데타 직후 아키노의 내각에서 가장 진보적인 인사 3명이 사퇴하게 된다(Timberman 1991, 188-92).

지난 20년간의 필리핀 시민사회를 전반적으로 평가해보면, 필리핀 시민사회가 상당한 내부 분열로 인해 피플파워 이전보다 취약한 상태를 보이고 있다고 할 수 있다. 1986년 이전 '저항적 활성화' 단계에서 하나로 뭉쳐졌던 시민사회는 민주주의 이행 이후 급속하게 분열되었다. 아키노 집권 후 1년 이내에 진보진영과 보수진영이 갈라섰으며, 그 후 진보진영 내에서도 그 이념적 좌표에 따라 각각 여러 진영으로 핵분열이 일어났다. 심지어 변혁운동세력인 CPP 또한 당의 노선을 둘러싸고 심각한 노선투쟁이 발생하였는데, 그 과정에서 주류 세력의 반대 세력에 대한 잔혹한 숙청은 시민사회 등 외부로부터 크게 비판받기도 하였다.[24] 특히 1998년 비례대표제의 시행은 시민사회의 분열과 침체에 중요한 계기를 제공하였는데, 비례대표제도가 처음 시행된 1998년 총선에서 여러 시민운동단체들은 각 부문과 진영으로 나뉘어 각자 독자적인 후보를 내게 된다. 이는 필리핀 정당(사회단체)명부 비례대표제의 특성에 기인한 어쩔 수 없는 선택이었으나, 궁극적으로는 시민사회운동의 분열과 대립에 크게 기여하였다고 할 수 있다. 그리하여 비례대표제를 통해 정치사회에 진출한 정당 및 사회운동단체들 사이에, 또한 이들 세력과 정치사회에 진출하지 못한(그 행동반경이 시민사회 영역에 제한되게 된) 여타 사회운동세력 간에 정치적 균열이 발생하였던 것이다.

시민사회운동단체 등 사회운동세력의 정치사회 진출은 '양날의 칼'이 될 개연성이 높다. 즉, 일부 시민사회단체의 '정치사회', 즉 '제도정치의 장'으로의 진출이 '시민사회' 전체의 역량을 확대하고 기회구조를 개선시키기는커녕 오히려 시민사회의 분열과 역량 약화를 초래할 수 있다는 것이다. 이는

24) 라모스 집권 직후인 1992년 7월에 개최된 CPP의 제10차 전당대회에서 "우리의 기본원칙을 재확인함(Reaffirm Our Basic Principles)"이란 결의문이 채택되었다. 이는 종래에 견지해오던 정통 마르크스레닌주의와 모택동사상을 CPP의 기본 노선으로 재확인하는 문서였다. 이후 CPP는 이 결의문에 찬동하는 '재확인파(RAs: Reaffirm)'와 기존 노선을 거부하는 '거부파(RJs: Reject)'로 나눠지게 되었다.

비단 필리핀만의 문제가 아니라 베네딕트 앤더슨(Anderson 1996, 33)도 지적하듯이 세계 여러 나라의 급진좌파 정치인들이 각국의 선거정치에서 마주치는 공통된 문제이다. 즉 좌파 정치인들이 제도권 선거정치에서 승리하는 것이 오히려 '좌파세력의 리더십이 기존의 정치계급(political class)에 동화(同化)되어 버리는 대가'를 치르게 되는, 매우 역설적인 결과를 가져온다는 것이다. 우리는 그 예를 필리핀의 1998년 총선에서 볼 수 있는데, 비례대표제도가 처음 시행된 이 선거에서 필리핀의 시민사회세력들은 크게 분열하고 말았으며, 전반적으로 이 선거는 필리핀의 시민사회와 그 활동이 하강국면으로 접어들게 되는 계기가 되었다고 여겨진다. 결과적으로 비례대표제는 적절히 활용되지 못할 때에는 오히려 기득권세력에 의한 분할통치(divide and rule)의 수단이 되어 버리는 것이다.

한편 포스트마르코스 체제하의 필리핀 시민사회는 '저항적 사회운동'에는 능하나 '창조적 사회운동'에는 무력한, 민주주의 이행 직후 제3세계의 '포스트이행 사회운동'에 일반적으로 나타나는 시민사회운동의 한계를 그대로 보여준다. 필리핀 시민사회는 1980년대 전반, 특히 1983년 8월 아키노가 암살되고 난 뒤 1986년 2월 에드사 봉기로 마르코스 체제가 붕괴할 때까지 보여주었던 반체제 민주화를 위한 저항적 사회운동과 그 후 1997년 라모스의 헌법개정과 집권 연장을 저지하기 위한 민중봉기, 2001년 에스트라다를 무너뜨린 피플파워 2의 민중봉기 등으로 이어지는 일련의 사건들이 보여주듯이 '저항적 사회운동'에는 강력한 힘을 발휘해 왔으며, 이를 통해 필리핀의 정치사회의 지평을 크게 바꾸어 왔다. 그러나 이러한 '저항의 정치', '거리의 정치'에서는 몰라도 포스트마르코스 체제하에서 여러 가지 구체적인 개혁프로그램을 제안하고 사회경제적 정책을 창안, 그 입법과정을 주도하며, 이를 통해 제도적 개혁, 정치개혁을 추진하는 데까지는 이르지 못하고 있다. 다시 말해서 저항하고 타도하여 몰아내는 데는 능하지만, 이를 수성(守城)하고 개혁 · 개선하는 데는 무능함을 보여주었던 것이다. 이는 필리핀의 시민사회가 '양적'으로는 팽창했으나 '질적'인 발전은 이루지 못했다는 비판과도 무관하지 않다.

3. 급진변혁운동의 대응

선거개혁 등 정치개혁의 부진, 최근 정권들의 연이은 실정(失政)과 부정부패 등 각종 스캔들, 더 나아가 빈곤과 심화되는 불평등 등 사회경제적 문제에 대처하는 국가역량의 총체적 실패, 그리고 이에 대한 국민들의 실망과 좌절감 등은 CPP-NPA와 NDF 등 급진변혁운동 진영으로 하여금 그들의 모멘텀을 다시 회복할 양호한 기회구조를 제공하고 있다. 최근 들어 필리핀에서 급진변혁의 사회운동이 다시 비등(飛騰)하고 있는 데는 물론 여러 요인이 작용하겠지만, 정치개혁의 부진에 대한 국민의 실망감과 좌절감이 그 가장 중요한 배후가 되었을 것으로 추정된다.

사실 1990년대 말까지만 하더라도 CPP-NPA에 의한 무장반군활동과 남부 민다나오 지역의 이슬람 무장운동세력은 국가의 효과적인 대응으로 상당히 후퇴한 듯이 보였다. CPP-NPA는 라모스 정권하에서 꾸준히 전개된 공산반군에 대한 필리핀 정부의 강온 양면 작전에 한편으로는 내부적 분열을 겪고, 다른 한편으로는 군사적 와해를 강요당하면서 급격히 쇠퇴해 갔다. 무슬림 분리주의운동세력 또한 필리핀정부와 '모로민족해방전선(MNLF, Moro National Liberation Front)' 간에 1996년 최종평화협정(Final Peace Agreement)이 체결되면서 체제 내로 순치(馴致)되어 들어오는 듯하였다.

그러나 2000년대에 들어오면서 필리핀의 급진변혁운동은 다시 힘을 얻고 있다. 여기에는 2001년의 9·11 테러로 인해 필리핀 정부가 반정부 테러단체에 대해 강경정책으로 선회한 것이 중요한 계기로 작용한다. CPP-NPA-

NDF의 경우 중간에(2004년 전반부) 정부와 NDF 간에 협상이 재개되는 등 일종의 휴지기가 전개되기도 하였으나, 이도 잠시, 2004년 8월부터는 다시 적대관계가 재개되었다.[25] 그 후 NPA는 대규모 반정부 군사활동을 재개하였으며, 2005년 1년 동안에만 정부군과 군 시설에 대한 공격을 통해 적어도 400명 이상의 군 병력을 사살한 것으로 보고되고 있다(Hedman 2006, 189-90). 최근 들어 이처럼 공산당과 NDF, 그리고 여타의 급진좌파 사회운동세력이 다시 활발한 활동을 벌이는 데는 정치개혁의 부진과 더불어 에스트라다 체제의 총체적 실패, 아로요의 선거부정 및 부정부패와 관련한 스캔들, 그리고 이러한 낡은 정치에 실망한 국민들의 태도 변화 등이 크게 작용하고 있는 것으로 보인다.

무슬림 분리주의운동도 마찬가지로 MNLF를 대체하여 이 지역 분리주의운동의 새로운 주력부대가 된 '모로이슬람해방전선(MILF, Moro Islamic Liberation Front)'이 협상에 주력하던 초기(1990년대 후반)의 온건노선을 버리고 최근 들어 무장투쟁에 치중하는 강경노선으로 선회하였다.[26] 여기에는 2000년 4월 에스트라다가 (자신의 취임 직후인 1998년 8월에 MILF와 맺은) 평화협정을 완전히 무시하고, MILF에 대해 '전면전'을 선포한 것이 결정적인

---

25) 여기에는 미국이 자신의 '해외테러조직' 리스트에서 CPP와 NPA를 제외하기를 거부한 것이 중요한 요인으로 작용한다. 이는 그동안 필리핀정부와의 협상과정에서 NDF가 꾸준히 요구했던 사항인데, 이 요구가 미국에 의해 거부됨으로써 필리핀정부와 NDF간의 대화도 중단되고 말았다. 거기에다가 불에 기름을 끼얹듯 아로요 자신마저도 'CPP와 NPA가 국제테러조직과 깊이 연계되어 있으므로 경고한다'는 발언을 하였다.

26) MNLF가 남부 무슬림지역의 자치를 추구하는, 비교적 온건한 입장을 취하는 것과는 달리 MILF는 무슬림 지역의 완전한 독립을 추구하는 등 보다 강경한 입장에 있다. 또한 MILF는 MNLF에 비해 보다 종교적이고 근본주의적이다. MILF는 1977년 MNLF에서 떨어져 나간 분파조직으로 초기에는 MNLF와 크게 대립하지 않았으나 MNLF가 1996년 필리핀 정부와의 협상에 동의하고 '무슬림 민다나오 자치지역(ARMM)' 내에서 완전한 자치가 실시되면서 사실상 무력화된 후, 무슬림분리주의운동의 새로운 리더십으로 떠올랐다. 새로 등장한 MILF 또한 1990년대 말까지만 하더라도 정부와 대화와 협상을 하는 등 온건노선을 표방하였었다(Buendia 2004).

계기가 되었다(Buendia 2004). 이처럼 1986년 이후 최근까지 필리핀 변혁운동의 전반적인 추세는 초기의 부진 또는 침잠에서 벗어나 후기로 올수록 점점 더 힘을 더해가는 모습을 보여준다.

한편, CPP-NPA를 중심으로 한 공산주의 운동은 필리핀 정치지평에서 더 이상 진보적 사회운동세력으로서의 역할을 수행하지 못하고 있는 것이 아닌가 하는 우려도 든다. 즉, 이들이 포스트마르코스 체제하에서 점차 보수화되어가고 있다는 증거들이 나타나고 있는 것이다. CPP-NPA는 이미 1988년 지방선거에서부터 자신들이 장악하고 있던 지역에서 선거운동을 하는 입후보자들로부터 선거캠페인을 하는 대가(electoral campaign fee)를 받아왔다(Timberman 1991, 194, 212). 이러한 행태는 최근 선거에서도 여전한데, 이제는 거의 정례화되어 혁명세(revolutionary tax)로까지 불리고 있다. 이는 이들로 하여금 점점 더 현존 정치제도와 기존 정치질서에 의존하게 하고 있으며, 민중과는 점점 더 유리되는 결과를 가져오고 있다(Rodell 2004, 198). 뿐만 아니라 현재 이들 공산당과 공산반군의 존재, 그리고 비타협적 무장투쟁노선에 입각하는 이들의 변함없는 급진적 · 폭력적 입장은 오히려 군부나 과두지배 엘리트 등 극우보수 세력으로 하여금 현존질서를 변호하고 기득권을 방어하는 데 중요한 빌미로 작용하고 있기도 하다.

Ⅵ. 요약 및 결론

우리는 본 연구에서 최근의 필리핀의 선거(과정)와 그 결과를 통해 필리핀 정치체제의 속성 및 사회적 변화를 살펴보았다. 또한 필리핀 선거정치에 반영된 필리핀 정치체제와 사회문화구조 상의 지속성과 변화의 요인들은 어떠한지도 살펴보았다. 이 중 핵심적인 내용만 요약해 보면 다음과 같다.

멀리는 1986년 피플파워 혁명 이후, 그리고 가까이는 특히 지난 1998년 선거를 계기로 최근까지 필리핀 정치사회에는 새로운 정치엘리트들이 대거 충원되는 새로운 현상이 나타나고 있다. 우선 1998년의 정당명부 비례대표제의 본격적인 시행은 과거 제도정치권에 전혀 진입하지 못했던 진보적 정치엘리트로 하여금 선거정치와 의회정치의 장에 등장하는 계기가 되었다. 그리고 1987년 개정헌법에 규정된 연임금지제도는 1998년의 제11대 의회에서부터 초선의 젊은 신예 정치인들이 대거 정치사회에 진입하는 결과를 낳았으며, 전통적인 정치가문 출신 의원이 의회정치에서 차지하는 비중 또한 과거보다는 상대적으로 줄어들었다. 뿐만 아니라 최근에는 특히 상원을 중심으로 영화배우, 방송인 등 유명인 출신 정치엘리트들이 대거 등장하고 있다.

그러나 필리핀 선거정치에 나타나는 이러한 변화는 아직은 필리핀 정치의 근본적인 개혁이나 실질적 민주주의의 공고화와는 거리가 먼 것으로 평가된다. 우선 선거 및 의회정치에서 차지하는 전통적 정치가문 출신 구 정치엘리트들의 비중이 여전히 높고, 이와 대조적으로 신 정치엘리트, 그 중에서도 특히 진보적 정치엘리트들의 비중은 매우 미미한 수준이다. 뿐만 아니라 구 과두지배엘리트 및 지역의 정치명문가 출신 전통적 정치엘리트들은 연임금지제도를 여러 가지 전략을 동원하여 효과적으로 무력화시키고 제도정치에서의 자신들의 영향력을 십분 발휘하여 반 다이너스티 입법 등을 봉쇄하고 있다. 또한 신 정치엘리트들의 등장이 정치사회의 전통적 문화를 바꾸지 못하고 오히려 이를 재생산해내고 있다. 즉, 새로 등장한 정치엘리트들이 기존의 의회정치, 정당정치의 틀과 관행에 쉽게 매몰되고, 구 과두정치엘리트 집단에 쉽게 포섭되고 있는 것이다. 특히 비례대표로 의회에 진출한 진보적 정치엘리트들의 경우 과거와 질적으로 다른 정치적 신념과 비전을 제시하거나 이를 구체적인 정책으로 이끌어내지 못하고, 자신들이 대표하는 부문과 단체의 특수이익에 몰두함으로써 진보적 시민사회 전체의 목표와 어젠다를 실현하는 데는 결과적으로 실패하고 있는 것으로 보인다.

포스트마르코스 체제하의 필리핀 시민사회는 피플파워 이전의 결속력과 역동성을 상당 부분 상실한 채 최근 들어 분열과 침체의 양상을 드러내고 있다. 1998년 비례대표제의 시행은 시민사회의 정치사회에 대한 진입과 정치적 투입이 본격적으로 시작되는 계기인 것처럼 보였으나, 실제로는 구 정치엘리트를 중심으로 한 정치사회의 전통적 기득권집단에 의해 시민사회와 진보진영의 정치과정에 대한 개입은 효과적으로 차단되었다. 뿐만 아니라 시민사회의 일부 단체와 세력들의 의회 진출은 오히려 기득권세력의 분할통치에 활용되어 시민사회의 분열과 대립에 기여하고 있다. 또한 최근 아로요의 정치적 스캔들에 대한 국민들의 상대적 무관심은 필리핀 시민사회가 전통적으로 강력한 힘을 발휘했던 '저항적 사회운동'의 영역에서조차 무기력해지고 있는 게 아닌가 하는 관측을 낳고 있다.

이상의 제 요소들은 과두지배엘리트 등 구 정치엘리트들이 선거정치 등 필리핀 제도정치의 장을 여전히 장악하게 만드는 주된 요인으로 작용하고 있다. 특히 중앙정치의 영역에서보다 지방정치에서의 이들 구 정치엘리트집단의 지배력이 더욱 공고한 것으로 보인다. 더구나 지방의 선거정치에서는 과거의 전통적인 후원 · 수혜관계에 입각한 수직적 균열이 여전하고, 이에 기초한 주민들의 후견주의와 파벌주의적 선거운동과 투표행위의 관행 또한 여전하다. 이러한 정치문화의 지속적 속성들도 구 정치엘리트의 정치사회에 대한 지배력을 계속 유지하는 데 기여하는 것으로 생각된다.

최근의 필리핀의 선거정치에 나타나는 또 다른 지속적 특성은 바로 부정선거, 금권선거, 선거폭력 등의 요인들이다. 최근에도 아로요의 선거개입에 대한 논란이 필리핀 정치지평을 뒤흔들어 놓았으며 아직도 선거에서 100명 이상씩 살해되는 선거폭력이 만연해 있다. 이러한 선거정치의 폭력적이고 비민주적인 속성은 필리핀의 전통적인 사인주의, 가족주의 및 후견주의적 정치문화에 기인하는 바 크다.

이처럼 지난 20년 동안의 필리핀 선거정치에는 변화보다는 지속성이, 진보보다는 정체의 관성력이 더 강력하게 작용해 온 것 같다. 포스트마르코스 체제하의 필리핀 정치는 1986년 피플파워 혁명 당시의 숭고한 이상과 비전을 실현하지도, 그 당시의 높은 국민들의 기대에 제대로 부응하지도 못하고 있다. 비례대표제의 실시와 지방자치의 확대 등 몇 가지 영역에서 약간의 진척이 있었으나, 국민들이 기대했던 만큼의 선거개혁과 정치개혁은 여전히 미흡한 편이며, 국민들은 제도권정치와 제도권 내 정치엘리트집단에 대해 실망과 좌절을 느끼고 있다. 그렇다고 분열되고 무기력해진 시민사회나 폭력적 · 교조적인 급진변혁운동세력이 대안을 제시해 주고 있는 상황도 아니다.

이러한 상황은 공산반군 등 급진변혁운동의 활성화를 위한 양호한 조건을 제공하고 있다. 1990년대의 침체에서 벗어나 2000년대에 들어와 크게 활발해지고 있는 공산당과 무장반군세력은 그러나 반정부 군사활동 중심의 폭력적인 노선과 지나치게 비타협적이고 교조적인 강령으로 인해 국민들과 시민사회의 지지와 협력을 얻는 데 실패하고 있으며, 오히려 군부 등 극우보수세력으로 하여금 진보세력을 억압하는 빌미만 제공하고 있다.

이상 최근 필리핀의 선거정치를 살펴보면서 우리는 포스트마르코스 체제하 필리핀의 선거민주주의가 '형식적 · 절차적 민주주의'의 한계를 벗어나지 못하고 있으며 여전히 '실질적 민주주의'와는 큰 거리가 있음을 느낀다. 또한 정치명문가 출신의 전통적 정치엘리트세력의 필리핀 정치사회에 대한 과두적 지배와 부정선거, 선거폭력 등 선거정치에서의 비민주성이 최근까지도 여전한 것을 보면서 필리핀 민주주의의 공고화가 매우 지난한 과제임을 느낀다. 본 연구는 또한 필리핀 정치사회에 대한 과두적 지배의 해소 내지 완화, 선거정치의 민주화 등을 위해서는 보수적 구 정치엘리트세력, 군부 및 시민사회운동세력 등 사회 제 세력의 움직임뿐만 아니라 필리핀에 특수한 정치문화와 사회구조에 대해서도 좀 더 많은 연구가 이루어져야 함도 보여준다.

참고문헌

김동엽. 2005. "필리핀 선거제도의 내용과 평가." 『동남아시아연구』 15(2).

박승우. 2005. "필리핀의 구조조정과 개혁의 정치경제." 윤진표 편. 『동남아의 구조조정과 개혁의 정치경제』. 서울: 폴리테이아.

______. 2006. "아로요의 정치적 스캔들과 필리핀 정치문화." 『동아시아브리프』 1(1).

______. 2007a. "필리핀의 과두제 민주주의: 정치적 독점의 해체 없는 민주화." 『민주사회와 정책연구』 12.

______. 2007b. "최근 필리핀의 선거정치와 사회적 변화." 한국동남아학회 춘계학술대회(3월 23~24일, 강원대) 발표논문.

Amnesty International. 2006. *Philippines: Political Killings, Human Rights and the Peace Process*. (downloaded from the homepage: http://www.amnesty.org)

Anderson, Benedict. 1988. "Cacique Democracy in the Philippines." *New Left Review* 169.

______. 1996. "Elections and Participation in Three Southeast Asian Countries." R. H. Taylor, ed. *The Politics of Elections in Southeast Asia*. Cambridge, UK: Cambridge University Press.

Buendia, Rizal G. 2004. "The GRP-MILF Peace Talks: Quo Vadis?" D. Singh and C. K. Wah, eds. *Southeast Asian Affairs 2004*. Singapore: Institute of Southeast Asian Studies.

Casper, Gretchen. 2000. "From Confrontation to Conciliation." J. Hollifield and C. Jillson, eds. *Pathways to Democracy*. New York: Routledge.

Coronel, Sheila S. 1991. "Dateline Philippines." *Foreign Policy* 84.

______. 2004a. *Cockfight, Horserace, Boxing Match (Why Elections Are Covered as Sport)*. Quezon City: Philippine Center for Investigative Journalism.

______. 2004b. "Between Tinsel and Trapo." http://www.pcij.org/imag/2004Elections/Perspectives/tinsel-trapo.html (검색일: 2006.04.19).

Coronel, Sheila S., Yvonne T. Chua, Luz Rimban, and Booma B. Cruz. 2004. *The Rulemakers*. Quezon City: Philippine Center for Investigative Journalism.

Coronel Ferrer, Miriam. 2003. "Elections and the Zigzag Path to Democratic

Consolidation in the Philippines." Unpublished manuscript.

Datinguinoo, Vinia M. and Avigail Olarte. 2001a. "Political Clans Make a Comeback." http://www.pcij.org/stories/clans.html(검색일: 2006.06.05).

______. 2001b. "More than Half the House Doing 'Dual Roles'." http://www.pcij.org/stories/clans2.html(검색일: 2006.06.05).

Eaton, Kent. 2003. "Restoration or Transformation?" *Journal of Asian Studies* 62(2).

Friend, Theodore. 1965. *Between Two Empires: The Ordeal of the Philippines, 1929-1946*. New Haven, CT: Yale University Press.

Hedman, Eva-Lotta E. 2006. "The Philippines in 2005." *Asian Survey* 46(1).

Hirschman, Albert O. 1977. *The Passions and the Interests*. Princeton, NJ: Princeton University Press.

Hutchison, Jane. 1993. "Class and State Power in the Philippines." K. Hewison, R. Robison, and G. Rodan, eds. *Southeast Asia in the 1990s*. Boston: Allen and Unwin.

Kerkvliet, Benedict J. 1977. *The Huk Rebellion*. Berkeley: University of California Press.

______. 1995. "Toward a More Comprehensive Analysis of Philippine Politics." *Journal of Southeast Asian Studies* 26(2).

______. 1996. "Contested Meanings of Elections in the Philippines." R. H. Taylor, ed. *The Politics of Elections in Southeast Asia*. Cambridge, UK: Cambridge University Press.

Linantud, John L. 2005. "The 2004 Philippine Elections." *Contemporary Southeast Asia* 27(1).

McCoy, Alfred W., ed. 1994. *An Anarchy of Families*. Quezon City: Ateneo de Manila University Press.

Muego, Benjamin N. 2005. "The Philippines in 2004." C. K. Wah and D. Singh, eds. *Southeast Asian Affairs 2005*. Singapore: Institute of Southeast Asian Studies.

National Statistical Coordination Board (NSCB). 2002. *2002 Philippine Statistical Yearbook*. Makati City, Philippines: NSCB.

Pye, Lucian W. 1985. *Asian Power and Politics*. Cambridge, MA: Harvard University Press.

Rocamora, Joel. 1998. "Corruption in the Philippines." S. Coronel, ed. *Pork and Other Perks*. Quezon City: Philippine Center for Investigative Journalism.

Rodell, Paul A. 2004. “The Philippines.” D. Singh and C. K. Wah, eds. *Southeast Asian Affairs 2004.* Singapore: Institute of Southeast Asian Studies.

Salazar, Lorraine C. 2006. “The Philippines.” D. Singh and L. C. Salazar, eds. *Southeast Asian Affairs 2006.* Singapore: Institute of Southeast Asian Studies.

Sherrill, Clifton. 2006. “Promoting Democracy.” *Asian Affairs* 32(4).

Steinberg, David Joel. 2000. *The Philippines.* 4th ed. Boulder, CO: Westview Press.

Tancangco, Luzviminda G. 1988. “The Electoral System and Political Parties in the Philippines.” R. de Guzman and M. Reforma, eds. *Government and Politics of the Philippines.* Singapore: Oxford University Press.

Teehankee, Julio. 2002. “Electoral Politics in the Philippines.” A. Croissant, G. Bruns, and M. John, eds. *Electoral Politics in Southeast and East Asia.* Singapore: Friedrich Ebert Stiftung.

Timberman, David G. 1991. *A Changeless Land.* Singapore: Institute of Southeast Asian Studies.

Wurfel, David. 1988. *Filipino Politics.* Ithaca, NY: Cornell University Press.

제11장 | 캄보디아의 2007년 지방선거: 패권적 선거권위주의에서 경쟁적 권위주의로

정연식

Ⅰ. 서론

1991년, 내전 상태에 있던 캄보디아는 총알(bullet) 대신 표(ballot)를 선택하고 1993년 5월에 총선을 실시해 그 결과에 따라 국회와 정부를 구성했다. 그 누구도 민주주의를 위해 싸우진 않았지만 캄보디아는 민주화되었다. 1998년에는 두 번째 총선을 치렀고 2003년에는 세 번째 총선을 치렀다. 2002년과 2007년에는 지방선거도 치렀다. 그리고 2008년 총선을 앞두고 있다. 주기적인 선거를 통해 정부를 구성한다는 대의민주주의의 기본 원칙이 준수되고 있는 것이다. 그렇다면 캄보디아는 공고화된 민주주의체제인가(Albritton 2004)?

2007년 3월, 지방선거를 한 달 앞두고 불교 승려와 시민운동가들 150명이 보름동안 프놈펜(Phnom Penh)에서 시엠리업(Siem Reap)까지 230km를 걷는 평화행진을 벌였다(*People's Daily* 2007/03/01). 2006년 말 비정부기구(NGO)의 활동을 제한하는 반민주적 법률이 국회를 통과한 데 대한 저항의 표시였다.

행진을 이끌었던 사람 중에는 캄보디아인권센터(CCHR) 소장 껨소카(Kem Sokha)도 있었다. 2005년 말 정부를 비판한 죄로 구속되었던 사람이다. 평화행진을 시작하기 일주일 전에는 자유노조(Free Trade Union) 위원장 히부티(Hy Vuthy)가 피살되었다. 3년 내 피살된 세 번째 노조지도자다.

캄보디아에서는 기본적인 인권조차 보호되지 않고 있다. 2005년 강력범죄 피의자 중 30% 이상이 심문과정에서 고문을 받았고 40%는 재판을 받기 전 법정 최고 구금기간인 6개월 이상 구금되었다. 46%는 변호인 없이 재판을 받았고 50% 이상은 채 30분도 걸리지 않는 재판을 통해 유죄선고를 받았다. 정의는 돈 있는 극소수에게만 판매되는 상품으로 전락했다. 판사들의 부패가 만연하고 있지만 인사권을 쥔 행정부는 솜방망이 처벌로 사법부를 행정부의 시녀로 만들었다(ADHOC 2007, 43-47).

일부 권력층은 법률의 허점을 이용해 농민들의 토지를 겸병하고 있는데, 이에 항의하는 농민들에게 정부는 총을 쏘고 수류탄을 던진다. 마음에 들지 않으면 신문도 폐간시키고 국제비정구기구도 폐쇄시킨다. 집회는 허가를 받아야만 하는데 좀처럼 허가를 내주지 않는다. 허가 없는 집회는 모두 불법이므로 폭력으로 진압된다(정연식 2008; ADHOC 2008). 모두 캄보디아 정부가 하는 일이다. 캄보디아는 민주주의체제인가 아니면 권위주의체제인가?

다이아몬드(Diamond 2002)는 이처럼 민주주의와 권위주의가 동시에 존재하는 모순적 정치체제를 "혼성체제"(hybrid regime)로 명명하며 소위 민주화되었다는 국가들 중 상당수가 이러한 혼성체제 상태에 있음을 강조한 바 있다. 다이아몬드가 2002년에 작성한 192개국의 체제 분류에서 캄보디아는 "패권적 선거권위주의"(hegemonic electoral authoritarianism), 즉 혼성체제 중 권위주의에 가장 가까운 체제에 포함되었다. 분류 기준으로는 프리덤하우스(Freedom House)가 매년 발표하는 세계 각국의 정치적 권리와 시민적 자유도 평점이 사용되었는데, 캄보디아는 정치적 권리 6점, 시민적 자유 5점을 얻어 패권적 선거권위주의로 분류된 것이다(Diamond 2002, 31-32). 5년이 지난 2007년도 프리덤하우스 평가에서도 캄보디아의 성적은 그대로여서 이 기준으로만 보면 캄보디아는 여전히 패권적 선거권위주의 체제로 남아있다고 볼 수 있다.[1] 과연 캄보디아의 정치체제에 대한 이러한 평가가 타당한 것인지 살펴보는 것이 이 글의 목적이다.

Ⅱ. 분석틀: 선거권위주의의 선거

1. 공고화론

1970년대 말부터 전개되기 시작한 "세 번째 민주화 물결" 속에서 다수의 권위주의 체제가 해체되고 민주주의 체제로 이행하였다. 허나 이와 같은 언술은 제도적 차원에서 혹은 선거가 곧 민주주의라는 민주주의에 대한 최소개념 수준에서만 타당하다. 많은 경우 민주화되었음에도 불구하고 그리 민주적이지 못한 모순적 체제들이 등장했기 때문이다. "민주화 이후의 민주주의"는 국가, 사회, 자본, 대외환경 등의 역학관계에 따라 다양하고도 굴절적인 경로를 밟게 되었고 심지어 권위주의 체제로 회귀하는 경우도 나타났다. 권위주의의 해체가 곧 민주주의를 보장하지 않는다는 것이다. 이러한 현실은 민주화의

---

1) 프리덤하우스(Freedom House)의 평가는 7점 척도로 이루어지는데, 점수가 높을수록 정치적 권리와 시민적 자유가 적다. 다이아몬드(Diamond)는 평균 2점 이하를 자유민주주의, 4점 이하를 선거민주주의, 5점 이하를 경쟁적 권위주의, 6점 이하를 패권적 선거권위주의, 6점 이상을 폐쇄적 권위주의로 분류했다. 2007년도 보고는 http://www.freedomhouse.org/inc/content/pubs/fiw/inc_country_detail.cfm?country=7148&year=2007&page=0&view=mof&pf에서 볼 수 있다.

개념을 자유선거 실시라는 제도주의적 개념으로 한정했던 이행론(transitology)에 대한 비판과 반성을 거쳐 공고화론(consolidology)을 등장시켰다(Schedler 1998; Diamond 1999; Carothers 2002).

민주주의 공고화(democraic consolidation)란 통상 "새롭게 형성된 민주주의가 오래도록 지속되게 하는 것으로서 권위주의 체제로의 회귀나 민주주의를 거스르려는 흐름을 막는 것"(Schedler 1998, 91)이라는 개념으로 이해되고 있다. 그러나 이 개념은 지나치게 포괄적이어서 분석적 수준의 구체화를 요구하는데, 크게 두 가지 방향으로 제시되었다. 하나는 제도주의적 개념으로서 권위주의 해체 과정에서 도입된 민주주의 제도가 안정화되고 관례화되고 제도화되는 것을 공고화로 간주한다(Gunther et al., 1995, 151). 그러나 공식적 제도만으로는 민주주의의 본질적 가치를 담보하지 못하며, 결과적으로 제도주의적 공고화 개념은 비민주적 민주주의(illiberal democracy)의 공고화도 포함하게 된다. 또한 제도의 "정착" 여부를 어떻게 판단하느냐의 문제도 제기될 수 있다. 제도의 존속 기간을 판단의 기준으로 삼을 수 없음은 1997년 태국의 쿠데타를 통해서 여실히 드러났다. 이러한 시각에서 구조주의적 공고화 개념은 민주주의의 질적(substantive) 측면을 공고화의 지표에 포함시켜야 하며, 나아가 민주적 제도를 정착시킬 수 있는 경제적, 사회적 구조에 주목해야 한다고 본다(O'Donnell 1996; 최장집 2005). 사회 구성원들 사이의 갈등을 민주적으로 조정하기 어려운 사회구조 속에서 민주주의는 결국 다시 도전받을 것이라는 것이다.

제도만으로 민주주의가 담보될 수 없다는 구조론자들의 주장은 논리적으로나 경험적으로나 타당하다. 그러나 제도 없이 민주주의가 성립할 수 없다는 사실 또한 분명하다. 따라서 민주주의 공고화 분석은 절차에서 내용으로, 제도에서 구조로 이어지는 단계적 분석이 되어야 한다는 것이 필자의 입장이다. 개별 국가를 분석함에 있어서 제도적 공고화의 수준에 대한 분석이 선행된 다음 그러한 수준에 이르게 된, 혹은 그러한 수준에 머물고 있을 수밖에 없는 구조적 배경에 대한 분석으로 이어져야 한다는 것이다.

신생 민주주의의 현실은 선거조차도 자유롭고 공정하게 치르지 못하는 껍데기 민주주의에서부터 제도적 수준에서는 민주주의의 기본 요건을 충족시키는 경우에도 국가 폭력이 일상적으로 남용되거나 집회와 결사의 자유, 표현과 언론의 자유와 같은 기본적 권리가 억압받는 등 민주주의의 실질적 가치가 실종된 형식적 민주주의, 제도와 내용 공히 개념적으로 민주주의에 부합하나 제도가 갈등적 구조를 담아내지 못해 체제 붕괴의 위험이 도사리고 있는 불안한 민주주의에 이르기까지 다양한 양상이 혼재하고 있다(Diamond 2002; Mohamad 2002). 따라서 캄보디아를 포함해 그동안 일반적으로 "민주화되었다"고 분류되었던 경우라 하더라도 제도적 차원에서 공고화가 되었는지, 그럴 경우 공고화가 어느 수준으로까지 진행되었는지, 그 공고화의 경로와 속도는 어떤 사회경제적 구조에 따른 것인지의 순서로, 또 반대의 경우에는 공고화를 가로막고 있는 정치적, 사회구조적 분석의 순서로 분석이 진행되어야 할 것이다. 이러한 맥락에서 이 글은 캄보디아의 민주주의를 우선적으로 제도적 공고화의 틀로 분석하고자 한다. 이는 캄보디아 민주주의의 현재 위치와 향후의 방향을 가늠하는 데 있어서 일차적인 작업이 될 것이고, 차후에 그 결과를 바탕으로 한 구조적 분석이 이어져야 할 것이다.

2. 제도적 분석틀

민주주의의 개념은 제도적 개념에 국한해 보더라도 크게 슘페터(Schumpeter 1947)로 대표되는 최소개념에서 달(Dahl 1971)로 대표되는 최대 개념에 이르기까지 다양한 개념이 제시되어 왔다. 최소개념이 제시하는 민주주의의 제도적 조건은 자유롭고 공정하게, 또 주기적으로 치러지는 선거다. 어떠한 경우에도 이 조건을 충족시키지 못한다면 민주주의가 될 수 없다는 점에서 선거가 민주주의의 필요조건임은 분명하다(Schmitter and Karl 1993, 40). 그러나 이러한 최소개념은 규범적 측면에서뿐만 아니라 분석적 개념으로서도 뚜렷한 한계를 내포한다. 규범적 측면에서 볼 때 최소개념은 정치참여의 최소화를 조장하고 정당화하여 선거를 의미 없는 요식행위로 만들 수 있을 뿐만 아니라 정치적 기본권을 포함한 인권 보장을 담보하지 못한다. 선거는 민주주의의 필요조건이지 충분조건이 될 수는 없는 것이다. 분석적 측면에서도 최소개념은 두 가지 문제를 안고 있다. 하나는 정도의 문제로서 선거가 어느 정도 자유롭고 공정할 때 민주주의로 간주할 것인가의 문제다. 만약 한 치의 오차도 없이 완벽하게 자유롭고 공정한 선거가 수행되는 경우에만 민주주의로 간주한다면 현실 세계에서 민주주의는 희귀한 체제가 될지도 모른다. 결국 민주주의와 비민주주의를 가르는 자율성과 공정성의 경계를 설정해야 하는 문제에 부딪힌다. 두 번째는 그러한 경계가 설정되었다 하더라도 측정의 기간과 대상을 어떻게 정하느냐의 문제다. 선거의 자율성과 공정성 측정을 법적 선거기간 동안으로 국한하는 것과 상시로 확대하는 것은 측정 결과에 있어서 큰 차이를 나타낼 수 있다. 평소에 폭력을 포함한 모든 수단을 동원해 공정성을 훼손하며 집권당을 선택하지 않을 수 없도록 만든 후 선거기간만큼은 완벽한 공정성을 연출하는 권위주의 체제를 상상해보면 법정 선거기간 동안만 선거의 자유도와 공정성을 측정해 발표하는 선거감시단의 결과 보고를 전적으로 믿을 수만은 없다는 결론에 이른다. 마찬가지로 측정의 대상에 있어서도 후보등록에서 선거운동, 투개표과정에 이르기까지 선거과정에 직접적으로 참여하는 행위자만을 볼 것인지, 언론과 국가기관, 기업과 각종 사회단체 등 선거에 영향을 미칠 수 있는 모든 행위자를 볼 것인지의 문제도 해결해야 한다.

최대개념은 대의민주주의라는 현실적 제약 속에서 민주주의의 원형인 직접민주주의에 가장 근사한 개념을 제시함으로써 모호한 경계 설정의 문제를 극복하려 하지만 그 경계를 규정하는 조건이 까다로워 민주주의 체제의 수를 최소화하는 난점이 발생한다. 예컨대 달(Dahl 1971)의 다두제(polyarchy) 개념은 민주주의가 현실 세계에서 완벽히 구현될 수 없다는 대의민주주의의 한계를 인정하며 민주주의를 대체하는 개념으로 제시되었음에도 불구하고 논리적으로 연결되는 여덟 가지의 필요충분조건을 충족시킬 것을 요구하고 있다. 이처럼 엄격한 조건, 특히 정책결정이 유권자의 요구에 따라야 한다는 조건은 소환제와 같은 제도로 보장되어야만 하기에 공고화 과정에 있는 (공고화의 수준에 관계없이) 대다수의 신생 민주주의를 민주주의가 아닌 그 무엇으로 전락시킨다. 그리고 이 체제들은 모두 폐쇄적 패권제와 다두제를 양극으로 하는 좌표 상에서의 상대적인 비교만 가능하다. 다두제 개념은 규범적 지향점이 되어야 함은 분명하지만 권위주의 해체 이후 수립된, 다두제가 아닌 민주주의 체제의 위치와 성격을 이해하기 위해서는 그들을 분류하는 개념적 세분화가 필요하게 된다는 점에서 결국 최소개념과 마찬가지로 경계 설정의 과제를 풀어야만 한다.2)

폐쇄적 패권제와 다두제 사이에 위치하는 수많은 체제를 설명하기 위해 그동안 비자유적 민주주의(illiberal democracy), 반민주주의(semi-democracy), 유사민주주의(quasi-democracy), 의사민주주의(pseudo-democracy), 연성권위주의(dictablanda) 등 많은 개념이 동원되었다. 이러한 개념들은 각각의 장점에도 불구하고 상호배타적이지 않고 교집합의 범위가 크다는 점에서 공고화 과정

2) 다두제의 여덟 번째 조건을 직역하면 "정부정책 수립 기관들은 표와 여타 선호도의 표현에 의존한다(Institutions for making government policies depend on votes and other expressions of preference)"이다. 나머지 다두제의 조건은 다음과 같다. 결사의 자유, 표현의 자유, 선거권, 피선거권, (유권자 지지 획득을 위한) 정치인들의 경쟁, 대체 정보원, 자유롭고 공정한 선거(Dahl 1971, Ch. 1).

에 있는 신생 민주주의를 분류하는 개념으로 동시에 적용하기 어려운 단점이 있다. 달리 표현하면, 신생 민주주의 체제의 성격을 이해하고 공고화의 수준을 분석하기 위해서는 개념간의 경계가 비교적 뚜렷하여 폐쇄적 패권제와 다두제 사이의 영역을 배타적으로 점유하는 다수의 개념이 필요한 것이다.

다이아몬드(Diamond 2002), 스케들러(Schedler 2002), 레비츠키와 웨이(Levitsky and Way 2002)가 제시하는 일련의 범주적 개념은 이러한 분석적 요구에 부응한다. 이들은 다두제에 해당하는 자유민주주의(liberal democracy) 체제와 폐쇄적 패권제에 해당하는 폐쇄적 권위주의(closed authoritarianism) 체제 사이를 선거민주주의(electoral democracy) 체제와 선거권위주의(electoral authoritarianism) 체제로 나눈 다음 선거권위주의를 다시 경쟁적 권위주의(competitive authoritarianism) 체제와 패권적 선거권위주의(hegemonic electoral authoritarianism) 체제로 양분한다. 자유민주주의와 선거민주주의의 차이점은 전자에 비해 후자는 "법치주의, 정치적 책임성, 공직사회의 청렴성, 정책 결정의 개방성 (혹은 참여도)" 등과 같은 입헌민주주의의 핵심요소를 제도화시키는 수준에 이르지 못했다는 데 있다(Schedler 2002, 37). 그럼에도 불구하고 명칭에서 알 수 있듯이 선거민주주의는 민주주의로서 경쟁적 권위주의와는 구분된다. 자유롭고 공정한 선거는 두 범주의 공통된 사항이다. 그러나 선거의 질적 측면에서 두 범주는 분리된다. 선거민주주의에서는 자유롭고 공정한 선거가 제도적으로 정착되었음은 물론이고 사회 구성 집단 중 선거과정과 선거결과로부터 구조적으로 배제되는 경우가 없으며 선거는 의미 있는 선택의 결과를 낳는다. 여기에서 "의미 있는 선거"란 유권자들의 선택이 정확하고도 충분한 정보를 바탕으로 이루어지고 유권자들의 선택에 따라 정권교체가 가능한 선거라는 것을 의미한다. 선거권위주의는 주기적인 선거에도 불구하고 구조적으로 배제되는 집단이 존재하거나 유권자들에게 전달되는 정보가 제한되어 유권자들의 주체적 선택을 막고 선거 결과가 예정되어 있어 정권교체의 가능성이 존재하지 않는 경우에 해당된다. 마지막으로 경쟁적 권위주의와 패권적 선거권위주의의 경계는 전자의 경우 비록 의미 없는 선거라 할지라도 선거 자체는 비교적 자유롭고 공정하게 치러지는 데 반해 후자의 경우 주기적으로 선거를 치른다 하더라도 자유와 공정성이 현저히 결여되어 있다는 데 있다. 따라서 경쟁적 권위주의와 패권적 선거권위주의를 구분하기 위해서는 선거의 자유와 공정성 측정의 문제를 해결해야 한다.[3)]

이상의 체제 범주를 민주화 과정에 대입하면 권위주의 해체 이후 그 출발점은 다를 수 있고 또 전진과 후퇴를 반복할 수도 있지만 전체적인 방향은 경쟁적 권위주의에서 선거민주주의로 진행하며 궁극적으로는 자유민주주의를 지향한다고 할 수 있다. 구조주의적 공고화론의 시각에서 볼 때 특히 주목할 부분은 경쟁적 권위주의와 선거민주주의 사이의 문턱, 즉 어떤 구성원 집단도 선거 과정과 결과로부터 배제되지 않게 하고 선거를 의미 있는 선거로 만드는 것이다. 다수의 신생 민주주의에서 공고화가 지연되는 가장 큰 이유는 이 문턱을 쉽게 넘지 못하기 때문인 듯하다. 민주주의로의 이행이 집단 간 권력의 분배가 불균등한 상태에서 일어날 때 불균등한 권력구조를 완전히 해체하는 제도를 채택함으로써 권력을 잃게 된 집단의 격렬한 저항을 야기하거나 혹은 불균등한 권력구조를 그대로 유지하는 제도를 채택함으로써 민주주의로부터의 탈퇴가 발생할 수 있는 것이다. 이러한 맥락에서 권위주의 체제 붕괴 이후 경쟁적 권위주의 체제의 문턱을 넘지 못하고 있는 경우 사회적 구조와 제도 사이의 긴장에 대한 분석이 필수적이라고 하겠다.

이상의 논의를 바탕으로 이 글은 캄보디아의 정치체제 분석을 위해 일차적으로 제도적 접근을 하고자 한다. 최근에 치른 2007년 지방선거를 중심으로

---

3) 다이아몬드(Diamond 2002)는 선거민주주의 체제와 선거권위주의 체제 사이에 "모호한 체제"를 설정하고 2002년 기준 192개국 중 17개국(8.9%)을 이 범주에 넣고 있다. 범주 간 경계 설정이 현실 세계와 완벽히 일치할 수 없음을 보여준다고 하겠다.

1998년 이후 역대 선거를 포괄적으로 분석하여 선거의 자유와 공정성을 검토하겠다. 자유와 공정성에 대한 측정 기준은 앞에서 언급했듯이 여전히 문제로 남아 있다. 필자는 측정의 기준으로 두 가지를 채택하고자 한다. 하나는 자유와 공정성이 선거 결과를 뒤집을 정도로 훼손되었을 경우이고 나머지는 정권 차원에서 조직적이고 계획적으로 자유와 공정성을 훼손한 경우로, 이 중 하나만 저촉되는 경우 선거는 자유롭고 공정하지 않았다고 간주할 것이다. 전자는 선거감시단이 보고한 사례의 수와 규모를 종합해 파악할 수 있을 것이고 후자는 사례의 내용을 분석함으로써 판단할 수 있을 것이다. 분석 결과에 따라 패권적 선거권위주의가 기각되는 경우 선거민주주의의 조건을 적용해 경쟁적 권위주의에서 지체되고 있는지 아니면 선거민주주의로의 문턱을 넘어섰는지 검토하겠다.

Ⅲ. 2007년 지방 선거

1. 콤(khom)의회의 구성과 정치적 기능

캄보디아의 행정구조는 중앙정부 아래 전국을 20개의 카엣(khet: province)과 4개의 끄롱(krong: municipality)으로 나눈다. 카엣/끄롱은 185개의 스록/칸(srock/khan: district)으로, 스록은 1,621개의 콤(khom: commune)으로 구성되고, 콤 아래로는 13,408개의 품(phom: village)이 있다. 대개 8~15개의 품이 모여 하나의 콤을 구성하는데, 끄롱의 콤은 상깟(sangkat)이라 칭하며 전체 1,621개의 콤 가운데 111개가 상깟이다. 카엣/끄롱과 스록에 대한 인사권은 중앙정부가 갖고 있는 데 반해 콤은 선거를 통해 구성되는 콤의회가 운영하고

품 지도자에 대한 임면권은 콤의회에 있다. 콤의회는 인구수에 따라 5~11명으로 구성되는데, 콤 아래 품의 수가 12개 이상이면 의원을 내지 못하는 품이 있을 수 있기 때문에 그럴 경우에는 2개의 품에서 최소 1명의 의원을 선출하도록 하고 있다(조영희 2008). 이렇게 해서 2007년 선거에서는 11,353명의 콤의원이 선출되었다.

콤의회 선거는 1993년 첫 총선 직후 유엔과도행정기구(UNTAC)의 주관 아래 치르기로 예정되어 있었으나 계속 연기되다 2002년에 처음으로 실시되었다. 첫 선거를 치르기 전까지 콤은 그야말로 위계적 행정구조의 하위 조직에 불과했고 절대다수는 캄보디아인민당(Cambodian People's Party, 이하 인민당)의 통제 아래 있었다. 중앙정부가 연립정부였음에도 불구하고 인민당이 지방 행정조직을 장악할 수 있었던 것은 1993년 이전, 즉 캄푸치아인민공화국 기간 중 일부 지역을 제외한 거의 모든 지역이 인민당의 지배하에 있었기 때문이다. 따라서 1993년 총선에서 제1당이 되는 데 실패한 인민당으로서는 지방의 세력기반마저 와해시킬 수 있는 콤의회 선거를 어떻게든 막아야 했다. 1997년의 쿠데타로 제1당이었던 자주, 중립, 평화, 협력을 위한 민족연합전선(FUNCINPEC: Uni National Pour Un Cambodge Independent, Neutre, Pacifique, et Cooperatif, 이하 훈신뻭)을 무력화시키고, 1998년 선거에서 제1당이 되었지만 야당들과의 지지율 격차가 그리 크지 않은 상황에서 인민당에게 콤의회 선거는 여전히 부담스러웠다. 승리가 보장되지 않는 선거를 감행해 지방에 대한 통제를 상실할 수도 있었기에 인민당은 콤의회 선거를 계속 미루었다.

그러다 1990년대 말 핵심 국책사업인 빈곤퇴치개발계획(Seila)이 시작되었는데, 이 계획을 지원하는 원조공여국들이 콤의회가 개발계획을 수행하는 주체가 되어야 한다는 것을 지원조건으로 제시하게 됨에 따라 훈센 정부는 콤의회 선거를 더 이상 미룰 수 없게 되었다. 결국 2001년 콤의회선거법이 제정되고 2002년에 첫 선거가 실시되었다. 비록 1998년 선거 이후 집권 인민당에 대한 지지도가 꾸준히 증가한 것도 인민당으로 하여금 선거에 대한 자신감을 갖게 한 측면도 있지만 분명한 것은 콤의회 선거가 지방분권화를 실현하고자 하는 의지에서 추진되었다기보다는 지속적인 경제 원조를 확보하기 위한 선택이었다는 것이다(Racamora 2007; 조영희 2008). 따라서 이후 지방분권화가 아주 느린 속도로 진행되어 왔다는 사실은 전혀 놀라운 일이 아니다. 현재 콤은 지방의회로서의 기능에 비해 행정기관으로서의 기능이 비대칭적으로 큰 상태로 유지되고 있으며, 그 결과 심의와 의결, 감독 등 의회 기능을 수행하는 평의원에 비해 의회 기능과 더불어 정책집행을 포함한 행정적 권한과 책임까지 부여되는 의장이 갖는 정치적 비중이 훨씬 크다. 그러므로 선거결과 평가에 있어서도 정당별 의석수도 중요하지만 의장 수가 더욱 중요하다는 점을 고려해야 할 것이다. 요컨대, 콤의회 선거는 많은 기대에도 불구하고 지방자치의 실현이라는 점에서는 실질적인 의미가 그리 크지 않다는 것이다.[4)]

오히려 콤의회 선거가 관심을 끄는 것은 1년 뒤로 예정된 총선을 예측하는 리트머스 시험의 역할을 하기 때문이다. 첫 선거가 2002년에 치러졌고 1년 뒤인 2003년에 총선이 뒤따르면서 콤선거는 지방자치 구현의 의미보다는 같은 5년 주기로 실시되는 총선의 전초전 성격이 강하게 부각되었다. 총선을 1년 앞둔 시점에서 여론의 흐름을 읽고 총선에 대비하는 효과가 있을 뿐만 아니라 콤을 장악함으로써 홍보와 보이지 않는 압력을 통해 총선을 유리하게 이끌 수 있기 때문이다. 콤의회가 행정기관으로서 수행하는 가장 기본적인 기능이 중앙정부의 정책 집행과 일상적 민원업무이기 때문에 선거법에 저촉되지 않으면서도 주민들과의 접촉을 최대한 활용해 다양한 형태의 선거

4) 의장이 인민당 소속이 아닌 경우에도 상급 행정기관, 즉 스록이 중앙정부의 통제를 받는 상황에서 어느 정도 자율성을 확보할 수 있을지는 미지수며 현장조사를 통해 분석해 볼 필요가 있다. 분권화에 관한 자세한 논의는 Racamora(2007) 참고.

운동을 펼칠 수 있고, 특히 콤의회와 주민의 연결고리인 품 지도자가 콤의회에 의해 임명되고 평의원도 품 단위로 1명씩 선출되기 때문에 콤의회를 차지하는 것이 총선 전략상 아주 중요하다고 하겠다. 또한 고려해야 할 점은 행정인력이 절대적으로 부족한 상황에서 지역 선관위의 업무를 상당 부분 콤의회의 행정인력이 수행할 수밖에 없다는 점이다. 결론적으로, 콤의회 선거의 승리는 총선을 필승으로 이끌기 위한 필수 조건이 된 것이다.

총선과는 별도로 콤의회가 갖는 또 다른 정치적 중요성은 콤의회 의원 전원이 국회(하원) 의원과 함께 상원의원을 선출하는 데 있다. 상원의원의 수는 61명인데 국왕이 임명하는 2명과 국회가 추천하는 2명을 제외한 57명을 콤의원과 국회의원이 선출한다. 2006년 1월에 있었던 상원 선거 결과 인민당이 45석, 훈신뺏이 10석, 삼랭시당(Sam Rainsy Party)이 2석을 차지했다. 이는 전적으로 2002년 콤의회 선거결과가 그대로 반영된 결과다.

이상의 논의를 종합하자면, 인민당을 포함한 모든 정당이 콤의회 선거를 결코 소홀히 할 수 없다는 것이다. 특히 인민당의 입장에서 보면 선거에서 승리하기 위해 집권당의 이점을 최대한 활용하는 것은 물론 가능한 모든 수단을 동원해야 할 동기가 충분히 있다고 하겠다. 달리 표현하자면 인민당으로서는 압승을 낙관할 정도의 여유로운 상황이 아니라면 선거의 공정성을 훼손해서라도 승리했을 때 얻는 정치적 이익이 선거의 공정성을 제고해 얻을 수 있는 정치적 이익을 압도한다. 비록 이처럼 총선 전초전의 성격이 강조되면서 지역 현안들은 전국적 쟁점에 묻히게 되고 지방분권화의 의미는 더욱 퇴색하게 되었지만 자유와 공정성 측면에서 캄보디아 정치체제의 성격을 이해하는 데 2007년 콤의회 선거는 비교적 정확한 기준을 제공해 줄 수 있을 것이다.

2. 콤의회 선거방식과 선거

콤의회 선거방식은 정당명부식 비례대표제다. 각 정당은 콤별로 명부를 제시한 후 득표결과에 따라 최다 득표한 정당의 1번 후보가 의장, 2위 정당의 1번 후보가 제1부의장, 3위 정당의 1번 후보가 제2부의장으로 선출되고 나머지 평의원은 정당별 득표율에 따라 배분된다.

2007년 선거에는 12개 정당이 102,266명의 후보를 세워 평균 9:1의 경쟁률을 기록했다. 주요 정당별로 보면 인민당이 24개 카엣/끄롱의 모든 콤(1,621개)에서 26,000명의 후보를 냈고, 삼랭시당은 24개 카엣/끄롱 1,596개 콤에서 24,870명, 훈신뻿은 23개 카엣/끄롱 1,460개의 콤에서 21,791명, 노로돔라나릇당(Norodom Ranariddh Party, 이하 라나릇당)은 22개 카엣/끄롱 1,431개 콤에서 22,169명의 후보를 냈다. 이 가운데 여성 후보는 21,840명으로 전체의 20% 가까이 되었는데 2002년 선거에 비해 두 배로 증가한 것이다.[5]

선거는 3월 16일부터 30일까지의 선거운동기간과 31일 "냉각일"을 거쳐 4월 1일 전국의 14,428개의 투표소에서 실시되었다. 훈센 총리는 화사한 꽃무늬 셔츠를 입고 투표소에 나타나 압승을 낙관하는 듯한 여유를 보였다. "냉각일"은 글자 그대로 선거일 전 24시간 동안 모든 선거운동을 중단하고 과열된 열기를 식힌다는 취지로 도입되었다. 이번 선거에도 막대한 인력과 재원이 동원되었는데, 선관위가 동원한 관리 인력만 86,568명에 달했고 선거비용도 미화 1,300만 달러가 소요되었다(*People's Daily* 2007/03/15). 전체 등록 유권자

---

5) 그러나 주요 정당의 여성 후보 수에는 큰 변화가 없었다. 2002년 대비 2007년 여성 후보의 비율은 인민당이 13%에서 17%로, 훈신뻿은 14%에서 19%로 약간씩 증가한 반면 삼랭시당은 20%에서 14%로 감소했다. 2007년 선거 당시 중앙정부 내 여성의 비중을 보면 장관 25명 중 2명, 차관 127명 중 8명, 차관보 135명 중 15명을 차지해 여성의 공직 진출이 전체의 10%대에서 머무는 양상을 보여준다(*Phnom Penh Post* 16: 07, April 6-19, 2007).

수는 7,799,371명이었는데 투표율은 65%를 기록해 1993년 총선의 95%, 1998년 총선의 93%, 2002년 지방선거의 86%, 2003년 총선의 81%에 비해 가장 낮은 투표율을 기록했다.

투표율의 급격한 하락에 대해 많은 우려와 분석이 나왔다. 특히 선거의 공정성에 문제를 제기하는 측에서는 인민당을 지지하지 않는 유권자들에 대한 정부와 인민당의 의도적이고 조직적인 방해 공작이 투표율을 떨어뜨린 원인 가운데 하나로 지목하고 있다. 필자의 견해로는 오히려 과거의 투표율이 비정상적으로 높았다는 점을 지적하고 싶다. 특히 1993년과 1998년 총선의 경우 경쟁자들의 입장에서 총알 대신 유권자들의 표로 승부를 가르는 또 다른 형태의 전쟁이었기 때문에 지지자들을 동원하는 데 모든 자원을 집중했고 유권자들의 입장에서도 처음으로 실시하는 민주적 선거에 대한 기대감이 컸기 때문에 95%와 93%의 놀라운 투표율을 기록할 수 있었던 것이다(Frieson 1996, 228; 정연식 2006, 102). 그러나 이후 선거에 대한 유권자들의 기대치가 떨어지면서 투표율은 점진적인 하향곡선을 그렸다. 특히 2003년 총선에서는 81%로 급격히 하락하면서 정치적 무관심층이 늘어나고 있음을 보여주었다. 게다가 2002년 지방선거를 통해 다수의 유권자들이 현행 정당명부식 비례대표제가 집권 인민당에게 압도적으로 유리한 선출방식임을 알고 선거의 효용성 측면에서 불참을 선택했을 가능성도 높다. 투표율 하락에 대한 분석은 2008년 총선 결과에 따라 좀 더 분명한 결론에 이를 수 있을 것이다.

3. 승리의 전주곡

선거결과를 보기에 앞서 2007년 콤의회 선거 직전의 캄보디아의 정치상황에 대해 살펴보자. 가장 중요한 사건을 꼽자면 무엇보다도 훈신뺏의 분열이다. 분열의 시작은 2006년으로 거슬러 올라간다. 3월, 훈센 정부는 훈신뻿 몫 장관직 2개를 폐지했다. 9월, 오랜 외유에서 돌아온 라나릇(Norodom Ranariddh) 왕자는 훈신뻿을 연립정부의 파트너로 인정하지 않겠다는 의사를 노골적으로 표시한 것이라며 훈센 총리에 대해 거침없는 비판을 쏟아냈다. 훈센은 이에 아랑곳하지 않고 훈신뻿 소속 장차관 10명을 무능하다는 이유로 해임했다. 훈신뻿 소속 의원 26명 중 19명이 출석해 해임안에 찬성표를 던짐으로써 훈신뻿이 이미 분열되어 있음이 드러났다. 해임안이 가결된 직후 훈센은 차관보 9명을 해임했다. 모두 훈신뻿 소속이었다(*People's Daily* 2006/10/16). 라나릇은 2004년 6월 연립정부 구성 시 맺었던 협약 위반이라며 맹비난했다. 훈센은 더욱 단호한 태도로 훈신뻿에게 라나릇을 제명하라고 공개 요청했다. 기다렸다는 듯 훈신뻿은 당 대회를 개최해 라나릇을 제명했다. 제명 사유는 외유 기간이 너무 길어 당 업무에 막대한 지장을 초래했다는 것이었다.[6] 새 총재로는 라스메이(Keo Puth Rasmey)가 선출되었다. 시하누크(Sihanouk)의 막내딸 아룬 라스메이(Arun Rasmey)의 남편으로 독일에 대사로 나가 있던 사람이다. 훈센은 즉각 라스메이를 예술, 종교 및 여성 담당 부총리로 임명하였다. 훈신뻿의 위상은 급격히 추락했다, 훈센의 왕당파 분열책은 여기서 그치지 않았다. 라나릇의 아내 마리(Marie)를 "특무"장관으로 임명했고 마리는 라나릇을 간통으로 고소했다(*International Herald Tribune* 2006/10/19).[7]

라나릇은 이 모든 것이 자신에 대한 정치적 탄압이라고 비난하면서 항의의 표시로 국회의장직을 사임했다. 국회의장에는 인민당의 명예총재인 헹삼린(Heng Samrin)이 취임했다. 11월 라나릇은 크메르전선당(Khmer Front Party)을 인수해 라나릇당으로 간판을 바꾼 후 자치구의회 선거에 참여할 뜻을 밝혔

---

6) 라나릇 왕자는 지난 15년간 매년 프랑스에서 법학 강의를 한 것으로 알려졌다. 훈신뻿은 라나릇의 여성 편력도 공개적으로 비난했다.

7) 왕립무용단 출신인 마리는 라나릇과의 사이에 아들을 하나 두고 있다. 현재 법적으로 이혼한 상태다.

다. 2007년 2월 훈신뻿은 훈신뻿 당사 매각 대금을 횡령했다며 라나릇을 고소했다. 선거를 앞두고 신속하게 진행된 재판에서 라나릇은 징역 18개월을 선고받고 피선거권이 박탈되었다(*People's Daily* 2007/02/23). 감옥을 피해 라나릇은 국외로 빠져나갔고 2008년 총선을 앞둔 현재 말레이시아에 머물고 있다. 라나릇과 라나릇 추종자들이 대거 빠져나간 훈신뻿은 충성야당의 길을 선택한 것으로 보인다.

한편 2005년 2월 면책특권이 박탈되고 명예훼손 혐의로 기소되어 외국으로 망명했던 삼랭시는 2006년 2월에 귀국했는데, 훈센에게 공개적으로 사과한 후 사면 복권되었다. 목소리를 낮춘 삼랭시당은 그 대가로 3월에 열린 국회에서 정부 구성의 요건을 국회 의석 3분의 2 이상에서 과반수로 조정하는 개헌에 협력했다. 개헌은 인민당이 향후 총선에서 충분히 과반수를 획득할 수 있다는 자신감이 반영된 것으로 라나릇에 대한 공격과 훈신뻿 분열책은 이러한 자신감을 구조적으로 뒷받침하기 위한 인민당의 작전이었음이 분명해졌다. 2007년 콤의회 선거는 이처럼 라나릇의 손발을 묶어둔 채 인민당의 독주가 확실시되는 상황에서 치러졌다.

4. 선거결과

선거결과는 예상대로 인민당의 압승이었다. **표 1**에서 볼 수 있듯이 인민당은 60.82%를 득표해 7,993석을 얻어 274석을 늘렸다. 2003년 총선에서 획득한 47.35%에 비해 지지도가 급상승했음을 확인할 수 있다. 25.19%의 득표율로 2,260석을 얻은 삼랭시당도 2003년 총선의 득표율이 21.87%였던 점을 고려하면 고무적인 성과를 얻었다고 할 수 있다. 의석수만 놓고 보면 무려 1,311석이나 증가했다. 삼랭시당의 의석이 이처럼 급증한 것은 지리멸

표 1 2007년 캄보디아 콤(khom)의회 선거 결과

정당	CPP				SRP				FUNCINPEC				NRP			
구분	의장	제1 부의장	제2 부의장	의원	의장	제1 부의장	제2 부의장	의원	의장	제1 부의장	제2 부의장	의원	의장	제1 부의장	제2 부의장	의원
의석	1591	1125	185	5092	28	403	963	1266	2	47	155	70	0	46	317	62
여성	63	130	38	1162	4	17	68	160	1	5	3	0	1	9	1	0
총계	7993				2660				274				425			
득표	3,148,553(60.82%)				1,303,906(25.19%)				277,545(5.36%)				419,791(8.11%)			

* 기타 8개 정당 27,094표(0.52%) 획득, 항다라민주운동당(Hang Dara Democratic Movement Party) 제2부대표 1석 획득

** 출처: 중앙선거위원회 문서 No.4.73/7NEC.SG.PIB, No.4.74/07NEC.SG.PIB, No.4.75/07NEC.SG.PIB

렬한 왕당파의 몰락에 힘입은 바도 크지만 일부 지역에서는 인민당의 표를 잠식한 것으로도 보인다. 예컨대 인민당은 인구가 많은 바탐방(Battambang), 깜퐁쯔낭(Campong Chhnang), 시엠리업(Siem Reap) 지역에서 각각 14석, 19석, 41석을 잃은 것으로 보도되었다. 삼랭시당의 선전은 도시지역의 지식인과 청년층을 중심으로 삼랭시당의 개혁, 반독재, 반부패 구호가 갈수록 호소력을 발휘하고 있는 것으로 풀이된다(정연식 2006, 109).

훈신뻿과 라나릇당은 분열의 대가를 톡톡히 치렀다. 각각 5.36%와 8.11%의 득표율로 274석과 425석을 차지하는 데 그쳤다. 두 정당의 득표율을 합하더라도 13.47%에 그쳐 훈신뻿이 2003년 총선에서 기록한 득표율이 20.75%였던 점을 감안하면 두 정당의 분열은 훈신뻿을 구심점으로 한 왕당파의 몰락을 가속화한 것임에 틀림없어 보인다. 아울러 주목할 점은 과거 훈신뻿 지지자들의 대다수가 라나릇당을 지지해 훈신뻿은 정당으로서의 존립 위기에 처했고 전체적인 왕당파의 몰락에도 불구하고 왕실에 대한 전통적 지지층이 남아있음을 확인한 라나릇 왕자는 당분간 정치생명을 이어갈 수 있을 것으로 보인다. 그럼에도 불구하고 선거결과를 전체적으로 보면 독주

태세를 갖춘 인민당과 꾸준한 성장세를 보이며 유일한 대안으로 떠오른 삼랭시당의 양자 대결 구도가 자리를 잡아가는 것으로 평가할 수 있겠다.

마지막으로 여성 후보들의 성적을 살펴보자. 앞에서 언급되었듯이 2007년 선거에서는 여성 후보의 수가 2002년 선거에 비해 두 배로 증가한 21,840명이었다. 그러나 이 가운데 1,662명이 당선되어 약 7.6%만이 당선되는 데 그쳤다. 이는 80,426명의 후보 가운데 약 12%에 달하는 9,691명이 당선된 남성에 비해 상당히 모자라는 성적이다(COMFREL 2007b). 특히 의장의 수를 보면 총 69명으로 전체의 4.3%에 불과하다, 이러한 결과는 여성후보 수가 늘었음에도 불구하고 각 정당별 후보명부에서 여성이 주로 낮은 순번에 있었다는 것을 의미하며 캄보디아의 가부장적 정치구조와 정치문화가 여전히 강력하게 작동하고 있음을 보여준다고 할 수 있다.

Ⅳ. 선거의 공정성

캄보디아는 1993년 첫 총선을 치른 이후 1998년과 2003년의 총선, 그리고 2002년과 2007년의 지방선거까지 총 다섯 번의 선거를 치렀다. 2003년 총선까지 공정성에 대한 평가는 약간 엇갈린다. 일부 선거감시단과 연구자들은 캄보디아가 처한 정치적, 경제적, 사회적 상황을 고려할 때 대체로 긍정적으로 평가해야 한다고 보는 한편(Peou 1998; ANFREL 1999, 2003; Downie and Kingsbury 2001; Roberts 2003; Albritton 2004), 일부는 수많은 선거법 위반 사례를 근거로 캄보디아의 선거가 충분히 공정한 선거였다고 볼 수 없다는 입장을 견지했다(Um 1994; Hughes 1999; Lizee 1999; Downie 2000). 이처럼 엇갈린 평가가 나오게 된 근본적인 이유는 연구자들 사이에 선거의 자유와 공정성을 평가하는 공통의 기준이 없었기 때문이다. 긍정적 평가는 공정성을 심각히 훼손하는 선거법 위반 사례가 많다는 사실을 인정하면서도 선거결과를 뒤집을 수준의 대규모 위반 사례는 없다는 이유를 근거로 하고 있고 부정적 평가는 선거법 위반이 선거결과를 뒤집을 수준은 아니지만 그렇다고 캄보디아의 역대 선거가 공정하다고 평가하기에는 선거법 위반 사례가 지나치게 많다는 입장이다. 이 글에서는 2007년 선거를 중심으로 역대 선거를 비교적 시각에서 분석하여 선거의 공정성을 평가하도록 하겠다.

1. 선거제도의 공정성

콤의회 선거 제도는 공정한 제도와는 거리가 멀다. 캄보디아의 지방분권화 수준과 행정구조상 평의원보다 의장에게 많은 권한이 주어지는데, 제1당이 의장직을 차지하게 함으로써 콤의회 선거제도는 비례대표제 속에 1인선거구제를 교묘히 결합시킨 제도라고 할 수 있다. 따라서 콤의회 선거제도에는 1인선거구제가 갖는 구조적인 결함이 고스란히 들어 있다. 즉 득표율과 의장 수 사이의 비례도가 떨어지는 표의 대표성과 등가성 문제, 그리고 집권당과 거대정당에게 유리한 불공평한 경쟁구조 등이다. 인민당의 경우 60.82%의 득표율로 의장직은 전체 1,621개 중 1591개(98.15%)를 차지해 한마디로 의장직을 싹쓸이했다. 마찬가지로 삼랭시당은 25.19%를 득표했음에도 불구하고 의장직은 28개, 즉 0.17%에 그쳤다.[8] 달리 표현하면 전체 유효표의 4분의 1을 얻고도 100석 기준으로 단 1석을 얻은 것이다. 삼랭시당에 대한 지지도가

---

8) 정확히 말하면 의장직 수에 있어서 2002년에 비해 인민당은 6개가 줄었고 삼랭시당은 13개에서 2개로 두 배 이상 늘었다. 그럼에도 불구하고 제도적 불공정성의 본질은 변하지 않는다.

가장 높은 수도 프놈펜 지역을 보면 인민당은 228,051표를 얻어 394석을 차지했고, 삼랭시당은 166,613표를 얻어 266석을 획득했다. 그러나 의장직만 놓고 보면 인민당이 73개를 차지한 데 반해 삼랭시당은 3개에 불과했다. 달리 표현하면 삼랭시당이 득표수에 있어서는 인민당의 73%에 달했지만 의장에 있어서는 인민당의 4%만을 얻은 것이다. 그야말로 1인선거구제의 극단적인 폐해가 비례대표제의 형식 속에 자리 잡고 있는 것이다.

또한 두 명의 부의장을 두고 정당별 득표순으로 배정하는 제도도 의장의 독주를 견제하기 위한 장치라는 긍정적인 평가도 있을 수 있지만 군소정당의 입장에서 보면 인민당을 제외한 거대 정당에게 인민당의 의장 독식에 대한 보상으로 주어지는 성격이 강하다. 이 제도가 국회에서 만들어졌다는 점을 상기하면 군소정당을 소외하고 배제하려는 3당의 야합이라고 해도 과언이 아닐 것이다. 결과적으로 12개 정당이 참여해 인민당, 삼랭시당, 라나룻당, 훈신뻿을 제외한 8개 정당은 통틀어서 제2부의장 1석을 획득하는 데 그쳤다.

콤의회 선거제도의 또 다른 심각한 문제는 비례대표제 그 자체에 있다. 기초자치단체선거는 지역현안을 이해하고 일상적인 주민과의 접촉이 활성화되어야 한다는 측면에서 누구든지 입후보할 수 있도록 하기 위해, 또한 중앙정부에 지나치게 종속되는 것을 막기 위해 비례대표제를 채택하지 않는 것이 일반적이다. 그러나 캄보디아는 정당명부식 비례대표제를 채택함으로써 무소속 개인 자격으로 콤의원이 되는 길을 원천적으로 봉쇄하고 있다. 즉 피선거권을 제한하고 있는 것이다. 결국 콤의회에 진출하기 위해서는 정당의 당원이 되어야 하고, 이는 기존 정당들, 특히 거대정당들의 지역기반을 더욱 확장하는 데 기여할 뿐이다.

선거관리위원회의 중립성도 제도적으로 보장되지 않는다. 중앙선관위는 위원장과 부위원장을 포함해 9명의 위원으로 구성되는데, 선거법에 따르면 선거 7개월 전 정부의 추천을 받아 국회의 동의를 얻어 임명된다. 2007년 현재 위원장은 엄수어스더이(Im Suosdey)로 인민당 당원이다. 뿐만 아니라 선관위의 사무총장도 인민당 당원이며 직원의 대부분이 인민당 당원이다. 선거의 중립을 보장해야 할 선관위가 집권당의 당원들로 채워져 있다는 사실은 선거의 공정성 측면에서 결코 수용될 수 없다. 지방 선관위로 내려갈수록 이 문제는 더욱 심각해지는데, 앞에서도 언급했듯이 선관위 업무 대부분을 실제로는 콤의회 소속 인력이 담당하고 있기 때문이다. 실제 2003년 총선에서 지방 선관위의 86%가 인민당 소속이었고 훈신빽 소속은 14%, 삼랭시당 소속은 전혀 없었던 것으로 추산된 바 있다(이동윤 2005, 57).

그러나 몇 가지 고려해야 할 점이 있다. 우선 지방선관위의 경우 전반적인 교육 수준이 낮은 상황에서 선관위 업무를 담당할 인력이 충분하지 않다는 점이다. 이런 이유로 거의 모든 행정인력이 선거 관리에 동원되는데 이 중에는 학교 교사들이 대거 포함된다. 이들은 자의든 타의든 모두 인민당 당원이고, 전체 1,700만 인구 중 인민당 당원만 500만 명인 현실 속에서 선관위를 중립적 인사로만 채우거나 각 정당 동수로 구성하는 것은 사실상 거의 불가능하다. 다음으로 살펴볼 부분은 2007년 선거를 앞두고 선관위 위원 수가 5명에서 9명으로 확대된 것이다. 과거에는 특정 정당에 소속되지 않은 저명인사들을 위원으로 위촉하는 것이 원칙이었으나 위원 수가 9명으로 확대되면서 정당 소속 인사들이 국회 내 각 정당의 의석 비율에 따라 참여하도록 법률이 개정되었다. 따라서 지금은 선관위 위원 중에는 인민당 소속 인사들뿐 아니라 삼랭시당 소속 인사도 포함되어 있다. 과거 선관위 위원들이 형식적으로는 어떤 정당에도 소속되어 있지 않았지만 실질적으로는 전원 친 인민당 인사들이었던 점을 고려하면 그나마 선관위의 중립성은 향상되었다고 할 수 있다. 실제로 대표적 선거감시단인 COMFREL은 선거 직후 발표한 보고에서 선관위의 활동에 개선해야 할 부분을 지적하는 한편 대체로 후한 점수를 주었다(COMFREL 2007a, 8).

2. 선거과정의 공정성

1) 선거운동 과정의 공정성

2007년 1월, 종교부 장관의 동생이자 우정통신부 장관의 부인이 가족 소유의 TV 방송국 건물에서 추락해 사망하는 사건이 일어났다. 이들이 모두 훈신뺏 소속이라는 점에서 사람들은 사건의 원인과 관계없이 과거 캄보디아 선거의 특징 중 하나였던 살인의 추억을 떠올리며 선거가 임박했음을 느꼈다(*People's Daily* 2007/01/16). 며칠 지나지 않아 바탐방 지역에서는 군 장성 세 명이 강도와 테러를 모의했다는 혐의로 체포되었다. 혐의를 입증하는 증거는 그들이 "무기"를 소지했다는 것이었다. 체포된 장성들 중 2명은 훈신뺏 소속이고 1명은 삼랭시당 소속이어서 이 사건 역시 선거를 앞둔 훈센 정부의 공작으로 믿는 사람들이 다수였다(*People's Daily* 2007/01/18).

선거운동이 시작되자 여기저기서 살인사건이 일어났다. 총 9건의 살인이 보고되었는데, 9건 모두 선거와 관련된 정치적 살인으로 단정할 수 있는 것은 아니지만 선거기간 중의 살인사건은 그 동기와 관계없이 공포감을 조성해서 집권당인 인민당에게 유리하게 작동한다. 사실 인민당원들의 선거운동 단골메뉴가 인민당이 패배하면 경제적 후퇴는 물론 과거의 정치적 혼란이 다시 돌아올 것이라는 협박이기 때문에 공포분위기는 확실히 인민당에 유리하게 작동한다고 할 수 있다. 공포분위기를 조성하는 사례로는 수류탄 폭발, 밤에 군인들이 이륜차를 타고 계속 돌아다니는 행위, 군인들이 무장한 채 투표하는 행위, 경찰이 정복 차림으로 투표하는 행위, 투표소가 완전히 공포분위기인 경우 등이 보고되었다(COMFREL 2007b; 2007c). 그 외 폭력적 선거법 위반 사례로 상해, 후보 협박 및 체포, 재산 손괴, 신분증 혹은 서류 탈취 등 총 100건이 보고되었다(COMFREL 2007b).

2007년 선거만 놓고 보면 캄보디아 선거는 폭력이 난무하는 것처럼 보일 수 있다. 그러나 과거와 비교하면 폭력은 급격히 줄어들고 있는 추세에 있다. 가장 극단적 폭력인 살인을 보면 1993년 380명, 1998년 40명, 2002년 18명, 2003년 28명, 2007년 최대 9명으로 크게 줄어들고 있다(COMFREL 2007a, 7). 선거감시단의 보고는 2007년 선거가 경쟁 정당의 선거운동을 물리적으로 방해한 사례나 심각한 폭력사건이 없는 "평화적" 분위기 속에서 치러졌다고 평가했다(COMFREL 2007b).

2007년 선거에서 많은 사람들의 관심을 끈 것 중 하나가 "냉각일"에 휴대전화 문자서비스를 차단한 것이었다. 실제로 3월 31일 0시부터 선거일인 4월 1일 오후 3시까지 문자서비스가 중단되었는데, 선거운동이 과열되는 것을 막기 위해 투표일 하루 전과 투표일 투표가 종료되는 시간까지 그야말로 선거운동을 완전히 중지시키기 위한 것이라는 선관위의 설명이 있었다. 가장 크게 반발한 것은 선거감시단이었다. 감시원들이 선거법 위반 사례를 휴대전화 문자로 보고하도록 되어 있기 때문에 문자서비스 중단은 감시단 활동에 막대한 지장을 초래한다고 비판했다(COMFREL 2007c). 그러나 선거법 위반 사례가 있다면 사후에도 보고될 수 있기 때문에 "냉각일"에 있을 인민당의 불법적 선거운동을 보호하기 위한 것이었다고 보기는 어렵다. 일부 인민당원들 사이에는 문자서비스가 제공되었다는 주장도 제기되었지만 그것이 사실이라 하더라도 홍보 메시지를 받아야 할 유권자들의 휴대전화에는 문자서비스가 차단되었기 때문에 인민당에게만 유리한 조처였다고 할 수 없다. 오히려 선거의 공정성을 과시하기 위한 차원에서 문자서비스를 차단했을 가능성이 커 보인다. 이미 각종 홍보물로 거리가 뒤덮인 상황에서 문자서비스 차단은 큰 의미가 없고 일반 사용자들의 불편만 초래할 뿐이다.

2007년 선거의 또 다른 특징은 선거운동기간 중 노골적으로 금품을 살포하는 행위가 줄었다는 점이다. 2003년 선거 때만 해도 금품을 제공하는 정당이나 받는 유권자 공히 큰 문제의식 없이 공공연하게 금품을 주고받았었다. 2007년 선거부터는 금품 제공이 교묘한 형태로 진화하는 양상을 보이기 시작했다. 대표적인 사례로는 인민당이 선거운동이 아닌 종교행사의 형식을 빌려 참석자들에게 금품을 나눠준 것을 들 수 있다(COMFREL 2007a, 12). 따께오(Takeo) 지방에서는 인민당 운동원들이 투표하지 않으면 10만 리엘(riel)을 주겠다고 유권자들을 회유한 사례가 보고되기도 했다(COMFREL 2007b). 주요 정당은 자금력을 바탕으로 티셔츠와 모자를 대량으로 준비해 경쟁적으로 유권자들에게 뿌렸다. 유권자 대다수가 빈곤한 상태에서 선물과 투표는 별개라고 생각하는 경향이 강해 이 문제가 단기간 내에 해결될 것으로 보이지는 않는다(이동윤 2005, 64). 그러나 노골적으로 현금을 주고 표를 사는 행위는 거의 근절된 듯하다. 또한 정당들은 경쟁적으로 선물을 살포하면서도 선거법이 허용하는 테두리에서 벗어나려 하지 않으려는 노력을 보여줬다는 점에서 다소 진전했다고 평가할 수 있겠다.

2) 방송의 공정성

선거를 앞두고 국내외 선거감시단의 관심은 방송의 공정성을 어떻게 확보할 것인가에 집중되었다. 그만큼 과거에는 방송의 편파적 태도가 인민당 승리에 기여한바 컸기 때문이다. 국영방송의 경우 방송 시간과 내용 모두 인민당에게 절대적으로 유리하게 편성되어 유권자들의 눈과 귀를 독점하다시피 했고 민영방송도 소유주의 정치적 관계에 따라 특정 정당에 유리한 방송으로 전파를 남용했다. 선거감시단들과 시민단체들은 선거의 공정성 담보를 위해서는 방송의 공정성 확립이 가장 시급한 과제라는 인식 아래 이를 중앙선관위에 줄기차게 요구해왔다.

첫 결실은 2003년 선거에 도입되었던 "공평뉴스"(Equity News) 프로그램이다. 유엔개발계획(UNDP)과 국영방송의 공동 프로젝트로서 글자 그대로 방송 시간을 모든 정당에 공평하게 분배하는 것이다. 비교적 성공적이었다는 평가와 함께 2007년 선거에서도 "공평뉴스" 프로그램이 실시되었다. 국영방송은 매일 저녁 7시 30분부터 15분간 각 정당의 정책을 소개하고 선거운동을 보도하도록 짜여졌다(*People's Daily* 2007/02/27). 이와 더불어 선관위는 국영방송에서 "정당정책" 프로그램을 통해 각 정당의 정책을 소개하도록 요청했는데, 구체적으로 후보 1,000명 이상 정당에는 매일 6분, 1,000명 이하 정당에는 매일 5분이라는 기준도 함께 제시했다(*People's Daily* 2007/02/29). 선관위는 민영방송에 대해서도 선거 관련 방송에 대한 구체적인 규정을 만들었다. 규정에 따르면 모든 민영방송은 1일 방송 시간을 가격과 함께 공개한 후 판매해야 하고, 방송 내용에 대해서는 해당 정당이 책임을 진다. 방송 내용이 선거법에 저촉될 경우 선관위가 내용 수정을 명령하고, 수정하지 않을 때에는 방송을 금지하게 된다(*People's Daily* 2007/03/16).

이러한 노력에도 불구하고 방송의 공정성은 충분히 만족할 만한 수준에 이르지는 않았다. 무엇보다도 국영방송의 경우 선거기간 전, 즉 선거법이 적용되지 않는 기간에 뉴스와 각종 프로그램을 통해 인민당을 집중적으로 노출시켰다. 예컨대 정치 관련 뉴스의 80% 이상이 인민당에 관한 보도로 채워졌다(COMFREL 2007a, 14). 관심이 집중되었던 "공평뉴스"도 기대에는 미치지 못했다. 12개 정당이 선거에 참여했지만 공평뉴스는 3개 정당에 대해서는 아예 방송하지 않았고 주로 4개 거대정당만 다루었다. 모니터링 결과를 보면 그나마 방송된 5개 군소정당은 모두 합해서 전체 방송 분량의 8%밖에 방송되지 못했다. 거대정당들 사이에도 약간의 차이가 있어서 전체 방송량 중 인민당이 25%, 훈신뺏이 25%, 라나릇당이 20%, 삼랭시당이 18%를 차지해 인민당과 삼랭시당 사이에는 상당히 큰 격차가 있었다(COMFREL 2007b). 민영방송의 경우 공개적으로 판매한 방송시간 외에도 특정 정당만 집중으로 조명하는 자체 프로그램을 방송해 선관위 규정을 준수하지 않았다.

그러나 좀 더 자세히 들여다보면 과거에 비교해 방송의 공정성이 상당한 수준으로 개선되었다는 평가가 가능하다. 선거기간 전의 뉴스 보도행태는 그 정도가 과하긴 하나 공고화된 민주주의 체제에서도 집권당이 누리는 프리미엄이 있다는 사실을 고려하면 캄보디아에만 엄격한 잣대로 평가할 일은 아니다. 선거를 앞두고 온갖 전시성 행사를 펼치는 인민당 정부의 선거전략 앞에서 뾰족한 해결책이 없는 것도 문제다. 민영방송들이 선관위의 규정을 준수하지 않은 것은 사실이지만 현재 민영방송들이 대개 거대정당과 연계되어 있다는 점도 고려되어야 한다. 비록 모든 정당이 방송되지는 못했지만 인민당, 삼랭시당, 훈신뺵, 라나릇당은 모두 민영방송의 전파를 충분히 탔다는 점에서 과거에 비해 방송의 공정성이 향상되었다고 할 수 있다. 특히 "공평뉴스" 프로그램은 방송의 공정성 개선에 가장 큰 기여를 한 것으로 평가할 수 있다. 비록 계획했던 만큼의 결과를 얻진 못했지만 과거 지극히 불공평했던 공영방송의 전파를 주요 정당들이 나눠가졌다는 점만으로도 큰 점수를 받을 만하다. 방송의 위력을 고려할 때 훈센 정부는 엄청난 기득권을 포기한 셈인데, 이는 "공평뉴스"를 UNDP가 추진했기 때문에 가능했다. 외부로부터의 원조 규모가 정부 예산의 절반에 가까운 캄보디아로서는 외부의 압력을 쉽게 거부할 수 없기도 하지만, "공평뉴스" 거부가 당장 원조 중단으로 이어지는 상황은 아니었기 때문에 그 정도는 수용해도 무방하리라고 판단한 훈센 정부의 자신감도 중요한 몫을 했다. 요컨대, 방송의 공정성이 개선된 배경에는 외부의 압력과 훈센 정부의 자신감이 함께 있었다고 하겠다.

3) 투개표 과정의 공정성

투개표 과정의 공정성은 1993년 첫 선거에서부터 상대적으로 가장 긍정적인 평가를 받아왔다. 선거 때마다 대규모의 감시단이 투입되었고, 투개표과정의 조직적인 조작은 선거 자체를 무효로 만들 수 있는 만큼 감시단의 눈이 투개표과정에 초점을 맞추기 때문이다. 2007년 선거에도 약 18,000명의 감시단이 투입되어 투개표 현장에서 감시활동을 펼쳤다(COMFREL 2007b).

선거감시단이 적발한 투개표과정의 선거법 위반 사례는 총 822건으로 보고되었다. 이는 2002년 선거에서 보고되었던 1,128건에 비해 약 27% 감소한 것이다. 구체적인 내용을 보면 투표과정에서는 유권자들을 버스로 수송하거나 혹은 차비를 제공한 사례(25건), 지방 공무원들이 투표소 근처에 상주한 사례(104건), 군인들이 무장한 채 투표한 사례(35건), 기타 투표소 분위기가 강압적인 사례(20건), 그 외 투표소가 예정된 시각에 열리지 않은 경우, 투표 중간에 일시적으로 투표소 문을 닫아버린 경우, 밖에서 투표소 내부가 보이는 경우, 정당 로고가 있는 옷을 입고 투표한 경우, 감시단에게 비협조적인 투표소 요원 등이 있었다. 개표과정에서는 무효표 판정 오류, 표수를 잘못 부르거나 잘못 적은 경우, 묶음 표수가 정확하지 않은 경우 등, 총 98건의 위반 사례가 보고되었다. 특히 개표과정의 위반 사례는 사소하거나 기술적인 문제, 예컨대 개표요원들이 유효표/무효표 판정 기준을 충분히 숙지하지 못한 데서 오는 문제에 따른 것으로 평가되었다(COMFREL 2007b).

마지막으로 2007년 선거의 가장 큰 특징인 낮은 투표율이 유권자들의 선택에 따른 것인지 조직적인 조작에 따른 것이지 살펴보자. 투표율이 20% 가까이 뚝 떨어진 것은 의구심을 갖기에 충분할 만큼 급격한 변화다. 특히 반띠어이 미언쩨이(Banteay Meanchey) 지방의 뽀이뻿(Poipet)에서는 투표율이 30%에 불과해 많은 주목을 받았다. COMFREL은 선거가 끝난 직후 투표하지 않은 (검지에 잉크가 묻지 않은) 주민 236명을 조사해 다음과 같은 결론을 얻었다. 66명(28%)은 선거인 명부에 이름이 없어, 22명(9%)은 안내문을 받지 못해, 148명(63%)은 이주민들로 고향에 다녀올 교통비 부담 때문에 투표하지 않은 것으로, 54명(18.5%)은 투표소에 가고도 투표하지 못한 것으로 조사되었다(COMFREL 2007b). 이러한 결과는 비록 표본조사에 의한 것이 아니라는 한계가 있고 본인 의사에 따라 투표하지 않았다고 응답한 사람이 없어 신뢰도에 의문이 가지만 낮은 투표율의 원인은 대체로 설명해 준다고 볼 수 있다.

우선 이주민의 수가 많다는 점에 주목할 필요가 있다. 최근 캄보디아 경제가 급속히 성장함에 따라 도시로의 인구 유입이 가속화되었음을 확인할 수 있다. 이런 추세가 지속된다면 부재자 투표제가 도입되지 않는 한 과거의 80~90%대 투표율은 불가능할 것으로 보인다. 뽀이뻿의 낮은 투표율도 그 지역이 과거 크메르루즈(Khmer Rouge)의 근거지였다는 것과는 관계없이 지리적으로 태국과 인접해 많은 수의 주민이 태국으로 넘어가 취업하고 있기 때문으로 설명할 수 있다.[9)]

투표소에 가고도 투표하지 못한 이유로는 선거안내문만 가지고 신분증을 가져오지 않은 경우, 선거인 명부에 이름이 없는 경우, 선거인 명부의 이름과 신분증의 이름이 일치하지 않은 경우, 지정된 투표소가 아닌 투표소에 갔거나 투표소를 찾지 못한 경우 등이 제시되었다(COMFREL 2007b). 문제는 이러한 사례들이 조직적인 조작에 의한 것인지 단순한 기술적인 문제인지를 판단하는 것인데, 전자임을 입증할 명백한 증거가 제시되지 않았고 전국의 모든 투표소에서 산발적으로 발생했다는 점에서 후자에 의한 것으로 보는 것이 타당하다. 즉, 낮은 교육 수준, 낮은 수준의 행정 전산화, 비효율적인 선관위 행정 등이 근본적 원인이라는 것이다. 특히 행정 전산화의 미비로 유권자 등록제를 실시하고 있는데 이 과정에서 많은 문제가 발생하는 것으로 보인다. COMFREL이 2005년에 유권자 명부를 조사한 바에 따르면 25.8%의 유권자가 누락된 것으로 나왔는데, 유권자 명부를 품(phom)장이 작성하기 때문에 누락된 유권자 대부분이 인민당 지지자가 아닐 것이라는 COMFREL의 주장은 근거가 약하다(COMFREL 2007a, 14). 조사 시기도 선거가 없었던

9) 뽀이뻿 지역에는 카지노가 다수 개설되어 지역 주민을 많이 고용하고 있는데, 카지노 측에서 업무 시간에 투표하지 못하도록 막았기 때문이라는 설명도 있다(COMFREL 2007a, 14).

2005년인 데다 선거결과를 뒤집을 수도 있는 25.8%의 표가 사라지는 것을 다른 정당에서 모를 리 없으며 실제로 문제 제기를 한 적도 없다. 물론 유권자 수가 선거 때마다 들쑥날쑥해온 것은 사실이다. 그러나 과거 1993년과 1998년 선거에서 대규모로 유령 유권자들이 등록되었던 것처럼 조직적인 조작은 더 이상 없는 것으로 보인다. 어쨌든, 이 문제는 유권자 등록제가 폐지될 때까지는 계속될 것으로 예상된다.

요약하자면 투개표과정의 공정성도 꾸준히 개선되어 왔다고 하겠다. 투개표소의 선거법 위반 사례는 대체로 공정성을 크게 훼손할 수준은 아니며 계속 감소 추세에 있다. 물론 낮은 수준의 전산화와 유권자 등록제로 인한 문제가 해결되지 않고 있지만 특정 정당에게만 유리한 쪽으로 조작되었다고 볼 증거가 없다는 점에서 투개표과정의 공정성은 상당한 수준에 이른 것으로 평가할 수 있겠다.

Ⅴ. 결론

선거 직후 인민당 총재 찌어심(Chea Sim)은 총평을 통해 2007년 지방선거가 "모든 유권자가 자신의 의지를 자유롭고 동등하게 표현한" 선거로서 "자유롭고 공정하게" 진행된 "성공적인" 선거였다고 평가했다(COMFREL 2007a, 16). 선거감시단 COMFREL은 "전체적으로 2002년 선거와 비교해 많은 개선이 이었고 지방분권화와 지방민주주의를 진전시키는 의미가 있지만"(COMFREL 2007a, 5), "선거결과가 국민의 의사를 정확히 반영한다는 최종 결론을 내리기에는 선거과정의 공정성에 대한 의문이 남아 있다"고 평가한 후 60.82%의 득표율로 전체 의장직의 98.15%를 차지할 수 있는 제도는 공정한 제도가 될 수 없으며, 따라서 모든 사항을 함께 고려했을 때 "2007년 캄보디아 지방선거는 자유롭고 공정한 선거로 평가될 수 있는 국제기준을 충족시키는 데 실패했다"는 최종평가를 내렸다(COMFREL 2007a, 10).

현실은 COMFREL의 평가와 부합한다. 비록 선거결과를 뒤집을 수 있는 수준으로 선거의 공정성이 훼손되었다고 할 수는 없지만 선거제도와 선거과정을 면밀히 분석해보면 2007년 선거가 자유롭고 공정한 선거였다고 할 수 없음은 분명하다. 선거과정에서 살인, 폭행, 협박을 포함한 각종 폭력이 근절되지 않고 있으며, 방송은 일부 거대정당에게만 유리한 방향으로 전파를 오용하고 있고, 투개표 과정도 아직 개선의 여지가 많이 남아 있다. 특히 한 정당이 60%의 득표율로 의석을 싹쓸이하다시피 하는 선거제도는 선거의 공정성을 훼손하는 치명적인 약점이다. 이러한 제도는 선거과정의 공정성이 완벽하게 보장된다 하더라도 일당의 독주를 막을 수 없는 패권적 구조를 낳게 된다. 따라서 캄보디아의 2007년 지방선거는 결코 자유롭고 공정한 선거로 평가받을 수 없다.

그러나 선거과정의 공정성을 역대 선거와 비교해보면 꾸준히 개선되는 추세를 확인할 수 있다. 선거 후 각 정당이 중앙선관위에 접수한 이의가 50건에 불과했다는 사실이 좋은 증거다. 이는 2002년 선거의 144건에서 대폭 감소한 것으로 모두 기각되었음에도 불구하고 이를 비판한 정당이 없었다는 점으로 미루어보아 선거의 공정성을 심각히 훼손한 경우는 없다고 볼 수 있다(COMFREL 2007c). 특히 과거 캄보디아 선거에 큰 오점을 남겼던 폭력이 현저히 감소하는 추세에 있고, "공평뉴스"의 도입으로 방송의 공정성이 크게 개선된 점도 긍정적인 평가를 낳게 한다. 이러한 변화의 배경에는 선거감시단의 지속적인 감시와 국제기구를 포함한 외부의 압력이 있었다. 더욱 중요한 것은 이러한 감시활동과 압력이 결실을 맺게 된 데에는 이를 훈센 정부가 수용했다는 사실이다. 선거과정의 공정성은 2002년 지방선거를 전후로 크게 개선되기 시작했는데, 이는 인민당이 1998년 선거에서 제1당이 된 후 2002년 지방선거에서 압승을 거두고 이어진 2003년 총선에서도 낙승하는 궤도와 맥을 같이 한다. 즉 선거에서 승리할 수 있다는 훈센 정부의 자신감이 선거감시단의 요구와 외부의 압력을 수용할 수 있게 한 것이다. 물론 이처럼 선거과정의 공정성이 제고되었다 하더라도 현재의 지방선거처럼 선거제도의 공정성이 결여되어 있다면 유권자의 의지를 정확히 대변하는 선거결과가 나올 수 없다. 하지만 제도의 공정성이 인정되는 총선에 2007년 선거과정의 공정성이 담보된다면 충분히 다른 결과를 낼 수도 있다.

물론 2008년 총선에서 인민당의 승리가 확실시되고 있어 당장 선거의 공정성을 확인해줄 정권교체의 가능성은 없다. 그러나 인민당의 승리가 확실시되는 만큼 선거과정의 공정성은 최소한 유지되거나 더 개선될 가능성이 크다. 그럴 경우 이론적으로는 예상치 못한 결과가 나올 수도 있는 것이다. 즉 선거의 공정성이 결여되어 구조적으로 집권당이 항상 승리할 수밖에 없는 패권적 선거권위주의에서 경우에 따라서는 집권당이 패배할 수도 있을 만큼의 제도적 공정성이 담보되는 경쟁적 권위주의로 이동하고 있다는 것이다. 비록 향후 총선에서 인민당의 승리가 확실시되지 않는 상황이 발생하더라도 이러한 이동 방향을 쉽게 되돌릴 수는 없을 것이다. 공정한 경쟁을 기대했던 경쟁 정당들의 격렬한 저항이 따를 뿐 아니라 바뀌야 할 선거제도의 범위가 넓기 때문이다. 이것이 바로 제도화의 장점이고 제도적 공고화가 다지는 민주주의의 초석이다. 캄보디아의 정치체제가 패권적 선거권위주의에서 경쟁적 권위주의로 이동하고 있으며 그 이동 방향이 바뀌지 않을 것이라는 이 결론은 2008년 총선을 통해 검증될 수 있을 것이다.

참고문헌

이동윤. 2005. "캄보디아의 선거와 정당정치: 타율적 민주화의 한계." 『국제지역연구』 9(1).

정연식. 2006. "캄보디아의 선거과정: 정치적 기능과 의미." 『동남아시아연구』 16(1).

______. 2008. "캄보디아의 민주주의와 인권." 박은홍 외. 『평화를 향한 아시아의 도전: 아시아 민주화운동사』. 서울: 나남.

조영희. 2008. "캄보디아 2007년 지방의회선거의 정당정치적 의미." 2008 포스코아시아포럼 발표논문.

최장집. 2005. 『민주화 이후의 민주주의: 한국 민주주의의 보수적 기원과 위기』. 서울: 후마니타스.

ADHOC. 2007. *Human Rights Situation 2006*. Phnom Penh.

______. 2008. *Human Rights Situation 2007*. Phnom Penh.

Albritton, Robert. 2004. "Cambodia in 2003: On the Road to Democratic Consolidation." *Asian Survey* 44(1).

ANFREL. 1999. *Cambodia: Struggling for Justice and Peace, Report of the Missions on the 1998 Elections*. Bangkok: ANFREL.

ANFREL and Forum-Asia. 2003. *Cambodia: General Election 2003, Report of International Observation Missions*. Bangkok: ANFREL and Forum-Asia.

COMFREL 2007a. *Final Assessment and Report on 2007 Commune Council Elections*. Phnom Penh

______. 2007b. Press Statement PR/No 08/07 COMFREL/M.U.

______. 2007c. Press Statement PR/No 10/07 COMFREL/M.U.

Carothers, Thomas. 2002. "The End of the Transition Paradigm." *Journal of Democracy* 13(1).

Dahl, Robert. 1971. *Polyarchy: Participation and Opposition*. New Haven: Yale University Press.

Diamond, Larry. 1999. *Developing Democracy: Toward Consolidation*. Baltimore: Johns Hopkins University Press.

______. 2002. "Thinking about Hybrid Regimes." *Journal of Democracy* 13(2).

Downie, Sue. 2000. "Cambodia's 1998 Election: Understanding Why it Was Not a Miracle on the Mekong." *Australian Journal of International Affairs* 54(1).

Downie, Sue and Damien Kingsbury. 2001. "Political Development and Re-emergence of Civil Society in Cambodia." *Contemporary Southeast Asia* 23(1).

Frieson, Kate G. 1996. "The Cambodian Elections of 1993: A Case of Power to the People?" R. H. Taylor, ed. *The Politics of Elections in Southeast Asia*. Cambridge: Cambridge University Press.

Gunther, Richard, P. Nikiforos Diamandouros, and Hans-Jürgen Puhle. 1995. *The Politics of Democratic Consolidation: Southern Europe in Comparative Perspective*. Baltimore: Johns Hopkins University Press.

Hughes, Caroline. 1999. "Surveillance and Resistance in the Cambodian Elections." *Southeast Asian Affairs 1999*. Singapore: ISEAS.

Levitsky, Steven and Lucan A. Way 2002. "The Rise of Competitive Authoritarianism." *Journal of Democracy* 13(2).

Lizee, Pierre P. 1999. "Testing the Limits of Change: Cambodia's Politics After the July Elections." *Southeast Asian Affairs 1999*. Singapore: ISEAS.

Mohamad, Maznah. 2002. "Towards a Human Rights Regime in Southeast Asia: Charting the Course of State Commitment." *Contemporary Southeast Asia* 24(2).

O'Donnell, Guillermo. 1996. "Illusions about Consolidation." *Journal of Democracy* 7(2).

Peou, Sorpong. 1998. "The Cambodian Elections of 1998 and Beyond: Democracy in the Making?" *Contemporary Southeast Asia* 20(3).

______. 2000. *Intervention and Change in Cambodia: Towards Democracy?* Singapore: ISEAS.

Racamora Joel 2007. "Opening the Democracy Door: Decentralization and Deconcentration in Cambodia." *Decentralization Interrupted: Studies from Cambodia, Indonesia, Philippines and Thailand*. Quezon City: the Institute for Popular Democracy.

Roberts, D. 2003. "From 'Communism' to 'Democracy' in Cambodia: A Decade of Transition and Beyond." *Communist and Post-Communist Studies* 36.

Schedler, Andreas. 1998. "What is Democratic Consolidation?" *Journal of Democracy* 9(2).

______. 2002. "The Menu of Manipulation." *Journal of Democracy* 13(2).

Schmitter, Philippe C. and Terry Lynn Karl. 1993. "What Democracy Is ... and Is Not." *Journal of Democracy* 2.

Schumpeter, Joseph. 1947. *Capitalism, Socialism, and Democracy*. 2nd ed. New York: Harper.

Tin Maung Maung Than. 2004. "Cambodia: Strongman, Terrible Man, Invisible Man, and Politics of Power Sharing." *Southeast Asian Affairs 2004*. Singapore: ISEAS.

Um, Khatharya, 1994. "Cambodia in 1993: Year Zero Plus One." *Asian Survey* 34(1).

People's Daily, 2007.

Phnom Penh Post, 2007.

제12장 | 베트남의 사회주의 개혁과 국회의 변화

이한우

I. 머리말

베트남은 1986년말 제6차 베트남공산당 전국대표대회(이하 당대회)에서 전면적 개혁정책인 '도이머이'(Doi Moi, 쇄신) 정책을 채택하기 이전, 공산당(이하 당)과 국가기구 간에 역할 분담이 명확하지 않았던 중앙집중적 정치체제하에 있었다. 1970년대 말부터 개혁에 대한 요구가 제기되기 시작하여 경제부문에서는 1980년대 초반에 부분적 개혁 조치가 있었으나, 정치부문의 개혁은 '도이머이'정책 채택 이후에야 시작되었다.

공산당은 제6차 당대회에서 그간의 관료주의와 비효율성에 대하여 비판하고 쇄신을 부르짖었다. 총비서로 선출된 응웬반린(Nguyen Van Linh)은 언론을 통하여 그간의 관료주의적 폐해를 고발하고 시정하는 운동을 전개하여, 정치체제의 개방화와 자유화를 시도하였다. 그러나, 1980년대 말 소련 및 동구권 사회주의 국가들의 붕괴와 1989년 중국의 천안문사건은 베트남 지도자들에게 체제 붕괴에 대한 경각심을 고취시켰다. 베트남 지도부는 다시 사회주의체제를 지키려는 보수 회귀로의 노선으로 전환하게 되었고, 이는 1990년

대 초반까지 이어졌다. 그러나, 베트남은 1992년 헌법 개정을 통하여 제6차 당대회의 개혁 정신을 이에 반영하였고, 이후 개혁정책을 지속적으로 추진해 오고 있다.

베트남은 이런 과정 속에서 맑스-레닌주의와 호찌민사상을 사상의 기반으로 하는 사회주의 체제를 유지하고 있다. 표면적으로 보면, 정치체제의 본질은 변하지 않고 있고, 공산당의 1당 통치 하에서 정치적 안정을 구가하고 있는 듯하다. 기존의 많은 논자들이 베트남 개혁의 성공요인으로 정치적 안정을 들고 있는 것도 이 때문이다. 그러나, 공산당 리더십에 대한 작은 도전들은 계속되고 있고, 당 지도부는 이에 대응하여 많은 정책들을 채택해 왔다. 그간 정치부문에서 수행해온 개혁정책들은, 공산당 내 의사결정과정의 민주화, 공산당-정부 간 관계 및 국회와 행정부 간 역학관계의 재설정, 행정부 능력 증진, 국회의 입법부 기능 강화 등이었다.

그간 공산당의 기능과 리더십의 변화에 대하여는 여러 연구자들이 연구를 내 놓았다(Porter 1993; Thayer 1992, 2003; Abuza 2001; Vasavakul 1997; 이한우 2000, 2007a; 정연식 2005). 그것은 베트남이 1당 지배체제 하에서 공산당과 국가가 일체를 이룬 당-국가(party-state)였기에 국가의 제반 정책은 공산당의 지침에 의해 수행되었기 때문이다. 그러나, 개혁과정에서 점차 공산당의 국가 '영도'는 일정한 제도적 틀 내에서 수행되도록 압력을 받고 있다. 1992년 헌법은 공산당이 헌법의 틀 내에서 활동하도록 규정하여, 당이 국가보다 상위에서 국가를 영도하는 실체이지만 동시에 국가 내의 규칙에 따라야 한다는 이중적 규범을 두고 있다. 이런 과정에서 국가기관은 점차 여타 국가와 같이 제 기능을 수행하는 기구로 탈바꿈하고 있다. 국회도 역시 국민대표, 입법, 여타 국가기관에 대한 견제와 균형이라는 입법부 고유의 기능을 확보해가고 있다. 1986년 말 '도이머이' 정책을 채택한 이후 베트남 공산당과 정부는 국회 역할의 강화를 시도하여 부분적으로 긍정적 성과들을 나타냈다. 베트남이 국회의원

선거과정에서 절차적 민주주의를 실현하고 있지 못함에 따라 국회는 국민의 최고대표기관으로서의 역할을 제대로 수행하고 있지 못하지만(이한우 2006; 2007b), 입법기능의 강화 및 행정부에 대한 견제기능의 강화와 같은 국회 본래의 기능들을 점진적으로 확대하고 있다. 특히, 농득마인(Nong Duc Manh)이 1992년 국회주석(국회의장)으로 선출된 이후 2001년 제9차 당대회에서 총비서로 선출되어 사임하기까지 국회 역할의 변화가 두드러진다. 한 외국인 특파원은 국회만큼 많은 변화가 있었던 정치조직도 드물다고 평가한다(Hiebert 1996, 193). 국회가 과거 공산당의 거수기(rubber stamp) 역할만을 수행하던 실체로부터 벗어나, 당에서 추천한 인사들을 정부 주요 직책에 임명하는 문제에 대해 격렬한 토론을 벌인다든가, 행정부에서 제출한 입법안을 부결시키거나 행정부 장관들을 국회에 출석시켜 정책집행에 대하여 추궁하는 사례들이 증가한 것은 국회가 본연의 기능을 찾아가고 있는 징표라고 할 수 있다.

베트남에서 국회의 변화는 단기적으로 정치변동을 초래할 정도로 급격하거나 광범위한 것은 아니나, 중장기적으로 체제 변화를 가져올 중요한 요소 가운데 하나이므로, 이에 대한 분석은 베트남 정치변동을 이해하는 데 필수적이라고 본다. 그간의 베트남 정치에 대한 연구에서 베트남 국회의 변화와 정치변동에의 함의에 대하여 본격적으로 탐구한 연구는 아직 희소하며, 전체 정치체제의 변화 속에서 단지 부분적으로만 언급되고 있었을 뿐이다.

이 연구에서는 베트남의 개혁과정에서 국회의 변화를 국가권력구조 내 국회의 위상, 입법기능, 정부에 대한 견제와 균형의 관점에서 탐구하고자 한다.

첫째, 베트남에서는 국회가 국민의 최고대표기관으로서의 위상을 갖추어가고 있는가를 공산당, 행정부 등 당-국가 권력기관과의 관계에서 그 변화를 검토하고자 한다. 이를 위하여 제도상 변화와 함께 국회 최고위직 인사상의 변화를 통해 그 위상의 변화를 파악하고자 한다.

둘째, 국회의 입법부로서의 기능에 어떠한 변화가 보이는가를 검토하고자 한다. 일반적으로 다른 국가에서는 입법부에서 대부분 법률안이 발의되는 것과는 달리 베트남에서는 현재까지도 대부분 법률안은 정부로부터 제출되고 있다(Van phong Quoc hoi 2004). 이러한 현상의 배경과 문제점을 살펴보고, 이를 극복하려는 정책적 시도를 검토하고자 한다.

셋째, 국회의 국가권력에 대한 견제와 균형 역할에 대하여 탐구하고자 한다. 공산당의 지침에 따라 (공식적으로는 추천에 따라) 국회가 인준하는 정부 고위직 인사들의 임명과정에서 기존의 메커니즘에서 어떠한 변화가 있었는지를 파악하고자 한다. 일반적으로 당은 정부 주요 직위에 당 고위 간부들을 겸직시켜 정부에 대한 통제를 가해 왔다. 그러나 개혁과정에서 당의 일방적 의사가 국회에서 관철되지 않는 사례가 발생하였으며, 이러한 기존의 메커니즘으로부터 탈피하려는 국회의 시도는 국회가 자율성을 확보해가려는 시도라고 하겠다. 국가기구 내에서는 주로 대 행정부 견제기능의 확대 상황을 살펴보고자 한다. 행정부에서 발의한 법률안이나 예산안 심의과정을 관찰하여 이 과정에서 국회의 독자적 기능이 얼마나 발휘되는가하는 양상을 파악하고자 한다. 더불어, 행정부의 정책 집행에 대한 국회의 감시기능에 대하여도 살펴보고자 한다.

이를 통하여 국회가 과거 공산당의 지침을 추인하는 기관으로부터 독자적 본연의 기능을 확보해가는 과정을 분석하고자 하며, 이의 베트남 정치체제의 변화에 가져올 함의를 탐색하고자 한다.

Ⅱ. 국가권력기구 내 국회 위상의 변화

1. 제도적 변화

개혁 이전 베트남은 공산당 1당이 지배하는 당-국가(party-state)체제 하에서 국회가 공산당의 지침을 수행하여 입법화하는 거수기 역할을 수행해왔다. 따라서 국회 회의는 공산당의 지침을 승인하는 의례적 장이었다. 개혁과정에서도 공산당이 국가를 '영도'한다는 사회주의체제의 큰 틀은 계속 유지되고 있어, 국회가 독자적으로 본연의 기능을 수행할 수는 없었다. 그러나 개혁과정에서 공산당의 역할도 보다 더 제도화된 틀 속에서 행해지도록 압력을 받고 있다.

국가기구의 제도적 개혁은 1986년 제6차 당대회에서 "당과 국회의 직무와 임무를 명확히 한다"고 언명한 이래 1988년 말부터 시작되었다. 1988년 12월의 국회 회의는 당이 국회에 일반적 정책 지침만 내리고 입법과정에 직접 개입하지 않으며 국회가 입법과정을 직접 관장한다는 방침이 처음으로 시행된 회의였다(Porter 1993, 75). 1989년 6월 제8기 5차 회의는 또 다른 변화의 계기였다. 그 이전에는 당이 국가계획, 국가예산 등을 당 정치국에서 입안하여 심의한 후 국회는 단지 심의된 안건을 통과시키는 역할만을 했었다. 5차 회의부터 국회의원이 국가계획과 국가예산 심의에 참여하게 됨으로써, 공산당은 목표를 제시하고, 국회가 심의하여 입법화하며, 행정부가 정책을 결정하고 집행하는 업무 분담이 이루어지기 시작하였다(矢島鈞 · 次窪光純 1993, 61-62).

국회의 변화는 1992년 개정 헌법으로부터 본격화되었다고 하겠다. 개정헌법에서는 기존의 국회가 그대로 존속하나, 국가평의회를 폐지하고 국가주석직을 신설하여 국가수반을 협의체로부터 1인화하고 각료회의를 정부(행정부)로 개편함으로써 각 기구의 책임성을 강화하였다. 1980년 헌법과 1992년 헌법을 비교하자면 다음과 같은 특징을 나타낸다.

우선, 공산당과 국가의 관계는 큰 틀에서는 변화가 없다. 단지, 권력관계상 작은 변화들이 나타나는데, 공산당의 베트남 내에서의 위상에 대한 미시적 변화에서 이를 알 수 있다. 헌법에서 베트남공산당은 "베트남 노동계급의 선봉대이며 참모부이며……국가와 사회를 영도하는 유일한 세력"(1980년 헌법 제4조)으로부터 "베트남 노동계급의 선봉대이며……국가와 사회의 영도 세력"(1992년 헌법 제4조)으로 변경되었다. 이러한 변화의 의미를 해석하는 데 있어 한 학자는 1992년 헌법에 공산당이 '유일한' 영도세력이라는 규정을 삭제한 점에 주목한다(Heng 1992). 그러나, 이를 과도하게 해석할 필요는 없으며, 이 변화가 단지 공산당이 문어발식으로 모든 부문에 개입하는 것을 줄이고(Salomon 2007, 200) 헌법의 제도적 틀 내에서 활동하여야 한다는 것을 강조하는 의미라고 할 수 있다. 그것은 베트남에서는 여전히 공산당의 국가 '영도'가 지속되고 있기 때문이다. 국가기관의 고위 인사들은 공산당에서 '추천'하는 인사들로 채워져 있다. 국회의 경우 2007년 제12기 국회에서 공산당원의 비율은 91%로, 이전의 92%(제9기), 85%(제10기), 90%(제11기)에 비해 낮지 않다(이한우 2006; 2007b).

국회의 권한에 있어서는, 국회가 헌법과 법률에 따른 최고 감독권한을 가지고 있다는 점에는 변함이 없으나, 1992년 헌법에서는 국회가 행정부 등 국가기관의 보고에 대해 감독할 수 있다는 규정을 넣어 대 정부 견제기능을 좀 더 구체화하였다(제84조 2항). 그러나, 베트남에서는 여타 국가들과 달리 국회에 의한 정기적인 국정감사가 수행되고 있지 않다. 또한 국회의 권한과 임무에서, 국가의 (발전)계획을 결정하고 그 계획의 집행을 승인하며 정부예산안을 결정하고 결산을 승인한다는 규정은(1980년 헌법 제83조 4항, 5항), 국가의 사회경제발전계획, 재정 및 통화정책을 결정하고 예산안 및 배분안을 결정하며 결산을 승인하다고 좀 더 구체적으로 명시되었다(1992년 헌법 제84조 3항, 4항).

국회의 인사권에 대한 규정에 있어서는, 국회가 국가평의회 주석, 부주석, 위원 및 각료회의 주석, 부주석, 위원(장관)을 임면할 수 있다고 한 것으로부터(1980년 헌법 제83조 7항), 국가주석 및 부주석, 국회주석 및 부주석, 국회상무위원회 위원, 수상, 최고인민법원장, 최고인민검찰원장을 임면할 수 있으며, 수상의 제청에 의하여 부수상, 장관의 임면을 승인할 수 있는 것으로(1992년 헌법 제84조 7항) 변경되었다. 이는 부수상 및 장관의 임면에 수상의 권한을 강화함으로써 행정부의 자율권을 강화한 조치다. 이상과 같은 제도적 변화는 국회의 국가기구 내 역할을 분명히 하면서, 아직은 미흡하지만 당으로부터의 자율성을 확보하고 대 정부 견제 기능을 확대하는 방향으로 전개되고 있다.

2. 인사상 국회 위상의 변화

베트남에서 국가기관의 위상은 해당 기관 수장의 정치엘리트 내에서의 지위와 무관하지 않다. 공산당이 국가를 영도하는 구도 하에서 정치엘리트의 서열은 공산당 내 서열에 따라, 총비서, 15명 전후의 정치국 위원, 약 200명의 중앙집행위원회(이하 당중앙위) 위원 순으로 정해진다. 베트남은 인치적(人治的) 성격이 강하여 그간 특정 기관의 수장이 정치적 서열, 즉 공산당 서열에서 어느 지위를 차지하느냐가 그 기관의 위상에 영향을 미쳐 왔다. 국회주석의 공산당 내 서열에 따라 국회의 위상이 변해 왔기에, 통일 이후 국회 최고위 지도자들의 공산당 내 위상을 보면, 국회가 베트남 권력기구 속에서 차지하는 위상을 읽을 수 있다. 이런 점에서 국회주석 및 부주석의 권력 엘리트 내 위상 변화를 통하여 국회의 권력기구 내 위상의 변화를 분석해보는 것도 의미 있는 작업이다.

베트남은 1975년 4월 통일 직후 1976년 4월 25일 전국 총선거를 통하여 제6기 국회를 구성하였다. 통일 직전인 1975년 4월 6일, 북부 베트남에서 실시된 선거로 구성된 제5기 국회와 비교해보면, 제6기 국회는 쯔엉찐(Truong Chinh) 국회주석 및 호앙반호안(Hoang Van Hoan) 등 부주석은 1976년 통일 국회에서도 그대로 재선되고 단지 부주석 한 명만 추가로 선임되었을 뿐 큰 변화를 보이지 않았다(부록 **표** 참조). 즉, 국회 최고위직에서만 보면, 통일 이후 남부는 국민의 최고대표기관에서 대표되지 않았다고 할 수 있다. 남북 통일 결과 남부출신 인사들의 국회 최고위 지도자로의 등용은 1981년 제7기 국회에 가서야 이루어졌다. 제7기 국회는 국회주석에 응웬흐우토(Nguyen Huu Tho)를 선출하였는바, 그는 통일 이전 남부에서 베트남남부해방민족전선(National Liberation Front) 의장 및 남베트남공화국 임시혁명정부 고문회의 주석을 담당하였던 인물이다. 그는 통일 이후 제6기 국회에서 국가부주석으로 선출되었고 제7기 국회에서 국가부주석 겸 국회주석을 담당하였다(이한우 2007c, 58). 그러나 응웬흐우토는 공산당 고위직을 겸직하고 있지 않아, 실질적 권력을 가지지 못한 상징적 존재였다. 제7기 국회의 부주석 가운데 당중앙위 위원이 1명뿐이었고, 그 외 8명은 사회 각계를 대표하는 인사들로 구성되었다(**표 1** 참조). 1987년 제8기 국회에서는 국회주석 레꾸앙다오(Le Quang Dao)가 당중앙위 위원이긴 하였으나 정치국 위원은 아니었으며, 부주석도 당중앙위 위원 2명과 당중앙위 위원이 아닌 인사 3명으로 구성되었다. 이런 점에서 보면 통일 이후 제6기 국회에 비해, 제7, 8기 국회는 그 위상이 하락하였다고 판단된다. 그러나 당시 국회가 당의 지침을 수행하는 의례적 승인기관으로서의 기능 이상의 역할을 하고 있지 못했기 때문에 그 위상의 변화를 판단하기에는 한계가 있다.

개혁정책을 채택한 이후 국회의 역할이 강조되는 제9기 국회 최고위 지도자들의 위상은 그 이전과 확연한 차이를 나타낸다. 1992년 9월 제9기 국회에서 비로소 정치국 위원인 농득마인(Nong Duc Manh)이 국회주석에 선임되고 부주석도 당중앙위 위원 2명 및 당중앙위 위원이 아닌 인사 1명으로 구성되어, 국회의 위상이 현격히 높아졌음을 나타내주었다(**표 1** 참조). 부주석 중 응웬하판(Nguyen Ha Phan)은 선출 당시 당중앙위 위원이었다가 1993년 12월에 정치국 위원이 됨으로써, 정치국 위원이 두 명이나 국회 고위직을 겸직하는 결과를 가져왔다.

1997년 제10기 국회부터 대체로 국회주석은 정치국 위원, 국회 부주석은 당중앙위 위원 가운데 선임하고 간혹 정치국 위원 중에서 선임하는 경우도 있다(부록 **표** 참조). 제10기 국회에서는 농득마인이 연임하다가 2001년 6월 사임하고 정치국 위원인 응웬반안(Nguyen Van An)이 취임하였다. 제11기 국회에서는 응웬반안과 쯔엉꾸앙드억(Truong Quang Duoc)이 각각 국회주석 및 부

표 1 통일 이후 기별 베트남 국회주석 및 부주석의 공산당 직위

기별	기간	국회주석	국회 부주석	기별	기간	국회주석	국회 부주석
5 북부	1975~1976	정치국 위원	정치국 위원 1명 중앙위 위원 3명 비 중앙위 위원 1명	9	1992~1997	정치국 위원	정치국 위원 1명 중앙위 위원 1명 비 중앙위 위원 1명
6	1976~1981	정치국 위원	정치국 위원 1명 중앙위 위원 3명 비 중앙위 위원 2명	10	1997~2002	정치국 위원	중앙위 위원 5명
7	1981~1987	비 중앙위 위원	중앙위 위원 1명 비 중앙위 위원 8명	11	2002~2007	정치국 위원	정치국 위원 1명 중앙위 위원 2명
8	1987~1992	중앙위 위원	중앙위 위원 2명 비 중앙위 위원 3명	12	2007~2011	정치국 위원	중앙위 위원 4명

출처: *60 nam Quoc hoi~*; http://www.na.gov.vn; http://www.cpv.org.vn에서 해당 자료 종합.

주석에 선출되었는데, 모두 당 정치국 위원이어서 국회의 위상이 높아졌음을 보였다.

2006년 4월 제10차 당대회에서 정치국 위원으로 선출된 응웬푸쫑(Nguyen Phu Trong)과 호득비엣(Ho Duc Viet)이 같은 해 6월 제12기 국회에서 각각 국회주석, 국회 과학기술환경위원회 주임에 선임됨으로써, 제12기 국회에서도 국회 출신 정치국 위원이 2명이 되었다. 또한 응웬득끼엔(Nguyen Duc Kien) 등 국회부주석 4명이 당중앙위 위원이고, 이외에도 쯔엉티마이(Truong Thi Mai) 문화 · 교육 · 청소년 · 아동위원회 부주임, 응웬티느엉(Nguyen Thi Nuong) 민족회의 부주석 등이 당중앙위 위원을 겸직하고 있다. 이처럼 최근에는 국회의 각 위원회 위원장을 당중앙위 위원이 겸직하는 사례가 늘고 있어, 국회의 위상이 점차 높아지고 있음을 알 수 있다.

Ⅲ. 입법 기능의 강화

입법부 강화 시도는 1991년 제7차 당대회에서 '법치국가'(nha nuoc phap quyen)를 건설하자는 목표를 제시하면서 시작되었다. 이후 베트남 지도자들은 당대회에서도 국회의원의 자질을 향상하고 국회 입법 기능을 강화하여야 한다는 필요성을 제기하고, 전임의원 비율을 증가시켜 전문성을 강화할 것을 계속하여 요구하고 있다(CPV 2001, 72). 1996년에 한 농경제학자는 훌륭한 입법안이 여러 개 있음에도 불구하고 그 아이디어가 너무 최신이어서 교육수준에 차이가 있는 국회의원들이 이를 받아들이지 않고 거부권을 행사하고 있다고 비판하였다(VET 1996, 16).

베트남에서 이제까지 법률안은 주로 행정부에서 제출하여 왔고 의원 입법은 없었다. 지금도 법률안의 90% 이상은 여전히 정부로부터 제출되고 있다(Van phong Quoc hoi 2004, 28). 기타 기관으로 법원 및 검찰에서 입법안을 제출하기도 하나 주로 형사/민사소송과 관련된 법안에 한정되어 있다. 국회 자체의 입법 사례는 1996년의 국가예산법이 있었으나(VET 1996, 15), 의원 입법 사례는 매우 드문 실정이다(Nguyen Si Dung과의 면담). 이러한 현상은 베트남 국회가 사회 전부문의 대표자로 국회를 구성하여야 한다는 전제에 따라 사회 각 부문에서 현직자로 활동하고 있는 인사들을 국회의원으로 겸직케 함으로써 입법부 고유의 업무에 집중할 수 없었기 때문이다. 예를 들자면, 2002년의 경우 법률위원회 소속 의원 31명 중 29명이 겸임의원이었기에 전문적으로 입법안을 검토할 수 없는 실정이었다(Thu Ha 2002, 10). 2001년 국회조직법(제47조)은 비전임의원들이 본인의 업무 전체에서 1/3 이상의 시간을 국회 업무에 종사하도록 규정하고 있으나, 실현되고 있지 않다. 따라서 2002년 당시 처리되지 못하고 있던 법률안이 30~40%나 되었다(Thu Ha 2002, 10). 그러나 한편으로는 국회가 법률안을 제출하여야 하는가에 대하여 이견도 존재한다. 예컨대, 국회 부주석 우옹쭈르우(Uong Chu Luu)는 입법안 작성업무를 정부로부터 국회로 가져와야 한다는 제안에 반대하면서, 그 이유로 입법안 작성시 법 집행기구가 현실을 더 잘 이해한다는 점을 들었다(Nguyen Ha 2007, 12).

국회는 이러한 실정을 타파하기 위하여 능력 있는 국회의원을 선출하고 국회 전임자수를 늘리려고 시도하고 있다. 베트남에서는 국회의원 선거과정에서 국회 상무위원회가 각 부문별 대표를 적정비율 유지하는 것과 관련한 의견을 제출하고 공산당의 지도를 받는 베트남조국전선이 입후보과정을 독점함에 따라 자유로운 경쟁을 통한 높은 자질의 의원들을 자유롭게 선출하는 것은 한계가 있다(이한우 2006). 국회의원들의 능력 부족으로 정유공장 건설과정에 대한 국정감사에서 설명만 듣고 돌아온 사례에서와 같이(Nam 과의 면담), 국회의원의 낮은 업무능력은 국회의 기능이 제대로 수행되지 못하게 하는 걸림돌로 작용하고 있다. 이러한 한계를 극복하기 위하여 국회는 비교적 학력이 높은 의원의 선출을 통해 이를 보완하려고 하고 있는바, 이들의 평균 학력은 점차 높아지고 있는 추세다. 국회의원 중 대학졸업자 비율은 제9기 국회의 56%로부터 제11기 국회의 68%로 증가하였다(이한우 2006, 84). 이러한 변화는 국회의원이 예전에는 국민들의 부문별 대표자라는 의미를 함축하고 있었으나, 이제는 대표성과 함께 국가역할 수행의 전문성을 갖춘 집단으로 전환되고 있다는 것을 나타내준다.

동시에 국회 전임의원수도 최근 급격히 증가하고 있다. 국회 전임의원에 대한 규정은, 1992년 국회조직법(제37조)에서 그 수를 국회가 결정한다고 하였으나, 2001년 국회조직법(제45조)에서는 전 의원의 25% 이상으로 한다는 것으로 변경되었다(Luat To chuc Quoc hoi 1992; 2001). 베트남 국회는 제8기 말기에 법률위원회, 경제 · 재정위원회 등에 전임의원을 두기 시작하였다(Salomon 2007, 208). 국회 사무처 자료에 의하면, 국회 전임의원 비율은 제9기 국회의원 396명 중 37명으로 9%, 제10기 449명 중 31명으로 7%였다가, 제11기 국회에서 498명 중 121명, 즉 24%로 급격히 증가하였다. 당시 전임의원 대부분은 주로 상무위원회에 소속되어 있었고, 지방 성(省)별로 구성된 각 국회의원단은 1명 정도의 전임의원을 두는 정도였다. 이들은 국회전임의원회의(Hoi nghi Dai bieu Quoc hoi Chuyen trach)를 구성하여 활동하고 있으나 의견을 제출할 수 있을 뿐 결정권이 없어 아직은 큰 성과를 나타내고 있지는 못하다(Ngo Duc Manh과의 면담). 현재 국회 전임의원 비율을 향후 더 높여야 한다는 주장들이 제기되고 있는 상황이며, 이러한 추세는 국회의원들이 입법기능을 수행하는 데 유리하게 작용할 것이다.

이외에도 국회는 국회조직상 전문성을 갖춘 위원회를 설치하여 입법기능을 강화하고자 한다. 국회는 2007년 7~8월간 열린 제12기 1차 회의에서 국회조직을 개편하였다. 국회는 제11기까지 상무위원회, 소수민족회의 이외에 전문위원회로서 법률위원회, 경제 · 재정위원회, 국방안보위원회, 문화 · 교육 · 청소년 · 아동위원회, 사회문제위원회, 과학 · 기술 · 환경위원회, 대외위원회 등 7개 위원회를 두고 있었다(Luat To chuc Quoc hoi 1992; 2001). 이번 제12기에는 법률위원회를 법률위원회와 사법위원회로 구분하여 법률 일반에 관한 업무와 입법 업무를 분담하도록 하였고, 경제 · 재정위원회를 경제위원회와 재정 · 예산위원회로 구분하여, 총 9개 전문위원회로 확대 개편하였다. 이는 국회 업무를 전문화하고 그 역할을 강화하려는 정책의 일환이다(이한우 2007b).

한편, 국회 내 위원회의 전문성 향상과 동시에 국회 내에서도 '민주화'의 요구가 제기되고 있다. 베트남에서는 국회 상무위원회가 헌법 및 법률의 해석권을 갖고 있으며 입법과정을 주도해왔다고 해도 무방하다. 그러나 이제는 의사결정과정이 상무위원회가 아닌 국회 전체 회의에서 이루어져야 한다는 요구가 대두되고 있는 것이다. 예컨대 수상의 제청에 의해 부수상 및 장관에 대한 해임권도 국회 상무위원회로부터 국회 전체회의로 옮겨져 보다 더 '민주화'된 양상을 보였다(Thu Ha 2002, 10). 또한 일부 의원은 부가가치세와 특별소비세 개정을 상무위원회가 아닌 국회 전체회의에서 다루어야 한다고 주장하였다. 2003년에 열린 국회 회의에서 이 문제가 논의되었고, 결국 상무위원회가 소비세 개정권을 갖는 것에 과반수가 반대하는 결과를 낳았다(Thu Tra 2003, 19).

Ⅳ. 정부 견제기능의 확대

최근의 국회 개혁은, 입법이라는 본연의 기능과 함께 정부에 대한 견제

기능을 확보하자는 데 목표를 두고 있다. 국회의 정부 감독기능의 강화에 대하여는 당대회에서도 계속하여 강조되어 왔다(CPV 1996, 87; CPV 2006, 18). 이후 국회는 여러 차례의 입법과정에서 격렬한 토론을 벌이고 행정부를 비판하는 등의 역할을 수행하고 있다. 최근에는 국회에서 행정부의 예산안과 법률안에 대한 심각한 토론이 행해지기도 한다. 변화를 보자면, 1988년말 국회에서 처음으로 차년도 정부예산안을 심의하는 역사적 사건이 있었다(古田元夫 1998, 19-20). 또한 1989년부터 국회 회의가 라디오나 텔레비전으로 방송되었고(Porter 1993, 76), 1997년부터는 국회에서 장관이 답변하는 모습을 TV로 방영함으로써(Salomon 2007, 211), 국민들에 대한 국회의 책무를 보다 더 잘 보여주고 있다.

이와 더불어, 국회는 거수기의 역할에서 입법과 행정부 견제 등 제 기능을 조금씩 갖춰가고 있다. 그 중 하나가 국회의 법률안 심의가 더욱 신중해졌다는 것이다. 국회에 회부된 법률안이 이전에는 반드시 통과되었는데, 이제는 통과 여부가 불확실해졌다(水野孝昭 1995, 152-153). 예를 들면 1996년 무역법안에서 80개 조항이 삭제되었고, 1995년 외국인투자법 개정 시 의원들이 지방에 투자허가권을 확대하도록 요구하기도 하였다(VET 1996, 14). 특히 교육, 세금, 토지 등 국민들의 실생활과 밀접히 관련된 부문에서는 국회에서 격렬한 토론이 벌어지기 일쑤다. 예컨대 2003년 말 국회에서는 교육훈련부장관을 출석시켜 베트남의 후진적 교육제도를 비판하면서 의원 40여명이 발언 신청을 하였으나 18명만이 발언 기회를 얻을 정도로 열띤 토론이 이루어졌다(VET 2004, 8). 2007년 말에는 2009년 1월부터 발효할 개인소득세 법안을 놓고 의원들 간에 격론이 벌어졌다. 정부는 면세점을 4백만 베트남 동(US$ 250)으로 고정시키려고 한 반면, 일부 의원들은 도시지역의 경우 5백만~6백만 동(US$ 300~350)으로 상향조정하여야 한다고 주장하였다(Bich Thuy 2007, 8-9; Thuy Lan 2007, 30). 2007년의 한 여론조사에서도 22%가 면세점을 5백만 동으로 하는 것이 좋다고 하였고, 27%가 7백만~9백만 동, 51%가 1천만 동이 적절하다고 응답하였음에 비추어 국회의원들의 면세점 상향조정 요구는 국민들의 요구를 어느 정도 반영하고자 하는 행위였다(Thuy Lan 2007, 31). 1993년 토지법을 개정할 때에도 법안의 거의 대부분을 다시 쓸 정도였다고 한다(Hiebert 1996, 193). 토지 관련법의 경우 경지가 상대적으로 풍부한 남부 출신 의원과 상대적으로 적은 북부 출신 의원 간에 토지 보유한도와 토지사용권 기한을 연장하는 문제를 두고 격렬한 논쟁이 벌어지곤 한다.

대 정부 견제기능에 있어서도 1980년 헌법은 행정부, 법원, 검찰에 대해 질의할 수 있는 권리를 가진다고 규정했을 뿐인데(제95조), 1992년 헌법은 이들 기관이 국회에 보고하고 관련 자료를 제출할 의무를 명기하여 보다 더 구체화하였다(제96조). 2003년에는 국회감독활동법(Luat Hoat dong Giam sat cua Quoc hoi)을 제정하였다. 이러한 제도적 변화와 더불어 정부에 대한 국회의 감독기능은 확대되었다. 국회는 1992년부터 정부 고위인사를 국회에 출석시켜 질의응답시간을 가져 왔다(Salomon 2007, 211). 예를 들어 1995년 10월 국회 회기 중 8명의 장관을 출석시켜 10시간 동안 질의응답 시간을 가졌는데, 약 200개의 질문이 쏟아졌다. 그러나 의원들의 날카로운 질문에 비해, 장관들의 답변은 평이하여 기대에 미치지 못하는 경우가 많았다(VET 1996, 16). 따라서 국회의 대 정부 감독기능에 대한 국민들의 여론은 긍정적이지만은 않다. 1996년의 한 조사에서는 응답자의 57%가 국회의 입법기능에 대해서는 긍정적으로 답하였으나, 대 정부 감독기능에 대하여는 매우 소수만이 긍정적으로 답하였다(VET 1996, 15). 또한 국민들은 국회에 장관을 출석시켜 질의를 하더라도 실제로 각 부처에서 정책적인 변화를 기대하기는 어렵다고 한다. 한 베트남 지식인도, 장관들이 여전히 문제는 해결하지 못한 채 회기별로 같은 답변만 늘어놓는다고 비판한다(Nam과의 면담). 한 지식인은 “당이 손으로 방향을 지시하고, 국회가 손을 들며, 조국전선이 손으로 박수를 치면, 국민이 손을 묶인다”

는 속담을 들어 국회의 변화에 대하여 냉소적으로 평가하였다. 이런 점에서 보면, 국회에서의 질의응답은 아직 실질적이기보다는 의례적 성격을 많이 갖고 있다고 판단된다. 그러나, 국회에서의 질의응답과 같은 일이 일상화되고 심화된다면 국민들의 국회에 대한 기대와 국회의원들의 대 정부 감독 역할이 증대함으로써 장기적으로는 사회의 민주화에 기여하게 될 것이다. 일정한 한계에도 불구하고, 국가 정책 결정의 무대가 공산당으로부터 텔레비전으로 방영되는 국회 회의장으로 옮겨지고, 그 결정이 이전의 공산당 내 합의에 의해 이루어지던 것으로부터 격론 속에 국회에서 이루어진다는 것은 미약하지만 분명 '민주화'의 한 지표가 될 수 있다. 따라서 국회의 활성화는 민주화의 제1보라고 평가되기도 한다(水野孝昭 1995, 153).

공산당 또는 정부가 '추천'한 인사들에 대한 국회에서의 인준도 자동적으로 이루어지지 않게 되었다. 대표적인 사례로 1988년 3월 팜흥(Pham Hung) 수상이 사망하여 6월 국회에서 후임 수상을 선출하여야 하는 상황에서 발생했던 일을 들 수 있다. 이전까지 수상은 국가평의회가 추천하는 인사를 만장일치로 추인하는 것이 관례였다. 당시 보찌꽁(Vo Chi Cong) 국가평의회 의장은 중도보수파로 평가받던 서열 3위인 도므어이(Do Muoi) 정치국 위원을 후보로 추천하였는데, 이에 찬성한 의원은 39개 성/중앙직속시 의원단 가운데 26개 의원단뿐이었다. 이에 보찌꽁은 개혁 성향의 보반끼엣(Vo Van Kiet)과 응웬꺼타익(Nguyen Co Thach) 외교부장관을 후보로 천거하였다. 이에 레꾸앙다오(Le Quang Dao) 당시 국회주석은 다시 도므어이를 추천하였고, 보반끼엣과 응웬꺼타익에게 사임하도록 종용하였다. 이에 호찌민시 의원이 투표로 결정하자고 제안하여 도므어이와 보반끼엣을 후보로 하여 투표에 부치게 되었다. 결국 도므어이가 64%의 지지를 얻어 수상에 선출되었지만, 이 과정에서 국회의원이 처음으로 지도부에 대하여 자기주장을 했다는 사실은 매우 중요한 기록으로 남았다(木村哲三郎 1996, 248-49). 1997년에는 수상이 제안한 중앙은행 총재의 임기 연장을 중앙은행 경영상 문제를 들어 거부한 일도 있었고(McCormick 1998, 136), 수상이 추천한 교통부장관을 인준하지 않은 경우도 있었다(Salomon 2007, 210).

국회는 2001년 12월부터 정부 고위 공무원들에 대한 불신임투표를 실시하였는데, 2003년에는 교육부장관에 대한 불신임투표와 함께 2004년에는 국정조사를 요구하기도 하였다(Salomon 2007, 211). 최근에는 장관 인준 시 복수 후보자 가운데 선임하도록 하자는 의견도 제시되었고, 장관들에 대해 정기적으로 신임투표를 실시하여 50% 이상(현재 20% 이상)의 지지를 받지 못하는 장관들을 해임하는 방안도 제시되었다. 실현 여부를 떠나 정부의 고위인사에 대한 국회의 견제의 목소리는 더욱 커지고 있다(Nguyen Ha 2006, 9). 그것은 근래에 부패로 인해 적발된 정부의 고위인사들을 해임시키는 사례에서도 볼 수 있다. 예컨대, 1999년 11월에 응오수언록(Ngo Xuan Loc) 부수상이 하노이 서호(Tay Ho: West Lake)에 건설하는 타인롱(Thanh Long) 워터파크와 관련한 부패에 연루되어 해임되었고, 까오시끼엠(Cao Sy Kiem) 중앙은행 총재가 불량채권과 관련한 경영부실을 이유로 해임되었으며(Thayer 2000, 315-316), 2004년에 농업부장관 레후이응오(Le Huy Ngo)도 부패와 관련하여 해임되었다. 2002년 6월에는 당중앙위 위원이었던 공안부차관 부이꾸옥후이(Bui Quoc Huy)와 국영라디오방송 사장 쩐마이하인(Tran Mai Hanh)이 폭력조직 남깜(Nam Cam) 사건에 연루되어 해임되었다. 2006년 4월 제10차 당대회 직전에도 교통부 산하 PMU 18(Project Management Unit 18) 담당자들이 일본으로부터의 ODA 자금을 횡령하여 축구 도박에 걸거나 고급 승용차를 구입하여 고위층에 상납한 사건이 적발되어 발표되었고, 차관과 담당자가 체포되고 다오딘빈(Dao Dinh Binh) 장관이 해임되는 일이 있었다(이한우 2007a, 100). 이러한 상황에서 국회의 행정부에 대한 감독기능을 강화하여야 한다는 주장은 더욱 힘을 얻게 되었다.

V. 맺음말

이상의 논의에서 볼 때 현재로서는 베트남의 정치체제가 당장 큰 변화를 보이거나 민주화 과정으로 급격히 전환되리라고 예상해 볼 수는 없다. 공산당 1당 지배의 지속과 당의 국가 및 사회에 대한 '영도' 메커니즘도 공식적으로는 변함없이 작동하고 있다. 베트남 내 연구자들도 정치체제 자체는 큰 변화 없이 지속되리라고 평가한다(Ngo Duc Manh과의 면담). 그러나 이상에서 본 바와 같이 개혁과정에서 작지만 많은 변화들이 있었음도 부정할 수 없다. 베트남에서는 1987년 제8기 국회부터 실질적 변화가 시작되었다고 할 수 있다. 당으로부터 국회의 자율성 증대, 국회 회의의 공개, 입법과정에서 토론의 활성화, 대 정부 감독 및 견제 기능의 확대는 아직 만족스런 수준은 아닐지라도 국회 본연의 기능을 확보하기 위한 성과임에는 분명하다. 그간의 개혁과정에서 축적되어온 국회의 변화들은 단기적으로 정치변동을 초래하리라고 기대할 수 없으나 중장기적으로는 베트남의 정치체제를 보다 더 '민주화'하라는 압력으로 작용할 것이라는 전망을 갖게 한다.

그러나 현재로서는 이러한 변화가 국가와 사회를 영도하는 공산당의 용인 없이는 불가능하다는 점에서 한정적일 수밖에 없는 게 현실이나, 당 역시 이러한 사회 변화로 인한 정치적 변화의 압력을 받고 있다는 것 또한 부정할 수 없다. 예컨대 행정부 고위인사들의 해임이 곧 국회의 역할 강화와 관련되는 것만이 아니라 당의 인준에 의해 가능하겠지만, 당 역시 국민들로부터의 요구를 수용하여야 하는 압력의 결과이기도 한다. 개혁정책의 도입에 의한 사회경제적 변화는 정치체제 자체의 변화를 요구하고 당은 이에 부응하여야 하는 압력 속에서 정치적 이니셔티브를 쥐기 위한 노력을 계속 하지 않을 수 없다는 점도 고려해야 한다. 동시에 국제적 통합의 심화로 인해 정보의 다양화와 교류의 확대가 가져오는 다원화 요구에 부응하기 위한 조치들도 필요하게 되었다.

이러한 가능성과 한계 속에서 베트남에서 정치적 변화는 우선 정치체제 자체의 전환보다는 현 체제 속에서 국민들의 요구에 응답하는(mass regarding) 정도를 높이고 그 범위를 확대하는 방향으로 전개되리라 전망해볼 수 있다. 이는 또한 베트남의 정치적 전통이기도 하다(Womack 1987).

참고문헌

이한우. 2000. "'도이 머이' 정책 이후 베트남 정치제도와 지도부의 변화." 『베트남연구』 1.

______. 2006. "베트남의 선거제도와 국회 구성의 변화." 『동남아시아연구』 16(1).

______. 2007a. "베트남에서 개혁의 확대와 정치적 일원주의의 완화: 제10차 당대회 결과 분석." 『신아세아』 14(1).

______. 2007b. "베트남 제12대 국회의원 선거와 정부조직 개편." 『동아시아 브리프』 2(3).

______. 2007c. "베트남 통일 후 사회통합과정의 문제: 남부의 사회주의적 개조에 대한 주민의 대응과 그 변용." 『아세아연구』 50(3)

정연식. 2005. "베트남의 국내외적 위기와 정치적 대응." 박사명 편. 『동남아의 경제위기와 정치적 대응』. 서울: 폴리테이아.

古田元夫. 1998. 『ベトナムの現在』. 東京: 講談社.

木村哲三郎. 1996. 『ベトナム黨官僚國家の新たな挑戰』. 東京: アジア經濟研究所.

白石昌也 編. 2000. 『ベトナムの國家機構』. 東京: 明石書店.

松尾康憲. 2005. 『現代ベトナム入門』. 東京: 日中出版.

水野孝昭. 1995. "「獨立候補」の誕生まで." 坪井善明 編. 『アジア讀本ヴェトナム』. 東京: 河出書房新社.

矢島鈞 · 次窪光純. 1993. 『ドイモイの國ベトナム』. 東京: 同文舘.

五島文雄. 1994. "ドイモイ下における國會の變容." 五島文雄 · 竹內郁雄 編. 『社會主義ベトナムとドイモイ』. 東京: アジア經濟研究所.

60 nam Quoc hoi Viet Nam: 60 Years of the Vietnamese National Assembly 1946-2006. Ha Noi: Nxb Thong tan, 2006.

Hien phap Viet Nam (nam 1946, 1959, 1980 va 1992) [베트남 헌법]. Ha Noi: Nxb Chinh tri Quoc gia, 1995.

"Luat To chuc Quoc hoi 1981, 1992, 2001."[국회조직법].

Pham Gia Duc. 2003. *Xay dung Nha nuoc Phap quyen Xa hoi chu nghia cua dan, do dan, vi dan* [인민의 인민에 의한 인민을 위한 사회주의 법권 국가 건설]. Ha Noi: Nxb Quan doi Nhan dan.

Tran Bach Dang. 1995. "50 nam Nha nuoc Kieu moi cua Viet Nam."[베트남의 신 형태

국가 50년]. *To chuc Nha Nuoc*. so 1(9-1995).

Van phong Quoc hoi. 2004. *Doi moi va Hoan thien Quy trinh Lap phap cua Quoc hoi* [국회 입법규정의 쇄신과 완성]. Ha Noi: Nxb Chinh tri Quoc gia.

Van phong Quoc hoi. 2005. *60 nam Quoc hoi Viet Nam* [베트남 국회 60년]. Ha Noi: Nxb Chinh tri Quoc gia.

Van phong Quoc hoi. 2006. *He tong hoa Cac van ban Phap luat ve To chuc va Hoat dong cua Quoc hoi* [국회의 조직과 활동에 관한 법률문건 체계화]. Ha Noi: Nxb Tu phap.

Abuza, Zachary. 2001. *Renovating Politics in Contemporary Vietnam*. Boulder: Lynne Rienner.

Andersson, Göran, Pär Granstedt, Barbro Rönnmo, & Nguyen Thi Kim Thoa. 2002. "Strengthening the Capacity of the Office of the Vietnam National Assembly." Stockholm: SIDA.

Bich Thuy. 2007. "How Much to Pay?" *Vietnam Economic Times*. Nov.

Brown, Frederick Z. 1996. "Vietnam's Tentative Transformation." *Journal of Democracy* 7(4).

CPV(Communist Party of Vietnam). 1991. *7th National Congress Documents*. Hanoi: Foreign Languages Publishing House.

CPV. 1996. *VIIIth National Congress Documents*. Hanoi: The Gioi Publishers.

CPV. 2001. *9th National Congress Documents*. Hanoi: The Gioi Publishers.

CPV. 2006. *The 10th National Congress (Selected Documents)*. Hanoi: The Gioi Publishers.

Dang Phong & Melanie Beresford. 1998. *Authority Relations and Economic Decision-Making in Vietnam*. Copenhagen: NIAS.

Foreign Affairs Committee Office of the National Assembly. 2000. *The National Assembly of the Socialist Republic of Vietnam*. Hanoi: The National Assembly.

Gillespie, John. 2007. "Understanding Legality in Vietnam." Stephanie Balme, ed. *Vietnam's New Order: International Perspectives on the State and Reform in Vietnam*. New York: Palgarve Macmillan.

Hartmann, Christof. 2001. "Vietnam." Dieter Nohlen, Florian Grotz & Christof Hartmann, eds. *Elections in Asia and the Pacific: A Data Handbook*, Vol.2. Oxford: Oxford University Press.

Heng, Hiang Khng Russell. 1992. "The 1992 Revised Constitution of Vietnam: Background and Scope of Changes." *Contemporary Southeast Asia* 14(3).

Hiebert, Murray. 1996. *Chasing the Tigers: A Portrait of the New Vietnam*. New York: Kodansha International.

McCormick, Barrett L. 1998. "Political Change in China and Vietnam: Coping with the Consequences of Economic Reform." *The China Journal* 40.

Nguyen Ha. 2006. "Of the People." *Vietnam Economic Times*. June.

______. 2007. "Justice to be Served." *Vietnam Economic Times*. Aug.

Porter, Gareth. 1993. *Vietnam: The Politics of Bureaucratic Socialism*. Ithaca: Cornell University Press.

Salomon, Matthieu. 2007. "Power and Representation at the Vietnamese National Assembly." Stephanie Balme, ed. *Vietnam's New Order: International Perspectives on the State and Reform in Vietnam*. New York: Palgarve Macmillan.

Thayer, Carlyle A. 1993b. "Recent Political Developments: Constitutional Change and the 1992 Elections." Carlyle A. Thayer & David Marr, eds. *Vietnam and the Rule of Law*. Canberra: The Australian National University.

______. 1998. "Vietnam." Wolfgang Sachsenröder & Ulrike E. Frings, eds. *Political Party Systems and Democratic Development in East and Southeast Asia, Volume 1: Southeast Asia*. Aldershot: Ashgate.

______. 2000. "Vietnam: The Politics of Immobilism Revisited." *Southeast Asian Affairs 2000*. Singapore: ISEAS.

Thu Ha. 2002. "The People's Choice." *Vietnam Economic Times*. May.

Thu Tra 2003. "Power Struggle." *Vietnam Economic Times*. June.

Thuy Lan. 2007. "Where to Begin?" *Vietnam Economic Times*. Sep.

Turley, William S. & Mark Selden, eds. 1993. *Reinventing Vietnamese Socialism: Doi Moi in Comparative Perspective*. Boulder: Westview.

Vasavakul, Thaveeporn. 1997. "Sectoral Politics and Strategies for State and Party Building from the VII to the VIII Congress of the Vietnamese Communist Party (1991-1996)." Adam Fforde, ed. *Doi Moi Ten Years after the 1986 Party Congress*.

Canberra: Dept. of Political and Social Change, Research School of Pacific and Asian Studies, The Australian National University.

VET. 1996. "The National Assembly." *Vietnam Economic Times*. July.

VET. 2004. "Education needs Resolution." *Vietnam Economic Times*. Dec.

Womack, Brantly. 1987. "The Party and the People: Revolutionary and Postrevolutionary Politics in China and Vietnam." *World Politics* 39(4).

면담

Nam. 익명. 하노이 베트남국가대학교 인문사회과학대학 교수. 하노이, 2005. 10. 27; 2007. 2. 3.

Ngo Duc Manh. 국회 정보 · 도서실 및 과학연구센터 감독. 하노이, 2006. 2. 24.

Nguyen Si Dung. 국회 사무처 부처장. 하노이, 2006. 2. 23.

부록 통일 이후 역대 베트남 국회주석(국회의장) 및 부주석

기별	기간	국회주석	공산당 직위	국회 부주석	공산당 직위
5	1975-1976	Truong Chinh	정치국 위원	Hoang Van Hoan Nguyen Xien Tran Dang Khoa Chu Van Tan Nguyen Thi Thap Xuan Thuy	정치국 위원 - - 중앙위 위원 중앙위 위원 중앙위 위원
6	1976-1981	Truong Chinh	정치국 위원	Hoang Van Hoan Xuan Thuy Phan Van Dang Nguyen Thi Thap Chu Van Tan Nguyen Xien Tran Dang Khoa	정치국 위원 중앙위 위원 중앙위 위원 중앙위 위원 - - -
7	1981-1987	Nguyen Huu Tho	-	Xuan Thuy Nghiem Xuan Yem Nguyen Xien Y Pah(Y Mot) Cam Ngoan Huynh Cuong Thich The Long (Hoa thuong) Vo Thanh Trinh(Linh muc) Phan Anh	- - - 중앙위 위원 - - - - -
8	1987-1992	Le Quang Dao	중앙위 위원	Tran Do Hoang Truong Minh Huynh Cuong Phung Van Tuu Nguyen Thi Ngoc Phuong	중앙위 위원 중앙위 위원 - - -
9	1992-1997	Nong Duc Manh	정치국 위원	Nguyen Ha Phan Dang Quan Thuy Phung Van Tuu	정치국 위원 중앙위 위원 -
10	1997-2001.6 2001.6-2002	Nong Duc Manh Nguyen Van An	정치국 위원 정치국 위원	Vu Dinh Cu Truong My Hoa Nguyen Phuc Thanh Nguyen Van Yeu Mai Thuc Lan	중앙위 위원 중앙위 위원 중앙위 위원 중앙위 위원 중앙위 위원
11	2002-2007	Nguyen Van An	정치국 위원	Truong Quang Duoc Nguyen Phuc Thanh Nguyen Van Yeu	정치국 위원 중앙위 위원 중앙위 위원
12	2007-2012	Nguyen Phu Trong	정치국 위원	Nguyen Duc Kien Uong Chu Luu Tong Thi Phong Huynh Ngoc Son	중앙위 위원 중앙위 위원 중앙위 위원 중앙위 위원

출처: *60 nam Quoc hoi~*; http://www.na.gov.vn; http://www.cpv.org.vn에서 해당 자료 종합.

필자 소개

신윤환(辛尹煥) 서울대학교 법학과를 졸업하고, 미국 예일대학교(Yale University)에서 "Demystifying the Capitalist State: Political Patronage, Bureaucratic Interests, and Capitalists-in-Formation in Soeharto's Indonesia"로 정치학 박사학위(1989)를 취득했다. 지금은 서강대학교 정치외교학과 교수로 재직하면서 동남아의 정치변동을 비교적 관점에서 폭넓게 연구하고 있으며, 동아시아공동체의 구축 가능성에 대해서도 깊은 관심을 갖고 있다. 주요 저서로는 『한국인의 동남아 문화 읽기』(창비, 2008, 근간), 『인도네시아의 정치경제』(서울대출판부, 2001), 『동아시아공동체와 한국의 미래』(2008, 공저) 등이 있다.

이현우(李賢雨) 서강대학교 정치외교학과에서 학사와 석사를 취득하고, 노스캐롤라이나대학교(Univeristy of North Carolina at Chapel Hill)에서 "Policy Voting and Partisan Theory"로 정치학 박사학위(1996)를 취득하였다. 현재 서강대학교 정치외교학과 교수로 재직하면서 미국선거를 비롯한 선거전반에 관심을 가지고 연구하고 있다. 최근의 주요 연구로는 "McGann 지표를 활용한 국내주요 정당 정책연구소 평가"(2008), "미국선거에서 투표율 변화와 유권자 선택: 1968-2000 대선을 대상으로"(2008) 등이 있다.

김세걸(金世杰) 서강대학교 정치외교학과를 졸업하고, 같은 대학교 대학원에서 "재정위기와 자민당 지배구조의 균열"로 정치학 박사학위(1997)를 취득했다. 현재 서강대학교 공공정책대학원 대우교수로 재직하면서 일본정치 관련 과목을 담당하고 있다. 주요 저서로는 『현대 일본정치의 이해』(2008, 공저), 『일본의 민주주의』(2007, 공저), 『한국과 일본의 정치와 거버넌스』(2005, 공저) 등이 있다.

홍석준(洪錫俊) 서울대학교 인류학과를 졸업하고, 서울대학교 대학원 인류학과에서 "말레이시아 농촌의 이슬람화와 문화변동: 끌란딴의 한 말레이 마을에 대한 사례연구"로 인류학 박사학위(1997)를 취득했다. 현재 목포대학교 역사문화학부 문화인류학전공 교수로 재직하면서 말레이시아의 사회와 문화를 포함한 동남아시아와 동북아시아의 문화변동 및 동아시아 해양문화 연구에 관심을 갖고 있다. 최근의 주요 연구는 『동아시아의 문화와 문화적 정체성』(2008), 『아시아 인권의 현장담론』(2006, 공저), 『동남아의 중산층, 시민운동, 지역사회』(2005, 공저), 「동아시아 해양세계와 항구도시문화의 특징과 의미」(2007, 논문), 「동아시아 해양세계의 역사와 문화」(2007, 논문) 등이 있다.

최경희(崔京姬) 시립인천대학교 생물학과를 졸업하고, 한국외국어대학교(Hankuk University of Foreign Studies)에서 "정치체제 민주성의 결정요인에 관한 경험적 연구: 동아시아 5개국을 중심으로"로 정치학 박사학위(2004)를 취득했다. 현재 한국동남아연구소 전임연구원으로 연구 활동을 하고 있으며, 인도네시아를 중심으로 동남아시아 국가들의 정치변동, 정치문화 그리고 정치과정 연구에 관심을 집중하고 있다. 최근의 주요 연구는 "인도네시아의 민주적 제도와 사회적 의제해결"(2006), "인도네시아 유도요노 정부의 반부패전략과 성과에 대한 중간적 평가"(2008) 등이다.

김형준(金亨俊) 서울대학교 인류학과를 졸업하고, 호주국립대학교(Australian National University)에서 인류학 박사학위(1996)를 취득했다. 현재 강원대학교 문화인류학과 교수로 재직하면서 인도네시아 사회문화 및 이슬람과 관련된 연구를 진행하고 있다. 최근의 주요 연구는 Reformist Muslims in Yogyakarta: An Islamic Formation of Contemporary Socio-Religious Life(2007), '대중문화를 통한 한국이미지의 형성과 소비: 인도네시아 네티즌의 사례'(2008), '인도네시아 농촌 사회의 변화: 정치경제적 위기 이전과 이후 비교'(2006) 등이다.

강영순(姜英順) 아세아연합신학대학교 아세아학과를 졸업하고, 한국외국어대학교 대학원 아시아지역학과에서 "인도네시아 이슬람의 정치참여 요인에 관한 연구"란 제목의 논문으로 정치학석사학위를 취득(1991)한 뒤에 국립인도네시아대학교(Universitas Indonesia) 사회정치학대학원(FISIP-UI)에서 "Antara Tradisi dan Konflik: Kepolitikan Nahdlatul Ulama, 1984-1999"(전통과 갈등: 나흐다뚤 울라마의 정치성을 중심으로, 1984-1999)로 박사학위(2002)를 취득했다. 현재 한국외국어대학교 마인어과 강사로 재직 중이다. 주요 연구는 『죽음의 문턱에서』(2005, 역서), "인도네시아 뽄독 쁘산뜨렌(Pondok Pesantren)의 전통에 관한 연구: 이슬람 교육을 중심으로"(2005), "나흐다뚤 울라마(Nahdlatul Ulama)의 형성과 전통에 관한 연구"(2006), "현대 인도네시아 선거정치에서 이슬람조직의 경쟁과 협력: 나흐다뚤 울라마와 무함마디야를 중심으로"(2007), "Kepemimpinan Abdurrahman Wahid dalam

Suksesi Pemimpinan Nasional di Indonesia"(인도네시아 국가지도력 계승시 압두라흐만 와히드의 지도력)(2007) 등이다.

김홍구(金洪九) 한국외국어대학교 태국어과를 졸업하고, 동 대학 대학원 국제관계연구학과에서 "타이 군부의 정치개입 원인에 관한 연구"로 정치학 박사학위를 취득했다(1990). 현재 부산외국어대학교 태국어과 교수로 재직하면서 태국과 동남아 지역 정치에 관심을 갖고 연구하고 있다. 최근의 주요 연구는 "태국의 선거제도 변화와 정당체제"(2006), "태국의 탁씬 정부와 군부쿠데타"(2007), "태국의 선거와 정치구조의 변화"(2007) 등이 있다.

이동윤 연세대학교 정치외교학과를 졸업하였고, 동 대학원에서 "동남아시아의 정당정치와 민주주의: 필리핀, 태국, 인도네시아의 사례 비교"(2002)로 정치학 박사학위를 취득하였다. 비교정치(정치과정)와 동남아 지역연구를 전공하고 있으며, 서강대학교 동아연구소 상임연구원, 연세대학교 정치외교학과 연구교수 등을 거쳐 현재 신라대학교 국제관계학과 교수로 재직 중이다. 주요 연구로는 "Democratic Consolidation and Electoral Reform in Southeast Asia: Philippines, Thailand, and Indonesia"(2005), "Political Crises after Democratization in South Korea and Thailand: Comparative Perspectives of Democratic Consolidation"(2008) 등이 있다.

김동엽(金東燁) 중앙대학교 정치외교학과를 졸업하고, (국립)필리핀대학교(University of the Philippines)에서 "The Political Economy of Telecommunications Service Market Liberalization: A Comparative Study of South Korea and the Philippines"로 정치학 박사학위(2003)를 취득했다. 현재 청주대학교 정치외교학과 전임강사로 재직하면서 필리핀 정치경제 및 정보사회(information society)와 동아시아 지역통합에 관한 연구에 관심을 두고 있다. 최근의 주요 연구는 "세계화시대의 제삼세계 발전: 필리핀 통신서비스시장 자유화정책을 중심으로"(2006), "A Political Explanation of Economic Performance: The Post-Independence Philippine Economy"(2007), "ASEAN's ICT Policy and Its Implication for East Asian Regional Integration"(2007) 등이다.

박승우(朴勝優) 성균관대학교 행정학과를 졸업하고, 미국 조지아대학교(University of Georgia)에서 "Agrarian Transformation and Colonialism in the Context of Capitalist Development: An Historical-Comparative Study of Korea and the Philippines"로 사회학

박사학위(1991)를 취득했다. 1992년부터 현재까지 영남대학교 문과대학 사회학과 교수로 재직 중이며, 전공분야는 정치사회학, 발전사회학, 비교사회학, 동남아시아 지역연구 등이다. 최근의 주요 연구로는 『동남아의 경제성장과 발전전략』(2004, 공저), 『동남아의 구조조정과 개혁의 정치경제』(2005, 공저), 『동아시아공동체와 한국의 미래』(2008, 공저), 『복합적 갈등 속의 아시아 민주주의』(2008, 공저) 등의 저서와 「국가, 계급, 민족 — 그 역동적 상호작용」(2006), 「필리핀의 과두제 민주주의」(2007), 「동아시아 지역주의 담론과 오리엔탈리즘」(2008) 등의 논문이 있다.

정연식(鄭然式) 한국외국어대학교를 졸업하고 사우스캐롤라이나대학교(University of South Carolina)에서 "Interest Representation in Socialist Market Economies: A Comparative Study of Civil Society in China and Vietnam"으로 정치학 박사학위(1997)를 받았다. 현재 창원대학교 국제관계학과 부교수로 있으며 베트남의 정치경제와 캄보디아의 정당정치와 민주화 등에 연구의 초점을 맞추고 있다. 최근의 주요 연구는 『동남아의 경제위기와 정치적 대응』(2005, 공저), 『동남아의 정부와 정치』(2005, 공역), 『평화를 향한 아시아의 도전: 아시아 민주화운동사』(2008, 공저) 등이다.

이한우(李漢雨) 서강대학교 정치외교학과를 졸업하고, 같은 대학 대학원에서 "베트남의 농업개혁정책, 1975-1993 — 탈집체화의 전개과정"으로 정치학 박사학위(1999)를 취득하였다. 서강대학교 동아연구소 책임연구원을 역임하였고, 현재 성균관대학교 동아시아학술원 연구교수 겸 서강대학교 공공정책대학원 대우교수로 있다. 동아시아 지역 연구, 특히 베트남 정치경제 연구에 관심을 집중하고 있다. 최근의 주요 연구로, "베트남에서 개혁의 확대와 정치적 일원주의의 완화: 제10차 당대회 결과 분석"(2007), "베트남의 선거제도와 국회 구성의 변화"(2006), "베트남 국영기업 개혁의 정치경제"(2005) 등이 있다.

찾아보기

〈서강 동아연구총서〉를 발간하며

서강대학교 동아연구소는 국내에서 가장 오랜 역사를 가진 인문사회분야 연구소 가운데 하나로서 지난 40여 년 동안 동아시아 지역연구에 천착해 왔다. 그 동안 동아연구소는 동아시아 지역에 속한 중국, 일본, 남북한 및 동남아 국가들의 역사, 문화, 사회, 정치, 경제 및 이들 국가 간의 쌍무 및 다자 관계와 관련된 문제들을 국내외 전문가들이 연구, 토론, 발표할 수 있는 기회와 공간을 제공하는 데 앞장서 왔다.

〈서강 동아연구총서〉는 이러한 연구결과물을 주제나 국가 또는 하위지역별로 묶어 단행본으로 출판함으로써 더 많은 연구자들과 독자들이 연구성과를 공유할 수 있도록 기획된 것이다. 이는 동아연구소가 주관기관이 되어 16권의 단행본으로 출판했던 〈동아시아연구단 총서〉의 후속 작업이기도 하다. 우리는 이 〈총서〉가 동아연구소가 발간하는 한국학술진흥재단 등재 학술지인 『동아연구』와 함께 동아시아 지역연구의 확산과 심화에 밑거름이 되기를 바란다.

2008년 6월

서강대학교 동아연구소 소장 신윤환